일제 강점기 조선어과 교과서와 조선인

일제 강점기 조선어과 교과서와 조선인

김 혜 련

역락

서문

    '2007 국어과 교육과정'은 국어과의 성격을 "한국인의 삶이 배어 있는 국어를 창조적으로 사용하는 능력과 태도를 길러, 국어를 정확하고 효과적으로 사용하게 하고, 미래 지향적인 민족의식과 건전한 국민 정서를 함양하며, 국어 발전과 국어 문화 창달에 이바지하려는 뜻을 세우게 하기 위한 교과"로 규정하고 있다. 이로써 개정 교육과정은 기능적 문식성의 신장과 국어 문화의 창조, 공동체의 발전과 자아 성장에 중점을 두어야 하는 교과로 국어과의 성격을 제도적으로 명시한 것이다. 그런데 '국어 사용 능력의 신장'이라든가 '국어 발전', '국어 문화 창조'나 '자아와 공동체의 성장' 등과 같은 국어과의 성격은 한국인들에게 너무나 친숙한 것이어서 그 역사적 기원이나 개념 형성 과정과 같은 문제들에 대해서는 특별히 논의할 필요를 인식하지 못해 왔다.

    그러나 여타의 근대적 제도가 그러하듯 교과로서 '국어'의 개념적 성격은 아무리 자명해 보일지라도 선험적으로 결정되어 있던 그 무엇이 아니다. 예컨대, 해방 직후 미군정청에 의한 교수 요목기에서는 일제 잔재를 청산하고 민족주의 교육을 지향하는 가치교육으로 국어교육의 목표를 지향했다가, 건국 이후 제1차 국어과 교육과정에서는 언어 사용 기능의 습득과 신장에 목적을 두는 기능 중심 교육으로 강조했다는 점 등은 '국어'의 교과적 정체성이 역사적으로 선택되고 구성되는 구축물이라는 사실을 시사한다.

국어 교과를 역사의 시기마다 미세한 내파를 일으키며, 일정한 의도와 기획 아래 생성되는 구성적 범주로서 이해하는 관점은 근대적 교과 제도의 형태로 등장한 국어과의 기원적 모습에 대한 관심을 불러일으킨다. 1906년 '국어'라는 명칭으로 처음 등장한 교과로서의 '국어'가 구성하고자 했던 개념적 본질은 무엇이었을까? 좀더 소급하자면 1895년 신식 교과의 형태로 등장한 '독서', '작문', '습자'가 상상하기 시작한 '국어'란 무엇이었을까? 이러한 일련의 의문들은 근대적 제도 교과로서 '국어'가 표방하고 개념화하기 시작한 교과적 정체성에 대한 고민과 맥을 같이한다.

　어느 정도 드러났겠지만 이 책의 화두는 '국어교육'과 '근대'이다. 또한 이것은 연구자의 학문적 여정을 축약한 것이기도 하다. 학부에서 국어교육을, 대학원에서 근대를 공부하면서 '근대적 제도로서의 국어교육'은 부지불식간에 연구자에게 해결해야 할 과제로 인식되었다. 2008년 동국대 박사학위 논문으로 제출했던 「식민지기 중등학교 국어과 교육 연구-제2차 조선교육령기(1922~1938) 국어 교과서를 중심으로」는 근대적 교과로서 '국어'의 개념 형성 과정에 대한 연구자의 학문적 갈증을 우선 일제 강점기라는 특정 시기로 해갈하고자 했던 조출한 산물이다. 이 논문에서 일제 강점기 중 특히 제2차 조선교육령 시기에 사용되었던 조선어과 교육과정 상당 문서와 조선어과 교과서들을 추적하는 것으로 국어교육의 기원을 향한 어설픈 첫발을 내딛었다.

　그러나 모든 연구자들이 그러하듯 그 여행의 길은 내가 감당하거나 지속하기에는 너무나 버거운 고행의 연속이었다. 근대적 의미의 국어교육이 실행되어 온 지 백여 년이 지나고 있고 현재 이 순간도 국어교육은 활발하게 실행되고 있지만 국어교육에 대한 역사적, 학문적 집적은 생각했던 것보다 빈약했다. 국어교육의 미래를 도모하기 위해서는 그것의 과거를 온전히 자리매김해 놓아야 한다는 치기어린 열정은 어느 사이엔가 무기력과 자괴감으로 변해가고 있었다. 가령 '독서', '작문', '습자' 등으로 교수되었던 자국어교육을 '국어'라는 교과명으로 제도화한 시기가 일본의 식민화 실험 시기였던 통감 통치기였다는 사실 등은 우선 자국어 교과를 지칭하는 교과명으로서의 '국어'의 적절성과 정당성 문제에 직면하게 했다. 뿐만 아니라 현재의 교과 교육학의 관점에서 당시의 교과 교육을 해석하는 것의 적합성 문제나 근대 교과로서 '국어' 교과에 대한 교사나 학생, 학부모 등 교육 주체들의 인식을 실증적으로 보여주는 자료가 완비되지 않은 상태에서 국어교육에 대한 통시적 안목을 확보하는 문제 등도 여간 난처한 것이 아니었다. 더욱이 국어교육학은 실행 연구이자 응용 학문의 성격이 짙은데 통시적 관점에서 국어 교과의 정체성이나 정당성을 탐색하는 문제가 과연 의미가 있는가라는 비판적 목소리들은 연구자를 더욱 착잡하게 했다.

또한 기원과 형성의 복원을 통한 국어교육사의 온전한 정립이라는 열망만으로 결코 해결되지 않은 잉여의 문제들이 있다는 것도 이내 깨닫게 되었다. 이를테면 국가는 교과서를 어떤 관점에서 바라보는가, 교과서의 제도화 과정과 정착에 영향을 미치는 정치적, 사회적 함의는 무엇인가, 그리고 이데올로기적인 장치로서 교과서는 국가와 국민에 어떤 기능을 수행하는가 등. 이러한 질문들은 국어 교과서를 둘러싼 일부 통념들, 예컨대 국어 교과서를 언어교육을 위한 가치 중립적 텍스트나 의사소통능력을 향상시키기 위한 공식적인 교재, 아니면 보다 위험한 방식이지만 국가 주도 하에 만들어진 '객관적 진리'의 구성물로 이해하는 관습에 대한 전복적 사고를 요구하는 것이었다.

그러나 국어교육의 기원과 형성 공간에 대한 연구는 미래의 국어교육학이 민족어문교과교육으로서 전유해나갈 학문적 정체성을 옹립하기 위해서라도, 그리고 자생적이고 주체적인 방법적 처방이나 실천 원리를 생성할 수 있도록 학문적인 토대와 지형을 완비하는 국어교육학의 독자적 학문 패러다임을 모색하기 위해서라도 보다 심화되고 확장될 필요가 있다. 연구자가 박사논문을 통해 일제 강점기 조선어과 교육을 먼저 접근한 것도 그간 국어교육의 역사에서 '암흑의 시대'로 간주되었던 일제 강점기 조선어과 교육의 현실을 탐사하여 국어교육의 기원적 공간인 개화기와 조회함으로써 교과 교육으로서 국어교육이 경험한 굴절 양상을 목도할 수 있으리라는 판단 때문이었다. 나아가 그 과정에서 해방 이후 국어교육이 설정한 방향과 모색에 대해서도 재검토할 수 있는 계기를 찾을 수 있을 거라는 희망도 작용했다. 일제 강점기에 비정상적으로 실행되었던 국어과 교육에 대한 연구는 근대적인 제도 교과로서 '국어' 교과의 개념과 정체성에 대한 연구자의 학문적 관심사의 일부인 셈이다.

돌이켜 보건대 근대의 제도적 산물로서 국어 교과가 어떻게 변천해 왔으며 역사의 시기마다 그 교과적 정체성은 어떻게 구성되어 왔을까에 관한 연구자의 의문은 박사과정을 밟고 있던 90년대 중반, 백여 년 전의 국어 교과서들을 의심어린 눈으로 바라보았던 그 시절에 비해 그리 깔끔하게 해결된 것은 없는 듯하다. 그러나 부족한 가운데 그나마 조금씩 확신을 가지게 된 것은 그간 의심어린 눈으로만 바라보았던 문제, 예컨대 근대 교과의 관점에서 민족문화의 연원이자 민족교육의 모형으로 존재하는 국어교육이 그다지 자명하거나 절대적인 위상을 갖는 것으로 보기가 어렵다는 것이다. 국어교육이 민족어문교육으로서 지니는 위상에 대해서는 새삼 언급할 필요가 없겠지만 그렇다고 그 가치가 국어교육의 절대성이나 자명성을 보증해 주는 것은 아니다. 민족어문교육의 연원으로서 국어교육은 역사적으로 존재한 교육적 현상의 사실적 재현이라기보다는 민족문화와 같은 민족주의의 용어들, 연원과 같은 역사주의의 용어들에 의존한 담론의 실천이다. 보다 정확하게 말하자면 그것은 한민족의 언어적, 문화적, 교육적 사태들을 민족어문으로서의 '국어'라는 형태로 통합하여 창안해 낸 근대의 언어민족주의적 제도이자 담론일 뿐이다.

따라서 근대 국민국가를 표방하면서 함께 출발한 '국어'라는 교과를 통해 국가가 상상하고 구성하고자 했던 교과적 정체성의 형성 과정에 대한 연구는 국어과 교육의 기원적 형태를 보여줄 수 있다는 점에서뿐만 아니라 근대적 제도의 기원에 대한 인문학적 탐색이라는 점에서도 긴절한 작업이다. 나아가 미래의 국어교육학이 구성하고 정립해나가야 할 교과적, 학문적 정체성을 탐색하기 위해서도 반드시 선결되어야 한다. 이 과제에 대한 연구자 개인의 애정 때문이겠지만, 이 책에서 보인 나의 불찰에 대한 책임의식 때문에라도 '근대 교과로서 국어 교과의 정체성'에 대한 연구는 앞으로도 연구자에게 중요한 과제로 남게 될 것이다.

첫 책을 마무리하는 자리라 떠오르는 분들이 많다. 이 책의 근간이 되었던 논문을 쓰는 내내, 또 단행본으로 정리하면서 이 주제와 함께 걸어온 나의 20대와 30대를 돌이켜 보게 되었다. 그 짧지 않은 시간 질책과 조언, 후원과 격려를 아끼지 않았던 분들의 얼굴도 선명하게 떠오른다. 어떤 연구자도 마찬가지겠지만 한 사람의 연구자가 성장해 나가는데 은혜로운 분들이 어디 한두 분이겠는가. 그럼에도 불구하고 잊을 수 없는 은혜를 베풀어 주신 몇 분들을 기억하며 이 자리를 빌어 고개 숙여 감사의 인사를 올리고 싶다.

대학원 초년 시절부터 미욱한 제자에게 학문의 진지함과 엄정함을 일깨워 주시면서도 한편으로 언제나 따뜻하게 다독거려주신 홍기삼 선생님, 철없던 학부 시절부터 불민한 제자에게 학문의 즐거움과 자유로

움을 만끽하게 해 주셨던 한용환 선생님께 감사의 인사를 드린다. 부족하기 짝이 없는 박사학위논문을 흔쾌히 읽어 주시고 내가 보지 못하는 다른 세계로 이끌어주시며 더할 나위 없이 친절하게 지도해 주신 경인교육대학교의 박인기 선생님, 서울대학교의 우한용 선생님께도 이 자리를 빌어 감사의 인사를 드리고 싶다. 또한 불민한 연구자가 문세의 길로 계속 향할 수 있도록 힘을 주신 단국대학교의 허재영 선생님과 성신여대 강진호 선생님께도 감사의 인사를 드린다. 그분들이 탄탄하게 깔아놓으신 선편의 옥고들이 연구자에게 초석이 되었을 뿐만 아니라 그분들의 따뜻한 격려에 힘입어 이 책도 세상의 빛을 보게 되었다. 그리고 논문의 구상 단계부터 공간에 이르기까지 나보다 더 꼼꼼하고 철저하게 그 설익은 원고를 읽어 주셨을 뿐만 아니라 게으름과 딴전으로 쉽게 기울어지는 나의 성격과 삶까지 늘 앞서서 조각해 주시는 김혜숙 선생님의 후의는 갚을 길이 없을 듯하다. 이 조촐한 책 한 권이 그 분의 사랑에 대한 작은 보답으로 전해졌으면 하는 마음이다.

고백컨대, 이제껏 살아오면서, 다른 길, 다른 동네 힐끗거리지 않고 한 길만 좇아 왔는데도 그 길이 멀고 험하게만 느껴졌던 것은 오로지 나의 미욱함 때문이리라. 특히 공부하는 데 있어서 나 자신이 특별한 재능을 갖고 있지 않다는, 아니 이 능력이 평범함에도 미치지 못하는 것이 아닌가 하는, 끊임없는 회의와 갈등의 시간들이 그 길을 더욱 더디게 했다. 박사논문도, 내 생애 첫 저서도 출간을 망설여 그 시기를 되도록 유예했던 것도 그 때문이다. 이제, 그 마음을 접고 부끄럽지만 이 책을 세상에 내놓기로 한 것은 순전히 나와 함께 이 글을 써 온 또 다른 저자들에 대한 미안함과 고마움 때문이다. 공부하는 딸의 힘겨운 그 길을 안타까운 마음으로 오랫동안 함께 걸어와 주신 친정 엄마의 말없는 믿음과 격려가 없었다면 그 지난한 길을 버티지 못했을 것이다. 엄마는 나의 가장 소중한 공동 저자이자 나의 존재 근거이다. 또한 태어나기 전부터 그리고 세상에 태어난 후에도 엄마를 학교에 빼앗기고도 너무나 맑고 예쁘게 잘 자라 주고 있는 나의 아들 승하와 묵묵히 그 길을 함께 견뎌 준 남편 역시 이 책의 또다른 저자이다. 그러나 무엇보다도 이 책의 첫 주인은 올해로 꼭 십년이 되었지만 늘 그리운 아버지이시다. 아버지에 대한 기억과 흔적들이 나를 버틸 수 있게 한 힘이 되었다. 하늘나라에서 언제나 이 철없는 딸을 응원해 주고 계실 나의 아버지께 이 책을 바친다.

아울러 저서 작업을 하면서 몇몇 용어들을 단행본의 성격에 맞추어 수정했음을 밝혀둔다. 일제 강점기나 조선어과 교육, 조선어과 교과서 등이 그것들이다. 끝으로, 불황의 시기 별 '재미'도 안겨드리지 못할 학술서적을 흔쾌히 출판해 주시고 적극적으로 지지해 주신 도서출판 역락의 이대현 사장님께 감사를 드린다. 세심한 편집으로 예쁜 책을 만들어주신 편집부 박선주님께도 고마운 마음을 전한다.

2011년 2월

김혜련

차례

그림 차례

표 차례

01 '국어' 교과서와 '국가' 그리고 '국민'

1. 제도 교과로서의 '국어', 그 정체성에 대한 회의

이 연구는 국어 교과서와 지배 이데올로기가 밀접한 연관을 갖고 있다는 점에 착안하여 국어 교과서가 '국민' 형성이라는 국가적 프로젝트를 실행하는 양상을 구체적으로 분석하는 데 목적이 있다. 국어 교과서와 지배 이데올로기를 문제 삼는 것은 국어 교과가 다른 교과의 학습을 위한 도구적 교과라는 의미 외에 국어 문화의 창조와 전수라는 이데올로기적 기능을 동시에 수행하고 있는 것을 바탕으로 한다. 국어 교과에 대한 이데올로기적 접근은 기본적으로 다음과 같은 질문들, 예컨대 국어 교과에서 가르치고 있는 지식은 무엇인가, 그 지식의 선정 기준이나 원리는 무엇인가, 나아가 어떤 지식을 정당하고 객관적인 것처럼 보이도록 만드는 주체는 누구인가에 관한 문제와 관련이 깊다.

일찍이 교육과정과 사회와의 관계에 깊게 천착하면서 학교가 '지식을 분류 처리'하는 조직이라는 점을 강조해 온 마이클 영에 따르자면 교과적 지식이야말로 지배 권력의 선택과 배제의 논리에 의해 '분류 처리'된 최종 결과물이다.[1] 특히 다른 교과에 비해 '국가주의'라는 권력적 기제로부터 자유롭지 못한 국어 교과의 경우 이데올로기의 담지체(擔持體)이자 '지배 문화의 통합자'[2]로서 교과적 정체성을 구축해 온 것만은 부인하기 어려운 사실이다. 결국 객관적이고 중립적인 태도를 표방해 온 국어 교과의 뒤에는 그람시의 표현대로라면 개인의 신체는 물론 정서와 욕망까지 개조하고 창발하는 '지식'의 헤게모니적 조작이 도사리고 있는 셈이다.[3]

본 연구는 '자명한 진리'의 전수자로서 자임해 온 국어 교과에 대한 의심과 회의를 제기하면서 다음 두 가지 대상에 대한 반성적 재고를 요구한다.[4] 먼저 '국어 교과서'라는 대상과 관련된 문제이다. 국어 교과서

---

1) Michael F.D. Young, "Knowledge and Control", Michael F.D. Young, ed., *Knowledge and Control*, London : Collier Macmillan, 1971, p.2.

2) 문화의 '통합자'라는 용어는 레이몬드 윌리엄즈가 제도로서의 학교를 현존하는 지배 문화의 중요한 전수자(傳受者)이자 지배 문화를 확고하게 다져가는 통합자로 규정하면서 사용한 용어이다. Raymond Williams, "Base and Superstructure in Marxist Cultural Theory", Roger Dale et all, *Schooling and Capitalism : A Sociological Reader*, London : Routledge & Kegan Paul, 1976, pp.202~205.

3) 그람시(Antonio Gramsci)는 교육이 현실을 정확하게 이해하기 위한 이데올로기적 · 문화적 활동이자 모순된 현실을 자각하고 극복하기 위한 의지를 고양시키는 활동이 되어야 한다고 주장한다. 이를테면 교육에 내재해 있는 지배 이데올로기의 허구성을 추출함으로써 비판적인 의식을 함양하는 것이야말로 교육이 지향해야 할 목적으로 강조한다. 안토니오 그람시, 이상훈 역, 『그람시의 옥중수고 Ⅰ』, 거름, 1992, 215~295쪽, 『그람시의 옥중수고 Ⅱ』, 거름, 35~58쪽. 특히 『그람시의 옥중수고 Ⅱ』는 헤게모니와 교육, 지식인과의 관계에 대한 그람시의 견해가 잘 드러나 있다.

4) 다른 교과에 비해 국어 교과의 경우 '자명한 진리' 혹은 '객관적 권위'라는 인식과 친연성이 깊으며 이러한 인식은 '정전'의 문제와 무관하지 않다. 이를테면 항구 불변의 내재적 가치를 지닌 텍스트가 존재한다는 믿음은 특정 텍스트들을 정전화 혹은 탈정전화의 과정 속에서 새롭게 태어나게 하거나 은폐시키기 때문이다. 그러나 특정 텍스트가 '정전'이 되는 것은 본래부터 그 텍스트에 '정전'이 될 수밖에 없는 미적 원리나 감각, 원칙이 존재하기 때문이라기보다는 특정한 시대나 사회의 지배 이데올로기에 의해 선별되는 과정을 통해서이다. 따라서 정전화를 비판하는 맥락은 '자명한 진리' 혹은 '객관적이고 절대적인 권위나 가치 체계'로서 국어 교과를 인식하는 관습적 사고에 대한 해체적 전략과도 맞물린다. '국어' 교과서의 정

는 국가 공동체의 지배 이념을 직접적이고 전일적으로 행사하는 국정제라는 교과 시스템 아래 개발되어 온 기획 출판물이라 할 수 있다. 국정제 교과 제도는 국어 교과서의 기획에서 유통에 이르는 전 과정에 이르기까지 체제와 구성, 내용 등 각 영역을 통제하고 관리하면서 국가의 이념적 문법에 적합한 '국민'을 양성하는 데 효율적으로 기능한다.

국어 교과서와 국민과의 내밀한 관계는 교과서 명에서부터 '국민' 개념을 궁극적 지향으로 상정하고 출발한 최초의 근대적 국어 교과서인『국민소학독본』(학부, 1895년 8월)에서 이미 비롯한다. 근대적 교육 체제의 정초 단계에서 최초로 기획한 교과서가 국어 교과서였다는 점,5) 최초의 국어 교과서가 내세운 명칭에 '국민'이라는 어휘를 내걸고 있다는 점, 그리고 그 교과서의 내용이 근대적인 지식 개념과 국가관의 변모에 따른 새로운 '국민' 양성의 필요성을 계몽하는 텍스트들로 구성되어 있다는 점 등은 국어 교과서와 국민 간의 녹록치 않은 관계를 짐작하게 한다.

전 문제를 비판적으로 검토한 논의들로 다음을 참조할 수 있다. 김상욱, 『문학교육의 길찾기』, 나라말, 2003; 김창원, 「문학교육과 국가 통제」, 민족문학교육회 편, 『문학교육의 방법』, 한길사, 1991; 김혜련, 「식민지기 문학교육과 정전 논의 – 제2차 조선교육령기(1922~1938) 국어 교과서를 중심으로」, 『문학교육학』 28, 한국문학교육학회, 2009; 정재찬, 『문학교육의 사회학을 위하여』, 역락, 2003; 차혜영, 「한국 현대소설의 정전화 과정 연구」, 『돈암어문학』 18, 2005; 한수영, 「교과서 문학 정전화의 이데올로기와 탈정전화」, 『문학동네』 2006 봄호 등.

5) 최초의 교과서임과 동시에 근대 형성기 교과서의 전범을 마련한 『국민소학독본』은 국어학적·문학적이라는 성격을 지니기보다는 일종의 종합적 교양서에 해당하는 성격이 강하다. 『국민소학독본』은 최초의 신교육용 국어 교과서라는 점에서 국어교육사적인 관심을 많이 받아 왔다. 박붕배, 『한국국어교육전사』(상), 대한교과서주식회사, 1987; 김만곤, 「『국민소학독본』考 – 그 출현의 배경에 대하여」, 『국어국문학』 20, 1979; 허형, 「한국 개화기의 교과서 『국민소학독본』에 나타난 주제 분석(1)」, 『교육과정연구』 12, 1993; 윤치부, 「『국민소학독본』의 국어 교과서적 구성 양상과 그 의미」, 『새국어교육』 64, 2002; 김혜정, 「근대적 텍스트의 구조적 특성과 함의 – 『국민소학독본』을 중심으로」, 『국어교육』 113, 2004; 전용호, 「근대 지식 개념의 형성과 『국민소학독본』」, 『우리어문연구』 25, 2005 등.

'국민' 형성이라는 이념적 장치6)로서 국어 교과의 활용은 국어교육사의 어느 한 부분만 펼쳐 보더라도 어렵지 않게 확인할 수 있다. 예컨대 군정기 교과서인 『중등국어교본』(군정청문교부, 1946년(상)·1947년(중)·1948년(하))에는 좌·우익계의 작품들이 함께 수록되었던 것에 반해 정부 수립 이후 새롭게 편찬한 『중등국어』(문교부, 1950년)가 좌익계의 작품은 모두 삭제하고 대신 '일민주의'로 표방되는 국가 이데올로기와 관련된 텍스트

---

6) '이데올로기적 장치'는 알튀세르(Louis Althusser)가 "국가는 억압적 장치"라는 기존 마르크스 국가론을 비판하고 국가는 '억압적 장치'와 '이데올로기적 국가 장치'로 구별된다는 주장을 제기하며 사용한 용어이다. 그에 의하면, 정부, 군대, 감옥 등으로 상징되는 억압적 국가 장치는 주로 폭력으로 기능하지만 이데올로기적 국가 장치(ideological state apparatuses, ISA)는 '이데올로기'에 의해 기능하는 것으로서 가족 ISA, 교육 ISA, 종교 ISA, 커뮤니케이션 ISA 등을 거론한다. 이 중에서 특히 학교 교육을 가장 이데올로기적이며 계획적이며 장기적인 장치로 문제시한다. 알튀세르의 관점에 기댄다면 본 연구가 주목하는 일제 강점기 조선어과 교육 역시 구체적인 개인들로 하여금 식민 지배 권력의 이데올로기적 호명(interpellation)에 응답하게 함으로써 제국의 이데올로기를 내면화(동일화)하도록 의도된 이념적 장치에 해당한다. 아울러 교육 혹은 학교 지식의 이데올로기에 대한 면밀한 분석을 시도하고 있는 마이클 애플과 교육의 교육 행위가 사회계급 간의 권력 관계와 상징적 관계의 구조를 재생산하는 데 기여한다는 피에르 부르디외(Pierre Bourdieu)의 견해 역시 본 연구와 무관하지 않다. 계급의 재생산론에 대한 부르디외의 논의는 사회 계급과 교육 사이의 연관 관계를 중재시켜 주는 국가의 교육 정책과 지배 이데올로기에 대한 분석은 누락되었지만 교육의 사회적, 문화적 재생산 효과에 대한 주목할 만한 성과로 평가되고 있다. 마이클 애플(Michael W. Apple)은 학교의 지식이 특정한 이념적 기준에 의해 선택된 것들이며 이 때 준거가 되는 이데올로기는 경제적 재생산론 뿐만 아니라 문화적 재생산론적 관점에서 함께 분석해야 한다고 주장한다. 이런 관점에서 보자면 앞에서 인용한 그람시는 다소 다른 지점에 서 있다고 할 수 있다. 알튀세르 등은 교육이 국가 지배 이데올로기를 흡수하여 지배 권력을 재생산하는 데 기여하게 한다는 다분히 권력 재생산 관점인데 반해 그람시의 경우는 헤게모니를 쟁취하기 위한 수단으로 교육을 간주했으며 따라서 의식의 실천과 교사의 역할을 교육의 본질이나 쟁점에서 매우 중요한 요소로 강조한다. 다음 논의들을 참조할 수 있다. 루이 알튀세르, 김동수 역, 「이데올로기와 이데올로기적 국가 장치」, 『아미엥에서의 주장』, 솔, 1991, 84~98쪽; 마이클 W. 애플, 박부권 역, 『학교지식의 정치학』, 우리교육, 2001, 41~298쪽; 마이클 W. 애플, 박부권 외 역, 『교육과 이데올로기』, 한길사, 1985, 11~222쪽; 피에르 부르디외, 이상호 역, 『재생산』, 동문선, 2000; 피에르 부르디외, 최종철 역, 『구별짓기』, 새물결, 2005 등.

들을 곳곳에 배치했던 점이나[7] 3차 교육과정 하의 고등학교 3학년『국어』의 「경제 개발 전략의 기조」에서는 "유신 과업이 성공적으로 수행되고, 정치적 안정과 경제 개발을 위한 영도력이 더욱 공고히 되어야 한다"[8]고 직접적으로 언급함으로써 유신 정권의 정당성을 홍보하는 성격으로 국어 단원을 편성하고 있다는 점, 그리고 '2007 국어과 교육과정' (교육인적자원부 고시 제2007-79호,『국어과 교육과정』, 2007년 2월 28일, 1쪽) 역시 국어과의 성격을 "한국인의 삶이 배어 있는 국어를 창조적으로 사용하는 능력과 태도를 길러 국어를 정확하고 효과적으로 사용하게 하고, 미래 지향의 민족의식과 건전한 국민 정서를 함양하게 하며, 국어 발전과 국어 문화 창달에 이바지하려는 뜻을 세우게 하기 위한 교과"로 제시함으로써 국어 교과의 교과적 정체성을 '국어 사용 능력과 태도의 함양'과 '민족 의식과 국민 정서의 함양'을 통해 '창조적인 한국인 양성'이라는 궁극적인 지향으로 수렴시키고 있는 점[9] 등은 모두 국어 교과와 국민 간의 내밀한 관계를 증거하는 사례들이다. 물론 이데올로기의 담지 장치로서 교과서가 활용된 것은 국어 교과에만 해당되는 사항은 아니다. 그러나 국어 교과서가 여타의 교과에 비해 개인을 국가 이념을 온전하게 함양한 '국민'으로 호명하는 교육적 장치로 강력하게 활용되어

---

7) 단정기『중등국어 ①』에는 「일민주의」라는 제목의 논설문까지 등장한다. 이 글은 이승만 대통령이 만든 일민주의를 사회적으로 구현하자는 내용으로 모든 긍정적 가치를 일민주의로 귀결하는 논리를 드러낸다. 문교부,『중등국어 ①』, 1950년 4월.

8) 태완선, 「경제개발 전략의 기조」, 문교부 편,『인문계 고등학교 국어』(3), 대한교과서주식회사, 1975, 282~289쪽.

9) 언어 기능 교과라는 성격 이외에 국가주의라는 가치관 형성 교과로서의 성격은 1955년 공포된 제1차 국어과 교육과정에서부터 지속적으로 강조해 온 사항이다. 1차 교육과정은 국어과를 '개인적 언어 생활의 기능을 쌓는 것'과 '중견 국민으로서의 교양을 갖추는 것'으로 목표를 설정하여 국어 교과와 '국민' 간의 관계를 명시했다. 이는 제7차 교육과정에 이어 '2007 교육과정' 역시 국어과의 '성격'에서 국어와 국민 간의 관계를 적시하고 있기는 마찬가지이다.

온 것만은 부인하기 어렵다.

사실 독자적인 언어 체계와 그를 바탕으로 문화를 형성, 발전시켜 온 나라일수록 자국어교육으로서 국어과 교육은 중요성을 지닌다. 물론 각 국이 자국어교육을 강조하는 맥락과 상황, 자국어교육의 목표 설정, 교육 내용의 선정과 조직 등의 관점이 동일하다고는 말하기는 어렵지만 적어도 문화적 전통과 성숙성을 자랑하는 나라일수록 자국어교육은 어느 교과의 교육보다 강조된다. 그 까닭은 무엇보다도 국어 교과가 기능적 문식성의 신장이라는 언어교육적 특성10)과 국가 공동체의 일원으로서 자아 형성과 문화의 계승 발전이라는 가치 교육적 특성을 공유한다는 점에 있다. 그런 점에서 '국어'와 '국민'은 국어 교과의 이념적 본성을 형성하는 핵심 요소라고 할 수 있다.

국어 교과와 '국민' 간의 모종의 친연성은 국어 교과서의 국정화 시스템에 의해 보다 정교하게 강화되어 왔다. 특히 국어 교과서 개정이 정치적 권력 집단의 교체에 따라 진행되었다는 사실은 교과서가 국가 권력의 지배 이념을 정당화하기 위한 수단으로 활용되었다는 것을 시사한다. 국어 교과서에 대한 국가적 기획과 간섭, 통제가 국어교육의 내용과 그 내용을 선정하고 조직하는 준거와 원리로 작용해 왔음은 재삼

---

10) '기능적 문식성의 신장'은 기본적으로 국어 교과를 도구적 교과로 인식한다는 것을 의미한다. 국어과를 다른 교과와 구분할 때 가장 긴요하게 활용되는 것이 바로 '도구 교과'라는 용어이다. 국어과는 기본적인 문식력을 익혀 다른 교과의 지식과 기능을 학습할 수 있게 하는 도구로서의 역할을 한다는 뜻에서 '도구 교과'라는 말을 사용해 온 것이다. 그러나 박인기는 도구 교과 또는 도구주의라는 인식에 대해 비판적 성찰이 필요하다고 강조한다. 그의 문맥을 짚어보면, 도구 교과라는 개념을 편벽하게 적용할 경우 국어과가 타 교과와의 다양하고도 폭넓은 상호성 기능을 놓칠 우려가 있다는 것이다. 국어과에서 다루는 지식, 기능, 태도들은 타 교과의 지식, 기능들과 왕성한 상호성을 가진다는 인식의 전환이 필요하다는 그의 주장은 국어교육학이 학문으로서의 위상을 온전하게 확보하기 위한 방법론을 모색해야 하는 현 시점에서 의미 있는 지적이라 할 수 있다(박인기, 「국어교육과 타 교과 교육의 상호성」, 『국어교육』 120, 2006, 1~26쪽 참조).

언급할 필요조차 없다. 국어 교과서와 국가 이데올로기, 그리고 국정제 는 정치적 유착 관계를 형성하며 공존해 온 셈이라 할 수 있다.

두 번째는 왜 일제 강점기 교과서인가라는 시기 설정에 관한 문제이 다. 이 문제는 필연적으로 일제 강점기 조선어과 교육에 대한 이해를 전제로 한다. 여타의 개념과 마찬가지로 국어교육사에서도 일제 강점기 는 암흑의 시대로 처리되어 왔다. 여기에는 실증적인 자료의 한계라는 이유 외에 또 다른 형편이 작용한다. 즉 조선어과 교육 자체가 다분히 형식적으로 운영되었던 상황에서 조선어과 교육에 대한 연구가 과연 가치가 있겠는가에 관한 회의적 분위기가 그것이다. 조선어과 교육은 한시적, 임시적으로 운영되었을 뿐이라는 인식, 혹은 일본어 교수·학 습을 위한 수단의 성격으로 운영되었을 뿐이라는 인식이 이 시기 조선 어과 교육 연구의 필요성을 희석시키는 논리로 작용해 온 것이다.

본 연구 역시 이 부분에 이견은 없다. 일제 강점기 조선어과 교육이 '조선어'의 사용 능력을 신장시키는 목적을 표방하긴 했지만 실은 조선 인 학습자의 식민화를 유도하기 위해 정치적으로 기획되고 한시적으로 실행된 것이 사실이기 때문이다. 다시 말해 조선어과 교육은 듣기, 말하 기, 읽기, 쓰기 등의 조선어 사용 능력의 신장과 조선어 문화 창출에 목 적을 두고 실현된 것이 아니라 식민 지배 집단의 이데올로기를 내면화 하도록 하여 지배 집단에 적합한 '국민'을 양성하기 위한 교과로 활용 되었던 것이다. 그러나 교육과정에서 교과서에 이르기까지 교육 체제 전반에 대한 국가적 주권을 표칭하는 국정 시스템이 국가 이데올로기 가 구성하고자 하는 '국민'을 창출하는 데 더할 나위 없이 효율적이면 서 편리한 제도라는 점을 인식한다면 지배 집단인 일제가 교과서의 기 획, 관리, 통제를 원칙으로 하는 국정제를 조선어과 교육 전반에서 얼마 나 긴요하게 활용했을 것인가에 대한 고찰은 국어과 교육의 교과적 정당성과 정체성을 규명하기 위해서 반드시 선결되어야 한다.[11] 특히 교과서의 편찬과 발행 및 사용에 관한 전권을 국가 권력이 장악함으로써 이른바 정부 주도의 관찬 교과서(官撰教科書, 國定教科書) 체제가 제도적으로 정초되기 시작한 것이 일본 통감부 체제하에서였다는 점은 교과서와 지배 권력과의 내밀한 유착 관계를 방증하기에 충분하기 때문이다.

따라서 조선어과의 '교수'[12]를 위해 편찬했던 조선어과 교과서를 분

---

11) 최초의 국어 교과서가 대한제국 학부가 주관이 되어 편찬된 이래 국어 교과는 국가가 관리하는 대표적인 교과로 자리매김해 왔다. 그러나 기획은 물론 집필, 인쇄, 발행에 이르는 교과서의 편찬 전 과정에 지배 권력이 본격적으로 개입하기 시작한 것은 일본 통감부 체제에서이다. 국어 교과서의 국정 편찬 체제는 식민기획의 산물인 셈이다. 이런 점에서 '2007 교육과정'이 국어 교과서의 검인정화를 시도한 것은 교과 내부 논리에서뿐만 아니라 식민성의 극복 혹은 일제 잔재의 청산이라는 거시적인 관점에서도 의미있는 일이라 할 수 있다.

12) 일제 강점기 교육 이념과 방식은 기본적으로 일반적인 교육학적 용어인 '교수'와는 다른 '훈육'의 관점에서 이루어졌다. '훈육'의 개념은 시대와 동·서양에 따라 다소 차이가 있는데 적어도 조선시대만 하더라도 '훈육'은 '교수'와 별개의 것이 아니었다. 교육의 목표가 '수기치인(修己治人)'을 할 수 있는 도덕교육이었으므로 아동 교훈서인 『사소절(士小節)』, 『내훈(內訓)』, 『격몽요결(擊蒙要訣)』 등을 통하여 도덕적 인격에 필요한 마음가짐과 언행·생활 습관을 체득하였고, 공부는 인륜의 도를 익히는 방법이었으므로 그 자체가 훈육의 과정이었다. 그러나 서구 근대 교육에서는 '훈육'을 '교수'와 분리하여 이해한다. '훈육'은 일종의 명령 체계 또는 학습자를 사회화시키는 기능으로 일컬어지고 있다. 전자의 예로, 피터스(R.S.Peters)는 '훈육이란 규칙이나 명령을 이용하여 아동의 정신에 영향을 주는 것으로, 이 규칙은 권위를 가진 외부에 의해 주어지기도 하고 아동 자신에 의해 설정되기도 한다'고 정의함으로써 훈육을 윤리교육과 관련지어 설명하였다. 후자는 비판이론에 입각하여 학교 훈육의 역할을 기술한 것으로서 보울즈(S.Bowles)와 긴티스(H.Gintis), 샤피로(H.Shapiro) 등이 자본주의 사회에서 학교 훈육이란 부르조아 이데올로기에 복종하도록 가르침으로써 학생들을 불평등한 구조 속으로 배당시키는 기능을 한다고 본다. 두 입장은 학습자(아동)를 일정한 방식으로 길들인다는 공통점이 있다. 푸코는 길들여진 몸을 창조하는 여러 다양한 기법과 전술을 통틀어서 훈육(규율)이라 칭하였다. 즉 훈육이란 최대의 경제성과 동작의 정련화를 이룩하기 위해 개인의 행동과 몸의 능력을 통어하는 권력의 특수한 기술인 것이다. 그러나 일제 강점기의 훈육의 개념과 역할은 조선시대나 서구와는 다른 의미를 지닌다. 이 시기의 훈육에 대해 김진균 외(1997)는 보통학교의 교육 원리를 '훈육'과 '연성'으로 설명하고, 병렬적인 용어로 '훈련'을 제시한다. 이것은 보통학교의 훈육 체계가 교육

석하는 본 연구13)는 그동안 공백기나 암흑기로 처리되었던 일제 강점기 조선어과 교육의 이념과 그 실상을 확인하는 의미와 함께 한국 국어교육사의 온전한 복원을 위한 토대 작업이라는 의미를 지닌다. 나아가이 글에서 수행하는 반성적 검토는 국정이라는 이름을 달고 근대교육 백여 년 간 살아온 국어 교과서가 검인정제로 전환된 시점에서 극복하고 지향해야 할 모습에 대한 전망을 제기한다는 점에서도 그 의의를 찾을 수 있다.14)

과정과 학교 행사, 근로 봉사, 교과 외 활동 등에 이르기까지 세밀하게 이루어졌음을 의미한다. 오성철(2000)은 보통학교 규율(훈육)을 '보통학교에서 이루어진 교과교육 이외의 학생행동 훈련 방식의 총칭'으로 정의하였다. 훈육과 교수의 개념과 이념적 의미에 대해서는 다음 논저들을 참조할 수 있다 : 보울스와 긴티스(Bowles, S. and Gintis, H.), 이규환 역, 『자본주의와 학교교육』, 사계절, 1986; 미셸 푸코, 이광래 역, 『말과 사물』, 민음사, 1980; 미셸 푸코, 오생근 역, 『감시와 처벌』, 나남, 1994; 미셸 푸코, 정일준 편역, 「주체와 권력」, 『미셸 푸코의 권력이론』, 새물결, 49~98쪽; 김진균·정근식, 「식민지 체제와 근대적 규율」, 『근대 주체와 식민지 권력』, 문화과학사, 1997, 13~29쪽; 오성철, 『식민지초등교육의 형성』, 교육과학사, 2000, 25~368쪽 등.

13) 이 부분은 다음과 같은 문제를 내포한다. 식민 통치상 조선어과 교육의 한시적인 필요성이 있었다 해도 굳이 교과서까지 새롭게 제작할 필요가 있었는가이다. 단순히 조선어 문해력을 위해 배치했다면 '국어독본'(일어독본)을 조선어로 번역해서 사용하는 것이 보다 수월했을 것이다. 그런데 굳이 조선어 교과서의 편찬 부서를 별도로 두고 조선어 교과서를 개발한 이유는 무엇이었을까. 실제로 조선어독본의 단원 편제를 보면 일본 교과서에 출전을 두고 있는 단원 외에 새롭게 기술한 단원이 절반 수준에 이른다. 식민 당국은 조선어 교과에서 단순히 조선어 습득에 목적이 있었던 것이 아니다. 본 연구는 그것을 제국의 변방으로서 '조선적인 것'의 형성과 관련이 깊다고 본다.

14) 우리나라의 교과서 제도는 해방 이후 현재에 이르기까지 국정·검정·인정제의 삼원 체제를 유지하고 있다. 이 중 국정 도서와 검정 도서는 출판 주체나 출판 과정 면에서 상대적인 측면을 지니지만 교과로서의 성립 효력은 국가의 지휘와 통제에 의해 발생한다는 점에서는 근본적으로 유사하다. 그러나 국정 교과서에 비해 검정 도서는 다양한 학술적 견해를 수록할 수 있다는 점, 집필층의 자유 선정과 참여가 보장되어 있다는 점, 교사와 학생에게 선택권이 주어진다는 점 등에서 어느 정도의 자율과 창의가 보장된다. 국정 도서와 검정 도서의 비교에 관해서는 문교부, 『현행 교과서 제도의 개요』, 1987; 전국교직원노동조합 교과위원회 편, 『참

전술한 목적에 따라 본 연구가 대상으로 삼은 텍스트는 일제 강점기 특히 제2차 조선교육령기(1922~1938)에 편찬, 사용된 중등학교 조선어과 교과서인 『여자고등조선어독본』(권1~권4)과 『신편고등조선어급한문독본』(권1~권5) 등 총 2종 9권이다.[15] 『여자고등조선어독본』과 『신편고등조선어급한문독본』은 3·1 운동 이후 이른바 문화통치로의 전환을 반영하여 공포한 제2차 조선교육령에 근거하여 편찬된 조선어과 교과서이다. 일제는 3·1 운동의 원인을 자체적으로 분석한 후 학습자의 요구를 고려하지 않은 교육 정책은 실효를 거두기가 어렵다는 합의 아래 개정 조선교육령을 통해서 중등교육의 질적 관리를 위한 다양한 기술적 정책을 고시하였다. 조선어과 교육 역시 예외는 아니었다. 비록 수업 시수는 이전 교육령에 비해 현저히 줄어들었지만 개정된 조선어과 교과서의 모습은 이전과는 전혀 다른 모습으로 등장하였다. 가장 주목할 만한 변화는 조선어과 교과서의 진술 언어를 '조선어'로 했다는 점이다. 언뜻 보면 당연한 얘기이지만 적어도 이전 교육령기의 조선어과 교과서인 『고등조선어급한문독본』에서의 진술 언어가 조선어가 아닌 '한문'이었던 사실

교육 실현을 위한 교과서 백서』, 푸른 역사, 1990 등과 최근 <한국교육과정평가원>이나 <한국교과서연구재단> 등이 기획한 교과서 제도에 관한 자료들을 참조할 수 있다. 한국교육과정평가원, 『국정교과서 검인정화 방안에 대한 공청회』, 2005.6.16; 조난심 외, 『초중등학교 국정 도서의 검인정화 방안 연구』, 한국교과서연구재단, 2004; 김재복 외, 『교육과정·교과서 정책의 효율적인 운영 방안에 관한 연구』, 한국교과서연구재단, 2006 등.

15) 일제시대에 편찬된 중등학교 조선어과 교과서는 대략 7종으로 알려져 있다. 이 중에서 <문법>이나 <작문>에 가까운 것을 제외하고 <조선어급한문> 교과의 교과서로 사용된 것만을 추출하면 『고등조선어급한문독본』(1913), 『여자고등조선어독본』(1924~1925), 『신편고등조선어급한문독본』(1925~1926), 『중등교육조선어급한문독본』(1933~1937) 등 4종이다. 이 중에서 『고등조선어급한문독본』은 제1차 교육령에 근거하여 편찬한 일제 시대 최초의 중등학교 조선어과 교과서이다. 그러나 <조선어급한문>이라고 교과서명을 내걸기는 했지만 본문이 거의 모두 한문으로 기술되어 있고, 조선어과와 관련된 내용 역시 극히 일부여서 '조선어' 독본이라는 교과서명은 실은 명분에 불과했다.

과 비교하면 개정 교과서의 표기 수단을 '조선어'로 한 것은 눈 여겨 보아야 할 표지이다. 그러나 본론에서 분석하겠지만 교과서의 공식 언어를 '조선어'로 하는 대신 내용면에서는 보다 치밀하고 체계적인 식민화 프로젝트를 가동함으로써 교육을 통한 식민화 통치는 보다 정교해졌다고 할 수 있다.

두 번째 변화는 고등보통학교(이하 '고보'로 약칭함)와 여자고등보통학교(이하 '여고보'로 약칭함)의 조선어과 교과서를 달리 편성함으로써 학습자의 특성을 반영하는 교육 시스템을 구축하는 '포즈'를 취했다는 점이다. 일제 강점기 여자 중등학교인 여고보용의 『여자고등조선어독본』과 남자 중등학교인 고보용의 『신편고등조선어급한문독본』으로 조선어과 교과서를 분리, 편찬했다는 사실은 표면적으로는 일제 강점기 조선어과 교육이 성차(gender)적 자질을 고려하여 학습자 중심의 교육을 실현하기 위해 노력한 흔적으로 읽히지만 실은 3·1 운동 이후 '여성의 감화'야말로 '원활한 식민 통치의 토대'라는 사실을 인식한 식민 권력자들의 통치 전략의 소산으로 보는 것이 온당하다.

이런 점에서 제1차 조선교육령기의 조선어과 교과서인 『고등조선어급한문독본』이 조선어과 교육을 명분으로만 존치시키려는 목적으로 편찬한 임시 교과서의 성격을 지녔다면, 제2차 교육령기의 『여자고등조선어독본』과 『신편고등조선어급한문독본』은 여타의 교과와는 달리 표기 언어를 '조선어'로 채택하여 학습자와 교과 간의 친밀감을 유도함으로써 식민 규율의 내면화를 효과적으로 창출할 수 있도록 기획한 교과서라 할 수 있다. 또한 제2차 교육령의 일부 개정으로 1933년부터 학년별로 개정 편찬되기 시작해서 1937년에 전 학년 교과서가 완간된 『중등교육조선어급한문독본』이 있지만 이 교과서는 완간 이듬해인 1938년에 조선어과가 수의 과목으로 전락되면서 사실상 폐과되었기 때문에 학년에 따라서는 채 일 년도 사용되지 못했다. 이런 상황을 감안하면 『여자고등조선어독본』과 『신편고등조선어급한문독본』은 제2차 교육령기가 실행되는 1922년부터 1938년 초까지 식민 통치 기간 중 가장 오랫동안 사용된 교과서로서 식민지기 중등학교 조선어과 교과서의 대표적인 형태라 할 수 있다. 여기까지가 본 연구가 일제 강점기 중등학교 조선어과 교과서로 편찬된 4종 중에서 『여자고등조선어급한문독본』과 『신편고등조선어급한문독본』의 2종을 분석 대상으로 삼은 이유이다.

아울러 이 두 교과서가 놓여 있는 시기인 2차 교육령기 역시 교육사적 관점에서 섬세한 주목을 요하는 시기라는 사실을 상기할 필요가 있다. 조선에서 총독부 체제를 가동한 후 헌병 경찰에 의한 무단적 통치 체제가 성공적으로 정착되었다고 믿고 있던 식민 지배 권력의 입장에서 3·1 운동의 발발은 가공(可恐)할 만한 사건이었다. 이 '사건'에 대한 문책의 성격으로 일본 정부는 당시 총독이었던 하세가와(長谷川好道, 1916년 10월 16일~1919년 8월 12일)를 경질하고 해군대장 출신의 사이토(齊藤實, 1919년 8월 12일~1927년 12월 10일)를 3대 총독으로 임명했다.

3·1 운동의 기세를 진압하기 위해 임명된 사이토는 우선 과거의 무단 통치를 이른바 문화 통치로 전환할 것을 표방했다. 그러나 새로운 통치 방식은 보다 정교한 식민지 정책으로 실행되었다. 교육과 관련된 한 가지 사례만 들더라도 사이토는 부임 직후 고시한 「朝鮮統治에 關한 五大政綱」에 따라 총독부 관제의 개혁을 실행했다(1919년 8월 19일). 개혁의 요점은 총독부 체제를 부제(部制)에서 국제(局制)로 전환하여 총독관방과 조선총독의 직속국(直屬局)인 6국 체제(학무국, 내무국, 재무국, 식산국, 법무국, 경무국 등)로 편성했으며 이때 교육 전담 부서인 기존의 내무부 산하 학무과를 독립된 '국'으로 격상시켰다. 학무국으로의 승격은 3·1 운동 이후 내세운 '문화 창달'이라는 통치 기획을 정치적 전략으로 활용하기 위한

전초 기지를 마련한다는 의미를 지니는 것이기도 했지만 동시에 식민 통치에서 '교육'의 중요성이 식민 통치 초기보다 더 절실하게 강조되었다는 것을 의미하는 것이기도 하다. 사이토는 "將來의 統治 方針은 教育과 宗教 方面에 崔히 力을 用하라"라고 단언할 정도로 조선의 통치에서 가장 우선적인 대상으로 교육을 인식했으며 사실상 식민 통치의 전두 지휘권을 학무국에 부여했다. 교육 통치의 중요성은 식민지 교육 정책의 총체적인 검토와 그에 따른 조선교육령의 전면적인 개정을 필요로 하였다.

제2차 조선교육령의 핵심적인 요지는 내선일체(內鮮一體)를 최상위 교육 이념으로 제시했다는 것에 있다. 내선일체의 강조는 강제병합 이후 실시한 식민지 교육 정책이 민족 차별을 전면적으로 표방하여 저열한 하급 실무자 양성을 목적으로 한 교육에 대한 조선인의 저항과 반발에 따른 조처였다. "內地와 다른 簡易한 教育制度에 매우 不滿足한 者들로 因하여 施政상의 影響이 적지 않아 內外가 同一制度에 依하여 各種의 學校를 設置하고, 人民으로 하여금 그 能力과 資力에 맞게 適當한 程度의 教育을 選擇할 수 있게 한다"[16]는 사이토의 회고는 차별적인 식민주의 교육 정책의 수정이 불가피함을 토로하는 것이었다. 조선인에게 실시한 간이형·저급형 교육 정책이 조선인의 반발과 저항이라는 예상치 못한 역류에 부딪힌 것에 대한 식민 권력자들의 당혹은 '간이한 교육 제도'에 대한 조선인의 불만을 무마해야 하는 정책이 시급하다는 판단으로 수렴되었다. 그 결과 식민 권력은 종전의 식민지 교육 정책을 반성하는 조처로 새로운 개정 교육령을 통해 "내선인 교육 제도를 교육령 중에 통합 설정하고 내지와 전적으로 동일한 교육주의와 제도를 채용한다"(朝鮮總督府,『施政年報』第7卷, 1921, 144쪽)고 선전하였으며 그 구체적인 정책

---

16)「朝鮮學制改正安要領」, 4~5쪽, 박철희(2002 : 24) 재인용.

으로 중등교육의 성격을 실업 중심에서 인문 중심으로 전환하고 대학 교육에 관한 조항을 규정하는 등 전체적으로 조선 교육의 질적 제고를 위한 각종 정책을 제시하였다. 그러나 실질적으로는 중등교육에서 조선 인을 충량한 제국 신민으로 양성하기 위한 다양한 프로그램을 획책하 였으며 3·1 운동의 재발을 방지하고 원활한 식민 통치를 위해 조선인 식민 관료를 배출하기 위한 시스템으로 교육 체제를 재정비한 것에 불 과했다.

교육령의 개정은 교과서의 전면적인 개정 편찬을 요구했다. 교과서 편찬 기획은 14개월에 걸친 전면적인 재검토 작업 이후 1923년 2월부터 인쇄비 70만원이라는 막대한 예산을 책정하여 60만 권의 교과서를 발행 한다는 계획을 세우는 등 대대적인 개정으로 실행된 것이다(『동아일보』, 1923년 2월 2일). 교과서의 개정 작업은 식민지 조선의 영토 안에서 이루 어지는 공교육은 물론 서당이나 야학 등의 사교육 기관뿐만 아니라 만 주나 시베리아 등지의 한인학교에서 사용하는 교과서까지 일괄적으로 조선총독부 편찬 교과서나 혹은 일본 문부성 교과서를 강제 사용하게 함으로써 조선의 교육 전체를 식민주의 교육 프로젝트의 대상으로 포획 하는 성격으로 실행된 것이었다. 『여자고등조선어독본』과 『신편고등조 선어급한문독본』 역시 조선인 교육의 전면적이고도 효율적인 식민화를 위해 기획된 교과서였다. 식민주의 교육 체제의 원활한 가동을 위해서 그리고 3·1 운동의 재발을 방지하기 위해서 1922년부터는 각 도에 이사 관 1인씩을 증원해서 시학관으로 배정하여 학사와 교육에 관한 업무를 시찰한다는[17] 명분 하에 식민지 조선의 교육에 대한 전면적인 관리 체 제를 구축했다.

요컨대 제2차 조선교육령기는 조선 사회에 식민주의 교육 체제를 순

---

17) 朝鮮總督府, 『施政年報』 第9卷, 1925, 140쪽.

조롭게 착근시키기 위해 다양하고도 전면적인 교육 정책을 구안하던 시기였다는 점에서 일제 강점기 교육사에서 가장 핵심적인 시기이다. 아울러 조선어과 교육의 관점에서는 제3차 조선교육령이 공포되는 1938년부터 조선어과가 필수 교과에서 수의 과목으로 변경되면서 사실상 폐과되었다는 점에서 2차 교육령기 조선어과 교육의 의미는 그 중요성이 더욱 부각된다고 하겠다. 이상이 본 연구가 '제2차 조선교육령기(1922년 4월 1일~1938년 3월 31일)'를 연구 대상 시기로 삼은 이유이다.[18]

2. '국어' 교과서와 '국민' 사이, 국어교육학의 존재와 학문적 과제

일제 강점기 조선어과 교육에 관한 연구는 국어교육학이라는 학문적 범주 안에서는 최근까지만 해도 그다지 주목받지 못한 분야였다. 이것은 관심의 부재라기보다는 국어교육학이라는 학문적 영역이 정립된 것이 그다지 오래 되지 않았다는 것에 근본적인 원인이 있다. 1980년대 중반 이후 본격적으로 개진되기 시작한 국어교육학의 학문적 성격에 대

---

18) 허재영(2009 : 22~24)는 일제 강점기 조선교육령이 9차례의 개정을 거쳐 모두 10차의 교육령 공포가 있었다고 분석한다. 그 중 1911년 조선교육령, 1922년 조선교육령, 1938년 조선교육령을 교육 정책 및 교과서 변화와 밀접한 관련을 맺는 시기로 보며 각각을 '구교육령', '신교육령', '개정교육령'으로 일컫는다. 이에 따르면 본 연구의 대상 시기인 1922년 교육령은 제3차 교육령에 해당한다(1911년 제1차, 1920년 제2차, 1922년 제3차). 그러나 본 연구에서는 박붕배(1987), 정재철(1985) 등과 같이 보통학교 수업 연한 조항 등의 일부 조항을 개정한 1920년 개정은 1차 교육령의 부분 개정으로, 그리고 실업교육과 사범 교육 관련 조항을 수정, 개정한 1929년과 사범 학교 관련 조항을 개정한 1933년 개정은 2차 교육령의 부분 개정의 성격으로 간주한다. 이에 따라 본 연구는 2차 교육령 시기를 1922년 4월 1일부터 1938년 3월 31일까지로 본다. 이는 현 2007 교육과정이 성격과 목표, 내용 체계 등 많은 부분에서 달라졌음에도, 일단은 7차 교육과정의 부분, 수시 개정의 성격으로 규정하여 '8차 교육과정'으로 지칭하지 않는 것과 같은 맥락이다.

한 논의는 주로 국어교육학의 학문적 체계에 관한 이론적 연구와 국어교육 현상의 개선을 위한 실제적 연구의 두 방향으로 진행되었다. 이두 경향의 연구가 암묵적으로 합의하는 부분은 국어교육학은 국어교육의 질을 개선하는 데 실질적으로 기여하기 위한 연구를 지향해야 한다는 점이다. 김대행(2005)의 표현을 빌리자면 국어교육학은 '교육적 수행이 가능한 연구'를 지향해야 한다는 의미이다. 국어교육의 연구가 수행적이어야 한다는 것은 교육이 현실적 실천을 전제로 하는 행위라는 점에 근거하며, 이 경우 국어교육의 연구는 구체적 실천력을 가지는 연구로서 목표론이나 교수·학습론, 평가론 등을 수반하게 된다.19) 국어교육학이 실천적 학문인 이상, 구체적인 국어과 교수·학습 현장에 적용해서 실천할 수 있는 이론이나 도구의 개발은 국어교육학에서 중요하고도 절실한 과제로 우선적으로 강조될 수밖에 없었다. 그 결과 그리 길지 않은 연혁에 비하여 국어교육학과 관련된 상당한 양의 연구 성과들이 쏟아져 나오고 있으며 이에 따라 국어교육학의 학문적 정체성도 점점 더 정교하고 세련되게 정립되어 가고 있는 상황이다.

그러나 국어교육학이 언제까지나 교실 내의 수업 기술 및 처방 차원에서의 교수학적 범주, 교육 방법론의 수준에 만족하며 그 안에서의 미시적, 기술적 연구에만 머물러 있다면 그것은 국어교육학을 위해서도 그다지 행복한 일은 못된다. 그러한 태도는 국어교육학을 "교육 실천

---

19) 김대행(2005 : 5~25)이 '교육적 수행이 가능한 연구'를 강조한 것을 방법 우선, 내용 경시라는 시각으로 이해하는 것은 곤란하다. 김대행은 국어교육이 방법적 기술에만 경도된 채 국어과를 도구 교과로 인식하는 태도에 대해 부정적인 입장을 취한다. 단 이 글에서 강조하는 '방법'적 차원의 수행적 연구는 국어교육의 현실적 실천을 위한 수행적 이론의 개발의 중요성을 설파한 것이라 할 수 있다. 국어교육의 지향에 대한 그의 논의로 다음의 글들을 참고할 수 있다. 김대행, 「내용론을 위하여」, 『국어교육연구』 10, 2002, 7~35쪽; 「국어생활·국어 문화·국어교육」, 『국어교육』 119, 2006, 1~26쪽; 「매체 환경의 변화와 국어교육의 방향」, 『국어교육학연구』 28, 2007, 5~32쪽 등.

기술의 기제 정도"로 제한시키는 결과를 초래할 수도 있기 때문이다. 온전한 의미에서 국어교육학이 학문적 정체성과 위상을 발휘하기 위해서는 박인기의 지적대로 "국어교육과 관련된 여러 현상들(인문과학적, 사회과학적, 기타 응용학문적 범주의 지식 등을 포함하여)을 국어교육의 입지에서 재개념화 하는 노력"[20]이 절실히 요구된다. 국어교육학이 교수학적 범주, 교육 방법론의 수준에 만족하여 머물러 있다면 국어교육학은 "학문이 되기 어렵다"(박인기, 2005 : 102)는 그의 뼈아픈 지적은 오늘날 국어교육학의 연구 경향에 대한 경고적 메시지로 경청할 만한 것이다.

이런 관점에서 보자면 국어 현상, 나아가 국어교육의 사회언어학적 연구를 강조해 온 김혜숙(2003)의 논지 역시 국어교육학의 학문적 토대를 구축하기 위한 모델링 작업으로서 참조할 만하다. 그는 인간과 언어와 사회는 따로 떼어서 생각해서는 안 된다는 비트겐슈타인의 입장을 재삼 확인하면서 "언어는 반드시 사회와 관련지어서 사회 속에서 연구"되어야 한다는 점을 강조한다. 기본적으로 사회로부터 떨어진 순수하고도 완전한 언어는 존재하지 않는다는 '사회적 맥락 속의 언어'를 주장

20) 박인기, 「국어교육학 연구의 방향 : 재개념화 그리고 가로지르기」, 『국어교육학연구』 22, 2005, 102~103쪽. 이 글에서는 '기능주의적 인식'만으로서는 국어교육학이 다른 학문들과 대등한 호환성을 가지는 학문의 차원에 오르기 어렵다는 점을 힘주어 강조한다. 그는 국어교육학이 생성하는 기능적 처방이나 실천 원리라는 것도, 기능이나 처방보다 상위 수준의 연구 담론들이 집적될 때 비로소 가능하다는 전제 아래 국어교육학 연구의 내적, 외적 범주를 여섯 가지로 제안하고 있다. 이러한 관점은 본 연구의 입론에 매우 유용한 입지를 제공한다. 본 연구 역시 국어교육이 실행되는 토대에 대한 역사적, 사회적, 문화적 관심에 대한 필요성을 제기하기 때문이다. 국어교육은 진공 상태의 교실에서 실행되는 자족적 체계가 아니라, 다양한 역사 사회적 맥락들이 혼효되는 가운데 실행되는 수행적 실천 행위이다. 박인기의 주장대로 국어교육의 내적, 외적 범주에 대한 균형적 인식이야말로 국어교육의 '학문적 결정력'을 강화할 수 있는 것이다. 국어교육과 인문학의 소통을 개진한 다음 논의는 국어교육학의 학제성에 관한 논의를 보다 구체화한 성과물이다. 박인기, 「국어교육학과 인문학적 상상력」, 『국어국문학』 147, 2007, 5~24쪽.

하는 그는 언어학 연구의 최종 지향점을 언어교육으로 설정한다. 그에 의하면 언어교육 역시 인간과 사회와 언어의 관계에 대한 근본적이고 도 치밀한 인식을 전제로 하는 교육이어야 한다는 것이다.[21] 언어교육 과 사회언어학의 접목을 시도한 그의 시론적 논의는 국어교육학이 질 적으로 발전하자면 연구의 학제성을 대폭 확충해 가야 한다는 박인기의 주장과 유사한 관점일 뿐만 아니라 무엇보다도 국어교육학이 학문으로서 의 새로운 패러다임을 구축해야 하는 현 시점에서 모색하고 타진해 볼 만 한 대안을 제안했다는 점에서 의미를 지닌다.

국어교육학 방법론의 영역 확장을 주장하는 우한용(2006)은 국어교육 이 민주 시민의 언어 생활과 언어 운용에 관한 교육일 뿐만 아니라 민 족적 이상을 이해하고 민족어의 언어 감각을 체득하는 교과로 인식되 어 온 사실을 상기시킨다. 그는 국어교육이 태생적으로 이념성을 안고 태어났는데도 현재의 국어교육 연구들은 탈이념적인 대상으로만 국어 교육을 간주하고 있는 것은 모순이라고 지적한다. '언어제국주의' 상황 에서 수행되는 국어교육이 과연 탈이념화할 수 있는가라는 근본적인 문제를 제기하며 국어교육의 이념성 연구는 반드시 선행되어야 하는 방법론이라고 강조한다. 국어교육의 방법론이 확장되어야 한다는 논조 로 개진된 그의 논의 역시 국어교육학의 학문적 정체성을 강화하기 위 한 학제간 연구의 중요성을 환기하는 지적이라 할 수 있다.[22]

---

21) 김혜숙, 「사회언어학(Sociolinguistics)이란 무엇인가? – 사회언어학의 특성과 연구 동 향」, 『동국어문학』 15, 2003, 15~55쪽. 김혜숙은 이 논문에 이어 국어교육에 미치 는 사회언어학의 영향에 주목하는 일련의 후속 논의를 계속하여 내놓음으로써 국 어교육과 사회언어학 간의 학제간 연구의 장을 열어놓았다는 평가를 받는다. 김혜 숙, 「사회언어학 연구의 방법론 고찰」, 『새국어교육』 67, 2004, 143~172쪽; 김혜숙, 「사회언어학 연구와 국어교육의 연계성 : 국어교육에 미치는 사회언어학적 영향 을 중심으로」, 『국어국문학』 141, 2005, 379~405쪽; 김혜숙, 「사회방언과 국어교육 」, 『국어교육학연구』 35, 2009, 33~63쪽 등 참조.

국어교육의 학제적 연구에 대한 필요성은 본 논문의 관점인 국어교육과 이데올로기의 관계에 착목한 선행 연구들에 의해서도 일찍이 개진되어 왔다. 김상욱은 국어교육이 단순히 주어진 상황에 적절한 기능적 완전성을 추구하는 것만이 목적이 되어서는 곤란하다고 지적하면서 담화의 이면에 가로놓인 상황적 맥락과 주체의 이데올로기를 평가함으로써 어떤 담화적 실천이 구축되는지를 비판적으로 검토해야 할 필요성에 대해 역설한 바 있다. 그의 일련의 논의들은 국어교육이 담화의 어법과 맥락에 맞는 적절하고 정확한 사용뿐만이 아니라 어법과 맥락을 주체의 관여 속에서 능동적으로 전유하는 창조적이고 비판적인 언어 사용에 초점을 두어야 한다고 강조한다. 비판적 언어 활동의 구체적인 가능성을 검증하기 위해서는 담화의 내용으로서의 이데올로기와 그 표현으로서의 담화 형식이 맺고 있는 상호 연관에 대한 고찰이 필요하다는 것이다.[23]

그러나 국어교육과 지배 이데올로기와의 관계에 대한 고찰은 지배 이데올로기와 권력의 위상을 부각시킴으로써 자칫 기존 체제의 도저한

---

22) 우한용, 「국어교육학 정립의 도정과 전망」, 『선청어문』 34, 2006, 31~58쪽. 사실 국어교육의 방법론적 확장에 대한 그의 관심은 문학교육을 문화론적 시각에서 접근해야 할 필요성을 주장한 학문적 견해와 다르지 않은 시각이다. 그의 대표적인 저서인 『문학교육과 문화론』(서울대출판부, 1997)을 통해 우한용은 문학교육은 문학에 대한 학문적 관심에 머물러서는 안되고 문화적 실천으로 문학을 인식해야 하며, 나아가 문학을 언어 문화의 하나로 바라보는 시각의 전환이 필요함을 역설하였다. 문학교육과 문화론의 접점을 모색했던 그의 논의는 최근의 국어교육이 의사소통 능력을 넘어 사회문화적인 요소들과 상호작용하면서 국어교육의 외연을 확장해 나가려는 제반 연구 경향들의 선구적 계기를 형성해 주었다는 점에서 재삼 주목을 요한다.

23) 김상욱의 다음과 같은 논의들을 참조할 수 있다. 김상욱, 「담화·이데올로기·국어교육」, 『선청어문』 20, 1992, 227~239쪽; 「담화의 이데올로기적 성격과 국어교육적 함의」, 『국어국문학』 112, 1994, 377~396쪽; 김상욱, 「문학교육 이념으로서의 주체 형성과 민족적 주체」, 『문학교육학』 6, 2000, 95~119쪽 등.

위력을 인정하게 되는 쓸쓸한 비관론으로 귀결되기 쉽다. 정재찬은 이런 점에서 이데올로기의 생산적 측면에 주목해야 할 필요성을 제기한다. 그의 입론 역시 국어교육에서 말하는 의사소통은 단순한 기능 이상이어야 한다는 점을 강조하면서 의사소통 속에 은폐되어 있는 지배 사회적 지식과 신념, 정체성 등에 대한 권력적 메커니즘을 들춰내야 함을 힘주어 말한다. 그러나 이 때 반드시 염두에 두어야 할 것은 진정한 의사소통의 성취와 문화의 발전을 위해서는 국어교육이 의사소통에 내재해 있는 이데올로기를 창의적·교육적으로 활용해야 한다는 점이다.[24]

요컨대 국어교육과 이데올로기와의 관계에 대한 접근에서 중요한 것은 국가 이데올로기의 위력에 눌려 있는 국어교육의 종속적 위상을 확인하거나 지배 이데올로기의 존재를 무력하게 인정하는 데 있지 않다는 것이다. 국어교육은 지배 이데올로기가 창출한 지식과 신념 체계, 정치적·사회적 산물로서의 제반 기본 가정과 그 한계에 대한 비판적이고 개방적인 사고의 장을 열어놓아야 한다. 국어와 국가 그리고 이데올로기의 관계에 대한 심층적이고 학제적인 인식을 바탕으로 한 국어교육 연구야말로 언어와 사회를 가로지르는 의사소통의 궁극적 본질과 지향을 재개념화함으로써 국어교육의 학문적 정체성을 심화·확대하는 데 기여할 수 있을 것이다. 또한 이러한 노력은 앞서 인용한 김상욱이 힘주어 강조한 바대로 '국어교육의 패러다임의 전환'을 앞당길 수 있는 저력으로 작용할 수도 있을 것이라 기대한다.

최근 들어 학계의 주목을 받기 시작한 국어교육사의 재구에 대한 관심과 접근 역시 국어교육의 역사적·사회적 조건과 그 실행 과정 및 양상에 대한 학제적 관심에서 시작되었다. 이러한 연구 경향은 학문 자체

---

24) 정재찬, 『문학교육의 사회학을 위하여』, 역락, 2003; 정재찬, 『문학교육의 현상과 인식』, 역락, 2004 등에 실린 일련의 논의들을 참조할 수 있다.

의 내적 기반을 구축하고 확충함으로써 국어교육학 연구의 질적 조정을 가져올 수 있을 뿐만 아니라 국어교육학의 '학문적 자기 결정력'[25]을 강화할 수 있다는 점에서 지극히 온당하면서도 권장할 만한 학문적 태도이다. 국어교육사적 연구는 국어사나 교육사에 비해서는 다분히 일천한 상태이긴 하지만 이응백, 박붕배 등의 선구적 업적에서 비롯하여 최근 소장학자들의 열정적인 후속 논의들에 힘입어 사적 지층이 두터워지고 있는 상황이다. 특히 이응백과 박붕배의 연구는 국어교육사적 관점에서 방대한 양의 자료를 수집하여 꼼꼼하게 분석하고 정리함으로써 국어과 교육의 역사적 재구를 시도하였다는 점에서 가히 독보적인 작업이라 할 만하다.[26] 이들의 연구는 강윤호(1973, 1982), 국립중앙도서관(1979, 1980, 1982), 이종국(1991), 한국교과서연구재단(2000, 2001) 등의 교과서 일반에 대한 토대 연구들과 함께 국어교육 정책사의 관점에서도 유용한 성과들로 간주된다.[27]

　이와 함께 근대적 제도의 기원과 지형에 대한 인문학적 탐색 역시 국어교육사의 기원적 공간과 형성에 대해 의미 있는 관점을 제공한다. 서

---

25) '학문적 자기 결정력'이란 박인기가 "국어교육학이 자신의 패러다임을 스스로 만들어내는 힘"을 가리키는 용어로 사용한 것이다. 그에 의하면 학문적 결정력은 국어교육학 내부에 ① 탐구 대상(현상)의 파악 ② 대상의 메타 인식(연구 담론화─이론화) ③ 이론 체계의 구비 ④ 대상(현상)─연구 담론─이론 체계 간의 환류 등이 갖추어져야 하며 이들은 상호 침투의 성격을 지니면서 순차성과 집적성(集積性)을 발휘하는 것이어야 한다(박인기, 2005 : 112~113 참조).

26) 이응백,『국어교육사 연구』, 신구문화사, 1975;『속 국어교육사 연구』, 1988;『광복 후의 국어교육』(이응백 교수 고희 기념 논문집), 1992; 박붕배,『국어교육전사』 상·중·하, 대한교과서주식회사, 1987·1997 등.

27) 강윤호,『개화기의 교과용 도서』, 교육출판사, 1973; 국립중앙도서관,『한국 교과서 목록』, 1979·1980·1982; 이종국,『한국의 교과서─근대 교과용 도서의 성립과 발전』, 대한교과서주식회사, 1991; 한국교과서연구재단,『한국 편수사 연구』1·2, 2000·2001; 한국교과서연구재단,『한말 및 일제 강점기의 교과서 목록 수집 조사』, 2001; 한국교과서연구재단,『한국 교과용 도서 목록』, 2001 등.

울대학교 국어교육연구소 산하 <근현대 민족어문교육 기초연구>단은 근대 계몽기 이후의 국어교육과 관련된 기초 자료에 대한 수집과 분석 결과를 『국어교육 100년사』(Ⅰ·Ⅱ)로 묶어 2006년에 내놓은 바 있다. 이 성과는 어문교육 관련 법령과 규정, 교육과정과 교과서, 신문·잡지의 기사, 논설 등 방대한 자료를 수집하여 고증하고 교육적으로 해석하여 근·현대 100년 간의 어문교육이 형성되어 온 과정을 추적한 실증적 통사라는 점에서 의미를 지닌다. 당시 이 기초연구단에 소속되어 활동했던 김혜정, 조희정, 허재영 등은 국어교육의 기원적 형태, 즉 근대 계몽기와 일제 강점기의 국어교육의 주소를 추적하여 국어과 교육과정과 국어 교과서의 체제나 형식 등에 대한 재구 작업을 실행함으로써 국어교육사에서 '암흑'이나 '공백'으로 처리되어 있던 빈 공간을 채우는 데 주목할 만한 역할을 수행하였다. 특히, 허재영은 근대 계몽기에서부터 일제 강점기에 이르기까지 국어교육의 안과 밖을 실증하는 방대한 자료들을 수집하고 분석한 결과들을 통해 국어교육사의 기원적 모습을 심층적으로 탐사하고 재구하는 작업을 최근까지도 왕성하게 실행하고 있다.[28]

---

28) 단행본 작업으로는 윤여탁 외, 『국어교육 100년사Ⅰ·Ⅱ』, 서울대학교출판부, 2006; 민현식 외, 『미래를 여는 국어교육사Ⅰ·Ⅱ』, 서울대학교출판부, 2007 등이 있으며 그 외 개별 논문으로는 다음을 참조할 만하다. 김혜정, 「개화기부터 미군 정기까지의 국어과 교육과정에 대한 개괄적 고찰」, 『국어교육연구』 10, 2002; 김혜정, 「근대 계몽기 국어 교과서 내적 구성 원리 탐색」, 『국어교육연구』 11, 2003; 김혜정, 「일제 강점기 '조선어교육'의 의도와 성격」, 『어문논집』 31, 2003; 윤금선, 「근대 계몽기 신문에 나타난 어문교육의 양」, 『국어교육연구』 11, 2003; 조희정, 「근대 계몽기 어문교육 연구의 특성」, 『국어교육연구』 11, 2003; 조희정, 「근대 계몽기 어문 교과의 형성에 관한 연구」, 『국어교육학연구』 16, 2003; 허재영, 「근대 계몽기의 어문 문제와 어문 운동의 흐름」, 『국어교육연구』 11, 2003; 허재영, 「근대 계몽기 국어 교과의 성립 과정 연구」, 『중등교육연구』 53-1, 2005; 허재영, 『우리말 연구와 문법교육의 역사』, 보고사, 2008; 허재영, 『일제 강점기 교과서 정책과 조선어과 교과서』, 경진, 2009; 허재영, 『근대 계몽기 어문정책과 국어교육』, 보고사,

일제 강점기 중등학교 조선어과 교육을 연구하는 본 연구 역시 위의 선행 연구들에 힘입은 바 크다. 그러나 이들 연구들이 주로 조선어 교육의 일반적인 모습에 치우쳐 있다는 점, 혹은 특정 시기 구체적으로 말하면 근대 계몽기 조선어 교육에 집중되고 있다는 점, 일제시대를 다루더라도 여자고등보통학교만 언급하고 있다는 점, 조선어과 교과서를 다루더라도 그 분석이 주로 교과서의 형식적인 체재나 국어학적 사실만을 대상으로 하고 있다는 점 등 연구 시기와 범위, 대상 등에서 편향성을 보이고 있다는 점에서 후속 논의를 남기고 있다. 따라서 본 연구는 선행 연구들이 빈 공간으로 남겨 놓은 국어교육사의 장(場)의 일부를 채워나가는 데 일차적인 목적이 있다. 특히 제2차 조선교육령 하의 조선의 중등교육의 경우 식민주의 교육 체제에서 가장 핵심적인 시기였음에도 불구하고 조선어과 교육의 중핵에 해당하는 조선어과 교육과정과 조선어과 교과서에 대한 분석은 본격적으로 실행되지 않았다. 보다 직접적으로 표현하자면 이 연구가 대상으로 삼은 『여자고등조선어독본』과 『신편고등조선어독본』이라는 조선어과 교과서의 형식과 내용을 함께 다룬 성과물은 아직까지 제출되지 않고 있는 형편이다.[29] 이에 본 연구는 제2차 조선교육령기 하의 중등학교 조선어과 교과서를 분석함으로써 일제 시대 조선어과 교육의 모습을 재구하고 나아가 국어교육사의 온전한 복원의 장을 열고자 한다.

본격적인 논의에 들어가기에 앞서 본 연구에서 사용할 몇 가지 용어

2010 등.

29) 물론 학위논문으로 조지원의 『1920년대 중등학교 조선어독본 분석』이 있지만 이 논문은 『여자고등조선어독본』의 <권3>을 분석하였다는 점을 제외하고는 앞의 윤여탁 외(2006)의 『국어교육 100년사』에서 거의 나아가지 못한 것으로 보인다. 조지원, 『1920년대 중등학교 조선어독본 분석』, 고려대학교 교육대학원 석사학위논문, 2007.

를 정리하기로 한다. 먼저 '조선어과 교육/국어과 교육'의 문제이다. 주지하다시피 일제 시대 동안에는 '국어'가 '조선어'로, '일어'가 '국어'로 규정되어 통용되었다. 이것은 '조선어'를 제국의 지방 언어로 밀어냄으로써 새로운 지위를 획득하게 된 '국어'로서의 일본어와 그 위상을 차별화하려는 식민 지배 권력의 논리에서 비롯한 것이다.[30] 일종의 지방 어문으로 '조선어'를 규정하는 것은 '조선어, 조선인, 조선 문화'는 제국의 중심에서는 언제나 변방의 언어, 국민, 문화, 즉 제2의 언어, 제2의 국민, 제2의 문화라는 층위로서만 존재해야 한다는 인식을 전제하는 처사이다. 이 시기 조선어과 교육은 주변 언어, 제2의 언어라는 관점에서 규정된 것이다.

두 번째는 '국어 교육/국어과 교육'에 관한 부분이다. 국어교육학에서는 '국어 교육'과 '국어과 교육'을 구분한다. '국어 교육'이 다수의 대중을 대상으로 평생 동안 실시하는 국어에 관한 전반적인 교육이라면, '국어과 교육'은 학교라는 제도교육기관에서 국가의 교육과정과 그에 따른 국어 교과서를 중심으로 의도적이고 체계적이며 합목적적으로 이루어

---

30) 사실 '국어과 교육'이냐 '조선어과 교육'이냐 혹은 '국어교육'이냐의 문제보다 더욱 선결되어야 할 것은 근대적 자국어교육 활동이 언제부터 '국어'라는 기표 아래 실행되었는가의 문제이다. 국어교육사에 대한 연구는 사실 '국어'와 '국어교육'이라는 기표의 사용과 그 과정에 내포되어 있는 이념적 함의와 변화 그리고 '국어'라는 용어의 이식성 문제, 나아가 '국어 교과'의 개념 형성과 진화 문제 등에 대한 면밀한 고구 작업이 선행될 필요가 있다. 이와 관련하여 일본의 '국어' 개념의 형성과 기원에 대한 이연숙의 논의는 빛나는 성과물이다. 이연숙은 '국어'의 이념이 메이지 20년대 관민 일체에 의한 통일적 '국민'의 창출과 '국가'의식 고양의 시대를 토대로 태어났다고 본다. 그는 '국어'라는 기표를 추동시킨 이데올로기의 폭력성에 대해 실증적이고 방대한 자료의 수집과 탁월한 분석을 통해 일본의 '국어'와 '국어교육'의 개념 형성에 대한 심도 깊은 논의를 보여주고 있다. 이연숙, 고영진·임경화 역, 『국어라는 사상—근대 일본의 언어 인식』, 소명출판, 2006. 이 외에 다음 연구물 역시 언어와 이데올로기와의 관계에 대한 흥미로운 관점을 제기한다. 미우라 노부타카·가스야 게이스케 편, 이연숙 외 역, 『언어제국주의란 무엇인가』, 돌베개, 2005.

지는 '교과로서의 국어교육'을 가리킨다. 이를 간단하게 '국어과 교육 혹은 국어교육'으로 줄여 말하기도 한다. 이 글에서 사용하는 '국어교육'은 후자의 의미로 사용하되 특히 타 교과 교육과 구분되는 국어과 교육의 정체성을 확인하려는 의도가 깔려 있기 때문에 대부분의 경우에는 '국어과 교육'의 의미 범주로 사용한다.

세 번째로는 '국어 교과서'라는 명칭이다. 국어 교과서는 공교육 체제 하의 학교 수업 시간에 사용하는 공식적인 교과용 도서인 '교과로서의 국어'를 위한 교과서다. 특히 국어 교과서의 변천에 따라 그 종류를 구분할 때 그 중 한 가지 분류는 '독본'형 국어 교과서와 '국어'형 국어 교과서로 구분하는 것이다. 전자는 1895년 이후 공교육 제도에 의해 설립된 초등학교의 교재로 처음 등장하여 1950년 전후까지 사용되던 국어과 교재를 지칭하는 것이며 후자는 그 이후부터 현재까지 '국어'로 통용되는 국어과 교재의 명칭이다. 본 연구가 대상으로 하는 국어 교과서는 일제 시대 '독본'형 교과서를 가리키는 것이며 특별한 경우가 아니면 '조선어과 교과서'라는 일반적인 명칭으로 표기한다. 그리고 본 연구에서는 조선어과 교육 혹은 조선어교육, 그리고 조선어과 교과서 혹은 조선어 교과서를 문맥에 따라 병행하여 사용하지만 개념 범주와 성격은 제도권에서 운용되었던 조선어과 교육과 관련된 개념임을 밝혀두는 바이다.

마지막으로 '국어과(조선어과)'와 '국어 교과(조선어 교과)'이다. 논자에 따라서는 '국어과(조선어과)'를 현실 교육과정과 무관하게 이론과 실천면에서 기획, 운영, 평가되는 국어과(조선어과) 교육의 일반적인 범주를 가리키는 의미로, 그리고 '국어 교과(조선어 교과)'는 현실 교육과정이라는 구체적 체제를 전제로 사용하는 경우가 있지만 이 글에서는 본질적으로 유사한 의미를 함의하는 용어로 사용한다.

이상의 선행 연구 검토와 용어 정리를 바탕으로 본 연구는 크게 네 부분으로 진행된다. 제2장은 배경적인 논의에 해당한다. 여기서는 일제 시대 중등학교 교육 정책을 살펴보고 근대적 교과 교육으로서 조선어과 교육의 성립 과정과 위상을 정리한다(제2장 제1절). 다음으로 조선어과와 관련된 교육과정의 기원과 식민지적 형태에 대한 실증적 분석을 통해 현행 국어과 교육과정의 구안에 작용하는 국가주의적 논리를 탐색한다. 이어 추상적 교육과정의 구체적 형태인 교과서를 편찬했던 전담 부서인 조선총독부 학무국 편집과의 기능과 조직 형태, 교과서 집필진을 검토함으로써 일제 강점기 교과서 편찬 정책을 정리한다(제2장 제2절).

　제3장과 제4장을 통해서는 교과서 분석을 실행한다. 제3장에서는 일제 시대 중등학교 성립 배경과 중등학교 교육 정책의 실행을 전제적 논의로 고찰한 후 중등학교에서 실제로 상용했던 교과서의 체제부터 살펴본다. 하위 두 절에 걸쳐 여자고등보통학교와 고등보통학교의 조선어과 교과서의 체제와 구성, 텍스트 유형 분석을 통해 조선어과 교과서의 형식적 구안조차 식민 지배 권력의 교육 기획에 의해 산출된 정치적 조작물임을 확인할 것이다. 특히 텍스트 유형 분석은 기능적-소통적 접근 방식을 토대로 하여 언어 사용 목적을 준거로 한 분류 방식에 따라 진행하고, 이를 통해 조선어과 교과서를 구성하는 텍스트의 유형이 텍스트의 목적과 긴밀한 관계를 형성하고 있다는 사실을 확인할 것이다.

　제4장에서는 여자고등보통학교와 고등보통학교의 조선어과 교과서를 구분하여 텍스트의 내용 분석을 진행한다. 여기에는 조선어과 교과서에 선정된 '내용'이 집필진의 교육적 이념이나 욕망과 무관하지 않다는 판단이 스며 있다. 구성된 텍스트의 내용을 따라가는 작업은 식민 지배 권력이 재구성하고자 했던 제국의 '국민'으로서 식민지 조선인의 모습을 추적하는 과정과 다르지 않다. 요컨대 조선어과 교과서의 내용

분석은 개인의 일상과 신체 속에 각인된 '국민'이라는 개인의 또다른 이름을 추적하는 작업이다. 또한 이 과정을 통해 일제가 당시 '국어'라는 명칭으로 제도화했던 일본어과 교육과 '조선어'라는 일종의 외국어과 명칭으로 제도화했던 국어과 교육이 창출하고자 했던 '국민'의 개념 사이에 일정한 차이와 계서가 존재한다는 사실 또한 드러날 것이다.

이상의 분석을 바탕으로 마지막 제5장에서 지배 집단의 이데올로기에 순응하고 지배 체제에 적합한 국민을 생산하는 데 일제 시대 조선어과 교과서와 국정제라는 시스템이 얼마나 효율적인 통치 장치였는가에 관한 본 연구를 정리한다. 아울러 앞으로 열린 교재로서 국어 교과서가 지향해야 하는 모습, 구체적으로 말하면 '2007 교육과정'에 따라 2010년 7학년 교과서부터 적용되기 시작한 검인정제 교과서들이 추구해야 할 방향에 대한 고민과 본 연구의 한계 및 과제를 제안하는 형식으로 논의를 마무리한다.

02 일제 강점기 중등학교 교육 정책과 조선어과 교육의 제도화

1. 중등학교 교육 정책 실행과 조선어과 교육의 제도화

1) 교육의 제도화와 인문 중등 교육 정책의 차별적 배치

(1) 대한제국기 교육 기획과 통감부의 대한(對韓) 교육 정책 실행

① 갑오교육개혁과 대한제국기 일본인 학정참여관의 교육 간섭

일제 강점기에 실행된 중등학교 교육 정책을 고찰하기 위해서는 근대적인 교육 제도가 도입되었던 시기부터 주목할 필요가 있다. 19세기 말 개항과 그로 인한 세계 체제로의 편입 과정에서 국민 교육의 중요성은 근대 국민국가 건설이라는 국가적, 시대적 과제와 함께 제출되었다.[1) 이 때 주창된 교육이 유교경전 위주의 전통적인 교육이 아닌 국가

---

1) 문명 개화를 기반으로 한 근대적 국민국가를 건설하겠다는 열망은 정부뿐만 아니라 계몽 지식인들에 의해서도 열성적으로 분출되었다. 교육을 통한 민지(民智)의 계발과 이를 바탕으로 문명 부강한 자주 독립국가 건설이라는 근대적 국가 과제를 수행하기 위해 계몽 지식인들은 신문, 잡지 등의 근대적 매체를 활용하여 교육구국운동, 교육지상주의라는 계몽적 열정을 설파하였다. 『독립신문』, 『매일신문』, 『한성순보』, 『황성신문』 『대한매일신보』 등과 『親睦會會報』, 『大朝鮮獨立協會會報』, 『朝陽報』, 『가뎡잡지』 등의 잡지들은 교육에 대한 이론적 관심이나 서양 교육에 대한 이

부강을 목표로 하는 실용적 지식을 중심으로 하고 교육 대상도 신분을 초월하여 '모든 국민'을 대상으로 하는 '국민교육'의 이념을 표방하는 서구식 학제를 지향하고 있다는 점은 주지하는 바이다. 이른바 갑오개화파가 중심이 되어 추진한 근대적 국민 교육 체제의 기본 골격은 '과문(科文)'을 '허문(虛文)'으로 규정하여 유교적 과거제를 폐기하는 대신 국문(國文), 본국사(本國史), 만국역사(萬國歷史), 지리(地理), 수학(數學), 물리(物理), 화학(化學), 작문(作文), 외국어(外國語), 체조(體操) 등 실용적 지식관에 근거한 교육 과정으로 개편하여 전통교육과의 차별을 도모하는 데 두었다. 일련의 근대적 교육조처는 정부의 교육 행정 전담기구인 '학무아문(學務衙門)'(1894)과 이를 근거로 하여 연이어 공포한 근대적인 학교령들을 통해 법적 근거를 확보했다. 교육사적 입장에서 갑오교육개혁은 국가주의의 이념을 내세워 근대적인 국민 교육 체제를 수립하고자 한 최초의 제도적 개혁이라는 점에서 그 의미를 인정받고 있다.[2] 그러나 교육의 목표와 내용, 대상이나 기회를 초등 중심으로 설정하고 중등교육이나 고등교육에는 별다른 의욕을 보이지 않았기 때문에 실질적인 국민 교육 체제를 지향하는 교육개혁이라고 보기에는 무리가 있다.

정부가 주체가 되어 일반 중등교육의 성격을 지닌 중학교의 설립을 본격적으로 추진한 것은 소학교의 졸업생이 배출될 무렵인 1899년 경부

론적 소개는 물론 '학교'라는 제도 마련을 촉구하는 데 열성적으로 나선다. 교육구국운동이나 교육지상주의는 이 시기 계몽적 텍스트들의 정신적, 사상적 좌표였다.

2) 갑오교육개혁에 대한 역사적 평가는 교육학 뿐만 아니라 근대 사학에서도 다양하게 시도되어 왔다. 이에 관해서는 다음 논의들을 참조하였다. 김원모 역, 「遣美使節 洪英植 復命問答記」, 『史學志』 15권-1호, 216~217쪽, 백광렬, 「일제의 대한(對韓) 식민지 교육 체계의 구상과 실행」, 서울대학교 석사학위논문, 2005, 2쪽 재인용; 류방란, 「韓國近代敎育의 登場과 發達」, 서울대학교 박사학위논문, 1995; 윤건차, 『한국근대교육의 사상과 운동』, 심성보 역, 청사, 1987; 이만규, 『조선교육사(하)』, 을유문화사, 1947 등.

터이다. 학부는 <중학교관제(中學校官制)>를 공포하고[3](1899년 4월 4일) 이 관제에 근거하여 최초의 관립 중학교를 설립했다(1900년 10월 3일). '중학교'라는 명칭은 고등교육기관으로의 진학을 예비하는 중등교육기관으로서의 성격으로 내세운 것이다. 그러나 학교명과는 달리 <관제> 제1조는 이 학교의 목적을 "(中學校ᄂᆞᆫ) 實業에 就코져ᄒᆞᄂᆞᆫ 人民에게 正德利用厚生ᄒᆞᄂᆞᆫ 中等教育을 普通으로 教授ᄒᆞᄂᆞᆫ 處로 定"[4]한다고 명시하고 있어 중학교를 이용후생 원리를 실현하는 실업교육기관의 성격으로 규정하였다. 우리나라 최초의 관립 중학교는 '진학'과 '취업'이라는 양가적 성격을 동시에 띤 채 애매하게 출발한 것이다.

중학교의 모호한 정체성은 학교 운영 면에서도 드러났다. 학교 체제를 '심상과'(4년)과 '고등과'(3년)의 7년제 이원적 학제로 구성했지만 '고등과'는 법령으로만 제안했을 뿐 실제 운영한 것은 일반 교과 중심의 '심상과'만이었다.[5] 따라서 법령으로는 실업교육을 표방했지만 실제로는 '심상과' 중심의 일반 교과 수업으로 진행한 것이다. 결국 관립 중학교는 고등교육의 예비기관으로서의 성격도, 전문적인 실업교육기관의 성격도 온전하게 구축하지 못한 채 어설픈 중등교육기관 정도로 유지되었던 셈이다.[6] 이처럼 국가 주도의 중등교육은 기획과 실행 양쪽 모

3) 「中學校 官制」, 勅令 第11號, 光武3年(1899) 4月 4日, 『官報』 第1228號, 光武3年 4月 6日.

4) 宋炳基 · 朴容玉 · 朴漢卨 편, 『韓末近代法令資料集』 Ⅱ, 대한민국 국회도서관, 1970, 459쪽. 류방란(1995 : 113)에서 재인용.

5) '심상과(尋常科)'의 학과목은 倫理, 讀書, 作文, 歷史, 地誌, 算術, 經濟, 博物, 物理, 化學, 圖畵, 體操 등이었으며 '고등과(高等科)'는 讀書, 算術, 經濟, 博物, 地理, 化學, 外國語, 法律, 政治, 工業, 農業, 商業, 醫學, 測量, 體操 등이었다.

6) 최초의 관립 중학교의 성격과 초기 학교 운영 상황에 대해서는 아래의 논문을 참조할 만하다. 이 자료에 의하면 관립 중학교는 초기에 학용품을 무상으로 제공하고 월사금을 받기는커녕 월급까지 주었는데도 조선인들의 호응은 크게 얻지 못했다고 한다. 박철희, 「식민지기 한국 중등교육 연구」, 서울대 박사학위논문, 2002,

두에서 체계적으로 추진되지는 못했다. 그러나 근대적이고 체계적인 국민 교육 제도를 주체적으로 정초하고자 했던 국가적 열망을 갑오교육 개혁이라는 교육 혁신 프로젝트를 통해 보여주려 했던 것만은 분명했다고 할 수 있다.

그러나 대한제국의 교육 기획은 을미사변(1895)과 아관파천(1896)으로 갑오개화파가 몰락하고 러일전쟁(1904) 이후 교육 주도권이 일본에게 찬탈당하면서 일본의 식민주의 프로그램으로 강제 편입되었다. 대한제국을 '보호국'화(保護國化)하고 곧이어 식민지화(植民地化)한 일제는 갑오개화파의 구상으로 만들어진 학제를 전면 개편한 후 식민주의적 교육 제도를 수립하기 위한 일련의 조처들을 실행해 나갔다. 이 때 일본이 조선의 '교육'을 '통치'의 수단으로 간주한 것은 물론이다.

> 새로 생긴 同胞에 대한 施政 중에서 教育만큼 그 社會民心의 本質에 깊이 作用하는 것이 없다. 따라서 新領土 統治 成敗의 根本이 첫째로 그에 달려 잇다고 해도 過言이 아닐 것이다.
>
> 大野謙一, 『朝鮮教育問題管見』, 朝鮮教育會, 1936년, 2~3쪽

인용문은 식민주의적 교육 기획과 실행의 최고 책임자라고 할 수 있는 총독부 학무국장 오노 겐이치(大野兼一)의 진술이다. 오노는 일제의 '통치 성패'를 결정짓는 가장 중요한 변수를 '교육'으로 보고 있다. 이 외에도 조선총독부 산하 조직 33개 중 11개 기구가 교육 관련 기구였다는 점도 식민지 통치에서 '교육'이 얼마나 중요하게 인식되었는가를 보여준다.[7] 이러한 사례들은 식민지 교육 정책이 교육의 본질이나 목적에

11~13쪽.

7) 11개 관서는 권업 모범장(농림학교 소속), 공업 전습소, 중학교, 법학교, 관립 사범학교, 관립 고등학교, 관립 외국어학교, 관립 실업학교, 관립 고등여학교, 각 직할 보통학교 등이다. 이명화, 「조선총독부 학무국 운영과 식민지 교육의 성격」, 『향토

근거하여 입안된 것이 아니라 정치적인 목적을 수행하기 위한 수단적 차원으로 실천되었다는 점을 방증한다. 그러나 한국의 교육사를 면밀하게 분석해 온 선행 연구들에 의하면 조선 교육의 식민화는 이미 근대 교육의 정초 무렵부터 점진적으로 진행되어 온 것으로 파악한다. 이 글의 직접적인 관심사와는 거리가 있지만 일제 강점기 중등교육 체제에 대한 손쉬운 이해를 위해 식민 통치 전 단계인 통감 체제의 교육 정책에 대해서 간단하게나마 일별하기로 한다.

대한제국 교육에 대한 일본의 '식민화'[8] 기획은 1904년 한·일 협약 이후 일본이 실질적으로 대한제국의 통치권을 장악하면서 실행되기 시

서울』69, 2007, 148~149쪽.

8) '식민화', '식민지', '식민주의'의 근대적 개념에 대한 합의는 여전히 모호한 상태이다. 독일의 역사문화학자 위르겐 오스터함멜(Jürgen Osterhammel)에 따르면 독일의 역사 개념 사전인 『역사적 기본 개념』에서도 이들 용어를 수록하고 있지 않다고 한다. 역사학자들이 이들 개념을 사전적인 의미로 정의내리는 시도에 소극적인 태도를 보이는 것은 지구상에 존재했던 '식민주의'의 다양성 때문이다. 이들 용어의 의미 차이나 그 층위를 검토하는 것은 이 글과는 직접적인 관계가 없다. 다만 이 글에서는 위르겐 오스터함멜이 정의 내린 이들 용어들을 사용하고 있다는 점을 밝힌다. '식민지'는 식민 이전 상태와 결부된 상태에서 침입(정복/ 혹은 정착 식민화)을 통해 새로이 만들어진 정치체로서, 지역적으로 격리되어 있으며, 식민지에 대한 배타적 소유권을 주장할 수 있는 '모국' 혹은 제국의 중심에 대해 외부 '지배자'들이 지속적으로 의존성을 띠는 정치체이다. '식민주의'는 집단 간의 지배 관계로서, 이 관계에서는 종속민의 삶에 관련된 근본적인 결정이 문화적으로 이질적이며 적응 의지가 거의 없는 소수 식민자에 이해 이루어진다. 이 식민자들은 외부의 이해 관계를 우선적으로 고려한 후 결정을 내리며, 실제로 이를 관철시킨다. 또한 일반적으로 근대 식민주의에는 자신의 문화적 우월성에 대한 식민자의 확신에 근거한 사명 이데올로기적 정당화 원칙이 결부되어 있다. '식민화'는 일종의 지배 관계를 전제로 하는 식민주의에 입각한 점령의 한 과정을 지칭한다. 이 연구에서 문맥에 따라 호환하며 사용하는 '식민(지) 교육 기획(정책)'에서 사용하는 '식민' 혹은 '식민지'의 의미는 식민지 조선에서 실행하기 위해 구안된 식민주의적 정책을 약칭하는 것이며 '식민지민·식민지 남성(여성)' 등에 사용되는 '식민지'의 의미는 식민지 조선에 살고 있는 조선인·남성(여성)을 가리킨다. 위르겐 오스터함멜, 박은영·이유재 옮김, 『식민주의』, 역사비평사, 2006, 13~182쪽.

작했다. 당시 상황으로 좀더 들어가 보자. 일본이 대한제국의 교육을 본격적으로 간섭하기 시작한 것은 <한일 외국인 고문 고빙에 관한 협정(韓日外國人顧問雇聘에 關한 協定)>(제1차 한일협약, 1904년 8월 22일)[9]으로 가동되기 시작한 '고문정치체제기(顧問政治體制期)'[10]에 시데하라 타이라(幣原坦)[11]가 '학정참여관'[12]으로 배정되면서부터였다. 시데하라는 관립 중학교의 외국인 교사 및 학정참여관[13]이라는 자격으로 활동하면서 대한제국 교육의 실태에 대한 기초 조사를 수행하여 일본 정부에 보고하는 임무를 맡았다. 일본 정부는 시데하라에게 '한국'[14]의 교육을 식민지 교육의 성

---

9) 「외국인 고빙 협정(外國人傭聘協定)」으로도 불리는 제1차 한일협약의 제1조는 "韓·日 兩國間에 恒久不易의 親交를 保持하고, 東洋平和를 確立하기 爲하여 大韓帝國政府는 大日本 帝國政府를 確信하고 施政改善에 關하여 그 忠告를 容할 事"로 되어 있다. 한국의 '시정개선'을 위해 일본이 한국 정부의 재정 및 외무 부서에 고문을 파견한다는 내용을 핵심으로 한 협약인데 점차 경무, 학무 등 거의 전 분야에 걸쳐 고문 파견의 계약이 성립되고 있다(백광렬, 2005 : 11~12).

10) 일본이 한국 정부의 인사에 간섭하기 시작한 것은 청일전쟁(1894~1895)무렵부터이다. 일본은 이토(伊藤博文)의 측근인 주한공사 이노우에 가로우(井上馨)로 하여금 내정개혁의 일환으로 한국정부 내에 일본인 고문관을 배치하는 작업을 진행하여 1895년 40여 명의 고문관을 채용토록 종용하였다. 이성열, 「대한제국 말기 일본인 학무관료의 교육간섭과 한국인의 교육구국운동에 관한 연구」, 성균관대학교 박사학위논문, 2001, 13쪽.

11) 시데하라 타이라는 오사카현에서 태어나 동경제국대학 사학과를 졸업하고, 일본의 고등중학, 고등학교를 거쳐 동경고등사범학교 교수를 역임하다가 1900년 9월 한국 정부의 요청에 의해 1900년 11월 관립 중학교의 외국인 교사로 한국에 왔다. 1905년 2월부터 1906년 6월까지 한국의 학정참여관으로 활동했다.

12) '참여관'이냐 '고문'이냐를 두고 명칭의 혼란이 있었다. 그러나 '고문'으로서보다는 '실제의 교육 사무'에 관여할 수 있는 자격이라는 일본 공사의 주장이 관철되어 고문에 비해서는 그 위상이 축소된 '참여관'이라는 명칭을 사용하게 되었다. '참여관'이라는 명칭은 학부에서만 사용하고 나머지 각 부의 용빙 관리들의 공식 명칭은 '고문'으로 통일했다. 한우희, 「일본인 학정참여관의 활동과 식민 교육 제도의 형성」, 『기초주의』 1, 1991, 62쪽.

13) 계약서에는 '학정참여관'으로 씌여 있고, 계약 후 외무성이 시데하라에게 보낸 내훈 형식의 문서에는 '학정참여관'이라고 되어 있지만 당시 공식 명칭은 '학정참여관'이다.

격으로 재편하고 대한제국 학부를 식민지 교육기구로 변용할 것을 지시했다.[15) 다음은 일본 정부가 시데하라를 학정참여관으로 파견하는 용빙 계약을 체결한 후 외무대신 오무라 주타로(小村壽太郎)의 이름으로 시데하라에게 보낸 내훈이다.

<내훈의 건>
이번에 귀관이 학정참여관으로 한국정부에 용빙됨에 따라 집무상 다음 사항에 유의하여 조치해야 한다.
1. 귀관은 本大丞 및 在韓 帝國 공사의 지휘감독을 받아 학무 가운데 만일 중요한 사항에 속하는 것은 반드시 미리 제국공사의 동의를 얻어 시행해야 한다.
2. 학무에 관한 중요안건으로서 특히 경비와 관계되는 것은 사전에 目賀田鍾太郎 재무고문에게도 협의하여 그의 동의를 받도록 해야 한다.
3. 귀관은 항상 한국 학무의 현황, 개혁 방안, 기타 학무에 관한 중요 사항에 대해서 本大丞에게 보고해야 하며, 그 보고는 재한 제국 공사를 거쳐 본대승에게 송부하도록 해야 한다.[16)

위 인용문을 통해 알 수 있듯이 시데하라에 대한 지휘, 감독권은 일

---

14) 일본은 당시 공식적, 비공식적인 문서에서 대한제국을 '한국'으로 지칭한다.
15) 대한제국 학부는 관립중학교의 외국인 교사 충원을 위해 '교육가학업정명지인(教育家學業精明之人)'의 자격을 갖춘 일본인 교관을 요청했다. 그러나 주한일본공사 사이토는 일본 정부에 추천 교사가 갖추어야 할 자격 다섯 가지를 제시했으며 "고빙되는 교사는 해중학은 물론 당국 학제상에 참여케 될 경우도 있다"라는 조건을 포함시켰다. 일본 공사측은 향후 상황에 따라 고빙된 교관을 대한제국 정부의 학제에 참여시키겠다는 계획에 입각해 선발을 요청한 것이다. 이 점은 관립중학교 외국인 교사 고빙 건을 두고 한국측과 일본측이 서로 다른 생각을 갖고 있었다는 점을 암시한다. 일본은 이 시기에 이미 대한제국의 교육권에 대한 간섭과 통제의 의도를 지니고 있었던 것이다. 관립중학교 교사 요청 과정에 대한 자세한 논의는 이성열, 「乙未늑약 前後 日本人 학정참여관 幣原坦의 교육간섭」, 『교육행정학연구』 20, 2002 참조.
16) 『日本外務省記錄』, 「韓國ニ於テ學部顧問雇聘並 學政改革一件」, 明治38年(1905) 2月 24日.

본 외무대신 및 주한일본공사가 갖고 있었다. 시데하라의 임무는 '한국'의 교육행정에 관한 각종 조사 보고서를 주한 일본공사를 거쳐 일본 외무대신에게 송달하는 것이었다. 여기서 <내훈의 건> 제3항을 주목할 필요가 있다. 이 문서가 1905년 2월에 작성되었다는 것을 고려하면 일본 정부가 통감부 설치 이전부터 이미 '한국 학무의 현황, 개혁 방안, 기타 학무에 관한 중요 사항'에 대해 실사(實査)하고 간섭하여 한국의 교육행정권을 장악하기 위한 일련의 조처를 취하고 있었다는 점을 알 수 있다. 아래 항목들은 시데하라가 학정참여관으로 재직하는 동안 일본 외무대신에게 송부한 실사 보고서들이다.17)

> 1905년 4월 11일 「韓國敎育改良案」
> 1905년 8월 21일 「敎育改良ニ關スル報告書」(제1중간보고서)
> 1905년 10월 21일 「敎育改良に關スル報告書」(제2중간보고서)
> 1905년 11월 21일 「日韓新協約ノ影響トシテノ學部 內部ノ槪況報告」
> 1905년 12월 8일 「韓國學政改善ノ槪況報告」

위의 보고서 중에서 <한국교육개량안(韓國敎育改良案)>은 대한제국 교육을 식민주의적으로 재편하는 것과 관련된 최초의 문서로서 이후 통감부의 대한(對韓) 교육 정책은 물론 식민지 교육체계의 모델이 된 보고서이다. <한국교육개량안>의 내용은 다음과 같다.18)

<한국교육개량안(韓國敎育改良案)>

---

17) 정재철, 『日本의 對韓國植民地敎育政策史』, 일지사, 1985, 201~202쪽.

18) 幣原坦, "學政の整理"「朝鮮保護誌」, 『朝鮮史話』, 1924, 富山房, 20쪽. 최혜주, 「시데하라(幣原坦)의 顧問活動과 韓國史 硏究」, 『국사관논총』79, 1998, 42~43쪽에서 재인용. 이 개량안에 관한 논의는 최혜주(1998) 외 정재철(1985), 한우희(1991), 이성열(2002), 백광렬(2005) 등을 참조하였다.

제1장 방침

일한의정서(日韓議定書)가 양국(兩國)의 관계를 결정한 이래 한국(韓國)은 당연한 결과로 일본제국(日本帝國)의 보호국(保護國)으로서의 운명에 놓이게 되었다. 적어도 제국정부(帝國政府)가 이 방침을 바꾸지 않는 이상, 한국교육개량(韓國敎育改良)의 방침도 마땅히 이에 따라야 한다. 그리하여 장차 한국(韓國)에서의 제반사업(諸般事業)은 일본제국(日本帝國)의 관민(官民)을 주동자(主動者)로 삼아야 하기 때문에 한인(韓人)으로 하여금 조폭험악(躁暴險惡)의 폐(弊)에 빠지지 않도록 할 것을 기하고, 또는 상호간에 언어와 풍속을 요해(了解)하여 감정의 충돌을 피하도록 하는데 힘써야 한다. 고래(古來)로 반도(半島)의 경영(經營)에 가장 마음을 경주(傾注)한 명나라는 유교를 펴서 인심을 얻어 간직해 왔던 바, 이제 갑자기 그것을 멸절(滅絶)시켜 이에 대신하는 충군애국(忠君愛國), 의용봉공(義勇奉公)의 일본적인 도덕으로 변화시킴은 재래의 기운에 일치하지 않으며, 더욱이 장래의 국교(國交)를 위태롭게 할 우려가 없지 않다. 다만 국민의 상식을 배양할 신지식에 이르러서는 고금동서의 문명을 동화하여 완전히 한 덩어리가 된 일본의 개화를 수입함을 가장 좋은 편법(便法)으로 삼는 것은 더 말할 나위가 없다. 그리하여 제사(諸事)에 간이(簡易)와 이용(移用)을 필요로 하는 한국에서 국민(國民)의 교육적(敎育的) 향상심(向上心)을 조장하려 함에 있어서는 가능한 한 속성(速成)의 행로(行路)를 취함을 방편으로 삼아야 할 것이다. 따라서 현금(現今)의 한국교육개정(韓國敎育改定)의 방침을 열기(列記)하면 다음과 같다.

제1 일본제국정부(日本帝國政府)의 대한정책(對韓政策)에 따라 장차 한국(韓國)이 제국(帝國)의 보호국(保護國)으로서 만반의 시설 개량(施設改良)을 하는 데 적당한 교육(敎育)을 시행할 것을 주지로 한다.

제2 한국민(韓國民)으로 하여금 선량(善良)하고 평화(平和)로운 미성(美性)을 함양(涵養)할 수 있도록 할 것을 기한다.

제3 일본어(日本語)를 보급시킨다.

제4 종래 한국의 형식적 국교(國敎)인 유교(儒敎)를 파괴하지 않으면서, 그 위에 신지식(新知識)을 일반에게 개발한다.

제5 학제(學制)는 번잡(繁雜)을 피하고, 과정(課程)은 비근(卑近)하게 한다.

<한국교육개량안>은 '제국의 보호국'으로 '한국'을 규정한 후 '한국'

의 교육을 일본의 체제 안으로 어떻게 포섭하고 체제 내에 부식시킬 것인가에 관한 구상을 담은 보고서이다. 이 보고서에 대해 주한특명전권공사 하야시 곤스케(林權助)는 '대체로 본안에 대해 하등 의견이 없다'고 동의를 표명한 후 일본 정부에 보고하였다.19) 일본 정부 역시 보고서를 검토한 후 적당하고 시의(時宜)에 적합한 것이라는 의사를 표명했다.

이 개량안에는 이후 일제 강점 36년간 실행되었던 식민지 교육 정책의 핵심적인 지향과 내용이 제시되어 있다. 첫째, '번잡(繁雜)'하지 않은 학제와 '비근(卑近)'한 과정으로 한국의 학제를 제한하고 있다. 즉 이후 식민 교육 통치에서 일관적으로 강조해 온 '간이(簡易)'와 '이용(利用)'이라는 슬로건이 이미 이 개량안을 통해 제시되었으며 그 구체적인 대안이 보통학교와 실업학교 중심의 교육이었던 것이다. 둘째, 일본어의 보급을 강조하고 있다. 시데하라는 한국이 일본의 '보호국'이 됨으로써 일본어를 배울 수 있는 기회를 저절로 취득하여 일본이 만들어 낸 문명을 별다른 수고도 없이 섭취할 수 있는 행운을 가지게 되었다는 생각을 갖고 있었다. 한국인에게는 더할 나위 없는 혜택이라는 관점에서 일본어의 보급을 강조한 것이다. 그리고 이 두 가지 내용의 궁극적인 지향은 한국인으로 하여금 '조폭험악'의 폐에 빠지지 않고 '선량하고 평화로운 미성'을 함양하는 데 두었다. '선량한 한국인'은 향후 식민주의 교육 정책의 입안과 실행을 통해 구축하고자 했던 식민지 한국인상(像)의 초기 모델이라 할 수 있다. '선량'이라는 정치적 수사는 이후 조선총독부의 총독 데라우치 마사다케에 의해 '덕성'이라는 어휘로 변용되어 식민지 교육 기획의 공식적인 지향으로 설정되었다.

---

19) 『日本外交文書』 第38券, 「幣原參與官提出/韓國教育改良案進達/件」, 이성열(2001 : 312) 재인용.

② 대한(對韓) 교육의 식민주의적 초안과 실행

제2차 한·일 협약에 따라 한국에 설치된 통감부(1906년 2월)는 '시정개선'을 명분으로 한국의 정치, 경제, 사회, 교육 등 각 분야를 통감부 체제로 전환했다. 통감부는 먼저 교육 담당 부서인 학부의 관제를 개정하고(1906년 4월) 곧이어 <학교령>을 공포(1906년 8월 27일)하는 것으로 대한제국의 교육 제도를 전면적으로 재편하였다.[20] 시데하라가 학정참여관직을 사임한 시기가 1906년 6월이었기 때문에 <학교령> 제정 과정에 직접 참여하지는 않았을 것으로 생각된다. 그러나 <학교령>의 핵심인 보통교육과 실업교육 중심의 교육 제도 정비는 시데하라가 일본 정부에 제출했던 보고서들에서 이미 제안된 사항들이다. 학교령 공포 이후 다와라 마고이치(俵孫一)와 미츠지 츄조(三土忠造)가 한국의 교육은 일본어 보급과 초등교육 및 실업교육에 역점을 둔다는 내용을 중심으로 작성한 <한국교육신계획>(1907년 7월 7일) 역시 시데하라의 교육 구상을 바탕으로 한다는 점 등 통감부 교육 체제의 기본 골격은 대부분 시데하라의 초안을 근거로 하였다.

1906년 9월 학기부터 적용된 <학교령>은 보통교육과 실업교육 중심의 '간이하고 비근'한 교육에 중점을 두었다. 예컨대 대한제국 정부의 <소학교령>이 소학교의 수업 연한을 심상과는 3년, 고등과는 2~3년 등 총 5~6년으로 규정한 데 반해 통감부는 소학교를 '보통학교'로 개칭하

---

20) <학교령>을 통해 공포한 일련의 법령들은 다음과 같다. 먼저 통감부의 교육 체제를 제시한 <학부 식할학교 및 공립학교 관제>(1906. 8. 27)를 비롯하여 <사범학교령>, <사범학교령 시행규칙>과 <보통학교령>, <보통학교령 시행규칙>, <고등학교령>, <고등학교령 시행규칙>, <외국어학교령> 등이 모두 1906년 8월 27일에 공포되었고, 이어 <고등여학교령>(1908. 4. 2, 칙령 제22호), <고등여학교령 시행규칙>(1908. 4. 7, 학부령 제9호), <사립학교령>(1908. 8. 26, 칙령 제62호), <실업학교령>(1909. 4. 26, 칙령 제56호), <실업학교령 시행규칙>(1909. 7. 5, 학부령 제1호) 등이 공포되었다. 『관보』, 1906~1909 참조.

고 수업 연한은 4년으로 단축하였다. 중등교육의 경우는 어떠했을까?

학부대신 이완용은 1908년 관찰사 회의에서 발표한 <훈시(訓示)>를 통해 한국의 교육은 보통학교 교육에 중점을 두며 중등교육 발전책은 재정난으로 인해 당분간 유보한다[21]고 선포하였다. 통감부의 중등 교육 정책은 통감부 이전 대한제국이 의지를 보였던 중등 교육 정책에서 오히려 퇴보한 셈이다. 기본적으로 일본 통감부는 한국의 중등교육에 대해서는 관심이 없었다고 보는 것이 좋다. 보통학교와 실업학교 중심의 교육 정책을 입안한 통감부가 실업교육을 강조하고 인문교육은 억제하는 방향으로 구체화했기 때문이다. 그 결과 실업학교는 19개 교나 설립했던 것에 반해 인문중등교육기관은 고등여학교[22]를 포함하여 3개 교가 전부였으며 그것조차 대한제국 시기 7년제 중학교를 '고등학교'로 개칭하면서 4년제로 축소하는 형태였다(1906년 9월 1일). 이 때 개칭한 '고등학교'라는 명칭은 현재와 같이 중학교에서 고등학교로 이어지는 위계적 의미가 아니라 고등학교로서 교육의 종결을 꾀하려는 의도에서 새롭게 사용한 명칭이다.[23]

'고등학교'의 성격은 <고등학교령 시행방침>을 통해서도 확인할 수 있다. 이를테면, "고등학교는 남자에게 필요한 고등보통교육을 실시함"을 목적으로 규정했지만 구체적인 시행 방침을 통해서는 "…사실상 종결의 교육기관으로 규정하고 졸업자로 하여금 바로 치산의 양민으로서

---

21) 高橋濱吉, 『朝鮮敎育史考』, 京城帝國地方行政學會, 1930, 123쪽.
22) 고등여학교는 1908년에 처음 설립된 것으로 수업 연한은 3년(본과)이며 입학 자격은 보통학교 졸업자 또는 이와 동등 이상의 학력을 가진 여자로 제한했으며 연령은 12세 이상으로 규정하였다.
23) 학정참여관이었던 시대라는 훗날 명칭의 변경이 완성적 성격을 지닌 기관, 즉 완결교육기관으로 보이게 하기 위한 것일 뿐 '고등학교'가 실제로는 중학교 정도에 해당하는 명목상의 고등학교에 불과한 것이라고 밝히고 있다. 幣原坦, 『朝鮮敎育論』, 六盟館, 1919, 165쪽.

실제 사회에 나서게 한다"고 하여 종결교육을 적시하고 있는 것이다. 이는 곧 상위학교로의 진학이라는 진로를 제도적으로 차단하는 것일 뿐만 아니라 실용·실제에 소용되는 양민을 육성하는 방향으로 중등교육의 성격을 제한한 것이기도 하다. 통감부 교육 기획의 핵심은 보통학교 체제의 구축에 있었던 것이다. 『관보』에 의하면 1906년 한 해만 하더라도 통감부가 관립 보통학교 9개 교와 공립 보통학교 13개 교를 신축했으며 기존의 학교를 보통학교로 수리하는 데 244,985환이나 사용했던 것으로 전해진다.[24]

제1차 학교령기(1906년 9월 1일~1909년 8월 31일)를 통해 한국의 교육 정책에서 자신감을 가지게 된 일본은 <학교령>의 개정을 단행했다(1909년 4월 19일, 칙령 제52호). 개정 학교령(1909년 9월 1일~1911년 10월 31일)의 특징은 교육과정을 보다 '일본화(日本化)'했다는 점이다. 개정 학교령 중 중등교육과 관련된 내용을 정리하면 다음과 같다. 첫째, 고등학교에 예과 및 보습과를 둘 수 있다는 조항을 삭제했으며 종래 4년으로 규정되어 있던 고등학교 수업 연한을 '토지 정황(土地情況)'에 따라 1년을 단축할 수 있도록 허용했다. 사실상 수업 연한을 단축하기 위한 전략으로 실행된 이 규정으로서 중등학교의 위상은 더욱 격하되었다. 둘째, 고등학교에서 사용하는 교재를 학부 발행 및 학부 검·인정의 교과용 도서만 허용함으로써 실질적으로 교육 내용에 대한 통제를 본격화했다.[25] 이 외에 <고등학교령 시행규칙>을 통해 학과 과정과 매주 수업 시수를 조정했으며, 교과의 변화로는 '국어'와 '한문'이 병렬적으로 통합되어 있던

---

24) 당시 '임시학사확장사업'에 투입된 자금 50만원 중 34만원이 사용된 곳이 보통학교 신축 및 수리비였던 것으로 볼 때도 보통학교는 통감부에서 가장 심혈을 기울인 것이었다. 「<學部令>第 28號, 漢城府 및 各 觀察府에 所在혼 公立普通學校」, 『官報』, 光武 10年 (1906) 9월 18일.

25) <高等學校令 改定>, 勅令 第 52號, 隆熙 3年(1909) 4月 19日 頒布·施行.

<국어한문(國語漢文)>을 <국어급한문(國語及漢文)>이라는 단일형 통합 교과로 개칭하여 실질적으로 국어의 수업 시수를 단축할 수 있는 여지를 남겼다. 그리고 전 시기에 없었던 <실업>을 추가하고 <외국어>를 수의 과목으로 전환하는 등 한국 교육의 식민화를 부식(扶植)시키기 위해 세부적인 정지(整地) 작업을 실행하였다.

(2) 식민지 교육 체제와 중등 교육 정책

① 식민지 교육 체제로의 진입과 '조선교육령' 공포

명분으로만 잔존해 있던 대한제국의 주권은 1910년 8월 일본국 정부가 '전 한국의 통치를 담당'[26]하는 '한일병합'(1910년 8월 29일)으로 완전히 소멸되었다. 이에 따라 대한제국의 교육은 새로 설치된 조선총독부의 내무부 산하 학무국으로 이양되었다. 일본이 교육 행정 담당 조직을 독립 기구로 설치하지 않고 내무부 산하 기구로 편성한 것은 조선의 교육을 '교육 본연의 이념'이라는 관점에서 접근한 것이 아니라 교육을 정치적으로 장악하기 위한 데 그 목적을 두었기 때문이다.

강제 병합 이후 조선총독부는 통감부의 대한교육 정책(大韓敎育政策)을 능동적으로 승계하면서 본격적인 식민지 교육 체제로 재편하기 시작했다. 그 결과가 칙령 229호로 공포된 <조선교육령>(1911년 8월 23일)이다. <조선교육령>을 통해 식민 권력은 식민지 조선의 교육에 대한 구상을 압축적으로 제시했을 뿐만 아니라 조선 교육 전체에 대한 현실적인 규정력으로 작용하는 법적 장치를 제도화했다. 이 교육령은 식민지 교육에 대한 방침을 제시한 <강령>(제1장)과 보통학교, 고등보통학교, 여자고등보통학교, 실업학교, 전문학교에 관한 규칙과 부칙 등 총 30개 조항

---

26) 「合倂條約」, 『純宗實錄』, 1910年 8月 22日.

으로 구성되었다.

제1장 강령

제1조 조선에 있어서의 조선인의 교육은 본령에 따른다.

제2조 교육은 교육에 관한 칙어(勅語)의 취지에 터하여, 충량한 국민을 육성하는 것을 본의로 한다.

제3조 교육은 시세(時勢)와 민도(民度)에 적합하게 함을 기한다.

제4조 보통교육은 보통의 지식 기능을 교수하고, 특히 국민된 성격을 함양하며, 국어를 보급함을 목적으로 한다.

제5조 실업교육은 농업, 상업, 공업 등에 관한 지식과 기능을 교수함을 목적으로 한다.

제6조 전문교육은 고등의 학술기예를 교수함을 목적으로 한다.[27]

식민주의 교육의 본질을 명시하고 있는 위 강령은 제2조와 제3조에서 식민지 교육 정책의 이념적 지향을 구체적으로 내세웠다. 제2조에서는 일본 <교육칙어>의 정신을 조선 교육의 기조로 삼는다고 명시하여 일본의 교육 이념이 식민지 조선 교육의 이념적 바탕이 되어야 함을 천명했으며 제3조에서는 '시세'와 '민도'라는 표현으로 조선 교육의 수준과 성격에 대한 가이드라인을 제시했다. '시세와 민도에 적합한 교육'이란 식민지 조선의 현실에 적합한 교육을 말하는 것으로서 식민지 조선의 특수성을 고려한 교육을 실시할 것을 명시한 부분이다. <조선교육령>의 최고 행정권자였던 당시 조선총독 데라우치(寺內正毅)는 일본과는 달리 조선에만 해당되는 '시세와 민도에 적합한' 교육의 지향과 내용에 대해 다음의 <유고(諭告)>를 통해 밝히고 있다.

생각건대 조선은 아직도 내지(內地)와 그 사정이 같지 않은 바 있다. 따라서

---

27) 「朝鮮敎育令」, 『官報』, 勅令 第229號, 1911年 8月23日.

그 교육은 특히 역점을 덕성(德性)의 함양(涵養)과 국어(國語)의 보급에 둠으로써 제국 신민(帝國臣民)다운 자질과 품성을 갖추게 해야 한다. 가령 공리(空理)를 논하고 실행(實行)을 멀리하며, 근로(勤勞)를 싫어하고 안일(安逸)에 흘러, 실질(實質), 돈후(敦厚)의 미속(美俗)을 버리고 경조부박(輕佻浮薄)의 악풍에 빠지는 것과 같은 일이 있다면, 그것은 교육의 본지에 위배될 뿐만 아니라, 마침내는 일신(一身)을 그르치고 국가(國家)에 누를 끼치게 될 것이다. 따라서 이를 실행함에 있어 모름지기 시세(時勢)와 민도(民度)에 적응시켜 양선(良善)한 효과(效果)를 거두도록 힘써야 할 것이다.[28]

<유고>의 내용은 세 가지로 정리할 수 있다. 첫째, 조선과 일본의 관계를 위계화하고 있다는 점이다. 조선이 '내지(內地)와 그 사정이 같지 않은 바', 즉 조선과 일본 사이에는 차이가 존재하기 때문에 일본의 교육 이념을 그대로 적용할 수는 없다는 것이다. 이는 식민지 조선의 교육이 시세와 민도에 적합한 '특수한' 교육으로 재편되어야 한다는 식민주의 교육의 방향을 제시한 것이다. 이러한 논리는 식민지 조선에서 '특별히 가르쳐야 할 교육 내용'을 선정하는 논리로 작용한다. 바로 '덕성의 함양'과 '국어의 보급'이 그것이다.

대한제국 시절 시데하라가 제시한 '선량'의 식민주의적 변용어에 해당하는 '덕성'이라는 어휘는 어떠한 함의를 지니는 것인가? 데라우치의 문맥을 좀더 따라가 보면, 그는 우선 조선의 교육이 전통적으로 '공리(空理)'와 '안일(安逸)' 그리고 '경조부박(輕佻浮薄)'의 악풍에 젖어 있었다고 비판한다. 그리하여 일신(一身)과 국가(國家)의 양선(良善)을 위해서 앞으로 조선인이 함양해야 하는 정신적, 윤리적 세목으로 '실행(實行)'과 '근로(勤勞)', '실질(實質)', '돈후(敦厚)' 등의 '미속(美俗)'적 가치를 제안한다. 이들 세목은 식민지기 내내 조선인들이 함양해야 하는 수행적 태도이자 식

---

28) 大野謙一, 『朝鮮敎育問題管見』, 京城 : 朝鮮敎育會, 1936(『植民地朝鮮敎育政策資料集成』28권, 大學書院, 1990), 52쪽.

민지 교육의 이념태인 '덕성'을 구성하는 항목들로 강조되었다. 데라우치가 강조한 '덕성'이 <조선교육령> 제2조를 통해 식민주의 교육이 형성하고자 하는 '충량한 국민'의 내면을 구성하는 핵심적 자질임은 물론이다.

그렇다면 조선인을 제국 일본의 '충량한 국민'으로 재편하기 위한 교육적 프로젝트이자 식민 교육 체제의 최초의 선언에 해당하는 <조선교육령>은 조선의 중등교육을 어떤 지향과 내용으로 기획했을까? 통감부가 개별 학교령에 근거하여 조선의 교육을 간섭하고 통제했다면 총독부는 식민지 병합 후 1년 만에 <조선교육령>을 공포한 후 식민지 조선 교육에 대한 전권을 발휘하면서 조선의 교육 체제를 대대적으로 성형했다.29) <조선교육령>은 조선의 교육을 '보통교육', '실업교육', '전문교육'의 삼원 체제로 분류했다. '보통교육'은 보통학교(4년제)와 고등보통학교(4년제), 여자고등보통학교(3년제) 등으로 구성했고, '실업교육'은 2~3년제 실업학교를 중심으로 편제했다. 이 중 중등교육기관은 고등보통학교(여자고등보통학교)와 실업학교이다. 인문보통교육기관으로 표방된 고등보통학교는 교명(校名)에서도 알 수 있듯 고등보통학교로서 교육의 종결을 꾀하려는 의도로 규정된 학교로서 이전 통감 체제하의 '고등학교'의 성격을 그대로 승계한 것이다. 실업교육기관에 해당하는 실업학교는 입학자격을 '보통학교를 졸업한 자'로 규정하여 중등 수준의 학제로 규정되었다. 조선의 중등교육 체제는 <조선교육령>을 통해 인문보통교육과

---

29) 대만의 경우 1895년 일본에 식민지로 병합되었음에도 불구하고 대만교육령이 1919년에야 제정되었다는 사실과 비교해 보면 조선교육령은 매우 시급하게 제정되었다는 사실을 알 수 있다. "무단통치와 함께 일본 신민화를 꾀하기 위해서" 조선 교육 현실을 규정하는 법령의 제정은 '긴급히 발포를 요하는 사항'이었다. 公文類聚 弟 四十三篇 十四卷, 1910. 김규창, 「교육칙령·교육칙어·그리고 조선교육령의 교육 목적」, 『국어교육』, 1983, 505쪽 재인용.

실업교육이라는 이원 체제로 구축되었다.[30]

중등교육기관의 규모는 1919년 현재 실업학교가 21개 교였던 것에 비해 인문보통교육기관의 수는 그에 비해 현저히 낮은 수치인 7개교(고등보통학교 5개교, 여자고등보통학교 2개교)에 머물렀다. 중등교육 체제를 인문보통교육과 실업교육으로 구분했지만 총독부가 실제로 강조한 것은 실업교육이었던 것이다. 실업교육을 장려했다는 정황은 학교 수 뿐만이 아니라 교과의 선정과 배치에서도 확인된다. <실업> 교과는 1909년에 공포된 2차 학교령의 <고등학교령 시행규칙>에서 교과로 신설된 이래 조선교육령의 <고등보통학교 규칙>(1911년 10월 20일)에 이르기까지 제도 교과로서의 신분을 유지했다. <실업>은 <실업급법제경제(實業及法制經濟)>라는 통합형 교과 아래 <농업 또는 상업(農業又商業)>이라는 하위 영역명으로 주당 6시간씩 운영(6/124, 4.8%)되었다. 1920년 1차 개정 교육령에서는 <실업(實業)> 영역이 단일교과로 독립되었으며 각 학년 매주 2시간씩 배정(8/128, 6.25%)되어 그 비중이 더욱 강조되었다. <실업>은 각종 실업학교를 비롯하여 인문보통학교의 정규 교과과정에도 개설되어 중등교육의 핵심적인 교과목으로 인정되었다.

그렇다면 인문중등교육의 사정은 어떠했을까? 식민지 조선을 위한 중등 교육 정책이 중등교육으로서 국민 교육 체제의 완전한 종결을 선언했다는 것은 중등교육기관의 명칭에서도 드러난다. 식민지 조선의 인문교육기관의 명칭을 '완결'의 의미를 지니는 '고등'이라는 용어와 저급한 식민지민 육성을 지향하는 '보통'이라는 용어를 합성하여 '고등보통학교'로 확정한 것이다. 중등학교를 제도교육의 종결기관으로 그 성격

---

30) 중등보통교육은 고등보통학교와 여자고등보통학교로, 실업교육은 농업, 상업, 공업 등의 실업학교를 말하며 이 두 계열 학교의 입학자격은 "보통학교 졸업 정도의 학력"을 명기하고 있다.

을 규정한 것은 이미 대한제국 시절 시데하라가 대한제국의 '중학교'라는 명칭을 폐기하고 중등교육을 교육의 최종 체제로 규정하기 위해 '고등학교'라는 명칭을 제안했던 초기의 실험적 구상에서 비롯한 것이다.

시데하라의 구상은 본격적인 식민주의 시기로 들어서며 보다 은밀하게 조탁되었다. 중등학교의 성격을 '보통교육'으로 한정하고 교과과정과 수업 시수도 '보통교육'의 수준과 범위에 적절하게 재구성하였다. 이때 역점을 둔 것은 교과의 단순화이다. 이를테면 통감부 체제하의 <박물>, <물리 및 화학>을 <이과>로, <법제 및 경제>, <실업>을 <실업 및 법제경제>로 통합한 것이다. 이것은 개별 교과의 전문성과 독자성을 의도적으로 희석시켜 중등교육의 수준을 질적으로 낮추기 위한 편제였다. <외국어>의 경우 수의 과목으로 그 신분을 유지시킨 것은 변함이 없었으나 '영어', '독일어', '중국어'로 열어 놓았던 선택 언어의 범위를 일제 강점기 하에서는 '영어'로만 한정한 것도 유사한 맥락이다. 교과의 단순화 정책은 저급형 실업주의 교육을 목표로 설정한 <조선교육령>의 방법적 실현이었던 셈이다. 이러한 의도는 같은 시기 일본의 중학교와 비교할 경우 더욱 선명하게 드러난다.

[표1] 제1차 조선교육령기 고등보통학교의 학과 과정 및 매주 교수 시수

과목 / 학년	수신	국어	조선어 및 한문	역사	지리	수학	이과	실업 및 법제경제	습자	도화	수공	창가	체조	영어	계
제1학년	1	8	4		2	4	3		2	3			3		30
제2학년	1	8	4	2		4	4		1	3			3		30
제3학년	1	7	3	2		4	3	6		1			3	(2)	30(32)
제4학년	1	7	3	2		4	3	6		1			3	(2)	30(32)
계	4	30	14	8		16	12	12	3	8			12	(4)	120(124)

* 자료 : 「高等普通學校規則」第29條, 1911.10.20, 『朝鮮現行法覽全』第8編, 修文書館, 1911, 19~20쪽.

[표2] 제1차 조선교육령기 중학교의 학과 과정 및 매주 교수 시수

학년 \ 과목	수신	국어	외국어	역사	지리	수학	박물	물리 및 화학	법제 및 경제	실업	도화	창가	체조	계
제1학년	1	8	6	3		4	2				1	1	3	29
제2학년	1	7	7	3		4	2				1	1	3	29
제3학년	1	7	7	3		5	2				1	1	3	30
제4학년	1	6	7	3		4	2	4		(2)	1		3	31(33)
제5학년	1	6	7	3		4		4	2	(2)	1		3	31(33)
계	5	34	34	12		21	8	8	2	(4)	5	3	15	150(154)

*자료 : 文部省教育史編纂會, 『明治以後教育制度發達史』第五卷, 1939, 148~149쪽.

[표1]과 [표2]를 비교하면 조선의 고등보통학교는 <외국어>를 '영어'로 한정하고 그것도 수의 과목으로 편제한 데 반해 일본의 중학교는 <외국어>를 전체 수업 시수의 22% 정도의 비중으로 설정하고 있을 뿐만 아니라 선택 언어도 영어, 독일어, 프랑스어로 선택의 폭을 열어놓았다. 또한 고등보통학교에서는 <이과>로 통합하여 가르치는 것을 일본의 중학교에서는 <박물>과 <물리 및 화학>으로 분리하여 가르쳤으며 고등보통학교에서 강조하는 <실업>을 중학교에서는 수의 과목으로 내리고 있다는 점도 주목할 만한 차이이다. 일본의 중학교가 각 교과의 전문성과 독자성을 유지하면서 상급학교로의 진학을 위한 교육기관이라는 성격을 지향하고 있었다면, 조선의 고등보통학교는 저급형 실업주의 교육기관으로 그 성격이 규정되었던 것이다.

국어교육사적 관점에서 주목해야 할 사실은 <국어>를 <조선어급한문>으로 개칭하고 종전의 <일어>를 <국어>로 '격상'시켰다는 점이다. <국어>를 <조선어>로 강등하고 그 위치를 일본의 중학교 교과과정에서 <외국어>에 해당하는 자리로 이동한 데 반해 <국어>로 승격한 <일어>의 위치는 <수신>과 함께 가장 중요한 교과로 배치하였다.

요약하면 식민 교육 체제의 최초의 선언에 해당하는 <조선교육령> 의 중등 교육 정책은 <일어>를 제국의 중심언어이자 대표교과로 내세 우고 민족어문 교과로서 <국어>는 일종의 외국어 교과로 전락시켰으 며, 고등교육기관의 예비학제로서 교과의 전문성이나 다양성, 독자성을 살리는 배치가 아니라 저급형 실무자를 양성하기 위한 차별적 교과로 구성했다. 이러한 교과구성은 <조선교육령>이 '시세와 민도'를 내세워 조선인과 일본인의 차별 교육을 정당화한 것을 구체적으로 실현한 것 이라 할 수 있다.

② '제2차 조선교육령'과 식민지 인문 중등 교육 정책 구상과 실행

조선 교육의 식민화를 위한 최초의 선포에 해당하는 <조선교육령>은 3·1 운동 이후 그 수정이 불가피해졌다. 경찰과 헌병, 군대를 동원한 1910년대의 강압 통치가 3·1 운동이라는 조선인의 거대한 반발을 불러 일으켰기 때문이다. 이에 총독부는 노골적 차별을 표방한 무단통치에서 문화적 제도의 개혁 및 문명정치, 즉 이른바 '내지준거주의'에 입각한 문화통치를 표방하였다. '일시동인(一視同仁)'의 기치 아래 조선인과 일본 인을 동등하게 대하고 조선인의 자율권을 인정하는 등 문화정치를 위 한 시정방침의 하나로 조선인 교육의 대혁신을 내세웠다(大野謙一, 1936 : 104). 이것은 기존의 통치정책이 실패했다고 자인(自認)하는 것이면서 동 시에 새로운 동화정책이 필요하다는 것을 인식한 결과였다. 이에 따라 <조선교육령>도 개정 작업에 들어갔으며 중등 교육 정책이 우선적인 수정 대상으로 지목되었다. 다음은 세 번째 총독으로 부임한 사이토가 학무국에 명하여 작성하게 한 <朝鮮學制改正案要領>의 일부이다.

朝鮮人에게 簡易實用의 敎育을 가르치고 容易하게 衣食의 方便을 얻게 하여 空論徒食하는 자가 나오지 않게 하려는 趣旨에서 나왔지만 이것이 實際에서는

豫期한 結果를 얻지 못하였다. 원래 朝鮮은 淸國에서 일찍이 크게 떨친 才能이 있음은 물론이고, 一部 人士의 頭腦는 예전부터 相當히 發展하였는데, 特히 近代 外國人에게서 新空氣를 吸收한 者도 적지 않아 內地와 다른 簡易한 敎育制度에 매우 不滿足한 者들로 因하여 施政상의 影響이 적지 않아 內外가 同一制度에 依하여 各種의 學校를 設置하고, 人民으로 하여금 그 能力과 資力에 맞게 適當한 程度의 敎育을 選擇할 수 있게 한다.

「朝鮮學制改正案要領」, 4~5쪽, 박철희(2002 : 24) 재인용.

인용문의 행간을 짚어보면 조선인에게 실시한 간이형, 저급형 교육 정책이 조선인의 반발과 저항이라는 예상치 못한 역류에 부딪힌 것에 대한 식민 권력자들의 당혹이 읽힌다.[31] 이들은 '간이한 교육 제도'에 대한 조선인의 불만을 무마해야 하는 정책이 시급하다는 사실을 토로하고 있다. 왜냐하면 조선인 중에는 "크게 떨친 才能이 있"는 자, "頭腦가 相當히 發達한 人士", "近代의 新空氣를 吸收한 者" 등 지식과 감각이 뛰어난 조선인들이 적지 않으므로 "簡易한 實用敎育" 위주의 교육 정책은 이들에게는 "매우 不滿足"스러울 수 있기 때문이다. 뛰어난 조선인들의 불만을 최소화하기 위해서라도 지금까지 행했던 차별적인 교육 정책의 수정은 불가피하다는 것이다. 뿐만 아니라 교육의 수요자인 조선인의 '능력과 자력'에 따라 교육의 선택권을 부여해야 한다는 사실도 강조하고 있다. 「개정안요령」은 앞서 인용한 초대총독 데라우치의 「유고」에 비하면 식민지 조선의 교육 현장과 교육 수요자에 대한 인식이 현실적으로 조정되고 있음을 보여준다.

---

31) 다음의 회고담은 일제의 차별 교육에 대한 조선인의 반응을 보여준다; "그 모양으로 당시의 총독부 고등보통학교 교육은 일반적으로 교과 내용이 낮았다. 그것은 일본 사람들이 다니는 중학교 아이들보다 정도를 낮게 가르쳐서 일본 사람에게 우월감을 갖게 하는 대신 우리에게는 열등감을 가지게 하여 일본 사람 밑에 종살이를 하게 만들자는 복선이 뚜렷했던 것이다". 洪種仁의 회고담, 『大同江』 1980.7 창간호, 88쪽.

개정 교육령(제2차 조선교육령, 1922년 4월 1일~1938년 3월 31일)이 변화를 준 내용 중에서 중등 교육 정책과 관련된 내용은 다음과 같다. 첫째, 교육 연한을 연장했다. 보통학교 4년, 고등보통학교 4년이었던 이전의 교육 연한을 개정 교육령에서는 일본의 학제와 동일하게 편성하여 보통학교 를 6년, 고등보통학교를 5년으로 연장했다. 이로써 표면적으로는 일본 의 중학교와 동일하게 편제하여 학제상 고등교육 단계로 진학할 수 있 는 길을 열어놓았다. 둘째, 교과목을 수정했다. 이전 교육령에서는 <영 어>를 1, 2학년 때는 부과하지 않고, 3, 4학년 때 수의 과목으로 편성하 는 정도에 그쳤는데 개정 교육령은 영어를 <외국어>로 확대하고 각 학 년 필수 과목으로 승격했다. 또한 어설프게 통합되어 있던 <이과>를 <박물>과 <화학> 두 과목으로, <실업급법제경제>는 <실업>과 <법제 급경제>의 두 과목으로 다시 나누어 각 교과의 전문성을 인정했다. 특 히 제1차 교육령에서 강화했던 <실업>을 수의 과목으로 전환하여 실업 중심 교육이라는 조선인들의 비판을 무마하는 조처를 취했으며 <역 사>와 <지리> 과목의 수업 시수도 총 8시간에서 15시간으로 대폭 늘 렸다.[32]

제2차 교육령은 조선인을 위한 교육의 대개혁[33]을 표방하며 조선인 과 일본인을 동등하게 대하고 조선인의 자율권을 인정한다는 이른바 문화정치의 맥락에서 도출된 결과물이었다. 그러나 이 교육령을 꼼꼼히

---

32) 3·1 운동 이후 조선인 중심의 '조선교육개선회'가 결성되었으며, 이 개선회는 교육 개선안을 마련하여 총독부에 제출하였다. 개선안 내용 중에 조선어 및 조선역사지 리 교육 강화에 대한 요구가 포함되어 있다. 즉 '조선어급한문'과와 '조선역사지 리'과를 별도로 독립시켜 교수할 것을 요구하는 내용이다. 그러나 실제 개정 조선 교육령에 이 내용은 받아들여지지 않았다. 다만 '역사지리' 교과의 수업 시수를 늘 려 조선에 관한 사항을 다루는 정도로 대신하였다. 『동아일보』, 1921. 4. 9; 4. 28; 5. 3~5. 4 참조.

33) 大野謙一, 『朝鮮敎育問題管見』, 104쪽.

뜯어보면 거기에는 조선인에 대한 일본인의 차별 공식이 보다 정교한 형식으로 잠복해 있음을 읽어낼 수 있다. 먼저 조선의 중등학교 학제를 '고등보통학교·중학교'라는 이원 체제로 구분하는 방식이다. 이러한 구분은 제1차 교육령기와 다르지 않지만 입학 자격을 '국어(일본어)를 상용하는 자'와 '국어(일본어)를 상용하지 않는 자'로 제시하고 있다는 점이 특이하다. '조선인'과 '일본인'이라는 민족적 정체성을 드러내는 기표를 지우고 단지 사용 언어를 기준으로 학교를 선택할 수 있는 정책을 제시한 것이다. 관련 조항을 제시하면 다음과 같다.

> 제2조 국어를 상용하는 자의 보통교육은 소학교령, 중학교령 및 고등여학교령에 의한다. 단, 이들 칙령에 들어 있는 문부 대신의 직무는 조선총독이 이를 행한다.
> 전항의 경우 조선의 특수한 사정에 따라서 특례를 둘 필요가 있는 것은 조선총독이 이를 별도로 정할 수 있다.
> 제3조 국어를 상용하지 않는 자에게 보통교육을 하는 학교는 보통학교, 고등보통학교 및 여자고등보통학교로 한다.
> 제25조 특별한 사정이 있는 경우에는 조선총독이 정한 바에 국어를 상용하는 자가 보통학교, 고등보통학교, 여자고등보통학교에, 국어를 상용하지 않는 자가 소학교, 중학교 또는 고등여학교에 입학할 수 있다.

제2조와 제3조의 두 조항으로서 식민지 조선의 교육 시스템을 이원 체제로 명시한 후 제25조를 통해 '소학교-중학교·고등여학교'와 '보통학교-고등보통학교·여자고등보통학교' 상호 간에 교차 입학을 허용하여 수요자에게 선택권을 부여한다는 내용을 공지하였다. 그러나 일어를 상용하는 자의 대부분이 일본인이고 일어를 상용하지 않는 자의 대부분이 조선인임을 감안할 때 이 교육령은 학습자의 자유로운 선택을 보장하는 형식을 취하고는 있지만 실제로는 초등교육과 중등교육에

서 조선인을 대상으로 하는 학제와 일본인을 대상으로 하는 학제를 법적으로 분리하는 방식으로[34] 차별의 제도화를 실현한 것에 불과했다.

두 번째는 중등교육이 성역할 구분에 따른 교육으로 실행되었다는 점이다. 보통학교를 졸업한 조선의 학생들로 하여금 고등보통학교와 여자고등보통학교로 각각 분리, 설치된 중등학교 학제에 따라 성별 교육을 받도록 제도화했다. 일반적으로 교육이 시대와 장소를 막론하고 인간을 개조하는 최적의 수단이라는 사실은 일본이 조선의 교육을 성차(性差)에 근거하여 실시한 까닭에 대해 질문하게 한다. 학제의 성별(性別) 구축은 기본적으로 식민 권력이 필요로 했던 식민지 조선의 여성상과 남성상이 달랐다는 점을 암시한다. 이것은 교육 목적, 교수 지침, 교과목 편제, 교수 시수 등은 물론 중등학교 조선어과 교과서의 성별 분리, 편찬만 보아도 짐작할 수 있다.

우선 상기해야 할 사실은 남성 중등교육은 1900년 10월 3일에 설립된 최초의 인문계 중등교육기관인 관립중학교가 통감부의 <고등학교령>에 의해 수학기간이 7년제에서 4년제로 축소된 형태로서 1906년 9월 1일 고등학교로 개칭되면서 본격화되었던 것에 비해 여성 중등교육기관은 <고등여학교령>에 의거하여 한성고등여학교가 설립된 1908년 4월에 제도화되었다. 이러한 사실은 지금까지 일제 강점기 교육에서 성의 차이에 주목한 연구들로 하여금 여성 교육에 집중하게 하는 요인 중 하나로 작용했다. 이들 연구의 대부분은 교육과정과 교육 내용에 담긴 남녀 차별적인 요소나 교육받은 여성들의 민족운동에 주목한다. 남녀 불평등에 입각한 일제 하의 여성 교육이 해방 후 성차별 의식이 확고하게

---

34) 일선 공학(日鮮共學) 문제를 둘러싼 조선총독부와 조선의 민족주의 지식인들, 일본 정부 등 각각의 입장과 갈등에 대한 보다 자세한 논의는 다음 글을 참조할 수 있다. 김한종, 「제2차 조선교육령 시기 日鮮共學 정책과 조선인의 반응」, 『호서사학』 48, 2007 참조.

자리잡는 데 지대한 역할을 했다고 보기 때문이다. 여성 교육에 관한 연구가 활발히 이루어진 것도 이와 무관하지 않다.

일제 강점기 여성 교육에 관해서는 많은 연구가 축적된 것에 반해, 여성과 하나의 축을 이루는 젠더인 남성에 대한 교육과 그 결과인 남성상에 주목한 연구는 그다지 활발하지 못한 편이다. 그러나 일제 강점기 교육이 조선의 여성에게 전통시대와 다른 성 역할을 요구한 것과 마찬가지로, 조선의 남성에게도 재편된 통치 질서에 적합한 인간으로 재탄생되도록 요구했다. 이러한 요구는 "남자에게 고등교육을 행하는 곳으로서 상식을 길러 국민다운 성격을 도야하고 그 생활상 유용한 지식기능을 가르치는 것을 본지로 한다"는 고등보통학교 교육의 요지를 통해서도 명백히 설명되고 있다. 즉 식민지 조선인 남성 교육의 목표는 조선인을 일본 국민으로 훈육하는 것과 실생활에 필요한 지식과 기능을 교육한다는 것으로 설정되었다. 이러한 교육 목적은 고등보통학교의 교과 편성과 교과 시수를 통해 구체적으로 적용되었다.

고등보통학교의 학과 과정은 '국민화 교육'과 '실용화 교육'으로 구성되었으며 그 비율은 대체로 53% 대 47%(제1차 교육령기, 68/128, 60/128), 49% 대 51%(제2차 교육령기, 79/160, 81/160), 51% 대 49%(제3차 교육령기, 89/173, 84/173)를 유지했다(【부록1】 참조). 특히 제2차 교육령기에서는 앞에서 언급한 바와 같이 실용적인 지식을 가르치는 교과목이 다양해지고 세분화되었다. <외국어> 교과는 <일본어> 교과와 비슷한 시수로 조정되었다. 3·1 운동 이후 중등학교 교과 체제의 수준향상에 대한 조선인들의 교육적 요구가 관철된 결과이다. 그러나 <외국어> 교과를 배정하면서 교과의 위상이나 교수 시수 면에서 희생이 요구된 것은 조선어과였다. 외국어과 설치에 대한 조선인들의 요구를 수용하는 대신 조선어과를 축소했기 때문이다.

요컨대 남성 중등학교 교육은 조선 남성을 일본의 국민으로 재탄생시키기 위한 정신 교육과 실용 지식 교육으로 구성되었다. 이는 조선의 남성이 정신적으로 일본인이 되어야 한다는 대전제와 저급한 실무 인력으로 배치되어야 한다는 이중적 논리를 관철한 것이었다. 조선 청년을 일본의 국민으로 만들되 일본인과 동일한 수준의 국민이어서는 안 되었기 때문이다. 조선 청년은 "社會의 基盤이요 心臟"이지만, 언제나 "第二의 國民"(「靑年學生에게 望함」, 『매일신보』, 1925년 1월 24일)로 그 지위가 규정되었다. 식민지 고등보통학교에 재학 중인 조선의 청년들은 제국의 건설에는 적극적으로 동참하도록 강제되었지만 그 이름은 항상 '제2의 국민'으로 호명된 것이다.[35]

한편, 식민지 조선 여성은 산업 노동력으로 전환된 조선의 남성이 빠져 나간 가정이라는 공간을 대신 책임지고 이끌어가야 하는 존재로 인식되었다. 즉 가정 경영과 자녀 교육을 위해 여성 교육이 요구된 것이다. 학교 교육이 공식적으로 제도화되는 가운데 여성 교육 역시 미약한 형태로나마 양적인 면에서 점차 확대되어 나갔다.[36] 초등교육의 경우

---

35) 조선어과 교육 역시 이러한 이중적 정체성의 내면화를 위해 활용되었다. 특히 '조선어'라는 강력한 유인 요소가 관통하는 조선어 교과서는 일본 제국주의의 제2의 국민화 프로그램을 원활하게 가동할 수 있는 정치적 텍스트로 활용되기에 충분했다. 식민 국가 권력이 단지 일본어 습득을 위한 임시적인 성격이나 혹은 조선인의 반발과 저항을 무마하기 위한 장치로 조선어과를 설치한 것이라면 굳이 조선어 교과서를 별도로 편찬할 필요는 없었을지도 모른다. 일본어 교과서인 '국어독본'을 조선어로 번역하여 한시적으로 사용했을 수도 있었다. 그러나 인력과 예산을 투자하여 조선어 교과를 위한 교과서 개발에 착수한 것은 조선어과 교과서가 수행해야 할 어떤 역할을 기대했기 때문이다.

36) 조선에서 근대적인 의미의 여성 교육의 시작은 1886년 이화학당의 설립을 기점으로 계산하지만 조선 여성이 근대적인 제도교육의 장으로 공식적으로 호명된 것은 1908년 관립 한성고등여학교가 최초이다. 1908년 4월 대한제국 학부는 <고등여학교령>을 공포한 후 이 법령에 의거하여 한성고등여학교를 설립함으로써 "계몽기 공간에서 다양한 수준과 형태로 흩어져 실시되고 있었던 민간 성격의 여성 교육을 통일적이고 국가적인 체계로 흡수하는 계기를 마련했다"(현경미, 『식민지 여성

남자만 입학할 수 있었던 보통학교에 여자부를 설치할 수 있다는 법령이 <고등여학교령>과 함께 공포되면서, 대구, 함흥, 군산, 여주의 4개 공립학교에 여자 학급이 신설되었다. 이후 관립 경성보통학교를 비롯하여 1909년 말 현재에는 전국적으로 11개 보통학교에 여자부가 설치되었다.[37] 이에 따라 보통학교에 취학하는 여아의 입학률은 조금씩 증가했지만 1910년대까지도 전체의 5%를 넘기지는 못하였다. 1912년 현재 학령 아동은 4만 4천여 명이었으나 취학률은 2.1%에 불과했으며 그 중 남아는 3.7%, 여아는 0.4%였다.

여아의 취학률은 1920년까지는 정체 상태를 보이다가 그 이후부터 급격하게 상승하기 시작했다. 1920년 현재 전체 학생이 10만 7천여 명으로서 전체아동의 취학률은 4.4%이며 여아의 경우는 1.2%였다.[38] 그러

교육의 사례연구 – 경성여자고등보통학교를 중심으로』, 서울대 석사학위논문, 1998, 35쪽)는 점에서 교육사적 의의가 있다. 미국 선교사업의 일환으로 설립된 이화학당 이후, 그로부터 20년이 지난 1906년에 조선인에 의한 최초의 사립 민간 여성 교육기관인 진명학교가 출현한다. 국가기구에 의한 학교인 관립 한성여학교는 진명학교 설립 2년 후인 1908년 찬양회를 비롯한 국내 여성단체들의 적극적인 요청에 의해 설립된 것이다.

37) 1909년 경성보통학교를 비롯하여 어의동, 평양, 개성, 강화, 목포, 전주, 마산 등의 보통학교에 여자부가 한 학급씩 새로 설치되면서 여자부는 1909년까지 11개 교에 신설되었고 학생 수는 총 423명에 달하였다(현경미, 1998 : 35).

38) 다음 자료는 1930년 『동아일보』에 게재된, 「나의 십세 전후」 회고담의 일부이다; "''숨어라 숨어라! 순검 잡으러 올라!" 순사나 헌병 보조원들의 제키만이나 한 장검이 동리 밧게만 번쩍여도 이런 탐보가 각 서당에 쫙 퍼진다. 그럴 때마다 서당에서는 일대 소동이 일어나며 통감, 동몽선습 짜리들이 제마다 피난처를 찻노라고 괭이맛난 쥐가 담구멍 찻듯 솰솰댄다. 장검을 압세우면서 긔 구장, 군텅고원가튼 사람들이 시시로 서당을 습격하여 잡히는 대로 아이들을 끄을고 가는 까닭이다. 머리깍기는 죽기보다 더 실코 학교에 다니면 나종 일본 병정으로 뽑혀간다는 바람에 학교라면 금방 경풍을 하얏다"(朴露兒(25세), 「나의 십세 전후」(1), 『동아일보』, 1930. 4. 2.) 인용문은 '제복'과 '장검'으로 상징되는 1910년대 무단 통치기의 보통학교를 당대 민중들이 어떻게 인식하고 있었는가를 단적으로 보여준다. 보통학교에 다니면 일본 병정으로 징용된다는 소문이 조선인들의 내면을 형성하고 있었던 것이다. 당대 조선인들에게 학교는 장검을 앞세운 헌병 경찰제도와 제국주의의

나 8년 후인 1930년에 이르면 전체 학생은 48만 9천여 명으로 1920년대 초반에 비해 거의 4배 이상 늘어나고 취학률도 17.3%에 달했으며 그 중 여아는 6.2%가 되었다. 이후 2차 조선교육령 시기가 끝난 직후인 1938년에는 전체 학생이 100만 명을 돌파했고, 취학률도 33.2%에 이르렀으며 여아의 경우도 16.2%가 되었다[39](【부록2】 참조). 그러나 여아의 취학률은 언제나 남아에 비해 낮았다. 성별에 따른 취학률의 격차는 약간씩 줄어들고 있지만 여전히 취학 기회에 있어서 성차별은 뚜렷이 존재했다.[40]

중등교육기관의 경우는 사정이 어떠했을까? 2차 교육령 말까지 고등보통학교가 공립 16개교, 사립 11개교였던 것에 비해(【부록3】 참조) 여자고등보통학교는 공립 11개교에 머물렀다. 총독부의 1도 1교 정책[41]에서도 여고보의 경우는 예외였다. 1925년까지도 조선에는 경성여고보와 평양여고보 2개의 공립 여고보만이 존재했다. 총독부는 1921년에서 1925

압제 장치로 인식되었던 것이다. 적어도 식민지 지배 초기인 1910년대 식민 교육 기관으로 탈바꿈한 신식학교, 즉 보통학교는 조선인들에게는 거부의 대상이었다.

39) 학교에 대한 조선인의 태도는 1919년 3·1 운동을 기점으로 극적으로 변화한다. 3·1 운동 이후 조선인은 학교 취학을 거부하던 행위에서 적극적으로 획득하는 행위를 취한다. "취학 아동의 증가는 실로 놀랄 만한 것이었다. 소요 이전에는 면장, 경찰서장이 극력 취학을 권유해도 정수의 취학 아동을 얻는 것은 극히 어려웠다. 그런데 사건 후 일변하여 학교는 문전성시가 되었다"고 식민지 관료가 실토할 정도로 식민지 조선의 교육 상황이 일변했다. 松村松盛(1936),「(變)行く朝鮮の姿」,『韓國統治の回顧と批判』, 박찬승, 『조선근대정치사상사연구 – 민족주의 우파의 실력양성운동론』, 역사비평사, 1992, 245쪽에서 재인용.

40) 오성철(2000 : 135)은 보통학교 취학률에서 여성의 상대적 소외를 보통학교가 유상제로 운영되는 한 조선인 학부모들은 우선적으로 남자 아동을 취학시켰던 전통적인 남녀차별 관습의 잔존으로 해석한다.

41) 紫田學務局長은 '敎育令閣議通過'를 계기로『동아일보』와 인터뷰를 가졌다. 이 자리에서 다음과 같이 말한 바 있다; "고등보통학교 – 學校增設의 請願이 多하야 各其 熱烈한 運動이 有한 바 此는 本總督府當局에서도 될 수잇는대로 一道에 一 高等普通學校를 設置하라는 趣旨인 즉 此도 豫算의 許함에 限하야 皆設置하랴 하는 바이라" 紫田學務局長辰談「敎育令閣議通過」,『동아일보』, 1921년 12월 8일.

년까지 10개의 공립 고보(사립에서 공립으로 전환한 동래고보와 광주고보 등 2개교 포함)를 설립했지만 같은 기간 여고보는 한 학교도 설립하지 않았다. 공립 여고보의 증설은 공립 고보가 1도 1교의 수준으로 설치되기 시작한 이후인 1926년부터 비로소 시작되었다. 반면, 사립 여고보는 1925년 무렵 8개교가 운영되고 있었다. 당시 공립 여고보가 2개교였다는 점을 감안하면 1920년대 말까지 조선의 여성 교육은 주로 사립학교가 담당하고 있었다고 할 수 있다(【부록3】참조). 공·사립 전체적으로 여고보의 취학자 수는 1912년 87명에서 1919년에 이르면 403명으로 늘어나고 1930년에 이르면 2929명으로 1910년대 초에 비해서는 30배나 증가하여 1938년에는 7891명으로 집계되고 있다.[42] 숫자상으로는 증가세를 타고 있지만 남학생 수에 비하면 여전히 낮은 수치이다.[43]

중등교육에서의 차별은 단지 학교 설치와 취학 기회에만 해당되는 문제는 아니었다. 식민지 여성 교육 정책은 교육 일반 지침과 시행 방안 등의 법령에서 언제나 남성 교육과 구분되어 발효되었다. 예컨대 여성중등교육기관의 경우 수업 연한을 남성중등교육기관인 고등보통학교에 비해 1년 짧게 배정했다는 점, 이로써 중등교육 이수자를 위한 유일한 상급학교인 전문학교로의 진학을 제도적으로 제한했다는 점[44] 그리고 동일한 교과라 하더라도 교과 목표와 수업 시수는 물론 교과서까지

---

42) 朝鮮總督府, 『統計年報』, 1933, 1938 참조.

43) 여고보와 고보의 취학자 수를 연도별로 비교한 것이다. 평균적으로 고보의 학생수가 여보고에 비해 두 배에서 네 배 가량 많은 것을 알 수 있다.

성별 \ 연도	1912	1914	1916	1919	1925	1929	1935	1938
여고보생	87	240	334	403	2022	4199	6047	7891
고보생	456	863	1715	2140	10185	11997	14505	17502

*자료, 朝鮮總督府, 『統計年報』, 1933, 1938 참조.

44) 전문학교의 입학 자격은 "고등보통학교를 졸업한 자, 또는 이와 동등 이상의 학력을 가진 자"였다. 따라서 고등보통학교의 수업 연한보다 1년이 짧은 여고보생들은 이수 기간 미달로 인해 전문학교에 진학할 수가 없었다.

달리 편성했다는 점 등이 그러하다. 그렇다면 남성 교육과 차별적인 교육 시스템을 운용하면서까지 여성 교육을 실시한 이유는 무엇이었을까.

(가) 朝鮮人이 日本人과 同化하기는 제일 捷徑이 女子教育의 進步發展하는 데 在하니 其 教育方針을 研究하면 朝鮮人은 儒教로 僞本하니 대저 부녀는 家庭의 主宰라. 兒童을 訓化하는 데 一家의 空氣를 作成하는 절대한 권위를 拘有하였으니 조선의 부녀는 일본의 일정한 방침이 有한 교육하에 成人하는 것이 당연한 순서라. 일본 내지인의 성질을 조선인이 능히 會得하면 오해를 漸釋하고 益益 친화할지니 朝鮮女子教育이 육성하여 동화할진대 深在한 利益이 有하리라는 議論은 당국자가 力行으로 장래에 실시를 可圖하리니 總督府政治에 第一 着手할 것은 女子教育이라 하리라.

「女子教育의 方針」, 『每日申報』, 1910년 9월 16일

(나) 朝鮮人 女子教育은 男子教育에 비해 뒤지지 않는 중요한 의미가 있다. 經濟的 融合과 社會的 融合은 植民政策의 基本 土臺가 되지만 그 가운데서도 뒤의 것, 곧 社會感情의 融合이 한층 더 困難하다. (중략-인용자) 이것은 어떻게 해서든지 婦女子를 感化시키는 데서부터 들어가는 것이 지름길이다. 主我心, 自覺心이 적은 感情的인 婦女子가 男子보다 훨씬 感化시키기가 쉬운 것은 말할 것도 없다. 유럽의 선진국들이 植民地政策 또는 宗教政策에 婦女子의 感化를 중요시하는 이유가 깊다…. 女子가 感化하면 男子는 저절로 感化되는 것이다.

原象一郎, 『朝鮮の旅』, 1914,
大野謙一, 『朝鮮教育問題管見』, 1936, 304쪽 재수록.

(가)에 의하면 총독부는 식민 통치의 '심재(深在)한 이익(利益)'을 달성하기 위해서 조선 여성의 역할, 특히 어머니 역할에 주목하고 있다. 조선 여성으로 하여금 일본과 일본인의 특성을 잘 이해하도록 학습시켜 각 가정에서 조선 아동을 일본인으로 '동화'되도록 만드는 역할, 그것이 조선 여성에게 기대하는 바이다. 따라서 '일본의 일정한 방침이 있는 교육'으로 조선 여성을 교육해야 할 필요가 있다고 밝히고 있다. (나)[45]는 식민 지배국과 식민지와의 '사회감정의 융합'을 위해서 조선 여성의 교

육이 필요하다고 강조하고 있다. 정치적, 경제적 융합보다 더 '곤란(困難)'한 것이 사회적 융합이며 이를 해결할 수 있는 방법은 바로 '여성을 감화시키는 것'이다. 조선 여성의 감화를 위해 여성 교육이 시급하고도 중요한 사안으로 제기된 것이다. 이것은 조선의 여성 교육이 교육 본래의 필요성 때문이 아니라 식민 통치라는 정치적인 요구에 의해 시행된 것임을 알려준다. 효율적이고 지속적인 통치 체제를 유지하기 위해서는 근로정신의 배양을 통한 경제적인 가치 뿐만 아니라 미래의 신민이 될 아동의 신체적, 정신적 훈육을 통한 사회적 융합이라는 가치가 보다 절실하게 요구되었다. '황국신민'의 잠재적인 대상으로서 식민지의 아동은 정치적인 영역으로 포획되었으며 이 때 식민지 조선의 여성의 임무는 그들을 생산하고 교육한다는 점에서 중요한 교화의 대상으로 부상된 것이다. 여성 교육의 목적을 남성 교육과 비교하면 다음과 같다.

[표3] '고등보통학교'와 '여자고등보통학교'의 교육 목적

	제1차 조선교육령(1911)	제2차 조선교육령(1922)
여자고등보통학교	女子高等普通學校는 女子에게 高等한 普通教育을 하는 곳으로서, 婦德을 기르고, 國民된 性格을 陶冶하며, 그 生活에 有用한 知識과 技能을 가르친다.	女子高等普通學校는 女生徒의 身體의 發達 및 婦德의 涵養에 留意하여 이에 德育을 베풀고 生活에 有用한 普通의 知識 및 技能을 教授하여 國民으로서의 性格을 養成하고 國語에 熟達시킬 것을 目的으로 한다.
남자고등보통학교	高等普通學校는 男子에게 高等한 普通教育을 하는 곳으로서, 常識을 기르고 國民된 性格을 陶冶하며 그 生活에 有用한 知識과 技能을 가르친다	高等普通學校는 男生徒의 身體의 發達에 留意하여 이에 德育을 實施하고 生活에 有用한 普通의 知識 및 技能을 教授하여 國民으로서의 性格을 養成하고 國語에 熟達시킬 것을 目的으로 한다.

---

45) 이 글은 1910년 참사관이었던 일본인 하라가 경성여자고등보통학교를 시찰한 후 「조선의 여행」이란 글을 통해 주장한 내용이다. 이것을 1936년 오노가 『조선교육문제의 관건』에서 조선 여성에 대한 교육관으로 다시 언급하면서 그 의미가 재삼 강조되었다.

제1차 조선교육령과 제2차 조선교육령의 여자고등보통학교의 교육
목적을 남자고등보통학교의 교육 목적과 비교하면 '부덕의 함양'이라는
항목이 추가되어 있다는 점을 확인할 수 있다. '부덕'의 구체적인 내용
에 대해서는 <여자고등보통학교 규정>을 통해 보다 상세하게 진술하
고 있다. <여자고등보통학교 규정> 제8조에서는 「수업에 관한 주의 사
항」을 다섯 가지로 제시하고 있다. 그 중 두 번째 조항에서 "貞淑하고도
同情이 豊富하며 勤儉을 崇尙하는 志操를 두텁게 하여"라고 '부덕'의 내
용을 명시했다.[46] 고등보통학교가 순량하고 근면한 국민을 양성하는 데

---

46) 여자고등보통학교 규정 제8조를 남자고등보통학교 규정 제8조와 비교하면 제2항
　　을 제외하고는 동일하다.

고등보통학교 규정 (1922년 2월 20일 총독부령 제17호)	여자고등보통학교 규정 (1922년 2월 17일 총독부령 제14호)
제8조 고등보통학교에서의 수업에 관해 특히 아래의 사항에 주의해야 한다. 1. 국민됨의 성격을 함양하고 국어에 숙달시키는 것은 모든 학과목에서 항상 깊이 유의할 것을 요함. 2. 선량한 풍속을 존중하여 생도의 성덕을 함양하고 醇良한 인격을 도야해 기꺼이 사회에 봉사하는 마음을 두텁게 하고 동포화목의 미풍을 기르는 것을 목표로 하여 모든 학과목에서 항상 깊게 이에 유의할 것을 요함. 3. 지식기능은 생도 장래의 생활상 적당한 사항을 택해 이를 가르치고 또한 가능한 한 개인의 특성에 유의할 것을 요함. 4. 생도의 신체를 건전하게 발달시키는 것을 목표로 하여 모든 학과목에서 그 교수는 생도의 심신발달의 정도에 따를 것을 요함. 5. 각 과목의 교수는 그 목적 및 방법에 잘못이 없도록 서로 함께 관련을 맺어 補益할 것을 요함.	제8조 여자고등보통학교에서의 수업에 관해 특히 아래의 사항에 주의해야 한다. 1. 국민됨의 성격을 함양하고 국어에 숙달시키는 것은 모든 학과목에서 항상 깊이 이에 유의할 것을 요함. 2. 선량한 풍속을 존중하고 생도의 덕성을 함양하고 순량한 인격을 도야하고 특히 정숙하고도 동정이 풍부하며 근검을 숭상하는 지조를 두텁게 하여 기꺼이 동포화목의 미풍을 기르는 것을 목표로 하여 모든 학과목에서 항상 깊게 이에 유의할 것을 요함. 3. 지식기능은 생도 장래의 생활상 적당한 사항을 택해 이를 가르치고 또한 가능한 한 개인의 특성에 유의할 것을 요함. 4. 생도의 신체를 건전하게 발달시키는 것을 목표로 하여 모든 학과목에서 그 교수는 생도의 심신발달의 정도에 따를 것을 요함. 5. 각 과목의 교수는 그 목적 및 방법에 잘못이 없도록 서로 함께 관련을 맺어 補益할 것을 요함.

목적을 두었다면 여자고등보통학교는 정숙하고 동정이 풍부하며 근면을 숭상하는 여자를 양성하는 데 목적을 두었고 교수 내용의 수준은 '생활상 유용한 지식 기능'으로 한정하였다.

교육 목적과 규정에서의 차이는 교과목 편제와 교과목별 교수 방침에서 더욱 선명하게 제시되었다. 이를테면 "여자고등보통학교의 학과목은 수신, 국어, 조선어, 외국어, 역사, 지리, 수학, 이과, 도화, 가사, 재봉, 음악, 체조"로서 남고보에서는 <국어급한문> 혹은 <조선어급한문>의 형태로 반드시 학습하게 되어 있는 '한문과'를 배정하지 않았다. <외국어>를 수의 과목으로 정한 것이나 <박물>과 <물리급화학>을 <이과>라는 한 과목으로 통합한 것, 그리고 <법제급경제>와 <실업> 대신에 <가사>와 <재봉>을 부과한 것 등은 남고보의 교과목 편제와 명백하게 구분되는 차이들이다. 남고보에 비해 여고보의 교과목을 기능적이고 기초적인 교과 중심으로 편제했던 것이다. 다음은 1차 교육령기 여고보의 학과 과정 편제이다.

[표4] 제1차 조선교육령기 여자고등보통학교 학과 과정 및 매주 교수 시수

학년 \ 과목	수신	국어	조선어급한문	역사	지리	산술	이과	가사	습자	도화	재봉수예	음악체조	계
제1학년	1	6	2	2		2	2		2	1	10	3	31
제2학년	1	6	2	1		2	4	1	1		10	3	31
제3학년	2	6	2		1	2	4			1	10	3	31
계	4	18	6	4		6	10	3		3	30	9	93
백분율	4.3	19.4	6.5	4.3		6.5	10.7	3.2		3.2	32.2	9.7	100

*자료 : 「女子高等普通學校 規則」, 朝鮮總督府令 第112號, 明治44(1911)年 10月 20日.

제1차 조선교육령에 의해 실행된 여자고등보통학교의 학과 과정과 교수시수([표4])를 확인해 보면 '생활상 유용한 지식 기능'과 직접적으로

관련된 교과인 <가사>, <재봉수예>과에 전체 93시간 중에서 34시간이나 할당(37.5%)하고 있다. 식민당국은 원활한 주부로서의 자질을 학습시키는 것으로 여성 교육의 목적을 설정한 것이다. 그리고 <수신>, <일어>, <역사지리> 등 이른바 '국민화 교과' 전체의 28%에 해당하는 22시간이라는 교수 시간을 가동하고 있다는 사실도 "社會的, 感情的인 統合"[47)]을 유도하여 충량한 제국 신민으로서의 품성을 함양하는 데 여성 교육의 목적이 있다는 점을 보여준다.

그러나 제1차 세계대전과 러시아 혁명 이후 자유주의와 사회주의의 확산 그리고 3·1 운동의 여파에 따라 일정 정도 유화 정책으로 선회한 식민 정책의 조정에 따라 교육령 역시 개정이 되었다. 1922년 제2차 조선교육령은 1차 교육령의 <女子高等普通學校規則>을 <女子高等普通學校規程(조선총독부령 제14호)>으로 개정하면서 전반적인 교육 법령들도 수정했다. 개정된 여자고등보통학교의 교육 목적은 1차 교육령기의 목적과 대체로 유사하여 "女子高等普通學校는 女學生의 身體發達 및 婦德의 涵養에 유의하며 德育을 실시하고 生活에 有用한 普通知識 및 技能을 가르쳐 國民으로서의 資質을 育成하고 國語에 熟達케 하는 것을 目的으로 한다"(제8조)고 선언하였다. '여학생'과 '부덕의 함양'이라는 용어 이외에는 고등보통학교의 교육 목적과 동일하지만 1911년 1차 교육령기의 교육 목적에서 제시하는 내용에 "일본어를 숙달시킨다"라는 내용을 첨가했다. 일제는 조선 여성에게 현모양처의 근본 조건인 '부덕의 함양'이라는 목적 이외에 '국민적 자질의 육성'과 '국어의 숙달'이라는 목적을 새롭게 추가함으로써 여성적 자질뿐만 아니라 제국의 신민이라는 국민적 자질을 교수하도록 제시한 것이다. 수업 연한도 종전의 3년에서 "5년

---

47) 原象一郎, 『朝鮮の旅』, 1914, 大野謙一, 『朝鮮教育問題管見』, 朝鮮總督府學務課, 1936, 302~303쪽.

또는 4년으로 하고 지역의 상황에 따라 3년으로 할 수 있다"[48](제9조)고
하여 실질적으로 1년 연장했다. 여자고등보통학교[49]의 학과 과정은 다
음과 같다.[50]

[표5] 제2차 조선교육령기 여자고등보통학교 학과 과정 및 매주 교수 시수

학년＼과목	수신	국어	조선어	외국어	역사지리	수학	이과	도화	가사	재봉	음악	체조	계
제1학년	1	6	3	3	3	2	2	1		4	2	3	30
제2학년	1	6	3	3	3	2	2	1		4	2	3	30
제3학년	1	5	2	3	2	3	3	1	2	4	1	3	30
제4학년	1	5	2	3	2	3	3		4	4		3	30
* 제5학년	1	5	2	3	2	3	3	1	2	4	1	3	30
계	4	22	10	12	10	10	10	3	6	16	5	12	120
백분율	3.3	18.4	8.3	10	8.3	8.3	8.3	2.5	5	13.4	4.2	10	100

*교육과정 상에는 '제5학년'까지 명시되어 있지만, 실제로 운영된 여고보는 4년제였기
때문에 통계에서는 5학년의 교수 시간은 제외하였다.
**출전; 朝鮮總督府, 「女子高等普通學校規定」(第七條)(朝鮮總督府令第14號), 『朝鮮總督府
官報』 第2852號, 251~252쪽.

먼저 학과 과정이 3년제에서 4년제로 연장되어 총 수업 시수 역시 93
시간에서 120시간으로 늘었다. <조선어급한문>을 <조선어>와 <한문>
으로 분과한 후 <한문>을 수의 과목으로 정하여 실질적으로 조선어 교

---

48) 朝鮮總督府, 『朝鮮敎育要覽』, 1929, 『植民地朝鮮敎育政策史料集成』 券3, 63쪽.
49) 「女子高等普通學校規定」(제7조)(朝鮮總督府令 제14호), 『朝鮮總督府官報』 제2852호.
50) 조선 내에 거주하고 있는 일본 여성을 위한 학교인 '고등여학교'의 학과목과 비교
해보면, 고등여학교는 수신, 국어, 외국어, 역사, 지리, 수학, 이과, 도화, 가사, 재
봉, 음악, 체조 교과로 규정되어 있다. 외국어는 영어 또는 불어로 되어 있으며, 결
(缺)하거나 수의 과목으로 정할 수도 있다. 도화와 음악 역시 총독의 허가를 받아
결(缺)할 수도 있다. 朝鮮總督府, 「高等女學校令 規定」 11條 (朝鮮總督府令 第10號),
大正11 2월 16일 공포, 동년 4월 1일 시행, 『朝鮮總督府官報』 第2851號, 1922년 2월
16일자, 215면 참조.

수 시간을 줄였고 <습자> 역시 수의 과목으로 정했다. 그리고 <재봉급수예>를 분과하여 <재봉>은 정규 과목으로 <수예>는 수의 과목으로 선택 가능하도록 해서 표면적으로 <가사> 교과에 해당하는 수업 시수를 줄였다. 또한 통합 교과였던 <이과가사>를 분리하여 실용지식을 강화했으며 <체조>를 <음악>과 분리하고 수업 시간을 늘려 여성의 신체 건강을 중시했다. 마지막으로 <수신>, <국어>, <역사>, <지리> 등 이른바 제국 신민화 관련 교과를 36시간으로 배정하여 전체 교수 시간의 30%(1차 28%)로 상향 조정했다.

2차 교육령기에서 특히 주목해야 할 부분은 성별화된 교과 시스템을 조직적으로 강화했다는 점이다. 동일한 교과라 하더라도 성별에 따라 다른 교과서를 사용하거나 교수시수에 있어서도 차등 배분하였다는 점 등은 물론 각 교과목별 교수 방침도 다르게 설정하였다.

[표6] '여자고등보통학교'와 '고등보통학교' 교과별 교수 요지(일부)

여자고등보통학교	고등보통학교
제13조 2항 歷史는 我國의 國初로부터 현재에 이르기까지의 중요한 事歷을 가르치고 朝鮮에 관한 事項을 상세하게 함과 동시에 外國歷史의 大要를 가르쳐야 함.	제13조 2항 歷史는 日本歷史 및 外國歷史로 하고 日本歷史에서는 주로 國初로부터 현재에 이르기까지의 중요한 事歷을 가르치고 朝鮮에 관한 사항을 상세하게 하고 外國歷史에서는 世界大勢의 변천에 관한 事蹟을 주로 하고 人文의 발달 및 我國의 文化에 관계된 事蹟의 大要를 알려주어야 함.
제15조 2항 數學은 算術을 가르쳐야 하고 또 필요에 따라 代數 및 幾何의 初步를 가르칠 수 있다.	제15조 數學은 算術 幾何 및 三角法을 가르쳐야 함.
제17조 2항 圖畫는 自在畫로 하고 寫生畫를 주로 하고 臨畫를 加하여 가르치고 또 때때로 자기의 考案으로 그리게 해야 한다. 3항 前項 이외에 幾何畫의 初步를 가르칠 수 있다.	제20조 2항 圖畫는 自在畫 및 容器畫로 하고 自在畫에서는 寫生畫를 주로 하고 臨畫를 가르치고 또 때때로 자기의 考案으로 그리게 하고 容器畫에서는 幾何畫(圖案)를 가르쳐야 함.

여자고등보통학교	고등보통학교
제20조 1항 音樂은 音樂에 관한 知識, 技能을 얻게 하여(후략)	제21조 1항 唱歌는 歌曲을 부를 수 있게 하고(후략)
제21조 體操는 身體의 各部를 생리적으로 발육시키고 이를 강건하게 하고 四肢의 動作을 機敏하게 하고 容儀를 단정하게 하고 精神을 快活하게 하고 동시에 規律을 지키고 協同을 崇尚하는 관습을 기르는 것을 要旨로 함. 　體操는 體操, 敎鍊 및 遊戲를 가르쳐야 함.	제22조 體操는 신체의 各部를 生理的으로 발육시키고 身體를 强健하게 하고 動作을 機敏하게 하고 快活, 剛毅, 堅忍, 持久의 精神과 規律을 지키고 協同을 崇尚하는 관습을 기르는 것을 요지로 함. 　體操는 敎鍊 및 體操를 가르쳐야 하고 또 劍道 및 柔道를 부가할 수 있음.

[표6]을 통해 알 수 있듯이 <역사>와 <수학>, <도화> 교과의 경우 여고보는 각 교과의 기초나 대요 정도의 수준에서 교수하도록 지침을 내리고 있는 반면 남고보는 비교적 체계적인 고등지식의 교수를 제시하고 있다. 그런데 <음악> 교과의 경우 남고보에서는 과목명조차 <창가>로 하여 가곡을 부르는 데 목적을 두고 있는 반면 여고보의 경우는 음악의 이론과 실제를 겸하는 수업을 하도록 규정하고 있다.

교수 시수 면에서도 차이는 명백하다. 예컨대 1923년 중등교육기관에 재학 중인 남학생과 여학생의 2학년 학습 형태를 보면 <국어>과의 경우 여학생에게 주당 6시간을 배정하고 있으나 남학생에겐 8시간을 배정하고 있다. 이러한 사정은 <외국어>(여 : 3시간, 남 : 7시간)나 <수학>(여 : 2시간, 남 : 4시간) 교과에서도 마찬가지이다. 이에 반해 <음악>과의 경우 남학생은 중등교육 전기간을 통해 1학년 때 1시간을 학습하는 반면, 여학생은 전 학년을 통해 주당 5시간(4년 기준으로)을 배워 무려 5배나 차이를 보인다. 동일한 교과라 하더라도 교과별 교수 목적과 교수 시수를 다르게 편성한 것이다.

뿐만 아니라 <조선어>과의 경우는 동일한 교과라 하더라도 서로 다른 교과서로 학습했다. 여고보생들은 『여자고등조선어독본』을, 같은 시기 남학생들은 『신편고등조선어급한문독본』을 조선어과 교과서로 사용한 것이다. 식민지 조선의 여성 교육은 교육 목적, 교수 방침, 교과서 편제 등에 걸쳐 성별화된 이원(二元) 시스템으로 가동되었으며 그 구체적인 내용은 <조선교육령> 개정에 따른 교과별 교과서로 구현되었다. 특히 교과서는 한 사회의 지배적 가치나 이념을 명시적이고 공식적으로 전달하는 이데올로기적 매체이다. 그것은 사회나 국가의 공식적인 이념뿐만 아니라 교육 목표와 교육과정을 반영하는 수단이며 교사에게는 교수 내용, 방법, 평가의 준거의 하나이다. 따라서 교과서의 내용 체제 속에 반영된 사회적·문화적 가치 체계는 학습자들의 지식이나 신념, 행동 결정에 심대한 영향을 미친다. 이 점에서 지배 집단은 사회의 유지와 관리, 통제를 위한 효과적인 수단을 교육에 대한 통제, 특히 교과서의 내용 편성에 대한 관리와 통제에서 주로 찾는다. 조선총독부가 "아동교양의 자재에 대한 규범이자 문제해결의 능력을 연마하는 소재이며, 교사의 활동과 아울러 교육의 효과를 좌우할 만한 열쇠"[51]라고까지 교과서의 중요성을 인식했다는 사실도 일제의 식민 교육 통치에서 교과서 정책이 매우 중요한 과업이었다는 것을 알 수 있다.

2) '조선어과 교육'의 설치와 식민주의적 실행

(1) '조선어과 교육'의 제도적 호명

'교과교육으로서 국어과 교육'은 근대에 대두한 '새로운' 교육적 현상이다. 적어도 근대 계몽기 이전에는 <국어>라는 교과는 존재하지 않았다. 국어과 교육은 서구적 학문의 유입과 함께 시작된 근대적 공교육의

---

51) 朝鮮總督府, 「發刊辭」, 『教科書編輯彙報』 제1집, 1938, 1쪽.

일환으로 편성된 교과 교육의 분화 현상의 결과이다. 시기적으로 살펴보면 <국어> 교과는 1895년 반포된 소학교령에서 <독서(讀書)>, <작문(作文)>, <습자(習字)>를 포괄하는 폭넓은 개념으로 출발했다. 그 후 1906년 각급 학교 시행 규칙이 교과목명으로서 제도적으로 공포하고 그에 따른 교과과정과 교과서를 개발함으로써 비로소 교과로서의 <국어>가 인식되고 호명되었다.52)

국어과 교육의 제도화에 대한 고찰은 근대적인 의미의 국가교육체계의 성립에 대한 이해를 필요로 한다. 이른바 <갑오교육개혁>으로 통칭되는 근대적 교육개혁은 관리의 선발에 목적을 두었던 이전의 국가교육체계와는 달리 전 국민을 대상으로 하는 교육개혁이라는 의미를 지닌다. 즉 국가가 관리를 선발하기 위해서가 아니라 아동을 위해 학교를 설립하고, 아동을 가르칠 교사를 양성하며, 가르칠 교과목을 정하고 그에 따른 교과서를 편찬하고 모든 아동에게 기회를 개방하는 등 아동을 '국민'으로 교육하기 위한 근대적인 개혁이었던 것이다. 소학교 교육개혁을 가장 먼저 추진할 것을 선언한 <고시(告示)>(1894년 7월) 이래 사범학교 관제(1895년 4월 16일)53)과 소학교 및 중학교 관련 각종 법령과 규칙은 근대적인 의미의 교과목을 부지런히 배치했다. 그 중에서 근대적인 의

---

52) 근대적 형태의 국어과 교육의 출발은 1895년 7월 19일 정부가 반포한 소학교령에서 시작되며 당시 국어과 성격을 띠고 있는 영역으로는 <작문>, <독서>, <습자>과였다.(「小學校令」 附校則, 丁酉) 그러나 제도적인 교과목의 형태로서 <국어>가 등장한 것은 1906년 <보통학교 시행규칙>, <고등학교 시행규칙>, <사범학교 시행규칙>에서부터이다. 그 중 <보통학교 시행규칙>에서 명시한 보통학교 교과목을 보면, <수신>, <국어>, <한문>, <일어>, <산술>, <지리>, <역사>, <이과>, <도화>, <체조>, <수예>, <창가>, <수공>, <농업>, <상업> 등으로 제시하고 있다. 조희정(2003), 허재영(2005), 윤여탁 외(2006) 참조.
53) 소학교 개혁을 중시했으면서 사범학교 관제를 먼저 반포한 것은 학교 교육에서 가장 중요한 요소로서 자격을 갖춘 교사의 필요성이 우선적인 선결 과제로 인식되었기 때문이다.

미의 교과를 최초로 명시한 법령은 <소학교령>이다. <소학교령>은 전문 4장 26개 조항과 부칙 3개 조로 이루어져 있으며 제1조에서 소학교의 목적을, 제8조와 제9조는 소학교에서 이수해야 할 교과를 제시하고 있다.[54] 이 시기 공포한 학교령은 다음과 같다.

[표7] 학부 시기 각급 학교령 및 교과목

각급 학교령	학교수준	교과목
한성사범학교관제(1895.4.16.) 한성사범학교규칙(1895.7.23.)	본과	수신, 교육, 국문, 한문, 역사, 지리, 수학, 물리, 화학, 박물, 습자, 작문, 체조
	속성과	수신, 교육, 국문, 한문, 역사, 지리, 수학, 이과, 습자, 작문, 체조
소학교령(1895.7.19, 칙령 145호) 소학교교칙대강 (1895.8.12, 학부령 3호)	심상과	수신, 독서, 작문, 습자, 산술, 체조
	고등과	수신, 독서, 작문, 습자, 산술, 본국지리, 본국역사, 외국지리, 외국역사, 이과, 도화, 체조, (재봉), 외국어
중학교관제(1899.4.4. 재가, 4.6. 공포, 칙령 제11호) 중학교 규칙(1900.4.4 재가, 4.6. 공포, 학부령 제12호)	심상과	윤리, 독서, 작문, 역사지지, 산술, 경제, 박물, 물리, 화학, 도화, 외국어, 체조
	고등과	독서, 산술, 경제, 박물, 물리, 화학, 법률, 정치, 공업, 농업, 상업, 의학, 측량, 체조

이들 학교령의 공포는 각 학교급별 교육 목표 및 학과 과정에 대한 법적 근거를 마련했다는 점[55]에서 의미가 있으며, 이들 학제가 정비되면서 교과목이 확정되었다. 각 학교령은 교육 목표와 교과 과정에 대한

---

54) 第八條 小學校의 尋常科 敎科目은 修身 讀書 作文 習字 算術 體操로 홈 但 時宜에 依ᄒ야 體操를 除ᄒ며 또 本國地理 本國歷史 圖畵 外國語의 一科 或 數科를 加ᄒ고 女兒를 爲ᄒ야 裁縫을 加홈을 得홈
第九條 小學校 高等科의 敎科目은 修身 讀書 作文 習字 算術 本國地理 本國歷史 外國地理 外國歷史 理科 圖畵 體操로 ᄒ고 女兒를 爲ᄒ야 裁縫을 加홈 但 時宜에 依ᄒ야 外國語 一科를 加ᄒ며 또 外國地理 外國歷史 圖畵 一科 或 數科를 除ᄒ믈 得홈. 「小學校令」, 1895年7月19日, 勅令 第145號.
55) 허재영, 「근대 계몽기 국어교과의 성립 과정 연구」, 『중등교육연구』53-1, 2005, 133쪽.

소개를, 학교급별 규칙은 각 교과의 교수 요지 및 교수 정도에 대해 밝히고 있다. 국어과의 경우 학교라는 근대적인 교육기관에서 교수해야할 교과목을 제도적으로 수립하던 초기에는 <독서>나 <작문> 혹은 <습자>라는 명칭으로 호명되었다. 분과적 교과의 형태로 제안된 국어과 교육의 초기 형식은 교과목의 학년별 배치라든가 매주 수업 시수 등에 대한 섬세한 고려는 아직 시도되지 않은 상태였다. 단지 소학교의 경우 1895년 8월 15일 공포된 <소학교교칙대강>을 통해 오늘날 '교육과정'에 해당하는 내용을 발표했다. 전문 15조로 이루어진 <소학교교칙대강>은 총론에 해당하는 제1조 총칙과 '각 교과목의 교수 요지'에 해당하는 제2조부터 제12조로 이루어져 있다. 이 중 제3조가 <독서>와 <작문>, 제4조의 일부가 <습자> 교과에 관한 '과정(課程)'에 해당한다. 이에 관한 자세한 분석은 '조선어과 교육과정의 이념적 기획'(제2장 제2절 1항)에서 자세히 다루기로 하며, 본 절에서는 국어과의 분과적 영역에 해당하는 <독서>와 <작문>, <습자>가 어떻게 기술되었는가만 확인하기로 한다.

국어과의 경우 <독서>, <작문>, <습자>가 학교급에 따라 일정하게 교수된 것은 아니었다. 소학교에서는 세 교과를 모두 제시하고 있으나 중학교 심상과에서는 <독서>와 <작문>을, 고등과에서는 <독서>만 필수 교과로 지정했다. 관련 내용을 그대로 옮겨보면 다음과 같다.

<小學校敎則大綱>
제3조 讀書와作文은近으로由ᄒ야遠에及ᄒ며簡으로由ᄒ야繁에就ᄒᄂ方法에依ᄒ고몬져普通의言語와日常須知의文字文句文法의讀方과意義를知케ᄒ고適當호言語와字句룰用ᄒ야正確히思想을表彰ᄒᄂ能을養ᄒ고兼ᄒ야智德을啓發홈을要旨로홈
尋常科에ᄂ近易適切호事物에就ᄒ며平易ᄒ게談話ᄒ고其言語룰練習ᄒ야國文의讀法書法綴法을知케ᄒ고次第로國文의短文과近易호漢文交ᄒᄂ文을授ᄒ고漸

進ᄒᆞ기를 從ᄒᆞ야 讀書作文의 敎授時間을 分別ᄒᆞᄂᆞ니 讀書ᄂᆞᆫ 國文과 近易ᄒᆞᆫ 漢文交ᄒᆞ
ᄂᆞᆫ 文으로 授ᄒᆞ고 作文은 國文과 近易ᄒᆞᆫ 漢文交ᄒᆞᄂᆞᆫ 文과 日用書類等을 授ᄒᆞᆷ이 可ᄒᆞᆷ

高等科에ᄂᆞᆫ 讀書ᄂᆞᆫ 漢字交文을 授ᄒᆞ고 作文은 漢字交文과 日用書類를 授ᄒᆞᆷ이 可ᄒᆞᆷ

讀書와 作文을 授ᄒᆞᄂᆞᆫ 時에ᄂᆞᆫ 單語短句短文等을 書取케 ᄒᆞ고 或改作ᄒᆞ야 國文使用
法과 語句의 用法에 熟ᄒᆞ게 ᄒᆞᆷ이 可ᄒᆞᆷ

讀本의 文法은 平易케 ᄒᆞ야 普通國文의 模範됨을 要ᄒᆞᄂᆞᆫ 故로 兒童이 理會ᄒᆞ기 易ᄒᆞ
야 其心情을 快活純正케 ᄒᆞᆷ을 採ᄒᆞᆷ이 可ᄒᆞ고 坐 其事項은 修身地理歷史理科其他日用生
活에 必要ᄒᆞ고 敎授에 趣味를 添ᄒᆞᆷ이 可ᄒᆞᆷ

作文讀書와 其他敎科目에 授ᄒᆞᆫ 事項과 兒童의 日常見聞ᄒᆞᆫ 事 項과 及處世에 必要ᄒᆞ
事項을 記述호되 行文이 平易ᄒᆞ고 旨趣가 明瞭케 ᄒᆞᆷ을 要ᄒᆞᆷ

言語ᄂᆞᆫ 他敎科目의 敎授에도 恒常 注意ᄒᆞ야 練習케 ᄒᆞᆷ을 要옴

제4조 習字ᄂᆞᆫ 通常文字의 書ᄒᆞᄂᆞᆫ 法을 知케 ᄒᆞ고 運筆에 習熟 케 ᄒᆞᆷ을 要旨로ᄒᆞᆷ

尋常科에ᄂᆞᆫ 國文과 近易ᄒᆞᆫ 漢字를 交ᄒᆞᄂᆞᆫ 短句와 通常의 人名物名地名等의 日用文
字와 及日用書類를 習케 ᄒᆞᆷ이 可ᄒᆞᆷ

高等科에ᄂᆞᆫ 前項의 事項을 擴ᄒᆞ며 日常適切ᄒᆞᆫ 文字를 增加ᄒᆞ고 坐 日用書類를 習케
ᄒᆞᆷ이 可ᄒᆞᆷ

漢字의 書體ᄂᆞᆫ 尋常科에ᄂᆞᆫ 楷書或行書로 ᄒᆞ고 高等科에ᄂᆞᆫ 楷 書行書草書로 ᄒᆞᆷ

習字를 授ᄒᆞᄂᆞᆫ 時에ᄂᆞᆫ 別로히 姿勢를 整ᄒᆞ고 執筆과 運筆을 正케 ᄒᆞ야 字行은 整正히
ᄒᆞ며 運筆은 힘뼈 速케 ᄒᆞᆷ을 要ᄒᆞᆷ

他敎科目의 敎授에 文字를 書ᄒᆞᄂᆞᆫ 時에도 坐 其字形과 字行을 正ᄒᆞ게 ᄒᆞᆷ을 要함[56]

<소학교령>과 <소학교교칙대강>은 국어과에 해당하는 교과목으로
<독서>, <작문>, <습자>의 3개 교과를 구분하여 명시하고 있지만 <교
칙대강>을 보면 실제로 운영했던 교과는 <독서와 작문> 그리고 <습
자> 등 2개 교과 정도였던 것으로 보인다. 교수 요지, 교수 내용, 교수
법에서 <독서>와 <작문>이 <독서작문>의 통합형 교과로 제시되고 있
다. 또한 "『국민소학독본』 이후로 개발된 다양한 독본류 교재가 존재하

---

56) <소학교교칙대강-학부령 제3호>, 『관보』 제138호, 1895년 8월 15일 전문 15조 공
포.

는 데 비해, 작문류 교재가 따로 발견되지 않"(허재영, 2005 : 136)는다는 주장 역시 <독본>과 <작문>이 분리되어 교수된 것이 아니라는 사실을 강화한다. 아마도 실제 수업은 <독본> 형식의 교재를 중심으로 읽기 학습을 진행한 후에 <작문> 연습을 하는 형식으로 진행되었을 것으로 보인다. 그러나 <소학교교칙대강>이 <독서>, <작문>, <습자>를 구분하고 그에 따른 각각의 교수 목표와 교수 내용, 교수 방법을 제시했다는 사실은 적어도 19세기 말 현재 <독서>와 <작문>, <습자>의 교과적 독자성과 특수성에 대한 근대적 인식이 싹트고 있었던 것으로 풀이된다.[57]

분과적인 교과 형태로 출발했던 국어과 교육이 <국어>라는 공식적인 교과목명으로 등장한 것은 역설적이게도 통감부 시기에서였다. 제2차 한·일 협약에 따라 한국에 설치된(1906년 2월) 통감부는 '시정개선'을 명분으로 한국의 정치, 경제, 사회 등 각 분야를 통감부 체제로 재편했으며 교육 담당 부서인 학부에 대한 관제를 개정하고(1906년 4월) <학교령>(1906년 8월 27일)을 비롯하여 각종 법령과 규칙을 공포하면서 주체적으로 정초하고자 했던 대한제국의 교육 제도를 전면적으로 재편하였다. 제도적인 교과로서 <국어>과는 1906년부터 차례로 공포된 일련의 규칙들, 예컨대 <보통학교 시행규칙>, <고등학교 시행규칙>, <사범학교 시행규칙> 등을 통해 등장했다. 앞 절에서 고찰한 바와 같이 <독서>, <작문>, <습자>의 분과적 형태로 출발한 국어과 교육이 <국어>라는 단일 교과명으로 수렴되어 공식적인 명칭을 획득한 것이다.

앞 절에서 잠시 검토한 바 있지만 기본적으로 조선의 중등교육에 대해 관심이 없었던 통감부는 중등교육의 지향을 저급형 실업주의 교육

---

57) <중학교규칙>과 <한성사범학교규칙>은 소학교의 경우처럼 자세하게 제시하지 않고, 다만 '학과급정도'로 교과목만 명시하고 있다.

으로 설정하는 것으로 그 입장을 표방했다. 이후 조선 교육의 '일본화'를 보다 강력하게 추진한 2차 학교령에서는 중등학교의 수업 연한을 단축했으며 교과용 도서의 경우 학부가 발행한 것이나 혹은 학부가 검인정한 교과서만을 사용하도록 제한하는 등 중등교육의 폭을 더욱 축소했다. 국어과의 경우만 보더라도 비록 통합 교과의 형식이었지만 <국어한문>으로 대등하게 제시되었던 것을 <국어급한문(國語及漢文)>이라는 단일형 교과로 통합하여 실질적으로 국어의 수업 시수를 단축했다.

[표8] 제1차 학교령기 및 제2차 학교령기 '고등학교' 학과 과정 및 매주 교수 시수

1차 1906 ~ 1908		修身	국어漢文	日本語	歷史地理	數學	博物	物理化學	法制經濟	圖畵	音樂	體操	計
	1	1	7	6	3	4	2	2	–	1	1	3	30
	2	1	7	6	3	4	2	2	–	1	1	3	30
	3	1	7	6	3	4	2	2	–	1	1	3	30
	4	1	5	6	2	4	2	2	3	1	1	3	30
	계	4	26	24	11	16	8	8	3	4	4	12	120
		3.3	21.6	20.0	9.2	13.3	6.7	6.7	2.5	3.3	3.3	10.0	100.0

2차 1909 ~ 1911		修身	國語及漢文	日語	歷史地理	數學	博物	物理及化學	實業	圖畵	體操	法制及經濟 唱歌	外國語	計
	1	1	6	6	3	6	4		1	1	3	(1)	(3)	31(3)
	2	1	6	6	3	5	2		3	1	3	(1)	(3)	30(4)
	3	1	6	6	3	4	2	3	3	1	2		(3)	31(3)
	4	1	6	6	1	4		4	5	1	2	(2)	(3)	30(5)
	계	4	24	24	10	19	8	7	12	4	10	(4)	(11)	122 (15)
		3.3	19.6	19.6	8.2	15.9	6.6	5.8	9.9	3.3	8.2	(3.3)	(9.0)	100.0

*자료 :「고등학교령 시행규칙」제6조, 학부령 제21호, 1906(광무10)년 8월 27일,『관보』제3548호, 726쪽.
「고등학교령 시행규칙」제6조, 학부령 第4호, 1909년(융희3) 7월 5일,『관보부록』

통감부 체제를 선포하고 최초로 반포한 제1차 학교령(1906년~1908년)은 기존의 <독서>, <작문>, <습자>로 분과되었던 국어과 영역을 <국어한문>으로 통합하면서 '국어'라는 명칭을 사용했다. 국어과의 수업 시수 역시 교과 과정 중 21.6%를 할당하여 전체 교과에서 가장 핵심적인

교과로 인정했다. 그러나 통감부 통치로 조선의 식민화에 어느 정도 자신감을 얻은 일본은 2차 학교령(1909년~1911년)을 단행하여 보다 강도 높게 교육의 정치화를 실행했다. 국어과의 경우만 보자면 <국어한문> 교과를 <국어급한문> 형태의 통합 교과로 수정하여 실질적으로 <국어>의 교과적 지위를 끌어내렸다. 수업 시수 역시 1차 학교령기의 총 26시수에서 <일어>와 동일한 시수인 24시수로 줄여 결과적으로 일본어 수업 시수에는 변화를 주지 않고도 국어과의 위상은 하락시키는 결과를 유도했다. 국어과의 존재감을 약화시키려는 기획은 국어과의 '교수 요지'를 통해서도 확인할 수 있다.

[표9] 제1차 학교령기 및 제2차 학교령기 국어과 교수 요지 및 정도 비교

학교	과목	시기	과목명	教授要旨	程度
고등학교	국어	1차 학교령 (1906)	국어한문	普通의 言語文體를 了解ᄒ며 正確히 自由思想을 表彰ᄒ는 能力을 得케 홈을 要홈이라	講讀, 文法 作文, 習字
		2차 학교령 (1909)	국어급한문	普通의 言語文章을 了解ᄒ며 正確無碍히 思想을 表出ᄒ는 能力을 得케 ᄒ고 兼ᄒ야 智德을 啓發홈에 資홈으로써 要旨로 홈	現代文講讀, 實用簡易文, 作文, 文法의大要及習字
	일어	1차 학교령 (1906)	일본어	會話에 情熟ᄒ야 明確히 日語를 理會케 홈을 期ᄒ며 恒常 發音에 有意ᄒ며 또 時時 正當ᄒ 國語로 解釋케 홈을 要홈이라.	讀法, 習字, 解釋, 會話, 받아쓰기
		2차 학교령 (1909)	일어	普通 日本語를 了解ᄒ고 此 使用ᄒ는 能力을 得케 ᄒ야 處世上 必要ᄒ 知識을 增進홈에 資홈으로써 要旨로 홈.	讀法, 解釋, 會話, 받아쓰기

*자료 : 「高等學校令 施行規則」第5條, 學部令 第 21號, 光武10(1906)年 8月 27日,『官報』第 3548號, 1906年 9月 3日, 9~16쪽.
「高等學校令 施行規則」第6條, 學部令 第 4號, 隆熙3(1909) 7月 5日,『官報附錄』, 1909年 7月 9日, 19~24쪽.

결과적으로 통감부는 1차 학교령에서 2차 학교령으로 진행하면서 국어과의 경우 크게 세 가지 면에서 변화를 주었다. 첫째, 교수 자료 면에서 이전의 '보통(普通)의 언어문체(言語文體)'를 '보통(普通)의 언어문장(言語

文章'으로 수정하여 국어교육의 수준과 범위를 축소했다. '언어문체'를 '언어문장'으로 수정한 데는 '문체'와 '문장'의 차이에 대한 통감부 학무국의 인식이 있었던 것으로 보인다. 일반적으로 문장이 "생각이나 감정을 말로 표현할 때 완결된 내용을 나타내는 최소의 단위"라면, 문체는 "문장의 개성적 특색. 시대, 문장의 종류, 글쓴이에 따라 그 특성이 문장의 전체 또는 부분에 드러나는 것"[58]으로서 "문장보다 광범한 자료 면에서 언급할 수 있는 언어 실체"[59]를 가리킨다. 특히 문체가 일찍이 고대 수사학에서 내용의 효과적인 전달 형식에 대한 훈련을 목적으로 하는 설득의 기법으로 발달한 것임을 염두에 둔다면 통감 통치기 국어교육에서 '문체'의 교육은 그 자체로 불온한 행위로 인식되었을 가능성이 높다. 국어교육의 대상을 '문체'에서 '문장'으로 수정한 것은 표현과 이해, 감상교육으로서 국어교육의 특성을 지양하고, 단지 문장교육이라는 문법적인 의사 소통 기능만을 습득시키기 위한 전략으로 풀이할 수 있다.

'교수 요지'에서 주목해야 할 두 번째 사항은, 국어과의 목표를 "思想의 自由로운 表彰"에서 '자유'를 삭제하고 그 자리에 '정확'이라는 어휘를 심어 "思想의 正確한 表出"로 수정했다는 점이다. 이는 조선인의 사상과 표현의 자유를 통제하려는 식민 통치적 관점을 적용한 것이며 국어교육적 관점에서는 국어과 교육의 본질에서 사상의 자유로운 표현능력 신장이라는 고등정신적인 교과 성격을 지우고 사상의 정확한 표현을 중심으로 하는 기본적인 의사소통능력만을 습득하는 교과로 그 의

---

58) 국립국어원 표준국어대사전(http : //124.137.201.223/search/List_dic.jsp)

59) 서울대학교 국어교육연구소, 『국어교육학사전』, 대교출판, 1999, 280~283쪽. 문체를 연구하는 학문을 문체론이라고 한다. 문체론은 문체의 특성을 연구하는 것으로 텍스트의 형식적 특성을 기술하는 외에, 텍스트의 해석을 위한 기능을 보이기 위해, 또는 언어적 원인에 문예적 효과를 관련시키기 위해 연구하는 것을 말한다. 일반적으로 문체의 정의는 문체론자의 수만큼 다양하다고 할 정도로 간단하지가 않다.

미를 제한한 것이다.

세 번째 변화는 국어과 교육의 목표에 '지덕의 계발(知德啓發)'을 추가했다는 점이다. '지덕'은 이후 조선총독부 초대총독인 데라우치가 충량한 제국 신민이 함양해야 할 품성으로서 제시한 '덕성'과 유사한 의미를 지니는 것으로서 조선의 식민화 교육 기획을 통해 일관적으로 강조했던 항목이다.[60] 이 외에도 교과의 난이도를 전체적으로 단순하고 평이하게 하향화했다는 점 역시 이 시기 국어과 교육에서 변화를 준 부분이다. <국어급한문> 교과의 영역이 이전에는 '강독, 독서, 습자, 작문'의 형식으로 제시되었다면 2차 학교령기에는 '강독'과 '작문'의 범위를 각각 '현대문'과 '실용간이문'으로 축소하고 '문법'의 범주 역시 '문법의 대요'만으로 제한하고 있다. 결국 글씨쓰기 영역인 '습자'를 제외하고는 이전의 대한제국 학부가 구상했던 국어과 교육 전체 영역의 범위를 축소하고 교수·학습 수준을 낮춘 셈이다. 통감부는 두 번의 학교령을 통해 국어과 교육의 목표와 내용을 식민지 시스템에 적합한 체질로 변화시키기 위한 전초 작업을 실행했던 것이다.

(2) 일제 강점기 '조선어과 교육'의 배치

국어과 교육에 대한 점진적인 축소와 제한은 식민지 강제 병합 이후 조선어 교과를 제도적인 교과로 계속 존치시킬 것인가 아니면 폐기시킬 것인가라는 뜨거운 논쟁으로 이어졌다. 제국교육회를 비롯하여 일본 국내에서는 조선어 교과를 폐지하고 초등교육에서부터 일본어만을 가

---

60) 국어과 교육과는 달리 일어과에서 새롭게 강조하는 항목으로 '처세상 필요'라는 대목은 일어의 습득이 곧 처세를 보장한다는 내용을 암시하는 대목이다. 국어과 교육에는 없는 이러한 내용은 곧 사회적 출세를 위해서는 일어 습득이 반드시 필요하다는 것을 교수 요지에서 이미 분명하게 밝히고 있는 부분이라 할 수 있다.

르쳐야 한다는 주장이 강력하게 제기되었다. 특히 통감부 시기 일본어 보급과 교과서 편찬 사업의 적극적인 추진을 위해 시데하라 대신에 보임된 미츠지 츄조는 "조선의 국어를 지금부터 학교에 이식하면 점점 확대되어 일본어와 상대하여 두 개의 언어를 사용하지 않으면 안된다. 이는 조선인에게는 제일의 뇌력(腦力) 불경제로서, 일본인과 동등한 뇌력에 도달할 경우에는 국가에 중대한 문제를 초래한다"[61]는 이유를 들어 조선어 전폐론을 주장하였다. 미츠지는 교육의 초기 단계부터 두 가지 언어를 배우는 것이 교육적으로 낭비라는 이유를 제시하며 조선어 교육을 반대했지만 실은 조선어 교육의 결과가 조선인이 우월하게 되는 것으로 귀결될 경우 결국 일본 통치에 위협이 될 것이라고 인식했기 때문이다. 이것은 홍기삼(1996 : 222)의 지적대로 자국어에 대한 인식이 민족 통합과 민족 의식의 강화를 지향하는 양상으로 드러날 것에 대한 일본 정치관료들의 우려였던 셈이다. 그들의 입장에서 보자면 식민 통치 초기 단계부터 조선의 공동체적 언어인 '조선어'를 삭제해 버리는 것이 혹시라도 야기될지 모르는 민족의 자주와 독립에 대한 조선인의 열망을 근본적으로 봉쇄할 수 있는 방책이 될 수 있다는 판단 때문이었을 것이다.

사실 미츠지는 통감부 시기부터 "한국인으로서 일본어를 해득하는가 못하는가는 생존 경쟁상에 현저히 이해 관계가 있다. 일어를 해득하는 자는 관리로서 중요하고 유력한 지위에 오를 수 있고, 상업을 경영하는 데도, 관계 및 민간회사에서 직업을 얻는 데도 지대한 편익이 있다"[62]면서 조선인이 사회적, 경제적으로 출세하고 성공하기 위해서는 일본어를 습득해야 한다는 주장을 강력하게 개진해 온 인물이다. 조선인의 내

---

61) 「朝鮮の小學校員」, 『教育時論』 915호, 1910.9.15, 佐藤由美, 『植民地教育政策の研究』, 龍溪書舍, 2000, 203쪽 재인용.
62) 1908년 6월 20일 관립보통학교 교직원회의 석상 연설에서의 내용, 佐藤由美(2000 : 306) 재인용.

면에 일본어와 일본 문화를 신속하고도 효율적으로 침투시키기 위해서 조선어를 원천적으로 차단시킬 필요가 있었던 것이다. 미츠지를 중심으로 한 제국교육회의 조선어 전폐론에 대해 조선총독부에서는 곧바로 반론을 제기했다.

> 동경의 교육자들 사이에는 조선인 교육에 관해서 조선어를 완전히 폐하여 일본어로 해야 한다고 단정하는 자가 있지만 이것은 정말 탁상공론이다. 어떤 측면에서든 언어의 장려는 조선 교육상 필요한 것이다. 그러니 조선어를 폐하고 전부 일본어를 사용해야 한다고 하는 것은 말하기는 쉬워도 행할 수 없는 공론이라고 말할 수밖에 없다.[63]

당시 총독부 학무국장인 세키야가 말하는 '조선 교육상 필요'의 구체적인 내용이 무엇인지는 명확하지 않다. 그러나 뒤에 이어지는 "조선어를 이해할 수 없기 때문에 국어 교수에 있어서도 지장이 적지 않을 뿐만 아니라 아동의 훈육을 완전히 할 수가 없다"(山田寬人, 2000 : 433)는 언급을 통해 유추해 보자면 일본어의 원활한 보급을 위해서 최소한이나마 <조선어급한문>을 가르쳐야 한다는 생각이 읽힌다. 조선어 교과는 일본어 교수를 위해서 최소한의 형식으로라도 존치시킬 필요가 있다는 얘기다. 학무국장이 조선어를 교과로서 유지해야 한다고 주장한 근저에는 교과로서의 <조선어급한문>을 교육상 필요한 교과로 인식했다기보다는 일본어 교수를 위한 수단적인 교과로서의 인식이 강하게 깔려 있었다. 나아가 '조선어'를 가르칠 수밖에 없었던 당시 조선의 교육 현실역시 당장 <조선어>과를 폐지해서는 안 되는 중요한 이유였다.[64] 식민

---

63) 山田寬人,「教育機關에 있어서의 朝鮮語科의 設置와 廢止에 關한 一考察; 韓日合邦 前後를 中心으로」,『日本文化學報』9, 2000. 433쪽.
64) 조선어과 전폐론에 대한 반대는 조선총독부에서만 제기된 것은 아니었다. 일본어에 의한 교과서 편찬에 대한 조선인의 저항과 반대 역시 매우 거세게 일어났다.

지의 원활한 통치가 더욱 중요했던 조선총독부 학무국 관료들에게는 제국의 식민주의 관점에서 제기된 이상적인 당위론보다는 현실적인 문제가 더 중요했던 것이다.

결국 식민 통치라는 실제적인 현실을 내세운 조선총독부의 주장이 관철되어 식민지 조선의 교육 전반에 대한 법적 규정력을 가지는 <조선교육령>은 조선의 초·중등교육에서 <조선어급한문>이라는 교과명으로 조선어과 교육을 실행하는 것으로 공포되었다. 그러나 일제 강점기 조선어과는 교수 용어상의 필요라는 도구적 교과로서 그리고 보통학교 중심 학교 체제의 정초를 위한 유인책이라는 교과의 수준으로 한시적으로 필요했던 것이기 때문에 그 위상은 통감부 통치기보다 현저히 축소된 모습으로 설치되었다.

기본적으로 조선인을 저급한 근로자로 양성하기 위한 실업교육을 방침으로 내세운 조선교육령에서 조선어과 교육은 한시적인 필요에 의해 설치된 것에 불과했다. 조선어과의 경우 통감부 시기까지만 하더라도 <수신> 교과 다음의 위치에 배치되었으나 본격적인 식민 통치체제가 가동되면서 <조선어> 자리는 <일본어>가 차지했으며 <조선어>과는 <일본어>과 다음의 위치로 밀려났다. 교과명 역시 <조선어급한문>이라는 통합형 단일 과목의 형식으로 지속되었으며 주당 수업 시수 역시 일본어 과목의 절반에도 이르지 못했다. 그리고 이 시기 편찬된 중등학교 조선어과 교과서의 경우도 모든 단원을 한문으로 기술하고 있어서 조선어과는 명분으로만 존치되었다.

조선어과 교육에 대한 강압적, 차별적 관점은 명목상 조선에 대한 일

『대한매일신보』를 비롯하여 당시의 언론들은 조선어과 전폐 및 일본어 교과서 편찬을 강력하게 비난하는 기사들을 앞다투어 내보냈다. 이에 관한 자세한 논의는 정재철(1985 : 208~210) 참조.

본의 회유 정책기라 할 수 있는 문화통치기에 공포된 제2차 조선교육령 (1922년 2월4일 공포, 4월1일 시행)에서 표면적으로 선회하는 양상을 드러낸다. 조선과 일본의 학제를 동일하게 편제하여 고등보통학교는 4년에서 5년으로, 여자고등보통학교는 3년에서 4년으로 연장하였고 <조선어>를 <일본어>와 같이 필수 과목으로 인정한 것이다. 무엇보다 이 시기 편찬한 조선어 교과서의 기술 언어를 '조선어'로 했다는 것은 주목할 만하다. 다음 [표10], [표11]은 제1차 조선교육령과 개정 교육령의 중등학교에서 실시한 <조선어> 교과와 <국어> 교과의 교수 시수를 비교하여 정리한 것이다.

[표10] 고등보통학교 〈조선어급한문〉과 〈국어〉의 교수 시수 비교

과목 학년	조선어급한문		국어		총 수업 시수	
	1차 교육령	2차 교육령	1차 교육령	2차 교육령	1차 교육령	2차 교육령
1	4	3	8	8	30	32
2	4	3	8	8	30	32
3	3	2	7	6	30(32)	32
4	3	2	7	5	30(32)	32
5		2		5		32
계	14	12	14	32	120(124)	160
백분율	11.7 (11.3)	7.5	25.0 (20.2)	20.0	100.0	100.0

*1차 교육령기 ( )안의 수치는 수의 과목으로 배정되었던 영어과를 합산한 수치이다.

[표11] 여자고등보통학교 〈조선어급한문〉과 〈국어〉의 교수 시수 비교

과목 학년	조선어급한문		국어		총 수업 시수	
	1차	2차	1차	2차	1차	2차
1	2	3	6	6	31	30
2	2	3	6	6	31	30
3	2	2	6	5	31	30
4		2		5		30
계	6	10	18	22	93	120
백분율	6.5	8.3	19.4	18.3	100.0	100.0

그러나 [표8], [표10], [표11]을 정리하면, 1906년 1차 학교령에서 2차 교육령기에 해당하는 1938년에 이르는 동안 전체 교과목 중 조선어과에 할당된 비중은 21.6%(통감부 시기 1차 학교령, 1906~1908)→19.6%(통감부 시기 2차 학교령, 1909~1911)→11.29%(일제 강점기 1차 조선교육령, 1911~1922)→7.5%(일제 강점기 2차 교육령, 1922~1938)로 점점 축소되었다. 이러한 양상은 강제 병합 직후 식민 교육 구상 단계에서 조선어과를 전폐하지 않고 존치시키기로 결정한 이유에서 이미 예견된 결과이다. 제도적 교과로서 조선어과를 존치시킨 것은 조선의 국어로서의 지위에 대한 인정 때문이 아니라 일본어의 완전한 보급을 위한 교수 용어로서, 그리고 저급한 실무자 양성을 목적으로 하는 보통학교로 조선의 아동을 유인하기 위해서 <조선어>과가 한시적으로 필요했던 것이다. 따라서 일본어를 해독할 수 있는 조선인의 증가와 조선인들의 자발적인 학교열 등으로 인해 <조선어>과는 점차 그 효용가치가 없어졌다.[65]

1938년 공포된 제3차 조선교육령(1938년~1943년)은 교육방침을 '국체명징(國體明徵)', '내선일체(內鮮一體)', '인고단련(忍苦鍛鍊)'의 세 가지로 제시하여 일본과 조선은 일체라는 구호 아래 각급 학교의 명칭을 일본의 것과 동일하게 바꾸는 것부터 진행했다. 그리하여 보통학교는 심상소학교로, 고등보통학교는 중학교로, 여자고등보통학교는 고등여학교가 되었다. 이 시기 조선어 교과의 경우 이전 2차 교육령기까지만 하더라도 필수

---

65) 일본어 교육은 결과적으로 조선인에게 양날을 지닌 칼을 쥐어주는 결과를 낳았다. 칼의 한쪽 날은 조선인으로 하여금 조선인의 민족적 정체성을 부정하게 하여 식민지 통치 체제에 흡수되는 방식으로 사용될 수 있었던 반면에, 다른 날은 일본어의 유창한 구사는 식민 통치체제에 대해 치열한 저항 논리를 주조할 수 있는 힘을 생산하는 방식으로도 사용되었기 때문이다. 조선 학생들의 사유의 기반이 되었을 각종 사상 서적 대부분이 일본어로 되어 있었으며 그 해독 능력은 제도교육기관의 적극적인 일본어 교육을 통해 형성된 것이기 때문이다. 식민 지배 당국이 중등교육이나 고등교육을 제한하고 보통학교 중심의 학제를 편성한 것도 이러한 사정과 무관하지 않다.

교과였던 위상이 수의 교과로 하락되고 "단, 조선어는 실지에 있어서 課하지 않도록 권장한다"라는 조항에 의해 실제 수업에서는 사실상 폐과되는 운명으로 전락했다.

2. 교육의 정치적 활용과 조선어과 교육과정·조선어과 교과서

1) 국어과 교육과정의 이념적 기획

(1) 국어과 교육과정의 기원, '교칙대강'

교과서가 교육에 관한 표층적인 대상으로 구체화된 것이라면, 교육과정은 교육에 관한 심층적 원리를 제공하는 국가적 교육 기획을 말한다. 교과서를 편찬하기 이전에 교과서 편찬의 구체적인 방향이나 지침을 제시하는 국가적인 기획이 먼저 수립되며 교과서 편찬은 교육과정을 준거로 삼아 실행되는 실무 작업에 해당한다.[66] 교과서 개발의 준거는 교육과정에 있다고 할 수 있으며 교과서에 관한 제반 논의 역시 교육과정과의 관련성 속에서 주로 진행된다. 교육과정에서 제시한 교과 교육의 목표, 성격, 내용, 교수·학습 방법, 평가 등의 내용을 교과서가 어떻

---

[66] 교육과정과 밀접한 관련을 맺고 있다는 점, 교육과정을 구체적으로 실현시키고 있다는 점, 교수·학습 과정에 사용되는 하나의 자료라는 점, 교사와 학생이 상호 작용을 위한 중요한 매체라는 점, 학교라는 특정 장소와 수업이라는 특정 시간과 관련된다는 점 등으로 인해 교과서는, "교육과정을 구체화시켜 학교 수업 현장에 제공되는 교수·학습의 중심자료이면서 교사와 학생의 상호작용을 통해 완성되어 가는 목표 중심의 교재"라는 중요성을 부여받는 교육현장의 필수 요소이다. 즉 교과서는 교육과정의 목표와 내용 그리고 체계를 준거로 편성된다. 교육과정은 학교에서의 교과 교육을 실행하는 데 근간이 되는 것으로, 각 학교급별 교과 교육의 목표 및 그 목표 달성을 위한 학년별 내용, 선정된 내용을 지도하고 평가하는 방법에 대한 지침을 포괄한다. 그리고 교과서는 이러한 교육과정의 목표와 내용, 그리고 체계를 준거로 편성되는 것이다. 노명완 외, 『연구보고서 '04-01 교과용 도서내적 체제 개선에 관한 연구』, 한국교과서연구재단, 2004, 9~12쪽 참조.

게 그리고 어느 정도로 반영하고 구체화하고 있는가에 대한 연구가 수행되는 것이다.

일반적으로 교육과정 개발은 교육과정 개발의 행위 주체나 기관에 따라 정부독점 일원(一元) 개발 체제, 정부와 관련 연구기관의 이원(二元) 개발 체제, 정부와 교육 담당 행정기구, 관련 연구기관의 삼원(三元) 개발 체제로 구분할 수 있다. 일제 시대 조선어과 교육과정의 유형은 조선총독부의 독점적인 기획이었다는 점에서 '일원 개발 체제' 혹은 '중앙 집중형 개발 체제'[67]에 속하는 것이었다고 볼 수 있다.

그렇다면 국어 교과서 편찬의 이념적·방법적 원리로서의 국어과 교육과정이 기획되었던 것은 언제부터였을까? 1955년 8월에 선포된 제1차 교육과정을 통해 '교육과정'이 제도적으로 공포되기 전까지 우리나라에 '교육과정'은 존재하지 않았다. 그러나 오늘날의 '교육과정'에 해당하는 기원적 형태는 1895년 2월 공포된 <교육입국조서>와 1895년 8월 12일 학부령 제3호로 공포된 <소학교교칙대강>에서 그 초기 모습을 엿볼 수 있다.[68] <교육입국조서>는 고종이 발포한 교육에 관한 조서로서 국가적 차원의 교육 이념과 목표, 성격, 방향 등을 제시한 공식적 문서이다. <교육입국조서>를 국어교육적 관점에서 분석한 김혜정에 의하면 근대

---

67) 중앙 집중형 개발 체제란 교육과정을 개발하는 전 과정이 중앙 정부에 의하여 주도되는 양식을 의미한다. 교육과정 개발의 계획을 중앙 정부가 직접 수립하며, 계획에 따라 교육과정을 실질적으로 개발하고, 개발된 교육과정을 운영하는 데 필요한 세부적인 모든 지침들을 작성할 뿐 아니라, 그 결과를 평가하는 일에 있어서도 국가가 직접 관여하고 시행하는 등의 교육과정 개발, 운영, 평가의 전 과정을 중앙 정부가 독점적으로 처리하는 방식을 의미한다. 김재복 외, 『<연구보고서 '06-1> 교육과정·교과서 정책의 효율적인 운영 방안에 관한 연구』, 한국교과서연구재단, 2006, 7쪽.

68) 교육과정에 준하는 법령, 규정 등을 중심으로 교육 이념이나 교육방법, 교과관 등을 분석한 의미있는 연구들로 다음 논의들로 김혜정(2002); 조희정(2003); 허재영(2003) 등이 있다.

적 어문교육은 우선 과거의 경전 중심의 교육 방식에서 탈피해야 함을 선언한 것으로 읽는다. 고종이 바라본 <독서>와 <습자>는 '옛사람의 찌꺼기를 줍'는 정도의 학문으로 '쓸데 없는 서생'만 양산하는 결과를 낳는, '헛된 이름'의 교과 교육에 불과하다. 따라서 근대적인 <독서>와 <습자>는 한학 중심의 유교경전을 암기하고 베껴쓰는 교육에서 벗어나 '실제소용'에 닿는 학문으로 전환해야 한다는 것이다(2002 : 215~217).[69] <교육입국조서>는 <독서>와 <습자>로 대표되는 근대적인 국어과 교육의 지향과 내용이 달라져야 함을 선언한 최초의 공식적인 문서라 할 수 있다.[70]

<교칙대강> 혹은 줄여서 <교칙>으로 통용되기도 하는 <소학교교칙대강>은 교육 목표에 해당하는 '총칙'과 각 교과의 교과별 목표와 교육 내용, 교수방법 등을 제시한 12개 조항으로 구성되어 있다. <교칙대강>은 통감 체제가 공포한 1차 학교령에서는 '교수 요지(教授要旨)' 또는 '학과요지(學科要旨)', '교수요목(教授要目)'으로, 2차 학교령에서는 '교과과정(教科課程)', '학과 과정(學科課程)'으로 통칭되기도 하였다. <교칙대강>은 교과 교육의 성격, 목표, 내용, 교수·학습 방법, 평가 등에 관한 항목이 체계적으로 갖추어진 근대적 교육과정과는 상당히 거리가 있는 모습이지만 교과와 교육 내용, 학년별 시간과 정도 등에 대한 근대적인 교육적 설계의 초기 형식을 보여준다. <소학교교칙대강>에서 '각 교과목의

---

69) <교육입국조서>에서 관련 부분을 인용하면 다음과 같다. "교육은 그 길이 있는 것이니 헛된 이름과 실제 소용을 먼저 분별하여야 하리로다. 독서나 습자로 옛사람의 찌꺼기를 줍기에 몰두하여 시세의 대국에 눈이 어둔 자는 비록 그 문장이 고금을 능가할지라도 쓸데 없는 서생에 지나지 못하리로다."

70) 김혜정(2002 : 217)에서 이 때의 <독서>와 <습자>라고 하는 것은 오늘날의 국어 교육의 내용 영역으로서의 '읽기'와 '쓰기' 개념이 아니었음에 유의해야 한다고 강조한다. <독서>의 대상은 한학 중심의 유교경전이고, <습자>의 대상은 '한자'를 쓰고 익히는 한자 쓰기 활동이었던 것으로 추론한다.

교수 요지' 중 제3조가 <독서>와 <작문>, 제4조의 일부가 <습자> 교과에 관한 '과정(課程)'에 해당한다.

[표12] 〈소학교교칙대강〉의 〈독서작문〉, 〈습자〉 교수 요지 분석

교과목	구분			내용	
독서 작문	목표			① 普通의言語와日常須知의文字文句文法의讀方과意義룰知케ᄒ고 ③ 適當ᄒ言語와字句룰用ᄒ야正確히思想을表彰ᄒᄂ能을養ᄒ고 ④ 智德을啓發홈을要旨로홈	
	내용	심상과		기본 공통 과정	영역 심화 과정
				① 近易適切ᄒ事物에就ᄒ며平易ᄒ게談話ᄒ고其言語룰練習ᄒ야 ② 國文의讀法書法綴法을知케ᄒ고 ③ 國文의短文과近易ᄒ漢文交ᄒᄂ文을授ᄒ고 →	④ 讀書ᄂ國文과近易ᄒ 漢文交ᄒᄂ 文으로授ᄒ고 ⑤ 作文은國文과近易ᄒ漢文交ᄒᄂ 文과日用書類等을授홈이可홈
		고등과		讀書ᄂ漢字交文을授ᄒ고 作文은漢字交文과日用書類룰授홈이可홈	
	세부 내용			㉮ 單語,短句,短文 等 ㉯ 國文使用法, 語句의用法 ㉰ 平易한 文法 ㉱ 兒童이理會ᄒ기易ᄒ야其心情을快活純正케 하는 내용 ㉲ 修身,地理,歷史,理科,其他 日用生活에必要한 내용 ㉳ 作文讀書와其他敎科目과 관련된 내용 ㉴ 兒童의日常見聞과 處世에必要ᄒ내용 ㉵ 行文이平易ᄒ고旨趣가明瞭케홈을要홈 ㉶ 他敎科目의敎授와 유관한 언어 사용	
	교수법			㉠ 近→遠 ㉡ 簡→繁	
습자	목표			① 通常文字의書ᄒᄂ法을知케ᄒ고 ② 運筆에習熟 케홈을要旨로홈	
	내용	심상과		① 國文과近易ᄒ漢字룰交ᄒᄂ短句와 ② 通常의人名, 物名, 地名 等의日用文字와 ③ 日用書類 ④ 漢字의書體ᄂ 楷書 혹은 行書	
		고등과		① 심상과의 내용을 심화 확대 ② 日常適切ᄒ文字룰增加 ③ 日用書類룰習케홈이可홈 ④ 漢字의書體ᄂ 楷書, 行書, 草書	
	교수법			① 특히 姿勢룰整ᄒ고 ② 執筆과運筆을 正케ᄒ야 ③ 字行은整正히ᄒ며 運筆은힘뼈速케홈을要홈 ④ 他敎科目의敎授에文字룰書ᄒᄂ時에도坯ᄒ其字形과字行을 正ᄒ게 홈	

*자료 : <소학교교칙대강>의 <독서>, <작문>, <습자> 조항을 재구성.

국어과 교육을 근대적으로 기획하고 정초하고자 했던 교육 입안자들이 상상한 <독서>, <작문>, <습자>의 교과상(敎科像)은 어떤 모습이었을까? [표12]는 앞에서(제2장 제1절 1항) 제시한 <교칙대강> 제3조와 제4조의 내용을 분석, 정리한 것이다.

<교칙대강>에서 제시한 교수 요지를 분석하면 크게 목표와 내용(일반+세부), 교수법으로 구분할 수 있다. <독서작문>과의 교수 요지는 '목표'에 해당하는 부분을 세 가지로 제시하고 있다. 그 중 '보통(普通)의 언어(言語)와 일상(日常) 수지(須知)의 문자(文字) 문구(文句) 문법(文法)의 독방(讀方)과 의의(意義)롤 지(知)케'①하는 것과 '적당(適當)혼 언어(言語)와 자구(字句)롤 용(用)ᄒ야 정확(正確)히 사상(思想)을 표창(表彰)ᄒ는 능(能)을 양(養)ᄒ'②게 하는 것은 국어 교과에만 적용되는 교과적 특수성을 살린 목표이며 '지덕 함양(智德涵養)'③은 모든 교과에 해당되는 교육적 보편성을 살린 것이라 할 수 있다. 또한 국어 교과를 통해 인지적 학습(①, ②)과 정의적 학습③이 균형 있게 수행되어야 한다는 인식 또한 내보이고 있다.

이러한 국어과 교육의 목표를 달성하기 위해 선정한 구체적인 세부 내용들로는 ㉠ 단어(單語), 단구(短句), 단문(短文) 등(等) ㉡ 국문사용법(國文使用法), 어구(語句)의 용법(用法) ㉢ 평이(平易)한 문법(文法) ㉣ 아동(兒童)이 이회(理會)하기 쉽고 아동의 심정(心情)을 쾌활순정(快活純正)하게 하는 문법(文法) ㉤ 수신(修身), 지리(地理), 역사(歷史), 이과(理科), 기타(其他) 일용생활(日用生活)에 필요(必要)한 내용 ㉥ 작문독서(作文讀書)와 기타 교과목(其他教科目)과 관련된 내용 ㉦ 아동(兒童)의 일상(日常) 견문(見聞)과 처세(處世)에 필요(必要)혼 내용 ㉧ 행문(行文)이 평이(平易)ᄒ고 지취(旨趣)가 명료(明瞭)케홈을 요(要)홈 ㉨ 타교과목(他教科目)의 교수(敎授)와 유관(有關)한 언어 사용(言語使用) 등을 제시하고 있다.

일반적으로 국어 교과의 교육 목표를 달성하기 위해 선정된 교육 내용을 분석할 경우 무엇을 교육 내용으로 볼 것인가는 매우 핵심적인 문제이다. 이 문제는 본 연구의 목적과는 직접적인 관계가 없지만 위의 교수 요지는 교육 내용과 관련된 흥미로운 내용을 담고 있어 주목을 요한다. 즉 지식과 절차에 관한 인지적 내용과 태도, 흥미, 동기와 관련된 정의적 내용을 명료하게 구분하고 있지는 않지만 적어도 국어과 교육의 내용으로 인식하고 있다는 점이 보인다. 또한 명제적 지식에 해당하는 내용(㉮)과 방법적 지식(㉯)에 해당하는 내용이 혼재되어 있으며 '지식' 범주와 '실제'(언어자료, 텍스트)(㉰, ㉱, ㉲) 또한 동일한 문맥 안에서 다루어지고 있는 것도 확인된다. 이것은 국어과 교육의 내용관이나 내용 선정 준거에 대한 인식이 아직 섬세하게 발달하지 못한 결과라고 할 수 있다. 그러나 1895년 현재 국어과 수업에서 교수할 내용의 수준과 범위를 구체적으로 제시할 필요성을 인식하고 있다는 점만으로도 국어과 교육과정의 전사적(前史的) 형태로서 그 의의는 충분하다고 할 수 있다.

교수법은 영역별로 구분하고 있는데 <독서작문>의 교수법으로 ㉠ 일상 생활에서 가까운 것→일상생활에서 먼 것, ㉡ 간단한 것→복잡한 것의 원리를 제시하고 있다. 교수·학습 방법에 대한 이 같은 인식은 국어 교과를 언어적 실천을 전제로 하는 수행적 교과로 이해하고 있다는 것을 암시한다. 국어 교과를 통해 반드시 학습해야 하는 지식과 국어 활동 간의 유기적인 관련성을 강조한 것으로 읽히는 이 문맥은 초보적인 수준으로나마 국어과 교육을 국어 사용의 보편적 지식이나 기능을 교육적으로 변용한다는 점에서, 그리고 그것을 바탕으로 교수·학습의 방법과 기술을 개발하고 실천하는 응용적 학문으로 이해하고 있는 관점을 보여준다. <작문>의 목표는 적합한 말을 사용하여 사상의 정확한 표현에 초점을 두는 것으로 설정했으며 <습자>는 글씨쓰기를 익히는 교과로 개설되었기 때문에 문자의 서법을 습득하고 운필의 능력을 제고하는 것으로 교과 목표가 설정되었다.

　요컨대 <소학교교칙대강>에서 <독서>, <작문>, <습자>를 구분하고 그에 따른 각각의 교수 목표와 교수 내용, 교수 방법을 제시하고 있는 것은 <독서>와 <작문>, <습자>의 교과적 독자성과 특수성에 대한 근대적 인식이 싹트고 있었다는 점을 암시한다. 특히 국어교육사의 관점에서 주목해야 할 것은 읽기 교육에서 일상적인 텍스트에서 추상적이고 관념적인 텍스트로, 간단한 텍스트에서 복잡한 텍스트로 가르쳐야 할 텍스트를 난도에 따라 구분하고 위계화하고 있다는 점이다. 읽기 교육을 실행하는 경우에 텍스트의 난도(難度)에 따라 단계별 교육을 도모하고 있다는 점은 단계별 목표를 설정하고 그에 적합한 텍스트를 선정하여 교수하는 이른바 목표 중심 교육의 원리를 제시한 것으로 볼 수 있다. 또한 독본의 문법을 평이하게 하여 아동이 이해하기 쉽도록 교수해야 한다는 점과 '초시(初時)'에는 쉽고 간단한 것에서 '점점 진보(進步)하면' 어렵고 복잡한 것을 교수하도록 한 것 등은 교육의 장에서 학습자를 고려해야 한다는 인식에서 비롯한 것으로 읽힌다. 학습자의 발달 단계에 따라 교육 내용을 선정하고 조직해서 가르쳐야 하는 것의 중요성은 교육의 중심이 학습자 중심으로 운영되어야 한다는 인식과 무관하지 않다. 근대적인 국가교육체계 속으로 호명된 국어과 교육의 초기 형식은 <독서>, <작문>, <습자>의 분과적 형태로 제안되었기 때문에 이들 영역을 아우르는 개념으로서 국어과 교육의 함의나 위상, 또는 교과적 성격, 목표, 교육 내용과 방법에 대해서는 아직 초보적인 수준에서 인식하고 있는데 지나지 않지만 국어 교과의 영역별 독자성과 특수성에 대한 자각이 태동하고 있었다는 점은 주목할 필요가 있다.

(2) 일제 강점기 조선어과 교육과정 상당 문서, '조선어급한문교수법'

교육과정은 학교 교육을 통해서 육성하고자 하는 인간상을 구체화하고 그 구현을 설계한 것이다. 그 안에는 현재의 학생을 국가적 인간으로 형성하기 위해 필요한 교육의 내용과 방향, 방법 등이 포함된다. 마이클 애플 식으로 표현하면 교육과정은 언제나 '선택된 전통'의 일부이고, 특정한 사람들과 집단이 문화·정치·경제적인 갈등과 긴장 및 타협에 의해 선택한 '공식적 지식'으로 가장된 것이다(마이클 W. 애플 외, 김미숙 외 역, 2004 : 59).

일제 강점기 조선총독부는 <조선교육령>을 공포한 후 식민지 교육 체제를 정비한 후 식민지 통치의 이념에 적합한 것으로 선택한 '지식'을 교육의 이념과 지향, 방법으로 구성하여 국가적 교육 문서인 『敎育學敎科書』[71](1912년 10월)를 기획하여 조선의 각급 학교에 하달했다. 권두의 '예언(例言)'은 이 문서의 적용 대상을 '보통학교'로 제시하고 있지만 '고등보통학교와 그에 상당하는 학교'에서도 준거로 삼아줄 것을 동시에 명시하고 있기 때문에 『교육

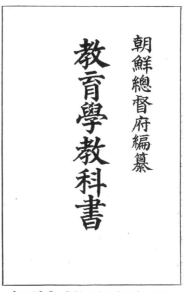

[그림1] 『교육학교과서』(1912) 표지

---

71) 朝鮮總督府, 『敎育學敎科書』, 大正 元年 十月. 이 문서는 일어 외에 조선어역문으로도 발표되었다. 조선의 각급 학교에서 준거로 삼을 것을 분명하게 밝히고 있는 점으로 보아 교육관계자들의 필독 문서로 기획되었다는 것을 짐작할 수 있다. 1916년에 『교육학교과서』가 다시 발간되었는데, 「조선어급한문교수법」의 경우 초판본과 달라진 내용이 없다. 따라서 본 논문에서는 1912년에 나온 초판본을 참조한다.

학교과서』는 조선의 초·중등교육을 총괄하는 교육 기획 문서라고 볼 수 있다.[72)]

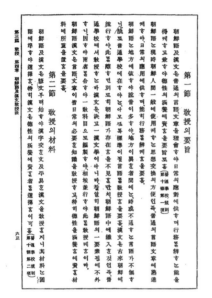

[그림2] 『교육학교과서』 「제4편 조선어급한문교수법」

『교육학교과서』는 '총론', '양호', '교수', '훈련', '학교의 관리' 등 5개 영역으로 구성되어 있으며 마지막에 '부록'을 수록하고 있다.(【부록5】 목차 참조)[73)] 이 중 '제3편 교수(敎授)'가 오늘날 교과별 교육과정에 해당하

---

72) 例言 1. 本書는 現行 朝鮮敎育令과 普通學校規則에 準據ᄒ야, 爲主ᄒ야 普通學校에 在ᄒᆫ 敎授, 訓練, 管理의 方法을 說ᄒ야 힘써 실제 敎育에 적절ᄒᆫ 事項을 記述홈. 2. 本書의 內容은 高等普通學校 또는 此와 同程度의 第學校에 한ᄒᆫ 敎育科의 敎科書 됨에 適合케 홈. 3. 本書의 附錄으로 ᄒ야 現行 朝鮮敎育令과 동령 시행에 관한 諭告 及 訓令, 普通學校 規則을 揭載홈. 朝鮮總督府, 『敎育學敎科書』, 大正 元年 十月.

73) 제1편 총론은 교육의 의의와 종류, 교사와 생도 등에 관한 교육일반원리에 대하여, 제2편 양호(養護)는 자세, 환기법, 채광법, 온실법, 실내 청소, 피부 보호, 음식물, 운공과 휴식 등 위생과 건강의 중요성과 방법에 대하여, 제3편 교수(敎授)는 교과 과정과 교수 세목, 일과표와 교수안, 교수 단계와 교과용 도서에 대하여 상세하게

는 부분으로서 15개의 하위 장(章)으로 구분된다. '교수의 목적', '교재의 선택', '교재의 연락', '교재의 배열' 등을 '교수범론(教授凡論)'으로 제시한 제1장과 교과별 교수법에 관한 14개의 장으로 구성되어 있다. 나머지 14개 장은 교과별 교수법에 관한 내용이다. 그 중 국어과는 <조선어급한문교수법(朝鮮語及漢文教授法)>(【부록5】)라는 제목으로 제2장 <수신교수법>, 제3장 <국어교수법>에 이어 제4장에 배치되어 있다.[74] 오늘날의 '교육과정'에 비하면 매우 단순한 형태이기는 하지만 교과의 목표나 성격, 교육 내용, 교수 방법, 교수 평가 등 교과 운영에 관한 제반 사항이 비교적 조목조목 제시되어 있기 때문에 일제 강점기 조선어과 교육에 대한 국가 수준의 기획을 재구할 수 있다는 점에서 주목을 요한다.

이제 <조선어급한문교수법>으로 명명된 일제 강점기 조선어과 교육과정 상당 문서를 자세히 들여다보기로 하자. 이 문서를 구성하는 요소는 '요지', '재료', '방법' 등 세 가지이며 순서는 제1절 교수의 요지(教授要旨), 제2절 교수의 재료(教授材料), 제3절 교수의 방법(教授方法) 등의 순으로 기술되어 있다. '제1절 교수의 요지'에서는 <조선어급한문>의 교과 목표와 교수 방침, '제2절 교수의 재료'에서는 교육 내용의 순서와 내용

제시하고 있다. 제4편은 수신·국어·조선어급한문·이과·창가·체조·도화·수공·재봉급수예·농업초보·상업초보·복식(複式) 등 각 교과별 교수법에 대한 설명으로 구성되어 있다.

74) 교육 법령이나 문서에서 <조선어급한문>(국어)이 <국어>(일어) 다음에 배치된 것은 강제 병합 직후인 제1차 조선교육령에서부터이다. 눈여겨 보아야 할 것은 일본의 중학교 교과과정에서 <국어> 다음에 위치시킨 교과는 <외국어>이다. 이 점은 <조선어>(국어)과의 공식적인 지위와 성격이 <외국어>과 혹은 제2의 언어교과 정도로 규정되었다는 것을 암시한다. 또한 '국어교수법'이 48쪽부터 64쪽까지 총 17쪽에 걸쳐 제시되고 있다면 <조선어급한문교수법>의 분량은 불과 4쪽에 그치고 있는 것만 보더라도 '일어'(당시의 <국어>)와 '국어'(당시의 <조선어>)의 교과적 서열을 짐작할 수 있다. <조선어급한문교수법>의 경우 각 항목마다 "國語에 準ᄒᆞ야"라는 단서로 기준 교과가 일어과임을 표방하고 있는 점 역시 유사한 맥락이다.

선정의 기준과 영역 및 갈래 등을 제시하고 있다. '제3절 교수의 방법'은 교수 언어의 순서와 영역별 교수법을 밝히고 있다. 각 부분을 살펴보면 다음과 같다.

① 교수의 요지

'교수의 요지'에 의하면 일제 강점기 조선어과 교육의 목표는 세 가지로 제시되고 있다. 첫째, 보통의 언어문장을 숙달하게 하는 것 둘째, 일상적인 의사소통과 행무를 처리할 수 있는 능력을 구비하는 것, 마지막으로 덕성을 함양하는 것이다. 표면적인 의미로 보면 앞의 두 가지는 국어 사용 기능에 초점을 둔 '언어 활동' 중심의 조선어과 교육을 강조한 것으로 보인다. 그러나 일제 시대 조선어과 교육의 목표가 일상 생활에서의 국어 사용 능력을 향상시켜 국어 생활을 잘 하도록 하는 현대적 관점의 국어교육의 이념과 합치된다고 보는 것은 무리가 있다. 왜냐하면 일제 강점기 편찬되었던『고등조선어급한문독본』이나『신편고등조선어급한문독본』과『여자고등조선어독본』등 그 어디에서도 '언어'로서의 '국어'나 '언어 문화'로서의 '국어 문화'에 대한 지식적 · 기능적 이해나 혹은 의사 소통 능력이나 문식력을 함양하기 위해 편성된 내용을 발견할 수 없기 때문이다.

제1절 教授의 要旨

朝鮮語及漢文은 ①보통의 言語, 文章을 理會ᄒᆞ야 ②日常의 應對에 供ᄒᆞ며 行務를 辨ᄒᆞᄂᆞᆫ 能을 得케ᄒᆞ고 兼ᄒᆞ야 ③德性의 涵養에 資홈을 要旨로 홈(보통학교규칙 제10조 제1항)
朝鮮語ᄂᆞᆫ 現時 朝鮮人間 一般에 使用케ᄒᆞᄂᆞᆫ 思想交換의 方便인 즉 普通의 言語文章에 熟達케ᄒᆞ야, 日常의 應用에 供ᄒᆞ며, 能히 行務를 辨케홈을 要함.

요컨대 실제 교수·학습 매체인 교과서에서는 조선어와 조선어 사용에 관한 지식이나 원리에 관한 교수는 실행하지 않으면서 문서로서의 교육과정에만 명시해 놓은 셈이다. 조선어과 수업에서 조선어와 조선어 사용에 관한 지식이나 기능을 교수하는 것이 자칫 조선어와 조선문의 우수성에 대한 자긍심으로 전이되어 민족어문교육으로 치달을 가능성이 있었기 때문이다. 그 결과 조선어과 교과서에 조선어와 조선문 관련 지식이나 원리에 대한 내용은 원천적으로 차단한 것이다. 물론 언뜻 볼 경우 ①과 ②가 언어적 교과의 특성을 명시하는 것으로 보이기도 하지만 교육 내용 요소로서 제시한 "보통(普通)의 언어문장(言語文章)"이 가리키는 내용과 범주가 불분명하고 구체적이지 않다는 점, ②에서 "일상(日常)의 응대(應對)"와 "행무(行務)를 변(辨)하는 능력(能)"으로 국어 사용의 범위를 제한하고 있다는 점 등은 어문 교과로서 조선어과 교육의 위상을 의도적으로 폄하하거나 간과하는 진술인 것이다. 이것은 "국어(國語)의 지식기능(知識技能)을 득(得)케" 하여 "국어(國語)의 사용(使用)을 정확(正確)히 ᄒ"게 하는 것과 그에 따른 "필요(必要)한 지식(知識)을 교수(敎授)"하는 것으로 설정하여 '지식'과 '기능', '사용'이라는 언어 교과의 정체성을 살리는 용어들을 정확하게 사용하고 있는 '국어(일본어)' 교과의 교수 목표와 비교해 보면 명백히 대조되는 부분이기도 하다. 결국 조선어과 교육은 조선어에 관한 지식적 측면이나 조선어 사용에 관한 기능적 측면을 중시한 언어 교과로 인식된 것이 아니라 단지 의사를 소통하는 정도의 기능적 차원의 교과 정도로 인정된 것이다.

　그런데 이 조선어과 교육의 목표를 1910년 대한제국 학부가 제시한 '국어과 교수법'과 비교할 경우 흥미로운 사실이 발견된다. 1910년 『보통교육학』의 〈국어급한문교수법〉에서 밝히고 있는 국어교육의 목표는 "일상수지(日常須知)의 언어문장(言語文章)을 이지(知)케 ᄒ야 정확(正確)히 사

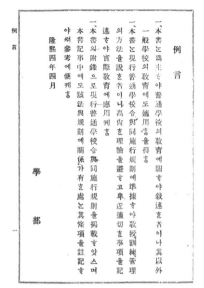

[그림3] 『보통교육학』(1910) 표지(우)와 예언(좌)

상(思想)을 표출(表出)ᄒᆞᄂᆞᆫ 능력(能力)을 양(養)ᄒᆞ고 겸(兼)ᄒᆞ야 지덕(智德)을 계발(啓發)홈"75)에 있다. 비록 대한제국기 통감 체제하에서 작성된 것이긴 하지만 대한제국의 주권을 유지하고 있었던 시기에 구안된 국어과 교육의 목표에서는 오늘날 국어과 교육의 주요 영역인 '언어 문장에 대한 이해'와 '표현'이라는 찾을 수 있다(허재영, 2005 : 153). 이와 비교하더라도 일제 강점기 조선어과 교육은 일상의 응대와 행무를 수행하는 도구적 교과 정도로 교과의 지위가 상당 부분 하락되었던 것이다.

② 교수의 재료

최근의 열린 교재관에서는 '교재'를 국어 현상에서 교육적으로 의미가 있는 자료들 예컨대 인간의 사고활동이나 언어 현상과 관계된 모든

___

75) 學部, 『普通敎育學』, 韓國政府印刷局, 隆熙4년(1910), 45쪽.

자료를 가리키는 것으로 확대하는 추세이다. 그러나 여전히 학생들에게 모범이 될 만한 글들을 모아 체계적으로 조직한 하나의 자료집(anthology)으로 교재를 인식하는 경향 역시 강력하게 살아 있다. 그렇다면 인간의 사고 활동 및 언어 현상 모두를 교재로 포괄하는 것이 아니라 교과서는 명문(名文) 중심의 텍스트를 실어야 한다는 통념, 역으로 교과서에 실린 자료들이야말로 의심되거나 회의될 수 없는 '명문(名文)'이라는 인식은 언제부터 형성되고 유포되어 온 것일까. 이 물음은 교재를 '목표점'으로서의 자료가 아니라 '출발점'으로서의 자료로 바라보고자 하는 최근의 사고력 중심의 국어교육을 강조하는 관점에서는 더욱 긴절하게 요구되는 질문이다.

교과서적 의미의 교재가 교육과정의 목표를 반영하는 동시에 교수자와 학습자가 지각할 수 있는 물리적인 실체를 가리키는 것이라면76) 적어도 일제시대의 '교재'의 의미는 물리적이고 구체적인 형상을 띤, 완결된 표상물이라기보다는 완결된 표상물을 구성하는 '교수 자료'라는 의미로 사용된 것으로 보인다. 조선어과 교육에서 '교재'는 교과서를 구성하는 언어 자료 정도의 의미로서 제도적인 교육기관에서 교수・학습되는 공식적인 '교과용 도서'라는 의미와는 구분할 필요가 있다.

第二節 敎授의 材料

① 朝鮮語及漢文은 諺文부터 始ᄒ야 漢字交호文及 平易호 漢文을 敎授홀지니 <u>그 材料</u>ᄂ 國語에 準ᄒ야 選擇홈 特히 漢文은 德性의 涵養에 資홀 者룰 選擇홈이 可홈(普通學校 規則 第十條 第二項)

---

76) 『국어교육학사전』에서는 '교재'의 의미를 다음과 같이 정의한다. "교재는 교육의 목표를 효과적으로 달성하기 위하여 교수-학습 과정에서 사용하는 자료이며, 어떠한 구체적인 물체의 형상을 띠어야 하고, 그 물체는 자체가 가지는 어떤 특성이 교육의 내용으로 표상되어 있거나 표상되어야 함을 의미한다." 서울대학교 국어교육연구소, 『국어교육학사전』, 대교출판, 1999, 90~92쪽.

② 以前에는 諺文으로 記述홈은 學者의 所恥ᄒᆞᆫ 바이고, 稗史, 小說, 僧侶의 說敎書 外에는 諺文으로 記述ᄒᆞᆫ 高尙ᄒᆞᆫ 文學이 無ᄒᆞ니, 是ᄂᆞᆫ 衒學ᄒᆞᄂᆞᆫ 弊로부터 來ᄒᆞᆫ 結果이 요, 諺文의 罪가 아니라. 諺文은 文字가 簡單ᄒᆞ야 習學과 使用이 皆容易ᄒᆞ고 又 漢字 룰 交加ᄒᆞ야, 事爲룰 辨홈에 額히 便利ᄒᆞᆫ지라 故로 普通學校生徒로 ᄒᆞ야금 日用의 必 要ᄒᆞᆫ 事項을 記述ᄒᆞᆯ 能을 得케 홈과 共히 修身·理科·地理·實業 等에 關ᄒᆞᆫ 事項에서 有 益ᄒᆞᆫ 資料룰 取ᄒᆞ야 此룰 敎授ᄒᆞᆯ지니 <u>其 選擇ᄒᆞᄂᆞᆫ 標準은 國語에 在함</u>과 無異ᄒᆞ니라.

예컨대 '제2절 교수의 재료'는 조선어과 교육의 '교재'를 교재 선정 영역과 교재의 하위 종류라는 두 가지 차원으로 그 내용을 구분하고 있 다. ①은 교재 선정의 영역별 범주를 제시한 부분으로서 조선어과 교과 서의 교재를 '수신' '이과' '지리' '실업' 등에 관한 사항에서 필요한 자 료를 취하되, 그 '선택ᄒᆞᄂᆞᆫ 표준'은 '국어에 재함'으로 단서를 달고 있 다. 이 단서에 유의하여 '국어' 교과의 교수법을 읽어보면 교과 재료를 '수신', '역사', '지리', '기타 사회 제반제도',[77] '문학', '자연에 관한 지 식(동식광물, 물리, 화학 등)'과 '각종 실업' 등 주제별 7개 영역으로 제시하 고 있다. 이것은 '日常生活 中心의 簡易한 材料' 정도로 광범위하게 교수 자료를 명시했던 학부 시기 '국어교수법'과 비교하면 그 범위가 대폭 제한되었다는 것을 알려준다.

일제 강점기 첫 중등 조선어과 교과서가 1913년에 편찬되었다는 것 을 교육 내용에 관한 위의 지침이 발표된 시기가 1912년이라는 점과 연 관시켜 보면 위의 지침이 교과서 편찬의 준거로서 제시되었다는 것을 알 수 있다. 국가 차원의 교육과정을 먼저 고시한 후 교과서 편찬 작업을 진 행하는 체제는 역으로 보자면 교과서 내용선정의 준거를 국가가 입안했

---

77) '지리'와 '사회 제도'는 엄밀히 보면 별개의 영역이다. 그러나 일본은 이 두 영역을 구분되지 않는 것으로 인식한 듯하다. 다른 영역의 경우 영역 사이에 '·'나 '又'를 사용하여 명확하게 구분하고 있지만 이 경우에는 별도의 표지 없이 '地理其他社會 各般制度'로 제시하고 있다.

다는 얘기와 상통한다. 이것은 일제시대의 두 번째 중등학교 조선어과 교과서인 『여자고등조선어독본』과 『신편고등조선어급한문독본』의 편찬이 1923년~1926년 사이에 진행되었다는 사실과 이 교과서의 편찬 준거를 제시한 『교육학교과서』의 개정판이 1916년에 공포되었다는 사실에서도 재차 확인된다. 각 교과의 교수법을 먼저 공포한 후 교과서를 편찬했으며 이 시기 조선어과 교과서의 교수 자료 역시 『교육학교과서』에서 명시한 '유익한 자료'라는 기준에 의거하여 편성하는 방식을 취한 것이다.

조선어과 교과서는 '표준'이라는 기준에 따라 '유익한 자료'로 선정된 내용을 교사가 '설명'하고 학생들은 '수용'하도록 기획된 것이다. 국가가 제시한 '표준'에 의해 편성된 교과서는 자연스럽게 유일한 권위를 인정받으며 절대적인 교재로 등극되었다. 이런 교과서의 경우 대부분 교수·학습 활동의 여러 자료 중 하나로서의 의미를 지니는 것이 아니라 교과서 자체가 수업의 막대한 비중을 차지하는 존재로 격상된다.[78] 관찬 교과서로 진행되는 수업은 역동적이고 자유로운 교수·학습의 장으로 실현되기보다는 국가가 선정하고 배열한 '표준적인' 교수 자료를 전수하는 일방향적인 수업으로 흐르게 된다.

흥미로운 것은 1912년 조선총독부가 발간한 『교육학교과서』에서 사용하고 있는 '표준'이라는 어휘가 현재까지도 교과서의 본질이나 성격을 규정하는 진술에서 심심치 않게 사용되고 있다는 점이다. 『국어교육학사전』(서울대 국어교육연구소, 1999)의 '교과서' 항목만 보더라도 교과서를 '표준 저작물'이나 '표준적이고 보편적인 무엇을 담고 있어야 하는 것'

---

78) 교과서가 학교 교육에서 절대시되고 있는 실정은 학교 교재에 대하여 개방적인 정책을 취하고 있는 미국의 경우도 마찬가지여서 교과서의 학습 비중이 초·중등교육에서는 학습 시간의 75%, 가정 학습에서는 90%에 달하고 있다고 한다. 서울대 국어교육연구소, 『국어교육학사전』, 대교출판, 1999, 71쪽.

이라는 의미로 설명하고 있다. '기준이나 모범' 정도의 의미까지 함의하는 이 '표준'이라는 어휘는 강력하고 절대적인 힘을 발휘하면서 '교과서'에 공식적이고 대표적인 교재로서의 권위를 부여한다. 따라서 교육 내용의 기준으로서 '표준'이라는 어휘가 실은 식민주의 지배 이념에 적합한 표준적인 지식이나 표준적인 내용을 걸러 내기 위한 선정 준거로서 등장했다는 사실은 교육 내용과 교육 이념과의 관계를 재삼 주목하게 한다.

②는 '교재'의 하위 범주를 제시하고 있으며 밑줄로 강조한 바와 같이 '選擇ᄒᆞᄂᆞ 標準은 國語에 在'한다고 명시하고 자세한 내용은 생략하고 있다. <국어(일어)교수법>의 해당 부분을 찾아보면 그 범주는 수신적 성격의 '격언(格言)'과 '탁의화(托意話)',79) '전기(傳記)', '승사(勝事)' 그리고 사교적인 성격의 '수인사(修人事)', '경조적 서간문(慶弔的 書簡文)' 등으로 제시한다. 오늘날의 용어로 번역하자면 최종적인 하위 언어 자료를 가리키는 '텍스트 종류'80)와 유사한 사례이다. 그런데 범주명 앞의 '수신 상의', '사교적인', '경조적' 등의 어휘에서 화자(필자)의 '목적'(의도)을 확인할 수 있다.

국가가 국어 교과서를 관리하고 통제하는 시스템은 국어 교과서의 교재 선정 및 집필과 밀접한 관련을 맺는다. 국어 교과서의 언어 자료

---

79) 이 중 '탁의화(托意話)'는 일본어 문서에서는 '우화(寓話)'였던 것을 '조선어역문'을 편찬하면서 '탁의화'로 번역했으며 일종의 의인화 기법을 사용한 이야기로 보인다.
80) 박진용은 텍스트를 '텍스트 종류'와 '텍스트 유형'으로 구분한다. 텍스트 종류는 텍스트를 구별하는 가장 낮은 단계에서 이루어지는 것으로서 하나 또는 그 이상의 공통 자질들을 가진 실제 텍스트의 부류 또는 집합을 가리키며, 이들보다 한 단계 위의 상위 개념을 '텍스트 유형'으로 부른다. 예를 들어 설명문, 기행문, 전기문, 보고문 등은 '텍스트 종류'이고, 이들보다 상위 개념을 지시하는 '정보 전달의 글'은 '텍스트 유형'에 해당한다. 이에 관한 자세한 논의는 박진용(1998 : 261) 참조.

는 국가 이념에 부합하는 내용이나 형식으로 선정되기 때문에 수록된 텍스트는 명백한 기획 의도에 따라 선정된 결과물이다. 조선총독부는 격언, 탁의화, 전기, 승사, 수인사, 서간문 등을 <조선어급한문> 교과를 통해 교수해야 하는 언어 자료의 사례로 제시한 것이지만 실제로는 교과서에 반드시 수록해야 하는 교재의 최소 범위를 제시한 것으로 볼 수 있다.

③ 교수의 방법

'제3절 교수의 방법'에서 주목할 점은 조선어과 교육의 영역을 <독본교수>와 <작문교수>로 구분하고 있다는 것이다. 오늘날의 관점에서 보자면 '독서교육'과 '작문교육'에 해당하는 구분으로 조선어과 교육의 내용을 '이해'와 '표현'으로 인식했음을 보여준다. 그런데 각 교수법에 대한 설명을 보면 '이해'를 목적으로 하는 '독서교육'과 '표현' 활동이 중심인 '작문교육'의 위상이 다르게 설정되어 있다는 것을 알 수 있다. <독본교수>의 경우는 예비-교수-응용의 3단계를 제시함으로써 비교적 체계적인 교수법을 명시하고 있으나 <작문교수>는 특별한 단계 없이 '주의사항' 형태로 교수법을 대신하고 있다. 이는 일제 강점기 중등학교 조선어과 교육이 보다 적극적이고 창의적인 활동을 요구하는 표현 교육보다는 소극적인 차원의 이해 교육에 중점을 두도록 의도한 것으로 해석할 수 있다.

'제3절 교수의 방법'의 내용을 도표로 재구성하면 [표13]과 같다. <독본교수>는 '예비-교수-응용'의 3단계 교순(敎順)을 취하고 있다. 이것은 오늘닐 국어과 수업의 도입-전개-마무리의 수업 모형과 유사한 것으로서 비교적 과학적이고 체계적인 교과 수업 모형이라고 할 수 있다. '예비' 단계에서는 (1) 학습 목표를 제시하고 (2) 전시 학습한 내용을 문답

식으로 확인한 후 (3) 본시 학습으로 유도함과 동시에 동기유발을 도모하고 있는 것은 학부 시기 국어과 교육의 교순보다 더 체계적이다.

[표13] 〈독본교수〉와 〈작문교수〉의 교수법

독본 교수		작문교수
制一段 豫備	(1) 目的 指示 (2) 旣敎훈 文字, 語句及事項을 問答ᄒ야, 當 日修業에 關係가 有훈 舊觀念을 整理홈. (3) 前日 敎授에 繼續이 되ᄂ 前回分을 復習 케 홈.	(1) 初에ᄂ 諺文을 用ᄒ야 生徒의 日 常經驗ᄒ고 觀察훈 事項又ᄂ 타교과에서 敎授훈 事項을 記 述케홈이 可홈.
第二段 敎授	(1) 實物 會話 等을 用ᄒ야 難字難句의 意義 를 知케 ᄒ고, 그 文字를 示ᄒ야 讀法을 敎授홀지니라. (2) 敎師ᄂ 範讀을 ᄒ거나 혹은 優等生徒로 ᄒ 야금 一回讀케ᄒ고 後에 他生徒를 指名ᄒ 야 數回讀케홀지니라.(一讀-數回讀) (3) 敎授훈 難字難句를 摘出ᄒ야, 其 意義를 言케ᄒ고 後에 全文의 意義를 言케홈. (4) 類似훈 文字, 語句를 對敎ᄒ야 其 差異에 主意케 홀지니라. (5) 模範이 될만훈 소를 暗誦케홀지니라.	(2) 稍進後라도 以前文人墨客의 위 소와 如훈 風月의 吟詠이 아니 면 空疎迂遠훈 時事의 論評을 作ᄒ야 得意홈은 普通敎育上에 기폐가 불소홀지라. (3) 고로 학교에셔ᄂ 생도로 ᄒ야금 언문혹은 한자교문으로 平易明 瞭히 自己의 經驗훈 範圍內의 事를 記述케ᄒ고 自己의 事爲를 迅速히 辨홈을 得케ᄒ도록 敎授 홈이 가ᄒ니 기교수방법급교수 상주의의 사항을 대개 國語科作 文과 大同홈.
第三段 應用	(1) 敎授훈 字句를 應用ᄒ야 短句短文을 作 케홀지니라. (2) 敎授훈것과 同一훈 字句를 다함ᄒ고, 도 일정도의 文을 讀來ᄒ야 書取케ᄒ며, 혹 은 聽取케훈 後, 生徒로 ᄒ야금 其意를 復演케홀지니라. (3) 便宜上 國語로써 其意義를 言케ᄒ며, 或 은 記述케ᄒ야, 互相聯絡補益케ᄒ홈	(4) 漢文을 作케홈은 普通學校에서 其必要가 無ᄒ고, 다만 理解를 확실히ᄒ기위ᄒ야 短文을 作케 홈은 반다시 不可함은 無ᄒ니라

*자료 : 조선총독부, 『교육학교과서』, 1912.

본시 학습에 해당하는 '교수' 단계는 글자와 어구의 뜻을 파악하여 본문 내용을 읽고 이해하여 궁극적으로는 그 날 배운 어구와 문장을 암송하게 하는 데 초점을 맞추고 있다. 이를 위하여 무조건 '난자난구(難字難句)'의 뜻을 먼저 풀이해 주지 말고 '실물, 회화 등(實物 會話 等)을 용(用)ᄒ야' 그 뜻을 이해하게 하도록 명시하고 있다. 이것은 단순 주입식 설명을 지양하고 시각 자료를 활용하여 스스로 이해하고 터득하게 하는 자기 주도적 수업을 지향하고 있다는 점에서 주목할 만하다. 또한 먼저 의미를 이해한 후에 읽는 법을 가르치는 순서를 취하고 있다는 점도 무조건 암송을 함으로써 뜻을 이해하게 했던 종전의 경전 암송식 방법과는 차별되는 부분이다. 세부적인 교수 활동으로는 교사나 학생의 모범적인 읽기(教師 範讀 혹은 優等生徒-回讀)와 학생들의 읽기를 병행하여 활용하도록 제안하고 있다.

보다 관심을 기울여야 할 부분은 <독본교수>가 단지 글자 해독 수업으로 한정되는 것이 아니라 글자와 어구의 뜻을 새겨서 본문 전체 내용을 해석하는 능력을 함양하는 것을 목표로 하고 있다는 점이다.[81] 나아가 그 날 배운 어휘나 어구의 유사어를 학습하도록 하여 정확하고도 섬세한 언어 사용을 유도하고 있다는 점은 조선어과 교육의 탐구적 수행의 중요성을 인식하고 있는 것으로 읽을 수 있다. 또한 학습한 내용을 토대로 '짧은 글짓기'를 시도하는 응용 학습을 통해 읽기와 쓰기의 통합적 학습을 유도하고 있다는 점 역시 이 시기 조선어과 교육의 근대적인 면모로 이해할 수 있다. 물론 학습 내용을 동일하게 써보게 하거나 다시 '청취'하도록 함으로써 학습 내용을 정확히 숙지할 수 있도록 하는 복습 단계를 강화하고 있는 점 역시 주목할 만하다. 특히 이 단계는 본시 학습의 주된 영역이었던 '읽기'와 '쓰기'에 '듣기'를 결부시켜 통합적인 언어 사용 능력의 중요성을 미약한 수준에서나마 실현하도록 기

---

81) 행동주의 심리학의 영향을 받은 고전적 관점에서의 읽기는 기호를 해독하는 과정으로 본다. 해독 중심의 읽기관에서 읽기는 문자에 따라 단어의 발음을 재창조한 것으로 보며, 읽기 학습은 읽기 과정의 기본이 되는 과정으로서 문자를 음성으로 번역하는 과정을 중시한다. 즉 읽기를 철자, 단어, 구와 같은 언어의 작은 단위에서 문장이나 단락 같은 큰 단위의 순서로 해독한 후에 전체 텍스트의 의미를 파악하는 활동으로 인식하였다. 이에 따라 읽기는 글의 해독 과정으로서 읽기 과정을 세분화하고 위계적으로 구성하여 글 내용의 단순 수용을 강조한다.

획하고 있다는 점에서 흥미롭다.

응용 최종 단계에서 제시하고 있는 "國語로써 其 意義를 틀케 ᄒ며, 或은 記述케ᄒ야, 互相 聯絡補益케 홈"이라는 조항 역시 쉽게 간과할 부분이 아니다. 조선어 수업 시간에 습득하는 모든 내용을 일어로 말하고 쓸 수 있도록 함으로써 조선어과 교수법의 최종 준거는 '일어'라는 사실을 제도적으로 명시하고 있기 때문이다.

<작문교수>는 오늘날의 '작문'에 해당하는 영역이다. '작문'이 교과 영역으로 명시된 최초의 문헌은 1906년 『大韓自强會月報』에 실린 「교육학원리」 번역문으로 알려져 있다. 이 자료에 의하면, 작문교육의 목표는 개인의 사상을 드러내는 것이다. '어학(盖語學)'이 읽기에 치중함으로써 다분히 수동적인 성격을 띤다면 '작문'은 자신의 사상을 표현하는 데 중점을 두기 때문에 능동적인 교과라는 얘기다.

> 作文은 則 己의思想을 表ᄒ고 或人의 意志를 解ᄒ야 㪅 操守를培養ᄒ야 他日에 出世餘地를 삼나니 盖語學의 受動ᄒᄂ 밧者ㅣ 發ᄒ야 能動ᄒᄂ 者ㅣ 됨으로써 此科를 敎授홈이 맛당히 語學으로 더부러 表裏相應홀지니라
> 柳瑾 譯述, 「敎育學原理」, 『大韓自强會月報』 6, 1906, 35~37쪽.

여기서 '능동적'이라는 의미는 "己의 思想을 表"하는, '표현' 차원에서 일차적인 의미를 찾을 수 있지만 뒤이어 제시되고 있는 '或人의 意志를 解ᄒ야 㪅 操守를 培養'하는 행위라는 점에 주목할 필요가 있다. 작문은 다른 사람의 견해나 사상을 이해하고 분석함으로써 자신의 사상이나 관념을 분명하게 제시하는 것이어야 한다는 인식으로 파악된다. 작문이 곧 자신의 사상 및 감정을 표현한다는 관점은 근대적인 작문 개념이다 (조희정, 2003 : 441). '己', 즉 자기에 대한 인식이야말로 근대가 '발견'해 낸 성과이기 때문이다.

그러나 정서와 사상을 표현하는 글쓰기라는 근대적인 작문 개념은 일제 강점기 조선어과 교육에 오면 오히려 퇴보한다. 자신의 내면을 표현하는 근대적인 글쓰기로서의 작문에 대한 인식은 1912년『교육학교과서』의 <작문교수> 영역에서는 찾기가 어렵다. 총독부는 <작문교수>의 범위와 수준을 '日常經驗ᄒ고 觀察ᄒ 事項'과 '타교과에서 敎授ᄒ 事項'으로 제한하고 있으며 그에 따른 '교과 재료' 역시 사교에 필요한 서간문 쓰는 법 정도로만 국한하고 있다.

그렇다면 조선어과 교육 기획자들에게는 근대적인 작문 개념에 대한 인식이 없었던 것일까. 위의 자료를 보면 그렇지는 않았던 것으로 보인다. 정서의 순화나 함양을 목표로 하는 문학적 글쓰기는 "以前 文人墨客의 위소와 如ᄒ 風月의 吟詠"이라는 이유로, 개인의 철학적 관념이나 사상적 견해를 표현하는 "空疎迂遠ᄒ 時事의 論評"과 같은 글쓰기는 "普通敎育上에 其弊가 不少"하다는 이유로 <작문교수> 영역에서 제외할 것을 명시하고 있기 때문이다. 이것은 식민당국이 작문의 교육적 지향과 의의를 인식하고 있다는 것을 암시하는 대목이다. 개인의 내면을 고백하고 표현하는 행위인 '작문'은 언어과 교육의 영역 중에서 적극적이고 고차적인 상위 영역에 해당한다. 작문 능력은 논리적으로 사고를 전개해가는 과정에서 비판적 사고와 창의적 사고가 아울러 형성되는 고차원적인 언어 활동이기 때문에 식민당국의 입장에서는 매우 '불온한' 언어능력인 셈이다. 따라서 2차 교육령기에 들어서며 중등학교 조선어과 교육의 <작문교수>를 문학적 글쓰기나 사상적 글쓰기와 같은 고차원적인 글쓰기는 제외하고 편지나 일기와 같은 일상적인 글쓰기 정도로 제한하여 그 범위와 수준을 하향 조정했다. 근대 계몽기와 통감부 체제에 비해 일제 강점기는 <작문교수>를 <독본 교수>보다 소홀하게 취급했다.

특히 1912년 <작문교수법>을 1910년 <작문교수법>과 비교해 보면 그 차이를 보다 명확하게 확인할 수 있다.

> 綴法은 國語科중 思想發表의 方法을 教ᄒᄂᆞ 一分科이니 讀法 書法 及 其他의 教科目과 恒常 密接ᄒᆞᆫ 關係가 有ᄒᆞᆫ 者이라 綴케 홀 文字ᄂᆞᆫ 可成的 讀法 其他에셔 學得ᄒᆞᆫ 者로 應用케 홈이 可ᄒᆞ고 綴케 홀 事項은 (一) 國語漢文 又ᄂᆞᆫ 他教科目에서 教授홀 事項 (二) 兒童의 日常見聞ᄒᆞᆫ 事項 (三) 處世上 必要ᄒᆞ고도 學徒가 興味를 感홀 事項 등에 對ᄒᆞ야 選擇홀지며 從來의 作文教授ᄅᆞᆯ 見ᄒᆞ건디 學徒의 旣知事項 與否ᄅᆞᆯ 不察ᄒᆞ며 又 學徒의 學力 程度에 適合與否도 不省ᄒᆞ야 教師가 任意로 問題ᄅᆞᆯ 選擇ᄒᆞ야 漫然히 提出ᄒᆞ고 學徒의 自動 委棄ᄒᆞ야 不顧ᄒᆞ며 甚ᄒᆞᆫ 者ᄂᆞᆫ 長成ᄒᆞᆫ 者도 困難홀 高尚ᄒᆞᆫ 論說을 幼少호 學徒에게 施홈은 古來로 漢學者間에 行ᄒᆞ든 弊風이오. 綴法教授의 目的을 오호 자이라 普通學校에 行홀 철법은 他教科目의 應用이니 他教科目으로 學ᄒᆞ야 旣爲學徒의 知識으로 된 事項을 字句의 型으로 表出ᄒᆞᆫ 方法을 教ᄒᆞᆫ 者이라 결코 未知ᄒᆞᆫ 事項을 千思萬考ᄒᆞ야 構成홀 者이 아니니 教育者ᄂᆞᆫ 甚히 主意홀지니라.[82]

'철법(綴法)'은 "사상발표(思想發表)의 방법(方法)을 교(教)하는 일분과(一分科)"로서 '독법(讀法)', '서법(書法)'이나 다른 교과목과 긴밀한 관계를 맺는 과목으로 그 성격을 밝히고 있다. 작문의 내용은 <국어한문> 또는 다른 교과목에서 교수하는 내용과 일상적인 견문, 그리고 처세상 필요하고 학습자가 흥미를 느낄 만한 내용으로 구성되어야 한다. '학도(學徒)가 흥미(興味)를 감(感)홀 사항'이라고 제시함으로써 작문 내용의 선정 기준을 교수차가 아닌 학습자에게 두고 있다는 것이다. 학습자가 흥미를 가질 만한 내용이어야 한다는 조항은 뒤에서 보다 구체적으로 제시되는데 이를테면 전통적인 경전 중심의 쓰기교육이 학습자의 '기지 사항(旣知事項)'과 '학력 정도(學力程度)'를 고려하지 않은 교육이었다고 비판하면

---

82) 학부편찬국, 『보통교육학』, 1910. 『보통교육학』에 관한 자세한 논의는 허재영(2005)를 참조할 수 있다.

서 오늘날의 작문교육은 '기위학도(旣爲學徒)의 지식(知識)'을 바탕으로 작성해야 한다는 점을 명시하여 학습자라는 변인을 교수의 고려사항에 포함시키고 있다. 필자인 학습자의 배경지식과 흥미를 고려하여 작문의 주제를 선정해야 한다는 것은 근대적인 작문의 원리라고 할 수 있다.

일제가 조선어과 교육에서 <작문교수> 영역을 소략하게 처리했다면 같은 시기 '국어'(일어) 교육에서 <작문교수>의 상황은 어떠했을까. 다소 장황하지만 『교육학교과서』(1912)가 제시하고 있는 <국어(일어) 교수법>의 <작문교수> 영역을 <조선어급한문교수법>의 <작문교수> 영역과 함께 재구성하여 제시해 본다.

[표14] 〈조선어급한문교수법〉과 〈국어교수법〉의 '작문교수' 비교

〈조선어급한문교수법〉 중 '작문교수'	〈국어교수법〉 중 '작문교수'
1) 初에는 諺文을 用ᄒ야 生徒의 日常經驗ᄒ고 觀察ᄒ 事項又는 타교과에서 敎授혼 事項을 記述케홈이 可홈.	三 作文敎授 甲. 共作法 第一段 豫備 文題롤 揭示ᄒ 후 記述코져 ᄒ는 事의 大體롤 適宜히 問答ᄒ야 生徒의 思想을 整理ᄒ야 記述의 順序롤 定홈이 可홈. 第二段 記述 右順序에 依ᄒ야 問答ᄒ면서 生徒로 ᄒ야금 記述코져 ᄒ는 바롤 言케ᄒ고 敎師는 此롤 取捨判定ᄒ야 一事項式 漆板上에 綴記홈이 可홈. 第三段 成績의 處理 一. 以上과 如히ᄒ야 一文을 完成혼 時는 生徒로 ᄒ야금 二, 三 回讀케 ᄒ고 其全文을 通覽ᄒ야 事項의 正否及章句의 接續에 對ᄒ야 批評을 試케 ᄒ고 其次에 此롤 各自의 草稿帖에 記入케홈이 可홈. 二. 草稿帖은 時間外에 檢閱訂正ᄒ야 生徒에게 還與홈이 可홈
(2) 稍進後라도 以前文人墨客의 위소와 如혼 風月의 吟詠이 아니면 空疎迂遠혼 時事의 論評을 作ᄒ야 得意홈은 普通敎育上에 기폐가 불소혼지라.	
(3) 고로 학교에서는 생도로 ᄒ야금 언문혹은 한자교문으로 平易明瞭히 自己의 經驗혼 範圍內의 事롤 記述케ᄒ고 自己의 事爲롤 迅速히 辨홈을 得케ᄒ도록 敎授홈이 가ᄒ니 기교수방법급교수상주의의 사항을 대개 國語科作文과 大同홈.	乙. 助作法 幼少혼 生徒는 記述事項을 整理ᄒ야 其順序結構롤 定홈이 不能홀지라. 故로 敎師는 此롤 扶助ᄒ야 예히 擬案을 定ᄒ고 然後에 筆을 執케홀지니 此롤 助作法이라 云ᄒ니, 此法은 普通學校에서 應用의 範圍가 頗廣홈.

〈조선어급한문교수법〉 중 '작문교수'	〈국어교수법〉 중 '작문교수'
(4) 漢文을 作케홈은 普通學校에서 其必要가 無호고, 다만 理解를 확실히호기 위호야 短文을 作케홈은 반다시 不可함은 無호	第一段 豫備 一. 먼저 文題를 提出호야, 問答에 依호야 生徒를 誘導호면서 必要호 要目을 順序次로 規則이 定호케 板書호야 記述코저 호는 事項 及 順序를 定호고 然後에 生徒로 호야금 敷衍케 홈이 可홈. 二. 此復演은, 反覆홈을 隨호야 明瞭히될지나, 生徒의 思想을 束縛호고 且一律에 요호는 弊(폐)가 有(유)홈으로써 適宜히 勘酌홈이 可호고, 稍長호 生徒에게는 此復演을 省略홈도 可홈. 第二段 記述 一. 各自 擬案을 定한 時는 即時 筆을 執호야 一筆揮成으로 記述케 홈이 可홈 二. 記述호는 時는 教師는 几案間을 巡視호야 其誤謬를 敎正호고 各種의 注意를 與홈이 可로 홈 三. 記述을 終호거던 生徒로 호야금 全文을 再三點檢호야 誤字落書를 補正케호고 且此를 鼓推케홈이 可홈. 第三段 成績의 處理 일. 아모쪼록 多數의 生徒로 호야금 其文을 交互朗讀케 호고 其中一二의 適當호 文을 取호야 漆板上에 書揭호야 全級生徒와 共히 此를 邃次 訂正케홈이 可홈. 이. 漆板上에셔 訂正홀 際에 時間의 餘裕가 無호 時는 記述을 終호 後, 即時 其 草稿帖을 收호야 教師가 時間 外에 訂正 還與홈이 可홈. 漆板上의 訂正에 就호야는 左의 要點에 注意홈이 可홈. 一. 全文을 數段으로 分호야, 一段式 問答호야, 字句의 修正及事項의 加減을 行홈이 可홈. 二. 訂正홀 際는 原文은 그디로 存置호고 其側에 記附홈이 可호고 尙且此時에 色鉛筆을 用홈이 最可로 홈. 三. 一段마다 訂正을 終호 時는, 全文을 通覽호야, 此를 批評케호고, 最後에 數回朗讀케 홈이 可홈. 四. 如此히 호야 完全히 된 文은 各自의 草稿帖에 記入케호고, 又 自己所作의 文은 歸家後에 訂正文에 對照호야, 訂正호 後, 更히 持來케호야 教師는 此를 檢閱호야, 符標와 評語를 附호야 還與홈이 可홈. 草稿帖 訂正 及 其後處理에 對호야 注意홀 要點은 此와 如홈 一. 恒常 幼稚者의 文됨을 勿忘호고 아모쪼록 原文을 存置호도록 訂正홈이 可홈. 二. 生徒가 容易히 發見홈을 得홀만호 誤謬는 符標를 符置호야 生徒로 호야금 스스로 訂正케호이 可홈.

〈조선어급한문교수법〉 중 '작문교수'	〈국어교수법〉 중 '작문교수'
	三. 諸生徒가 共通히 誤記호 것은 此를 手帖에 記置호 얏다가 其此 敎授 時間에 摘示호야 將來의 注意를 喚起케홈이 可홈. 四. 草稿帖을 還與혼 時는 生徒로 호야금 再三熟讀호야 訂正의 理由를 知케호고 혹은 二三의 優良온 文을 朗讀케호야 他生徒로 호야금 此를 默聽케홈도 可로 홈. 五. 訂正된 文은 此를 精書册에 記호야 永久히 保存케 홈이 可로 홈.
	丙. 自作法 生徒로 호야금 扶助를 不借호고, 各自 任意로 文을 作케 호는 法이라. 第一段 豫備 文題를 提出호던지 又는 生徒로 호야금 此를 定케호고 其次에 記述事項을 整理케 호야 其順序結構等을 考案케 홈이 可홈. 第二段 記述 各其 考案을 隨호야 草稿帖에 記述호야 再三 敲推혼 後, 敎師에게 呈出케홈이 可로 홈. 第三段 成績의 處理 敎師는 時間 外에 訂正還與홈이 可호니, 其法은 前述의 例와 同一홈.
	作文敎授上의 注意 一. 文題는 (一) 國語 又는 其他敎科目에서 旣學혼 事項. (二) 生徒의 日常見聞호는 事項 (三) 處世上 必要호고 生徒에게 興味를 感發호는 事項 등에서 選擇홀지오, 從來 漢學者間에 流行홈과 如혼 全히 生徒의 觀察經驗 以外의 高尚혼 文題를 提出호고 又 記述홀 事項에 就호야 一毫도 生徒의 思想을 整理치 아니호고 漫然히 生徒의 自動에 委棄不顧호난 等 事는 결코 避홈이 可호니라. 二. 普通學校에서는 作文의 要義는 達意에 在호지라. 抑揚頓挫의 妙와 結構修飾의 巧를 學홈은 반다시 其目的이 아니라, 故로 行文이 平易호야 何人이던지 其旨意를 明瞭히 了解홈을 得호는 것으로써 爲足으로 홈.[83]

[표14]는 동일한 교과 교수 자료에서 제시하고 있는 조선어과와 국어

---

83) 朝鮮總督府, 『敎育學敎科書』, 大正 元年 十月, 45쪽.

(일어)과의 작문교수법을 비교한 것이다. 일제 강점기 <국어>(일어) 교과의 <작문교수>의 경우 학부 시기 조선어 교과의 <작문교수>를 보다 섬세하고 치밀하게 발전시킨 것으로 보인다. <작문교수>의 방법을 '공작법-조작법-자작법'의 세 단계로 위계화하고 각 단계별로 '예비-기술-성적 처리'에 관한 사항을 상세하게 구체화하고 있다는 점 등은 상대적으로 조선어과 교육의 <작문교수>를 얼마나 소홀하게 취급했는가를 확연하게 보여준다. 국어(일어) 교과가 작문 수업에서 사상과 정서의 효과적인 표현을 강조한 반면에 조선어 교과에서는 표현과 관련된 고차적인 언어 능력을 전면적으로 차단해야 했기 때문에 작문교수의 수준을 하향화한 것으로 보인다. 대신 조선어과 교육에서는 <작문교수>보다 <독본교수>를 강조하여 사상의 주체적은 표현보다는 이미 표현된 사상이나 가치를 이해하고 내면화시키는 데 치중했던 것이다.

2) 교과서의 국가 통제와 국어 교과서의 국정화

(1) 교과서의 제도화와 통감부 정책

국어 교재사의 관점에서 근대적인 의미의 국어 교과서가 등장한 것은 언제일까? 이 물음은 교과서의 제도화 과정에 대한 이해와 고찰을 필요로 한다.

교과서의 중요성은 근대식 학제가 도입되던 시점부터 제기되었다. 특히 국가 차원에서의 교과서 정책은 교사, 학생, 교재로 이루어지는 국가 차원의 교육 현상의 필수 요소이자 교육 정책의 핵심으로 부상되기 시작했다. 구체적으로 보면 조선시대의 예조를 근대적인 교육 및 학무 담당 부서로 개편한 '학무아문'은 산하에 6개 조직을 편성했으며 그 중 하나인 '편집국'의 주요 관장 사무를 '國文綴字, 各國文飜譯及敎科用圖書編輯'으로 규정[84]한 것이 '교과서'라는 명칭의 공식적인 기원에 해당한다.

이후 1895년 7월에 공포한 <소학교령>의 제15조인 '小學校의 教科書는 學部의 編輯훈 外에도 或 學部大臣의 檢定을 經훈 者룰 用홈'에서 '교과서'라는 명칭이 명시된 이래, 교과서는 주로 국가나 정부의 법령이나 공문서 등 관제적인 담론을 통해 제도화되어 갔다. 관제적 개혁의 관점에서 요구되기 시작한 교과서 편찬의 중요성이 점차 탄력을 받은 것은 당대 신문 잡지 등의 언론 매체들이 마련한 공적인 담론의 장 덕분이다.

> 教科書는 國文으로 지음이 可홈대뎌 國文과 國語는 익국심의 根源이 될 뿐 아니라 쏘훈 簡便ㅎ고 알기가 쉬운 쟈ㅡ라 그런고로 교과셔룰 순국문으로 지어셔 녀즈샤회와 勞動샤회의 知識을 열니게홈이 7장 緊要훈 方法이 될지어늘 지금에는 이런 教科書가 업스니 가히 흔탄홀일이로다[85]

교과서에 실리는 내용은 통일된 문법에 의해 기술되어야 하며 표기 수단은 순국문이어야 한다는 주장 등은 교과서가 자국의 언어인 국문으로 표기되어야 한다는 인식과 그로 인해 국가적 권위를 갖추어야 하는 공식적인 교재라는 인식에 암묵적으로 합의하고 있다는 것을 보여준다. 교과서는 학교라는 제도적인 교육기관에서 공식적으로 사용되는 교육용 교재의 의미를 획득하면서 점차 시간과 공간, 목적이 뚜렷한 제도적인 교육 매체로 통용되었다. 이를 바탕으로 이종국(1991 : 82)은 근대적인 교과서관을 구성하는 요소들을 다음과 같이 네 가지로 정리한 바 있다.

> 첫째, 교육기관에서 교수ㅡ학습되는 교육용의 제도 매체는 '교과용 도서' 또는 '교과서'라는 독립 용어로 규정되었다.

---

84) 교과서의 제도화에 대한 논의는 이종국(1991)을 참조할 수 있다.
85) 「론셜ㅡ녀즈와 로동샤회의 지식을 보급케홀도리」, 『대한민일신보』, 1909년 2월 30일.

둘째, 교과용 도서의 내용은 자국의 실정(역사와 전통, 이념과 현상 등)에 관한 것이 그 중심이어야 한다.

셋째, 교과용 도서는 권위 있는 내용이어야 한다.

넷째, 교과용 도서의 문장은 국문으로 표기함으로써 자국의 고유 문자를 숭상하는 풍조를 일으켜야 한다.

교과용 도서 혹은 교과서는 제도적 교육 매체이므로 그에 합당한 교육적 권위를 가진 내용으로 편성되어야 하며, 자국의 문자로서 자국의 실정에 맞는 내용으로 구성되어야 한다는 인식은 교과서의 국가적 편찬의 중요성으로 환기되었다. 교육적 필요에 의해 교과서 편찬의 중요성을 인식하고 이를 실행하고자 했던 최초의 기록은 군국기무처에서 학무아문으로 하여금 소학교 교과서의 편찬을 속히 추진할 것을 논의한 데서 찾을 수 있다(『官報』, 1894년 7월 28일). 이 기록은 근대적 교육개혁이 가동되는 무렵부터 교과서의 편찬 계획이 진행되고 있었다는 사실을 보여준다.

본격적인 교과서 편찬 작업은 1895년 한성사범학교와 소학교 등 의 각급 학교에 관한 관제 공포와 함께 출범한 학부[86]가 중심이 되어 추진했다. 그러나 교과서 개발의 중요성은 인식했지만 제도적 교육 매체로서의 교과용 도서 혹은 교과서의 체제나 내용, 형태 등에 대해서는 여전히 막연한 상태였다. 우선 필요한 것은 모델이 될 만한 교과서를 수집하는 일이었다. 1895년 5월 초 정부에서는 외부대신(外部大臣) 김윤식(金允植)의 이름으로 주일공사관사무처리(駐日公使館事務處理) 한영원(韓永源)에게 훈령을 내려 "금번 학부에서 관립사범학교 및 소학교 교사의 교육서를 편찬하는 바 이에 참고하기 위하여 일본 심상사범학교와 고등사범학

---

86) 조선 정부는 이전의 예조(禮曹)를 폐지하고 교육 관련 업무의 전담 기구로서 학무아문(學務衙門)을 출범(1894년 6월 28일)시켰으며, 이듬해인 1895년에는 학부(學部)로 개편했다.(「學部官制」, 勅令 제46호, 1895년 3월 25일 공포. 동년 4월 1일부터 시행.)

교의 교과서 및 참고서 각 한 부를 구득하여 보내라"고 지시하였다(『舊韓國外交文書』, 고종 32년 5월 1일). 이 교과서들을 참조하여 1895년 7월부터 교과서를 간행하기 시작했다. 『국민소학독본』과 『조선역사』를 각각 1895년 7월과 8월에 그리고 이듬해인 1896년 2월에는 『신정심상소학』을 출간했다. 『신정심상소학』 시점까지 학부 편집국에서 간행한 교과서는 모두 18종이었다.

교과서 편찬 업무는 학부 편집국 소관이었다. 정부 조직기구에 교과서를 관장하는 전담 부서를 편성했다는 것은 교과서의 기획과 정책 입안의 주체가 국가로 규정되기 시작했다는 것을 의미한다. 학부는 당시 교육행정의 최고 부서로서 그 산하에 대신관방(大臣官房)과 학무국(學務局), 편집국(編輯局) 그리고 관상소(觀象所)를 두었으며, 학무국에서는 소학교, 사범학교, 중학교, 외국어학교, 외국 유학생에 관한 사무를, 편집국에서는 도서와 교과용 도서에 관한 업무를 관장했다. 편집국의 업무는 주로 도서의 인쇄, 교과용 도서의 번역, 교과용 도서의 편찬, 교과용 도서의 검정, 도서의 구입·보존·관리 등이었다.

새로운 사상과 지식의 보급을 통한 국민 계몽이 중요했던 학부 입장에서 새로운 교과서 편찬은 절실한 시대적 요구였다. 교과서 편찬을 위해 학부는 활자장(活字匠)을 동원하여 이른바 학부 활자(學部 活字, 印書體 木活字, 한글 活字)를 조판했으며 부족한 활자는 과거의 한자 철활자(漢字 鐵活字)를 빌렸다(이종국, 1991 : 122). 교과서 용지 역시 재래식 한지(韓紙)와 판형으로 재래식 한국본의 장정(裝幀) 방식을 그대로 답습하고 있어서 당시에 양지(洋紙)의 유입이나 양장(洋裝)의 장정 지식이 아직 일반화되지 않았던 사실을 말해준다(김혜정, 2003 : 289). 편찬된 교과서의 모형은 주로 구판양식(舊版樣式)이었다. 1897년부터 1905년까지 학부에서 간행한 교과서는 『만국사기』, 『중국약사합편』, 『아국약사』, 『종두신서』, 『동국역대사략』, 『대한역대사략』, 『정통산학』, 『중등만국지지』, 『역사집약』 등이다.

그러나 교과서 편찬에 기울인 학부의 열의는 이후 통감부의 교육 간섭에 의해 굴절되기 시작했다. 「韓日外國人顧問雇聘에 關한 協定」(제1차 한·일 협약)을 계기로 마련된 고문정치체제(顧問政治體制)에 의해 대한제국 학부에 일본인 시데하라 타이라(幣原坦)가 '학정참여관'이라는 신분으로 활동하면서 식민주의 교육을 부식(扶植)하기 위한 토대 작업을 실행했다. 그 후 일본은 제2차 한·일 협약에 따라 '시정개선'을 명분으로 한국에 통감부를 설치한 후 한국의 정치, 경제, 사회 등은 물론 교육 담당 부서인 학부에 대한 관제를 전면 개정하고(1906년 4월) <학교령>을 공포하여 (1906년 8월 27일) 교육 통제를 본격적으로 실행하였다. 이 때 통감부가 가장 역점을 두었던 정책이 일본어 보급과 교과서 편찬이었다(제2장 2절 2항).

그러나 교과서 편찬 정책에 대한 일본의 간섭과 통제는 통감부 설치 이전부터 시작된 바 있다. 가령 학무국 교과서 편찬위원회 소속 위원을 살펴 보면 학정참여관으로 시데하라 타이라(幣原坦) 뿐만 아니라 학정참여관부 통역관에 카미무라 마사미(上邨正巳), 교과서 편집 촉탁에 와타세 츠네요시(渡瀨常吉)와 다카하시 도오루(高橋亨) 등 일본인 관리들이 대거 배치되었기 때문이다. 또한 통감부 설치 이후에는 시데하라 후임으로 온 미츠지가 교과서 편찬을 효율적으로 추진하기 위하여 교과서 편찬 위원회를 설치하는 등 본격적으로 교과서 편찬 기획을 실행했던 것이다(정재철, 1985 : 207~208). 이들 일본인 교과서 편찬 관리들은 한국의 교과서를 모두 일본어로 편찬하는 것을 기본 방침으로 정했다.

教科書는 目下 編纂 中인디 其種目은 日語讀本, 國語讀本, 漢文讀本, 修身書, 算術書, 理科敎科書라. 來九月 開校時에 此等書籍의 全部 整齊가 困難홈으로 假綴ᄒ야 開始홀터.

「韓國의 新學政」, 『大韓自强會月報』 제2호, 1906년 8월 25일

통감부를 설치한 후 교육 관련 학제를 전면 개정한 것이 1906년 4월이었고, 조선의 교육에 관한 전반적인 법적 규정력을 선포하는 <학교령>을 공포한 것이 같은 해 8월이었다는 사실을 감안하면, 1906년 8월현재 "敎科書는 目下 編纂 中"이라는 사실은 통감부가 교과서 편찬 사업을 얼마나 시급하게 다루고 있었는지를 보여준다. 교과서 편찬 사업을먼저 진행한 후 8월 27일에 <학교령>을 공포하고, 연이어 발표한 <학교령 시행 규칙>에서 <교과서 사용에 관한 규정>을 제시한 것이다. 그리고 이 시기만 하더라도 교과용 도서로서 학부에서 편찬한 것과 학부가 인가한 것을 같은 조건으로 사용할 수 있도록 하여 교과서 편찬과발행에 어느 정도 자유를 부여했다.

그러나 통감부는 1909년 <학교령> 개정 작업을 통해 대한제국의 학제에 관한 일본의 통제와 감독을 강화하면서 '교과서' 관련 부분에 더욱 예민하게 대응하였다. 당시 발표한 내용 중 교과서 사용 규정 부분만을 발췌하여 정리해 보자.

> 보통학교의 교과용 도서는 학부에서 편찬한 것을 사용하여야 한다. 단 학부에서 편찬한 것이 없을 때는 학부대신의 검정을 받은 교과용 도서 또는 학부 대신의 인가를 받은 교과용 도서 또는 학부 대신의 인가를 받은 다른 도서를 사용할 수 있다.
> 고등학교의 교과용 도서는 학부에서 편찬한 것이나 또는 학부대신의 검정을 받은 것을 사용하여야 한다. 학교장은 학부대신의 인가를 받아 앞의 도서이외의 도서를 사용할 수 있다.
> 사범학교의 교과용 도서는 학부에서 편찬한 것이나 또는 학부대신의 검정을 받은 도서를 사용하여야 한다. 앞의 도서가 없을 때와 부득이한 사유가 있을 때는 학교장이 학부 대신의 인가를 받아 기타의 도서를 사용할 수 있다.
> 『대한제국관보』 제4355호, 융희 3년(1909) 4월 20일

1차 학교령기까지만 해도 교과서의 편찬과 발행에 선택의 자유를 주

었다면, 개정 학교령은 교과서의 편찬과 발행 및 사용에 관한 전권을 국가 권력에 소속시켰다. <교과서 사용 규정>은 교과서를 '학부가 편찬한 교과서'와 '학부 대신의 검정을 받은 교과서' 그리고 '학부 대신의 인가를 받은 교과서' 등의 3종으로 구분하여 국정제와 검·인정제로서 교과서 발행 시스템을 제도화했다. 학부 대신의 검정과 인가를 허용하기는 했지만 실질적으로 통감부 정부는 각급 학교에서 사용하는 교과서에 대한 모든 법적 결정권을 장악하여 이른바 정부 주도의 관찬 교과서(官撰敎科書, 國定敎科書) 체제를 제도적으로 구축한 것이다.

당시 한국 교육의 식민화에서 가장 중요한 것이 교과서라는 생각은 오노(大野謙一)를 비롯한 일본 관료들의 공통적인 견해였다. 교과서 관련 법령뿐만 아니라 각종 출판법으로 교과서를 관리했다. 교과서에 대한 통감부의 통제는 검정 제도의 실시와 함께 내부대신의 이름으로 공포한 <출판법>(「出版法」, 『法律』제1호, 1909년 2월 26일)에 의해서도 실행되었다. <출판법>은 관청이나 학교, 기타 단체에서 출판하는 문서, 도서, 서간, 통신물, 보고, 광고 등의 출판과 발매 또는 반포를 목적으로 하는 모든 문서와 도서는 저작자 또는 발행자의 고본(稿本)을 첨부하여 내부대신에게 허가를 신청하도록 하는 것이었다. <출판법>으로 인해 그 동안 사립학교에서 자체적으로 편찬하여 사용하던 교과서나 민간에서 저작하여 사용하던 교과용 도서는 물론 일반 출판물까지 검정에 앞서 내부대신의 허가를 받아야만 했다.

교과용 도서에 대한 통제는 <출판법>의 시행과 교과서 검정 제도의 실시에 따른 교과서가 편찬되기 시작한 1909년부터 본격적으로 실행되었으며 통감부는 그 일환으로 학교에서 사용할 수 있는 교과서와 사용할 수 없는 교과서를 분류하는 작업부터 시작했다. 그렇다면 그 기준은 무엇이었을까?

통감부의 문서에 의하면 조사 대상은 '교과서(敎科書)의 내용(內容)'이었다. 통감부의 「교과서의 내용에 관한 조사」를 보도한 『기호흥학회월보』에 따르면 일본은 학교에서의 사용 여부를 심사하는 기준으로 '甲. 政治的 方面', '乙. 社會的 方面', '丙. 敎育的 方面' 등 세 가지를 제시했다(「敎科書의 內容에 關ᄒ 調査」, 『畿湖興學會月報』, 1909년 7월 25일, 37~43쪽). 먼저 '정치적 방면'의 조사 대상은 한국의 현재 상태를 통론(痛論)하는 내용, 외국의 사례를 들어 아국(我國)의 장래를 경고하는 내용, 자주 독립과 국권 수호를 주장하는 내용, 우화를 빗대어 자국이 타국(他國)에 의뢰(依賴)하는 것의 부당성을 경고하는 내용, 일본에 대한 적개심을 도발(挑發)하는 내용, 국사를 서술하여 한·일 간의 국교(國交)를 저해하는 내용, 본방(本邦)의 언어·풍속·습관을 유지할 것을 강조하고 외국을 모방하는 것은 불가(不可)함을 경고하는 내용, 국가론과 의무론을 주장하는 내용, 애국심을 고취하는 내용 등 아홉 가지로 제시하고 있다. 그리고 '사회적 방면'으로는 "위험(危險)ᄒ 사회주의(社會主義)나 혹은 이와 유사(類似)ᄒ 사상(思想)"은 "극(極)히 위험(危險)"하므로 "극력방지(極力防止)"하고 교과서는 "청년학도(靑年學徒)로 ᄒ야금 온건저실(穩健著實)ᄒ 풍습(風習)으로 진향(進向)"하는 내용을 담아야 함을 강조하고 있으며, '교육적 방면'으로는 "국가(國家)의 법률(法律)과 의무(義務) 등의 항목"은 "학도(學徒)의 이해(理會)에 곤란(困難)"하므로 삭제하고 "효제(孝悌) 충신(忠信) 예의(禮義) 염치(廉恥) 등 인생(人生)에 필수(必須)ᄒ 제덕(諸德)"과 "근시사회(近時社會)에 처(處)ᄒ에 필요(必要)된 각종(各種) 도덕(道德)"을 기술하도록 강제하고 있다.

요컨대 한국의 정치 상황이나 일본과의 국가 관계에 관련된 민감한 정치적 내용들과 사회주의 사상은 심사를 통해 삭제했으며 교과서의 내용은 일상적인 생활이나 윤리적인 덕목에 관한 것들로만 구성하도록 지침을 내리고 있는 것이다. 특히 '현시 교과서 심사(現時 敎科書 審査)'에

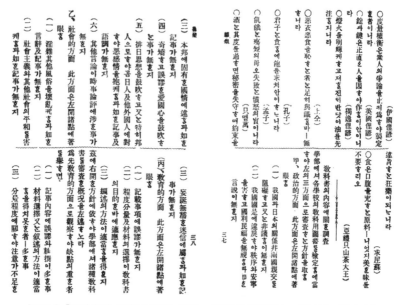

[그림4] 「教科書의 內容에 關혼 調查」, 『기호흥학회월보』, 1909년 7월 25일.

서 '교육적 방면(敎育的 方面)'은 '심대(寬大)'하게 다루지만 '사회적 방면(社會的 方面)'과 '정치적 방면(政治的 方面)'은 '가장(崔히) 엄밀(嚴密)히 심사(審查)'한다고 표명하고 있는 것으로 보아 교육적인 차원보다는 사회적이고 정치적인 기준을 적용하여 교과서를 심사한다는 점을 강조했다. 이같은 심사 기준에 따라 통감부는 학교에서 사용할 수 있는 교과서를 '학부 편찬 교과용 도서(學部編纂敎科用圖書)', '학부 검정 교과용 도서(學部檢定敎科用圖書)', '학부 인가 교과용 도서(學部認可敎科用圖書)'로 제한했으며, '학부 불인가 교과용 도서(學部不認可敎科用圖書)', '검정 무효(檢定無效) 및 검정 불허가 교과용 도서(檢定不許可敎科用圖書)', '내부대신 발매 반포 금지 도서(內部大臣發賣頒布禁止圖書)' 등은 학교에서 사용하지 못하도록 규정했다.

(2) 조선총독부 학무국과 조선어과 교과서 편찬 정책

일반적으로 제국주의 국가들에 의해 수행된 식민지 교육은 식민지 통치 체제를 공고하게 구축하기 위한 수단적 의미로 실행되었다. 조선총독부 학무국에서 시행한 식민지 교육도 예외는 아니었다. 조선총독부 내무부 산하 학무국[87]은 식민지 조선의 모든 교육 행정을 담당한 최고의 교육 행정 기구였다. 식민지 교육에서 학무국이 가장 역점을 둔 목표는 '제국의 충량한 신민'으로서 '국민'을 양성하기 위해 식민주의 체제에 순응하는 식민지민으로 조선인을 훈육하는 것이었다. 이를 위해 학무국이 먼저 실행한 작업은 '국어'를 '조선어'라는 외국어 신분으로 강등하고 '일본어'를 '국어'로 격상하여 한국인에게 내면화시키는 작업이었다.

[표15] 대한제국 '학부'와 조선총독부 '학무국'

대한제국 학부	조선총독부 학무국
학무국 1. 사범학교에 관한 사항 2. 보통교육 및 유치원에 관한 사항 3. 실업교육 및 전문교육에 관한 사항 4. 각종 학교에 관한 사항 5. 교원검정과 허장에 관한 사항 6. 통속교육과 교육회에 관한 사항 7. 학교위생과 학교건축에 관한 사항 8. 외국유학생에 관한 사항 9. 교육비 보조에 관한 사항	학무과 1. 학교, 유치원, 도서관, 기타 학제에 관한 사항 2. 교원에 관한 사항

---

87) 초대총독 데라우치는 강제 병합한 지 2개월만인 1910년 10월에 조선총독부 기구를 편제하여 발표했다. 조선총독부 관제는 1개 관방(官房)과 총무부(總務部)(인사국, 외사국, 회계국), 도지부(度支部)(사세국, 사계국), 농상공부(農商工部)(식산국, 상공국), 내무부(학무국, 지방국) 등의 5개 부서로 조직되었다. 당시 학무국은 지방국과 함께 내무부 산하 부서로 편제되었으며, 소속과로는 학무과와 편집과를 두었다. 교육 행정 부서인 학무국을 별도로 독립시키지 않고 내무부의 하위 기구로 편성한 것은 식민지 교육을 '교육' 차원에서 접근하지 않고 조선 통치라는 정치적 차원에서 접근하겠다는 의지로 볼 수 있다.

대한제국 학부	조선총독부 학무국
편집국 1. 도서편집, 번역 및 출판에 관한 사항 2. 도서급여 및 발매에 관한 사항 3. 교과용 도서 검정 및 인가에 관한 사항 4. 역서(曆書)에 관한 사항	편집과 1. 교과용 도서의 편집·반포, 검정 및 인가 에 관한 사항 2. 민력(民曆)에 관한 사항

*자료 : 「조선총독부 사무국분장규정」, <훈령> 2호, 조선총독부, 1910년 10월 1일

학무국은 기본적으로 통감부 체제 하의 학부를 승계한 것이었지만 체계와 기능, 업무면에서는 차이가 있었다. [표15]는 통감부 체제의 학부와 총독부 체제의 학무국을 비교한 것이다.

조선총독부 학무국은 조선총독부 내무부 산하 조직 중 하나로서, 그 하위 기구로 학무과와 편집과를 두었다. 학무과의 기본 업무는 "1. 학교, 유치원, 도서관, 기타 학제에 관한 사항 2. 교원에 관한 사항" 등으로서 주로 학교 교육과 교과 지도 그리고 교원들에 관한 사항을 담당하는 것이었다. 학부 학무국에서는 각급 학교의 다양한 업무들에 관해 세부적이고 구체적으로 관장했던 것과는 달리 총독부 하의 학무과에서는 '학교, 유치원, 도서관 기타 학제'로 포괄적으로 규정함으로써 조선의 학교 전체를 관리 통제의 네트워크 안으로 포획하였다. 편집과의 업무 역시 학부 편집국이 일반 도서와 교과용 도서, 역서 등 다양한 종류의 도서에 관한 업무를 총괄하는 것을 명시하고 있지만 총독부 체제에서는 편집과의 업무를 교과서의 편찬과 검정 및 인가에 관한 모든 사항과 민력(民曆)에 관한 사항을 담당하는 부서로 규정했다.88) 이 중 민력 관련 업

---

88) 학무국 내 편집과는 '교과용 도서의 편집, 반포, 검정과 인가에 관한 사항' 외에 '민력(民曆)에 관한 사항'을 담당했다. 이 중 민력 업무를 지방국이 아닌 학무국 업무로 귀속시킨 것은 민력 편찬을 통해 일본의 기원과 연호, 일본의 기념일이나 표준시 등을 달력에 기록하여 한국의 학생들에게 습득하도록 하기 위한 것이 주된 목적이었던 것으로 보인다.

무가 1912년 4월에 시행된 관제 개정 이후 관측소(觀測所)[89]로 이관됨에 따라 편집과는 교과서 편찬 업무만을 집중적으로 담당하는 교과서 편찬 전담 부서로 그 성격이 규정되었다. 이것은 편집과의 업무를 축소한 것으로 볼 수 있지만 다른 한편으로는 편집과에 교과서 업무 전담 부서로서의 독립성과 고유성을 부여한 것으로 볼 수 있다. 즉 식민지 교육에 있어서 교과서가 얼마나 중요한 통제와 감시의 대상이었는지를 방증하는 것이기도 하다. 교과서 편찬은 학무국 편집과의 존재 근거였다. 이 편집과라는 명칭은 1942년 11월 편수과로 개칭되기 전까지 사용되었으며 이후 1945년 4월 교과서 편찬 업무가 학무과에 통합되기 전까지 존속된 조직이었다(장신, 2006 : 36).

이후 학무과는 학무국으로 승격 출범한 뒤 대한(對韓) 교육을 본격적인 식민주의 체제 속에서 가동하기 시작한 첫 연구 실적물로 <조선교육령>을 발표했다. <조선교육령>은 앞 절에서 정리한 바와 같이 한국인을 '충성스럽고 선량한 국민을 육성하는 것을 본의'로 한다는 제2조와 '국민으로서의 성격을 함양하는 국어를 보급하는 것을 목적으로 한다'는 제5조를 핵심으로 하는 식민지 교육 체제를 선포하였다. 제국 국민의 품성 함양과 일본어 보급이라는 국가적 과제를 효율적으로 수행하기 위해서 총독부가 가장 역점을 둔 부분 역시 교육 내용에 대한 전면적인 정비와 관리 즉 교과서 편찬 문제였다.

일제가 교과서 편찬을 얼마나 중시했는지는 식민 교육 체제의 모델을 구상했던 시데하라를 해임한 이유에서도 드러난다. 통감부 초대통감 이토는 통감부 교육 정책을 수행하기 위하여 각급 학교의 교육과정을

---

89) 1911년 4월 1일 총독부 관제 개정이 처음 시행되었을 때 내무부 안에 학무국, 서무과, 지방국을 두었으며 학무국 아래에는 학무과, 편집과와 함께 관측소를 설치하였다. 이후 1912년 4월 2차 개정 때에 지방국, 관측소, 학무국을 두었다. 朝鮮總督府, 『官報』, 1912년 3월 28일, 이명화(2007 : 148) 재인용.

개편하고 교과서를 편찬하는 등 향후 식민지 교육 체제의 순조로운 착근을 위한 시스템을 구축하는 데 주력하였다. 그 중 이토가 가장 중시한 분야가 교과서 편찬 사업이었다. 이토는 교과서 편찬 업무를 주관하던 시데하라의 성과가 부진하다고 파악하여 그를 해임한 후 다와라 마고이치와 미츠지 츄조에게 교과서 전담 업무를 부과했다. 통감부 서기관 다와라에게는 교육 제도의 개편 및 일본어 교육의 보급 업무를, 동경사범 출신의 미츠지에게는 교과서 편찬 업무를 각각 분담시켜 보다 체계적이고 조직적으로 한국 교육의 식민화 프로젝트를 추진해 나갔다.[90] 그 후 1908년 미츠지가 중의원 선거 출마를 위해 일본으로 귀국하자 교과서 편찬직 후임으로 일본에서 사범학교 교수 및 중학교 교장 등으로 재직하고 있던 오다 쇼우고(小田省吾)를 데려왔다. 그러나 식민 통치체제에 적합한 새로운 교과서 편찬 작업이 완료되기 전까지 당분간은 학부 시절의 교과서를 사용할 수밖에 없었다. 그리하여 한시적으로 구학부 발간 교과서를 사용하되, 급한 대로 식민 체제에 부적합하다고 판단된 내용을 수정하는 작업부터 시행했다.

> 그리하여 드디어 병합이 되고 보니, 구한국정부 학부에서 재작했던 교과서도 부적당하게 되었습니다. 예를 들면, 수신서와 같은 것에는 한국의 축제일 등이 기재되어 있었는데, 병합 후에는 일본의 축제일을 가르쳐야 했던 것입니다. 기타 많은 것이 종래 그대로는 시세에 적합하지 않게 되었습니다. 그래서 종래 인가해 왔던 다수의 교과서를 철야로 매우 급하게 다시 내용을 조사하여 틀린 부분을 정정하고, 일본제국이 되었기 때문에 이러이러하게 교육해야 된다는 주의서를 각 사항마다 써서 그것을 인쇄하여 각 학교에 배포했던 것입니다.
>
> 경성전기주식회사, 『今昔三十年座談會速記錄』, 1938, 31쪽.

---

90) 弓削幸太郎, 『朝鮮の敎育』, 東京 : 自由討究社, 1923, 71쪽.

당시 오다의 관점으로는 병합 이전에 사용했던 교과서는 '부적당'하고 '시세에 적합하지 않'은 내용이 많아서 새로운 교과서를 편찬해야 했다. 그러나 당장 실현할 수는 없었기 때문에 우선 기존의 교과서를 수정하는 작업부터 시작해야 했다고 술회하고 있다. 교과서 수정 작업을 '철야'를 하면서까지 진행했다는 것은 조선의 식민 통치에서 그만큼 교과서가 중요한 통치 대상으로 인식되었다는 것을 의미한다. 그 결과 한국의 국가적 지위의 변동에 따른 부적합한 교재(敎材)나 자구(字句)를 정정하고 교수상 주의해야 사항을 완성하여 「舊學部編纂普通學校用敎科書竝ニ舊學部檢定及認可ノ敎科用圖書ニ關スル敎授上ノ注意竝ニ字句訂正表」([그림5])라는 책자를 만들었다. 인쇄 직후 조선총독부는 이 책자를 전국 백여 개의 관공립학교와 이천 수백여 개의 사립학교에 배포하여 1911년 첫 학기부터 적용하도록 강제했다.91) 「자구정정표」는 식민 정부인 조선총독부가 교과서 편찬 작업과 관련하여 가장 먼저 배포한 문서에 해당

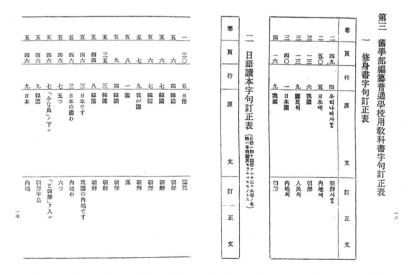

[그림5] 舊學部編纂普通學校用敎科書竝ニ舊學部檢定及認可ノ敎科用圖書ニ關スル敎授上ノ注意竝ニ字句訂正表』

한다. 이 문서의 '예언(例言)'에 따르면 총독부의 교과서 정정 및 개정 작업은 그 기준이 '내용'으로 제시되어 있다. 즉 교과서를 정정 출판하는 이유를 "조선에 있어서의 청년 및 아동의 학수할 교과서로서, 그 내용이 매우 부적당한 것이 있"어서라고 분명하게 밝히고 있으며 한국 병합의 사실, 축제일에 관한 건, 신제도의 대요 등을 '대단히 중요한' 교수 내용으로 간주하고 있다.92)

이후 조선총독부는 <조선교육령>의 제정 및 개정, 교육 목표의 세부적인 변화 등을 기점으로 교과서를 새롭게 편찬하거나 개정했다.『文敎の朝鮮』(1944년 5월)은 교과서 편찬 시기를 제1기 : 1911년~1922년, 제2기 : 1922년~1928년, 제3기 : 1928년~1938년, 제4기 : 1938년~1941년, 제5기 : 1941년~1945년 등 다섯 시기로 구분하고 있다.93) 이 기간 동안 조선총독부가 편찬한 국정 교과서의 목록과 종수에 대해 정확하게 알기는 어렵지만94) 장신은 초등 교과서 24종 700여 책, 중등 교과서 134종 398책 등 약 1,100여 책에 이른다고 정리한 바 있다. 표로 제시하면 다음과 같다(장신, 2006 : 61).

---

91) 小田省吾,『朝鮮總督府編纂敎科書槪要』, 1917, 2쪽. 이명화(2006 : 152) 재인용.

92) 朝鮮總督府 內務部 學務局,『舊學部編纂普通學校用敎科書竝ニ舊學部檢定及認可ノ敎科用圖書ニ關スル敎授上ノ注意竝ニ字句訂正表』, 1910.

93)『朝鮮總督府編纂敎科用圖書槪要』(1925)는 1925년 현재까지 진행된 교과서 편찬 사업을 통감부 체제부터 산정하여 세 시기로 구분하기도 한다. 제1기 편찬은 1906년 즉 구학부시대에 보통학교령이 발포되어 공립보통학교를 설치함과 동시에 교과용 도서의 편찬에 착수하고 보통학교의 교과목에 따라서 수신, 일어, 국어, 한문, 산술, 이과, 도화, 습자 등의 각 교과용 도서를 편찬했던 시기, 제2기는 1910년 이후 구학부 편찬 교과서를 그대로 사용하는 것은 시세에 맞지 않으므로 먼저 구학부 편찬 교과서의 일부 내용을 정정하는 작업을 한 후 1911년 공포된 교육령에 따라 각급 학교의 교과서를 편찬 출판한 시기를 제2기라고 밝히고 있다. 제3기는 1922년 개정 교육령의 취지에 따른 교과서 개정 작업에 따라 행해진 편찬을 일컫는다.

94) 표에서 알 수 있는 바와 같이 '여 책'으로 표시한 만큼 현재로서는 정확한 수치를 알기는 힘들다.

[표16] 조선총독부의 교과서 편찬 시기 구분과 발간 종수

구분	기간	발간종수		비고
		초등	중등	
1기	1911.10~1922. 3	29종 95책	38종 79책	1911년 조선 교육령 1911년 각 학교관제 및 규칙
2기	1922. 4~1928. 3	30종 80여 책	15종 51책	1920년 보통학교령 개정(4년제→6년제) 1920년 임시교육조사위원회, 임시교과서위원회 규정 1922년 2월 2차 조선교육령 공포
3기	1928. 4~1938. 3	87종 2백여 책	38종 160책	1927년 보통학교 규정 개정 1928년 임시교육조사위원회, 임시교과서위 원회규정
4기	1938. 4~1941. 3	68종 171책	27종 55책	1935년 초등교육조사위원회 규정 발포 1938년 3월 제3차 조선교육령 공포
5기	1941. 4~1945. 8	40종 155책	16종 53책	1941년 4월 국민학교령

*자료 : 大槻芳廣, 「教科書編纂事業の變遷」, 『文教の朝鮮』 222, 1944.

위의 발간 종수별 교과서는 다시 사용 대상을 기준으로 생도용 교과
서와 교사용 교과서, 사용하는 학교를 기준으로 보통학교용, 소학교용,
고등보통학교용, 여자고등보통학교용, 사범학교용, 전문학교용, 실업학
교용 교과서로 구분되었다. 또한 편찬 주체에 따라서도 국정 교과서와
검정 교과서(검정 주체는 조선총독부 또는 문부성), 인가 교과서로 구분되었
다. 조선총독부는 전 교과서의 '국정화'를 원칙으로 했지만 모든 교과서
를 조선총독부에서 편찬한다는 것은 현실적으로 어려운 일이었다. 따라
서 <수신>, <국어>, <조선어급한문>, <공민> 등을 제외한 나머지 교
과의 교과서는 검정제와 인가제를 병행했다. 이 중에서 <조선어급한
문>의 경우는 교과의 특성상 일본 문부성 교과서를 참고하기가 어려웠
기 때문에 조선총독부의 학무 전문 관리인 편수관이나 편수서기 등이
직접 집필했던 것으로 여겨진다. 다음은 일제 강점기 중등학교에서 사
용한 교과서 중에서 발행 주체가 조선총독부로 되어 있는 교과서를 교
과서 겉표지의 교과서명으로 나타낸 것이다(장신, 2006 : 52).

[표17] 조선총독부 발행 시기별 중등학교 학생용 교과서

과목	제1기	제2기	제3기	제4기	제5기
수신	고등수신서	고등보통학교수신서	중등교육수신서	중등교육수신서	중등교육수신서
수신	고등수신서	여자고등보통학교수신서	여자고등보통학교수신서	중등교육여자수신서	중등교육여자수신서
공민	×	×	중등교육공민과교과서 중등교육여자공민과교과서	중등교육공민교과서 중등교육여자공민교과서	중등공민
국어	고등국어독본 개정고등국어독본 여자고등국어독본	신편고등국어독본 신편여자고등국어독본	중등교육국문독본 중등교육여자국문독본	중등교육국문독본 중등교육여자국문독본	중등국어
문법	일본구어법급문법교과서	신편일본구어법급문법교과서	중등교육국문법교과서	중등교육국문법교과서	중등국문법
한문	-	-	중등교육한문독본	중등한문독본	중등한문
조선어급한문	고등조선어급한문독본	신편고등조선어급한문독본	중등교육조선어급한문독본	-	-
과목	제1기	제2기	제3기	제4기	제5기
조선어		여자고등조선어독본	여자고등조선어독본	중등교육여자조선어독본	×
역사	외국역사교과서	-	-	-	중등국사
지리	지문학교과서 일본지리교과서 일본지리교과서부도 일본지리괘도 외국지리괘도	-	-	-	
가사	-	-	-	-	중등가사
법제경제	법제경제교과서	×	×	×	×
습자	고등습자첩	-	-	-	-

비고 1) ×는 교육과정에서 교과목 배정을 받지 못했음을 나타냄.
　　 2) -는 교과목은 있으나 조선총독부 편찬 교과서가 없음을 나타냄.

　　<조선어급한문> 교과서는 <수신>, <국어> 교과서와 함께 일제 강점기 내내 조선총독부 학무국 편집과에서 직접 편찬했다. 편집과의 조직은 편수관, 편수서기, 속, 기사 등 4단계로 편제되었으며 교과서 집필

업무는 편수관과 편수서기 몫이었다. 편수관은 "상관의 명을 받아 교과용 도서의 편수 및 검정에 관한 사무"에, 편수서기는 "상관의 지휘를 받아 교과용 도서의 편수 및 검정에 관한 사무"에 종사하도록 규정되었다. 속은 "상관의 지휘를 받아 서무를 담당"하는 직위였으며 기사는 민력 업무가 편집과에 속했던 1910년~1911년에 고용된 사람으로 주로 민력 편찬 업무를 담당했으므로 교과서 업무와는 직접적으로 관계가 없는 직위였다. 다음은 장신이 정리한 학무국 편집과 직원들을 인용한 것이다.[95]

[표18] 학무국 편집과 직원의 편수 담당 교과

교과	직급	1기	2기	3기	4기
국어	관	立柄教俊	小倉進平 芦田惠之助 大內猪之介 近藤時司 高田邦彦 稻垣茂一 李能和 玄櫶	朴永斌	森田梧朗
	서기	小倉進平 高田邦彦 山口喜一朗 磯部百三 大內之猪介 中村一衛	磯部百三 麻生磯次 李源圭 田島泰秀	田島泰秀 森田梧朗 石橋一朗	安龍伯 廣瀨續
수신	관		長根禪提 白紳壽吉 蔣谷宗順 福島燿三	鎌掾扶 佐藤得二	鎌掾扶
	서기				
역사지리	관	上田俊一朗	木藤中德 江頭大朗 蔣山亮策 柏木三朗	柏木三朗	金昌鈞 中村榮孝
	서기	高木善人	上原千馬太	金昌鈞	李鳳秀
이과	관		岩村俊雄 井上智	井上智	井上智
	서기				
미확인	관	佐藤重治			
	서기	黑田茂次朗 本庄正雄 申鉉鼎	本庄正雄 水山祐定 下田伊賀八 瑹澤勁四朗 林田早苗 江口早苗	江口早苗	吉田泰造

---

95) 장신(2006 : 44~46)은 편집과 직원의 학력과 약력을 각주를 통해 상세하게 밝히고 있다.

1911년 당시 학무국 학무과 인원 중 조선인은 1명이었고 그 직위는 말단인 속(屬)의 지위였다. 편집과에 근무했던 2명의 조선인 역시 교과서 정책이나 교과서 내용에 관한 업무를 담당한 것이 아니라 기술적인 기사(技師)였으며 이들도 곧 일본인으로 교체되었다(박은경, 1999 : 49; 백광렬, 2005 : 70~71). 이러한 상황은 학무국에만 해당하는 것은 아니다. 일제 강점기 조선총독부의 관료 임명에서 주요 직책은 대부분 일본인이 맡았으며 조선인은 속이나 기수, 통역관 등 주로 말단 직위에 배속되었다.

그런데 [표18]에서 <수신>이나 <국어>, <역사지리> 등 교과목의 교과서를 편찬한 이들은 파악 가능하지만 조선어과 교과서의 집필자는 확인하기 어렵다. <국어> 편찬자 중에 <한문>과 <조선어>를 전공한 이가 포함되어 있는 것으로 보아 <국어> 교과서 집필자들이 <조선어>과도 동시에 집필한 것이 아닌가 하는 정도를 추정할 수 있을 뿐이다. 조선어과 교과서의 집필을 담당한 편수관이나 편수서기가 별도로 배치되었다기보다는 해당 주제와 관계가 깊은 전공자가 해당 단원을 기술하는 형식으로 각 단원 혹은 여러 단원을 책임 집필했을 것으로 보인다. 이런 식으로 생각하면 잠정적으로나마 조선어과 교과서의 집필자 대부분은 국어과 교과서를 집필한 일본인이었을 가능성도 배제하기 어렵다. 특히 교과서 편찬 관료들이 교육 전문 부서가 아닌 내무부 소속이었다는 점은 교과서는 물론이고 나아가 교육 정책을 입안하고 실행했던 이념적, 논리적 준거를 '교육 자체'에서 구안한 것이 아니라 식민지 조선의 '내치(內治)' 차원에서 구안했다는 사실을 암시한다.

03 조선어과 교과서의 내용 조직과 텍스트 유형

1. 교과서의 체제 및 단원 구성

중등학교 국어 교과서의 편찬 방식이 '2007 교육과정'을 기점으로 국정제에서 검정제로 전환되기까지 그간 국어교육계는 국어 교과서의 검인정화 방안과 그에 따른 새로운 국어 교과서에 대한 기대를 다양하고도 적극적인 공론들로 개진한 바 있다.[1] 이들 논의들은 대개 국가 이념이나 사상, 가치 문제, 교육과정의 다양한 해석 문제, 지문 난이도의 일관성 문제 등을 비롯하여 평가의 문제, 개발 인력의 문제 등에 대한 합리적인 대안을 모색하고 있을 뿐만 아니라 나아가 창의적이고 자율적인 교과서가 갖추어야 할 이상적인 조건과 모형을 탐색해 왔다. 최근들어 교과서 위주의 수업에 대한 비판과 함께 교과서를 재구성하는 수업, 나아가 교과서를 벗어나는 다양한 형태의 수업들이 개발되고 실행되는 추세에 따라 교과서가 교수·학습의 절대적인 매체라기보다는 단지

---

1) 국어 교과서의 검인정화를 다룬 연구들의 일부를 제시하면 다음과 같다. 조난심 외(1999); 한국교육과정평가원(2002); 허강 외(2002); 조난심·홍후조·송현정·김지현(2004); 송현정(2005) 등.

수업을 구성하는 일부 자료 정도로서 그 성격과 기능이 구축되고 있는 실정이지만 교실 현장에서 차지하는 위상은 여전히 무시하기 어려운 상황이다.

교과서의 중요성은 일제 강점기 제도교육에서도 크게 다르지 않았다. 오히려 학교 수업에서 차지하는 교과서 비중은 현재보다 더 절대적이었다. 조선총독부로 대표되는 식민 교육권력이 교육 공동체의 신념과 가치를 반영하는 교육과정을 구체화한 실체로서 교과서를 인식하고 있었기 때문이다. 앞에서도 잠시 검토한 바와 같이(제2장 제2절) 조선총독부는 조선교육령(1911)을 통해 조선의 교육 제도를 법제화하고 이어 조선의 학교에서 실행하는 교과 교육 전반에 관한 내용과 방법을 제시한『교육학교과서』(1912, 1916)라는 현 교육과정에 해당하는 문서를 발표한 후그에 따라 교과서 편찬 작업(1913, 1922)를 실행했다. 물론 당대 교육과정상당 문서는 교육의 성격이나 목표, 내용이나 교수·학습 방법, 평가 등최근 국어과 교육과정의 체계에 비추어 볼 경우 매우 조악한 편이었지만 교육과정에서 제시한 교육 지침에 따라 교과서의 내용을 선정하고조직했다는 점은 현재와 크게 다르지 않았기 때문이다. 일제 강점기에도 교과서는 그 자체로 독립적으로 존재한 것이 아니라 추상적인 계획으로서의 교육과정이 학교 수업에서 작동되도록 실체화된 것이었다.

일반적으로 교과서를 '내용' 제공의 매체로 보느냐 혹은 '자료' 제공의 매체로 보느냐에 따라 교과서의 기능과 위상이 달라진다. 대체로 내용 제공으로서 교과서를 이해하는 관점은 교과서를 특정 교육과정의반영으로서 인식하고 자료 제공으로서 교과서를 바라보는 측면은 교과서를 교수·학습의 목표를 달성하기 위해 선정한 다양한 교수·학습 자료로 파악한다. 노명완 외(2004 : 9~11)에서는 전자가 교육을 설계한 공급자의 입장과 교육 목표와 관련된 것이라면 후자는 교육의 장에 임하는 수요자의 입장과 관련된 것이라는 시각을 보이기도 한다. 그러나 국어 교육이 교육 내용뿐만 아니라 학습자의 경험과 사고도 함께 중시하여 유기적인 조화를 이루는 활동이 되어야 하는 것이 온당한 모습이라면 좋은 국어 교과서란 교육 공동체의 철학과 사회적 요구는 물론 학문적이고 담화적인 특성을 잘 반영하는 교육 내용과 활동이 유기적인 조화를 이룬 것을 가리킨다.[2]

  그러나 일제 강점기 조선어과 교과서는 지배 권력의 교육 이념과 교육과정의 내용을 충실히 반영하는 '내용 제공으로서의 교과서'라는 측면에서 기획된 것으로 보인다. 일제 강점기 식민 권력이 교과서를 국가적인 기획과 통제의 대상으로 포획한 것도 교과서의 '내용' 때문이었으며 그에 따라 교과서를 편찬하고 개정했던 본질적인 이유도 교과서의 '내용'에 있었던 것이다. 또한 조선어과 교과서에 선정된 텍스트의 유형 분석에서도 확인할 수 있겠지만 교과서에 가장 많은 분량으로 선정된 텍스트가 정보를 제공하거나 미지의 사실을 대상으로 하는, 즉 특정한 내용을 고지(告知)하는 설명적 텍스트라는 사실도 조선어과 교과서가 '내용' 중심으로 기획되었다는 점을 암시한다. 특히 설명적 텍스트의 내용이 주로 『교육학교과서』의 <조선어급한문교수법>에서 제시하고 있는 바와 같이 제국의 국민으로서 갖추어야 할 '덕성의 함양'과 관계가 깊은 내용으로 구성되어 있다는 점은 조선어과 교과서가 <조선어급한문교수법>에서 제시한 교육의 목표와 내용 그리고 제재 등의 교육 지

---

2) 교과서에 대한 다양한 견해들을 노명완 외(2004 : 12)는 다음과 같이 정리한 후 개념 정의를 시도하고 있다. 교과서는 ① 교육과정과 밀접한 관련을 맺고 있다는 점, ② 교육과정을 구체적으로 실현시키고 있다는 점, ③ 교수·학습과정에 사용되는 하나의 자료라는 점, ④ 교사와 학생이 상호작용을 위한 중요한 매체라는 점, ⑤ 학교라는 특정 장소와 수업이라는 특정 시간과 관련된다는 점 등을 토대로 "교육과정을 구체화시켜 학교 수업 현장에 제공되는 교수·학습의 중심 자료이면서 교사와 학생의 상호작용을 통해 완성되어 가는 목표 중심의 교재"라 할 수 있다.

침이 작동되도록 실체화된 것이라고 볼 수 있다.

앞에서도 검토한 바와 같이 <조선어급한문교수법>은 <조선어급한문>교과의 교육 및 그 목표 달성을 위한 학년별 내용 그리고 선정된 내용을 지도하는 방법과 교수 수준에 대한 지침을 포괄적으로 제시하고 있다. 이를테면 '교수 요지'에서 '덕성의 함양'은 조선어과 교육의 내용 준거로 기능했으며 '보통의 언어문장'과 '일상의 행무'는 조선어과 교육의 수준과 범위를 한정하는 기준으로서 작용했다. 특히 "교과서를 교육과정과 동일시하는 교과서 중심의 교육"(정혜승, 2003 : 434)의 길을 걸어온 근대 국어교육의 역사를 상기할 경우 조선어과 교과서 역시 당대 교육과정의 구체적인 실현태로서 식민주의 문법에 충실하게 기획되었다고 할 수 있다.

제3장에서는 일제 강점기 중등학교에서 사용했던『여자고등조선어독본』과『신편고등조선어급한문독본』의 체제를 검토하고자 한다. 그 과정을 통해 교과서 외에 다양한 수업 자료가 거의 전무하였던 일제 시대 제도교육에서 일제의 식민주의 이념을 충실히 복사하고 전달하는 매체로 기능했던 조선어과 교과서의 모습을 확인할 수 있을 것이다. 먼저 교과서의 외형적 체재(體裁)와 내용 구성 체계 그리고 단원 구성 방식을 중심으로 교과서의 체제(體制)를 살펴보기로 한다.

1) 조선어과 교과서의 외적 체재(體裁)와 내용 구성 체계

교과서의 외(형)적 체재란 교과서가 갖추어야 할 외형적 형식으로서 판형이나 지질, 활자의 크기, 색도, 삽화, 제본 방식 등의 물리적 요소로 구성된다. 교과서의 판형은 교과서의 크기를 말하는 것으로서 일반적으로 국판(148mm×210mm), 크라운판(167mm×236mm), 4×6배판(187mm×257mm) 등으로 구분된다.『여자고등조선어독본』과『신편고등조선어급한문독본』

의 경우 오늘날의 판형으로 보자면 변형 크라운판(160×250mm)에 가깝다. 이 판형은 대체로 면이 좁아 레이아웃(lay-out)의 다양성을 구사하기가 어려울 뿐만 아니라 책 면을 펼쳐 보기도 힘들다는 단점이 있다. 활자의 크기는 글의 가독성과 글자의 변별성에 영향을 미치는 요인으로서 조선어과 교과서에 사용된 활자는 현재 기준으로 18 포인트 정도이다.3)

제본 방식은 책을 묶는 형식을 말하는 것으로 일반적으로 종이의 한쪽 면만 인쇄하여 끈을 매는 방식인 동양식 제본과 주로 오늘날 사용하는 방식인 서양식 제본으로 나누어진다. 일제 강점기 조선어과 교과서의 경우는 서양식 제본 중에서 책등을 포 배접한 반양장본4) 방식을 취하고 있다. 용지는 1890년대 후반 이후로 점차 사용하기 시작한 양지(洋紙)로 되어 있으며 표지와 면지를 구분했고 표지에는 교과서명, 저자, 발행처 등이 인쇄되어 있다.

편집 배열은 교과의 내용을 지면에 어떻게 배열하느냐를 의미하는 것으로 편집 배열에서 고려해야 할 요소로는 여백과 공백, 행간 및 단등이다. 여백은 각 면의 네 가장자리에 해당하는 것으로 일률적으로 여백을 좁게 설정하여 다소 답답한 느낌을 준다. 공백은 각 면의 디자인에서 그 내용을 드러나게 하는 빈 공간을 의미하는 것으로 조선어과 교과서의 본문은 공백이 없이 연속 편집되어 있다. 이상의 내용을 표로

---

3) 김태숙(1999 : 38~40)에 의하면 1999년 현재 서울 시내 중학생의 경우 11.5 포인트를 가장 선호하는 크기로, 그리고 가장 가독성이 높은 글자 크기는 12.5 포인트인 것으로 나타났다. 현재의 학습자와 가독성이 높은 글자 크기의 관계를 일제 강점기에 그대로 적용하기에는 무리가 있다. 다만 당대의 글자 크기를 체감할 필요가 있다는 점에서 참고 자료로 제시한다.

4) '반양장본'이란 속장은 실로 꿰매고 재단한 후 천과 면지의 힘으로 두꺼운 합지를 쓴 표지에 붙여 만드는 총양장의 형식을 취하고, 표지는 호부장(속장과 표지를 철로 매고 크로스를 붙이거나 속장을 철사로 매고 표지를 바르거나 면지를 써서 면지와 함께 표지를 싸는 것)과 같이 하는 것을 말한다. 교육부, 『편수자료』, 대한교과서주식회사, 1990 참조.

정리하면 다음과 같다.

[표19] 『여자고등조선어독본』의 외형적 체재

『여자고등조선어독본』의 체재			
판형	반양장본 변형 크라운판	색도	흑백
분량	권1 138쪽+목차 3쪽	활자	명조
	권2 134쪽+목차 3쪽	여백	일률적인 여백주기
	권3 134쪽+목차 3쪽	보조 자료	단조로운 삽화
	권4 138쪽+목차 2쪽	색인	사용 안 함

[표20] 『신편고등조선어급한문독본』의 외형적 체재

『신편고등조선어급한문독본』의 체재			
판형	반양장본 변형 크라운판	색도	흑백
분량	권1 156쪽	활자	명조
	권2 150쪽	여백	일률적인 여백주기
	권3 155쪽	보조 자료	단조로운 삽화
	권4 159쪽	색인	사용 안 함
	권5 160쪽		

교과서의 내용 구성이라고 하면 일반적으로 교과서 단원 구성 방식과 단원 구성 체제를 지칭하며 교과서의 물리적 요인을 말하는 외형적 체재(體裁, design)와 구분하여 내적 체제(體制, system)라고 부르기도 한다. 교과서는 대개 여러 개의 단원으로 구성되어 있는데 단원 구성 방식은 한 단원을 구성하는 요소가 어떤 기제에 의해 묶여져 있는지, 각각의 단원이 어떤 관계로 배열되었는지 즉 한 단원의 설정에 적용되는 기준의 문제와 연관되는 것이며 단원 구성 체제는 한 단원 내에서 제재들이 제시

되는 방법의 문제이다. 단원 구성 방식은 단원과 단원 구성 사이의 문제이고 단원 구성 체제는 단원 조직상의 문제와 관련이 깊지만 이 시기의 교과서 체제는 오늘날처럼 정밀하고 체계적으로 구성되지는 않았던 것으로 보인다.

『여자고등조선어독본』의 내용 구성은 이보다 뒤에 편찬되었던 『신편고등조선어급한문독본』이 '조선어지부(朝鮮語之部)'와 '한문지부(漢文之部)'로 구성되었던 것과 다르게 '조선어지부(朝鮮語之部)'만으로 구성되었으며 여자고등보통학교가 4년제 학교였기 때문에 조선어과 교과서 역시 학년별 1권으로서 총 4권으로 발행되었다. 학년별 교과서의 단원 수는 1학년 교과서(권1) 28개 단원, 2학년 교과서(권2) 26개 단원, 3학년 교과서(권3) 25개 단원, 4학년 교과서(권4) 24개 단원으로 총 103개 단원으로 이루어졌으며 권당 분량은 140쪽 전후 정도이다.5)

『신편고등조선어급한문독본』은 제1차 교육령기의 『고등조선어급한문독본』과 많은 차이가 있다. 『고등조선어급한문독본』은 권당 90쪽~100쪽 정도이며 단원 수는 권1이 77개 단원, 권2가 92개 단원인 반면에 『신편고등조선어급한문독본』의 단원 수는 조선어지부(朝鮮語之部)와 한문지부(漢文之部)를 합쳐서 권 당 60개 단원 전후인 데 반해 분량은 150쪽~160쪽 정도로 대폭 늘어났다.6) 『고등조선어급한문독본』(1913년)이 특

---

5) 『여자고등조선어독본』의 경우 수록 단원 수는 권1, 권2, 권3, 권4가 각각 28, 26, 25, 24개 단원이다. 여고보 조선어과 교과서는 남고보용으로 편찬된 『신편고등조선어급한문독본』과 공통적인 단원과 별도로 수록된 단원으로 구성된다. 권1의 경우 10개 단원, 권2, 권3, 권4의 경우는 각각 11개 단원이 새롭게 수록된 단원이다. 『여자고등조선어독본』에만 수록된 단원을 통해 여고보용 조선어과 교과서를 기획한 의도를 유추할 수 있을 것이라는 자의적 판단 하에 이 절에서는 『여자고등조선어독본』에 새롭게 편성된 단원을 중심으로 논의를 진행할 예정이다. 앞으로 인용 방식은 '수록 권 – 단원 – 단원명, 인용 지면 수'를 취할 것이다.

6) 『신편고등조선어급한문독본』 권1, 권2, 권3, 권4는 각각 '朝鮮語之部'/'漢文之部'로 구성되어 있다. '조선어지부'와 '한문지부'의 단원 배정은 각각 21과/50과(권1), 19

별한 기준 없이 '조선어' 단원과 '한문' 단원이 혼재되어 있는데 반해『신편고등조선어급한문독본』은 '조선어지부'와 '한문지부'가 분리, 구성되었다.『여자고등조선어독본』과『신편고등조선어급한문독본』교과서의 단원 구성 체계는 다음과 같다.

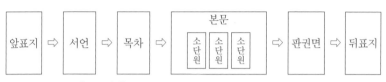

[그림6] 『여자고등조선어독본』의 단원 구성 체계

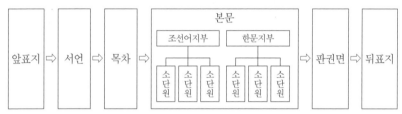

[그림7] 『신편고등조선어급한문독본』의 단원 구성 체계

(1) 앞표지와 서언

『여자고등조선어독본』의 앞표지에는 '女子高等朝鮮語讀本 券○'가 세로 쓰기로 명기되어 있다. 겉표지 앞면을 넘기면 한 쪽 면에는 '서언(序言)'이 제시되어 있으며 다른 한 쪽은 여백으로 처리되었다. 띄어쓰기 없이 국한문 혼용 표기로 작성한 '서언'은 편찬 취지와 방침을 아래와 같이 여섯 항으로 제시하고 있다.

과/42과(권2), 19과/31과(권3), 17과/34과(권4)로 편성되어 '한문지부'가 '조선어지부'보다 큰 비중으로 다루어졌다.

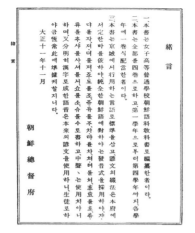

[그림8] 『여자고등조선어독본』 앞표지(우)와 서언(좌)

序言

一. 本書는女子高等普通學校朝鮮語科教科書로編纂한者이라.

二. 本書는全部를四卷으로하고第一學年으로부터第四學年까지各學年에一卷식配當한者이라.

三. 本書는京城에서行用하는言語로標準을삼고,諺文의綴法은本府에서定한바에依하며, 純全한朝鮮語에對하야는發音式을採用하야,쟈다를자,져·뎌를저,죠·됴를조,쥬,·듀를 주,챠타를차,쳐·텨를처,쵸·툐를초,츄·튜를추,샤를사,셔를서,쇼를소,슈를수로書하고, 中聲·는使用치아니하며,又分明히漢字로成한語音은本來의諺文을使用하니,生徒 로하야금恒常此에準據케할지니라.

大正十三年一月

朝鮮總督府

'서언'의 내용을 정리하면 『여자고등조선어독본』은 필수 과목인 '조 선어급한문'의 교과서로 편찬한 것이며 각 권은 '조선어지부'만으로 구 성하였다. 교과서 권 수는 여자고등보통학교 4년 체제에 맞추어 한 학 년에 1권씩 배정하여 1종 4권으로 편찬했다고 밝히고 있다. 그러나 조 선어과 교육의 교과적 독자성을 살린 교과의 목표나 구체적인 교수· 학습 방법, 평가 등은 전혀 제시되어 있지 않고 단지 교과서의 사용 용 도와 권 수, 표기법만 간략하게 언급되어 있을 뿐이다. 표기법의 경우는

'경성에서 행용하는 언어'를 표준으로 삼으며 이중모음은 단모음으로 처리하고 'ㆍ'는 사용하지 않는다고 밝히고 있다.

『신편고등조선어급한문독본』의 경우 역시 '新編高等朝鮮語及漢文讀本 券○'가 세로 쓰기로 되어 있는 겉표지 앞면을 넘기면 한 쪽 면에는 '서언(序言)'이 제시되어 있으며 다른 한 쪽은 여백으로 처리되었다. 띄어쓰기 없이 국한문 혼용 표기로 작성한 '서언'은 편찬 취지와 방침을 아래와 같이 여섯 항으로 제시한다.

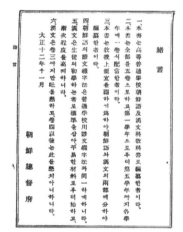

[그림9] 『신편고등조선어급한문독본』 앞표지(우)와 서언(좌)

序言

一. 本書는高等普通學校朝鮮語及漢文科敎科書로編纂한者이다.

二. 本書는全部를五卷으로하고,第一學年으로부터第五學年까지各學年에一券식配當한者이라.

三. 本書는敎授上便宜를圖하기위하야,朝鮮語와漢文의兩部에分하야編纂한者이라.

四. 朝鮮語의諺文綴字法은,普通學校用諺文綴字法과同一하게하니라.

五. 漢文은生徒의初學하는者로標準을삼아,平易한敎材로부터始하고,漸次程度를高케하니라.

六. 漢文은券三까지만吐를懸하고,券四以後는此를縣치아니하니라.

大正十二年十一月

朝鮮總督府

‘서언’의 내용을 정리하면,『신편고등조선어급한문독본』은 필수 과목인 <조선어급한문의> 통합 교과서 형식으로 편찬된 것으로 각 권은 ‘조선어지부’와 ‘한문지부’의 2개 부(部)로 구성되어 있다. 교과서 권 수는 고등보통학교 5년 체제에 맞추어 한 학년에 1권씩을 배정하여 1종 5권으로 편찬했다고 밝히고 있다. 그러나 이 서언 역시 조선어과 교육의 구체적인 교수·학습 방법이나 평가 방법 등에 관해서는 전혀 제시하지 않고 있다. 다만 ‘보통학교용 언문철자법’7)이라는 표기법을 취하고 있다는 점을 밝히고 있다. 이것은 ‘보통학교용 언문철자법대요(普通學校用諺文綴字法大要)’에 제시되어 있는 철자법을 가리킨다.

(2) 목차

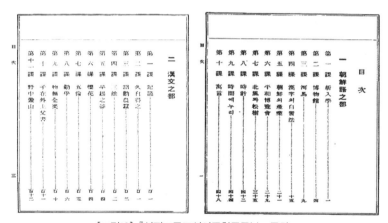

[그림10] 『신편고등조선어급한문독본』 목차

---

7) 일본은 조선총독부 설치 이후 이전의 “보통학교에서 사용하던 조선어독본의 언문 철자법이 번잡하여 교육상 아동의 학습에 불편이 많음”을 이유로 “이를 평이한 것으로 일정하기 위하여 언문철자조사위원회를 설치하여 1911년 7월부터 동 11월까지 심의를 거듭한 후, 1912년 4월에 ‘보통학교 언문철자법’을 결정 실시하였다.” 朝鮮總督府,「諺文綴字法改正の由來」『初等朝鮮語讀本』卷一 敎師用 附錄, 1쪽. 그러나『신편고등조선어급한문독본』이 근거를 두고 있는 언문 철자법은 ‘보통학교언문철자법대요’를 말한다.

'목차'는 교과서의 순서를 그대로 축약해 놓은 것이기 때문에, 교과서를 한눈에 파악할 수 있게 해주는 역할을 한다. 목차를 잘 활용하면 학습자들은 교과서의 흐름을 빨리 이해할 수 있을 뿐만 아니라 세부 사항에 대한 기억도 쉽게 할 수 있다. 두 교과서 모두 서언 다음에 목차를 제시하고 있다. 『여자고등조선어독본』의 목차는 두 쪽으로, 『신편고등조선어급한문독본』은 '제1부 조선어지부'와 '제2부 한문지부'로 나누어 총 다섯 쪽에서 여섯 쪽으로 펼쳐져 있다. 목차 제시 방식은 '第○果 ○○(단원명) ○○(면 수)'의 형식으로 '소단원 순서－단원명－면 수'만 표시할 뿐 대단원 주제나 지은이도 제시하지 않아 해당 단원의 면 수를 표시하는 기능만 충실히 수행하고 있을 뿐이다.

(3) 본문

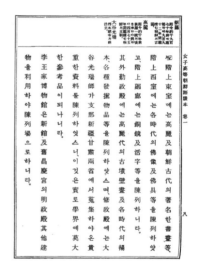

[그림11] 『신편고등조선어급한문독본』 삽화(좌)와 본문(우)

　'본문'은 상단과 하단 2단 구성을 취하고 있으며 상단에는 중요 단어나 정보를 각주 형식으로 설명하고 있으며 하단에는 단원 내용을 기술하고 있다. 본문의 형식은 1쪽 당 1행 21자 총 10행 배열로 2종 9권 모두 동일한 조판 형식으로 되어 있으며 각 권의 쪽 수 및 단원 수와 삽화 수록 수는 다음 표와 같다.

[표21] 『여자고등조선어독본』의 쪽 수와 삽화 수

구분	구성 요소	권1	권2	권3	권4
쪽 수	내표지(앞)	1	1	1	1
	서언	1	1	1	1
	목차	3	3	3	2
	본문	128	133	134	138
	여백	2	2	2	1
	내표지(뒤)	×	1	×	×
	판권면	1	1	1	1
	계	137	143	142	144
삽화 수	대형	×	×	×	2
	중형	1	2	1	1
	소형	3	1	2	2
	계	4	3	3	5

[표22] 『신편고등조선어급한문독본』의 쪽 수와 삽화 수

구분	구성 요소	권1	권2	권3	권4	권5
쪽 수	내표지(앞)	1	1	1	1	1
	서언	1	1	1	1	1
	목차	6	6	5	5	5
	본문	100/50	89/50	93/43	91/48	96/59
	여백	3	3	3	3	3

구분	구성 요소	권1	권2	권3	권4	권5
쪽 수	내표지(뒤)	×	×	×	1	×
	판권면	1	1	1	1	1
	계	162	151	147	151	166
삽화 수	대형	×	×	×	×	×
	중형	2	2	1	1	3
	소형	3	3	1		2
	계	5	5	2	1	5

각 학년 교재는 모두 국한자 혼용 표기(國漢字 混用 表記)이며 삽화는 흑
백 도안화(圖案畵)로서 주로 사실적 기법[8]으로 표현되어 있다([그림11]). 삽
화는 대형(한 쪽 크기), 중형(1/2쪽 크기), 소형(1/2쪽보다 작은 크기)으로 나눌 수
있다.[9] 연습 문제란이나 부록은 별도로 마련되어 있지 않으며 본문이 끝
나면 인쇄 및 발행 연월일, 인쇄 발행소, 정가 등이 적혀 있는 뒷면 표지
내면이 나오는 것으로 마무리되어 있다.

(4) 판권

[표23] 『여자고등조선어독본』의 판권 사항

	저작 겸 발행자	飜刻發行 兼 印刷者	발행소	대표자	인쇄년월일	발행년월일	정가
一	조선총독부	庶務部 印刷所印刷	×	×	대정12년 2월 13일	대정12년 2월 15일 발행	50전
二	조선총독부	庶務部 印刷所印刷	×	×	대정12년 3월	대정 12년 3월	50전

---

8) 사실적 삽화는 주로 저널리스틱한 일러스트레이션이나 기타 꾸밈없는 사실적인
전달을 요하는 일러스트레이션에 많이 사용된다. 사물에 대한 개념을 형성하게 하
거나 내용을 정확하게 파악하는 데 도움을 준다(김영미, 2005 : 31).
9) 삽화의 종류는 홍재휴(1969 : 5)의 분류법을 따랐다.

	저작 겸 발행자	鼇刻發行 兼 印刷者	발행소	대표자	인쇄년월일	발행년월일	정가
三	조선총독부	조선서적 인쇄주식회사	조선서적 인쇄주식회사	伊東猛雄	대정13년 3월 20일 대정 13년 3월 25일 번각 인쇄	대정13년 3월 23일 발행 대정13년 3월 28일 번각 발행	50전
四	조선총독부	조선서적 인쇄주식회사	조선서적 인쇄주식회사	井上主計	대정13년 3월 28일 번각 인쇄	대정13년 3월 31일 번각 발행	50전

*자료 : 朝鮮總督府, 『女子高等朝鮮語讀本』권1~권4, 大政12年~大政13年

[표24] 『신편고등조선어급한문독본』의 판권 사항

	저작 겸 발행자	鼇刻發行 兼 印刷者	발행소	대표자	인쇄년월일	발행년월일	정가
一	조선총독부	조선서적 인쇄주식회사	조선서적 인쇄주식회사	伊東猛雄	대정13년 2월 17일	대정13년 2월 20일	56전
二	〃	〃	〃	伊東猛雄	〃	〃	
三	〃	〃	〃	井上主計	대정13년 4월 2일	대정13년 4월 5일	56전
四	〃	〃	〃	伊東猛雄	대정13년 12월 11일 대정 13년 12월 24일 번각인쇄	대정13년 12월 24일 대정13년 12월 28일 번각발행	56전
五	〃			〃	대정15년 3월 28일 번각인쇄	대정 15년 3월 31일 번각 발행	56전

여자고등보통학교와 고등보통학교의 조선어과 교과서의 저작자 및 발행자는 조선총독부이고 국영 인쇄소인 조선총독부 인쇄주식회사가 발행 겸 인쇄를 맡았다. 집필진 역시 조선총독부 학무국 편집과 소속 편수관과 편수서기였으며 발행 및 인쇄 역시 조선총독부 관영 인쇄소였다는 점 등으로 미루어 보아 조선어과 교과서가 철저히 국정 시스템에 의해 편찬되었음을 보여준다. 이 교과서가 식민 국가 권력에 의해 기획되고 발행된 국정 교과서였다는 점은 『여자고등조선어독본』과 『신편고등조선어급한문독본』의 판권을 통해서 확인할 수 있다.

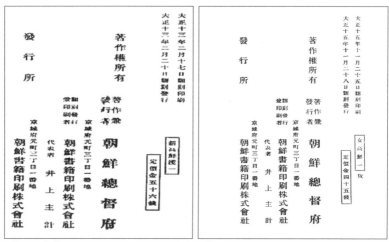

[그림12] 『여자고등조선어독본』 판권(좌)과 『신편고등조선어급한문독본』 판권(우)

각 교과서의 뒷면에 있는 판권에 의하면 『여자고등조선어독본』은 학년 당 한 권이었으며 유상제였고 가격은 50전으로 책정되었다. 분량은 목차를 포함하여 각 권당 140면 정도이다. 『신편고등조선어급한문독본』역시 한 학년 당 한 권이었으며 가격은 56전으로 책정되었다. 분량은 목차를 포함하여 각 권당 150쪽~160쪽 정도이다.

2) 조선어과 교과서의 단원 구성 방식

교과서 단원의 경우 『여자고등조선어독본』과 『신편고등조선어급한문독본』의 공통점 중 하나는 대단원이 아닌 소단원만으로 본문을 구성하고 있다는 점이다. 물론 『신편고등조선어급한문독본』은 '조선어지부'와 '한문지부'라는 대단원 아래 소단원이 구성되어 있는 형식이지만 '조선어지부'에 해당하는 단원들은 별도의 대단원 아래 편성되어 있지 않고 소단원만으로 기술되어 있다.

이들 단원들을 일별해 보면 조선어과 교과서는 제재에 따른 주제 중심의 단원 구성 방식을 취하고 있음을 알 수 있다. 주제 중심의 단원 구성 방식은 각 단원을 응집성 있게 만드는 기제와 단원 간 구분을 가능하게 하는 기준을 '주제'로 설정하는 방식을 말한다. 이 방식은 특정 주제에 대해 심도 깊은 학습을 할 수 있다는 장점이 있지만 국어과의 교과적 특수성이 모호해 질 수 있다는 문제도 지닌다. 주제 학습에 매몰될 경우 국어과가 다른 교과 즉 사회과나 윤리과와 구분되지 않을 가능성이 높기 때문이다. 가령 '효'를 주제로 했을 때 수업이 효에 대한 학습으로만 흐른다면 윤리과 수업과 다른 점이 무엇이냐는 문제에 직면할 수도 있다는 것이다. 주제에 대한 지나친 집중은 이념이나 가치 교육에는 의미가 있을지 모르지만 어문 교과로서의 교과적 정체성은 상실될 우려가 있게 된다. 즉 주제를 강조하기 위한 집필진의 과도한 욕망이 다양한 텍스트를 통해 언어 능력을 향상시켜야 하는 국어과 교육의 목적을 손상시킬 가능성이 있는 것이다. 조선어과 교과서를 주제 중심으로 구성했다는 점은 조선어과 교과서를 어문 교과로서보다는 가치 교과나 이념 교과로 접근했다는 점을 시사한다.

조선어과 교과서의 주제 선정과 배치 상황을 살펴보기 위해 『여자고등조선어독본』부터 열어 보기로 한다. 『여자고등조선어독본』은 『신편고등조선어급한문독본』보다 먼저 편찬되었으며, 조선문 영역만으로 구성되었다. 『여자고등조선어독본』의 편찬을 먼저 서두른 것은 "朝鮮人이 日本人과 同化하기는 제일 捷徑이 女子敎育의 進步發展하는 데 在"한다는 식민 교육 관료들의 인식 때문이다. 조선인 여자를 먼저 계도하고 감화시키면 조선인 남자들은 물론 아동들에 대한 감화는 수월해질 것이라고 인식한 식민 지배 권력은 식민 통치 초기 "총독부 정치에 제일 착수할 것은 여자교육"(「女子敎育의 方針」, 『每日申報』, 1910년 9월 16일)이라는 주장을 지속적으로 강화해 왔다. 그 내용은 어떻게 구성했을까?

[표25] 『여자고등조선어독본』과 『신편고등조선어급한문독본』의 공통 단원

학년	단원 제목
권1	新入學, 博物館, 河馬, 朝鮮의 産業, 北風과 松樹, 時計, 時間에누리, 寓言, 橫檳, 富士山, 勤儉은 齊家의 基礎라, 賢明한 裁判官, 防陣의 面目, 讀書訓, 碩學 李退溪, 月世界, 同情, 우리 故鄕
권2	春, 每事에 마음을 專一하라, 虎, 開城, 禽獸의 敎育, 孟母, 朝鮮米와 綿, 兎의 간, 怠치 말고 時를 惜하라, 물은 萬物의 母, 蠅, 生命保險, 奈良, 俚諺, 세상에서 제일 무서운 것
권3	習慣, 鸚鵡, 石炭이의 이약이, 정몽주, 臺灣의 夏(一), 臺灣의 夏(二), 常式의 修養, 農業의 趣味, 經學院의 釋奠, 廢物利用, 朝鮮의 音樂, 郵票, 電氣의 應用, 典故五則, 品性
권4	朝鮮의 繪畫(一), 朝鮮의 繪畫(二), 日記中에서, 休暇의 利用, 朝鮮의 工業, 新聞紙, 樂書의 名筆, 朴泰星, 地殼의 變動, 蒙古의 風俗, 關東八景

[표26] 『여자고등조선어독본』에만 편성한 단원

학년	단원 제목
권1	虛榮心(4), 貴夫人과 밀가루장사(5), 留學가신 언니에게(6), 家庭(14), 裁縫(15), 절부백수성(17), 족의 분별(18), 近狀을 報告키로하야 舊師께(23), 계림과 월성(28)
권2	遠足의 淸遊(5), 心身의 淸潔(12), 母女間往復書簡(17), 薛氏女의 貞節(18), 日記中에서(19), 學校紀念日(20), 忌祭例(21), 온달의 처(23), 寒中親友에게(24), 愛는 人에게 對하는 道(25), 적십자사(26)
권3	귀성(9), 濟州道의 海女(10), 衣服과 精神(12), 山蔘캐기(14), 俚諺(16), 婦人과 地理(17), 下人에 대한 注意(20), 笑談(22), 講話의 大要를 缺席한 友人에게(23), 知恩의 孝養(24)
권4	新時代의 要求(1), 蜘蛛(2), 京城�옷구경(3), 奧村五百子와 광주(7), 담화의 심득(11), 箱根路(一)(13), 箱根路(二)(14), 典故五則(15), 朝鮮女子의 詩歌(一)(16), 朝鮮女子의 詩歌(二)(17), 사랑하는 妹弟에게(18), 掃除(21), 신흠의 妻 李氏(24)

*( )안의 숫자는 단원 수

[표25]는 『여자고등조선어독본』과 『신편고등조선어급한문독본』에 공통적으로 수록한 단원들이며 [표26]은 『신편고등조선어급한문독본』에는 수록하지 않은 이른바 '여성용' 텍스트로 분류된 단원들이다. [표25]

와 [표26]을 종합해 보면『여자고등조선어독본』이 두 가지 주제를 중심으로 편성되었다는 점을 눈치챌 수 있다. 한 가지는 일제가 국체사상에 근거한 충량한 신민양성, 황국민연성, 동아공영권, 동아일체론을 목표로 하여 일시동인, 내선일체를 바탕으로 하는 순응적인 조선인을 주조하기 위해서, 다른 한 가지는 식민주의적인 통치와 가부장적인 사회 체제에 적합하도록 조선 여성을 훈육하기 위해 구성한 것이다.『여자고등조선어독본』을 통해 식민지 조선 여성은 이러한 이중적인 층위에서 구성되도록 요구받았으며 이 기획은 집필에서 인쇄, 발행에 이르는 전 과정을 통해 실행되었다.

『신편고등조선어급한문독본』은 이전의『고등조선어급한문독본』과는 달리 조선어 영역과 한문 영역으로 나누어 구성했다.『고등조선어급한문독본』의 경우 전체적으로 '한문 교재' 중심으로 편성하고 '조선문 교재'를 간간이 섞는 방식을 취했다면『신편고등조선어급한문독본』에서는 목차에서부터 '조선어지부'와 '한문지부'로 두 영역을 명확하게 구분하여 편성했다.

[표27]『고등조선어급한문독본』과『신편고등조선어급한문독본』의 단원 구성

구분	총 단원 수		조선어문/조선어지부		한문/한문지부	
	1차 고등	2차 신편	1차 고등	2차 신편	1차 고등	2차 신편
제1학년	77	71	8	21	69	50
제2학년	92	61	9	19	83	42
제3학년	61	50	5	19	56	31
제4학년	×	51	×	17	×	34
제5학년	×	47	×	17	×	30
계	230	280	22	93	208	187
백분율(%)	100.00	100.00	9.56	33.21	90.43	66.78

* '1차 고등'은 제1차 조선교육령 시기에 발간된『고등조선어급한문독본』을 가리키며, '2차 신편'은『신편고등조선어급한문독본』을 말한다.

[표27]을 보면 『신편고등조선어급한문독본』의 경우 '조선어지부(朝鮮語之部)'가 이전의 9.5%대에서 33%대로 늘어났으며, '한문지부(漢文之部)'의 비중은 90% 정도에서 66% 정도로 낮아졌다. 이는 3·1 운동 이후 조선어과 교육에 대한 조선인들의 강력한 요구가 문화통치로의 식민 통치정책 전환과 맞물려 수용된 일시적인 결과이다. 그러나 늘어난 '조선어지부' 내용의 대부분은 일본 제국주의와 일본의 근대적 문명에 대한 예찬이 주를 이룬다. '조선어'로 표기하고 '조선어' 단원을 이전의 교과서에 비해 대폭 늘렸지만 내용은 일본 제국주의의 이념에 적합한 식민지 조선인을 육성하기 위한 단원들로 편성한 것이다. 『신편고등조선어급한문독본』은 조선인들의 요구를 반영한 결과물이라기보다는 식민주의 교육 이념의 효율적인 전파 매체로 활용된 것으로 보는 것이 타당하다. 편찬 목적이 이러하다 보니 교과서에 실린 텍스트들의 유형 역시 식민주의 교육 이념의 전파에 효율적인 형식들로 구성되었다. 다음 절에서는 『여자고등조선어독본』과 『신편고등조선어급한문독본』을 구성하는 텍스트의 유형을 고찰해 보기로 한다.

2. 조선어과 교육의 이념적 활용과 텍스트 유형 배치

1) 조선어과 교육과 텍스트 유형 분류의 필요성

(1) 조선어과 교육과 텍스트 유형 분류

어떤 형식의 글이든 발화자와 수화자의 의사소통을 전제로 한다는 야콥슨의 고전적 주장을 끌어오지 않더라도 대부분의 발화자는 일정한 내용을 수화자에게 전달하려고 할 경우 가장 적합하고 효과적인 전달 형식을 구안하기 마련이다. 이런 점에서 텍스트언어학이 구조적 층위에서 소통적 층위로 텍스트를 이해하고 분석하는 최근의 연구 경향은 국어 사용 능력을 강조하는 국어과 교육에서 특히 유용한 관점이다.

그렇다면 텍스트란 무엇인가?[10] 사실 텍스트언어학에서도 텍스트의 개념을 명확하게 정의내리는 것은 매우 곤혹스러운 작업임을 고백한다. "텍스트는 비단 언어학의 분야에만 해당되는 것이 아니다. 역사학·법학·사회학 등 모든 학문 분야에서 다 요구되고 또 쓰이고 있는 개념이다. 학문의 성격에 관계없이 다양한 텍스트 종류와 각각의 분야에서 고찰된 의사소통의 과정과 그들 간의 기능을 고찰함으로써 텍스트의 성격을 밝힐 수 있다"(김진수, 1998 : 2)는 것이나 "텍스트라는 용어는 학문 분야마다 용법과 의미가 다르다. 문예학과 기호학에서는 분야에 따라 음성언어(discourse)를 포괄하는 언어적 표현체로서 광범위하게 지칭되고, 언어학 – 특히 텍스트이론을 포함하여 – 에서는 문장의 연속체라는 일반적인 정의에서 발화 또는 문자로 된 사고의 최소 표현 단위에 이르기까지 맥락에 따라 다르다"(김혜정, 2009 : 322)는 것은 텍스트 개념의 포괄성을 염두에 둔 견해라 할 수 있다. 개념과 범주는 물론 수준과 위상 등이 복합적이고 다양하기 때문에 텍스트를 구분하는 명확한 기준을 제시하기는 거의 불가능하다. 따라서 연구자들마다 자질이나 기능, 맥락, 내용, 구조 등 서로 다른 기준을 적용하여 분류 체계를 다양하게 제시하고 있는 형편이다.

국어교육 역시 텍스트와 그 유형화의 중요성에 대해서는 인식하고

---

10) 의사 소통 기능을 지닌 최소의 발화 단위로서 '텍스트'라는 용어는 개념의 모호성, 외래어 사용 등의 문제로 '2007 교육과정'에서는 이 용어를 달리 사용한다. 듣기, 말하기 영역에서는 '담화'로, 읽기, 쓰기 영역에서는 '글'로, 문법 영역에서는 '언어 자료'로, 문학 영역에서는 '작품'으로 부르기로 한다. 본 연구에서는 이 모두를 아우르는 마땅한 용어를 찾지 못해 잠정적으로 '텍스트'라는 용어를 사용하기로 한다.

있으면서도 국어교재론의 관점에서 텍스트 유형에 대한 연구는 여전히 미흡한 편이라고 할 수 있다. 용어의 포괄성과 외래어라는 속성 때문에 국어교육에서도 이 용어가 폭넓게 쓰이기 시작한 것은 1990년대 후반 정도에 불과하다는 점이 중요한 이유이기도 하지만 보다 본질적인 문제는 국어교육과 텍스트의 관계에 기반을 둔 텍스트 유형학에 대한 학문적 접근의 소홀함에 있다. 이는 "텍스트 유형은 국어과의 주요한 내용이면서도 그간 텍스트 유형을 독립적인 연구 과제로 삼고 그 교육 방향을 점검한 연구는 없는 듯하다. 호주의 교육과정이 텍스트 유형 중심으로 설계되었다는 점이 알려지면서 텍스트 유형 중심의 교육 내용 설계의 타당성이 논의되기도 했으나 교육 내용 체계 설정에 주목하면서 정작 텍스트 유형 그 자체에 대한 연구는 소홀"(신명선, 2005 : 362)했다는 소장 연구자의 고백에서도 드러난다.

국어교육에서 텍스트 유형 연구가 중요한 것은 일상의 모든 언어가 국어교육의 재료가 될 수 있다는 점에 일차적으로 기인한다. 그러나 일상의 언어를 모두 교재로 끌어안을 수는 없다. 따라서 방대하고 다양한 언어 자료들 중에서 국어교육의 교재가 될 수 있는 자료를 선정하고 범주화하는 기준이 요구된다. 텍스트 유형이나 종류가 학습의 단위이자 그릇이기도 하지만 우선은 교수(teaching)를 계획하고 실행하기에 용이한 기술 단위(김혜정, 2009 : 324)이기 때문에 국어교육과 관련이 깊은 것이다. 뿐만 아니라 국어교육이 학습자의 국어 능력을 신장시키는 데 그 본질적인 목표가 있다면 학습자의 언어 사용이 일정한 말이나 글, 즉 텍스트를 수용하거나 생산하는 행위를 가리킨다는 사실은 두말할 필요도 없다. 이렇듯 텍스트를 단위로 국어 사용이 실행되고 있지만 텍스트에 대한 국어교육학적인 접근은 적극적으로 개진되지 못했던 것이다. 텍스트에 대한 학계의 관심과 노력의 부재는 최근 국어과 교육과정에 제시

되어 있는 텍스트 유형에서도 어렵지 않게 드러난다.[11]

[표28] 제7차 국어과 교육과정의 '국어' 텍스트 유형

	듣기	말하기	읽기	쓰기	문학
실제	① 정보를 전달하는 말 ② 설득하는 말 ③ 정서 표현의 말 ④ 사회적 상호작용의 말	① 정보를 전달하는 말 ② 설득하는 말 ③ 정서 표현의 말 ④ 사회적 상호작용의 말	① 정보를 전달하는 글 ② 설득하는 글 ③ 정서 표현의 글 ④ 사회적 상호작용의 글	① 정보를 전달하는 글 ② 설득하는 글 ③ 정서 표현의 글 ④ 사회적 상호작용의 글	① 시(동시) ② 소설(동화, 이야기) ③ 희곡(극본) ④ 수필

[표29] 제7차 고등학교 '화법', '독서', '작문' 교육과정의 텍스트 유형

과목	텍스트 유형	텍스트 종류
화법	(1) 대화 (2) 연설 (3) 토의 (4) 토론 (5) 면담	
독서	(1) 정보를 전달하는 글	설명문, 보고문, 기사문, 전기문, 기행문
	(2) 설득하는 글	논설문, 광고문, 신문사설, 연설문, 담화문
	(3) 사회적 상호작용을 위한 글	일기, 편지, 수필, 독후감
	(4) 정서 표현을 위한 글	시나 소설과 같은 문학적인 글
	(5) 인문, 사회 분야의 글	관련 내용의 글
	(6) 과학, 예술 분야의 글	관련 내용의 글
	(7) 사전류	학문 분야의 사전, 백과 사전, 국어 사전
	(8) 다매체 시대의 언어 자료	텔레비전, 라디오, 신문, 잡지, 컴퓨터

---

11) 텍스트 유형은 제 3차 교육과정 이후 교육과정에 반영되지 않았다가 6차 교육과정에 이르러 "텍스트 유형을 일기, 편지, 논설문, 설명문 등과 같이 개별적으로 분류하지 않고 언어 사용의 목적에 근거하여 정보 전달을 위한 글, 설득을 위한 글, 친교 및 정서 표현을 위한 글로 크게 범주화"하면서 다시 등장했다. 7차 교육과정 역시 6차의 분류 체계를 거의 그대로 수용하고 있다.

과목	텍스트 유형	텍스트 종류
작문	(1) 정보를 전달하는 글	설명문, 보고문, 기사문, 전기문, 안내문
	(2) 설득하는 글	논설문, 연설문, 건의문, 광고문
	(3) 정서 표현을 위한 글	일기, 기행문, 감상문, 문학성이 나타나는 글
	(4) 사회적 상호작용을 위한 글	편지, 초대하는 글
	(5) 정보화 사회에서의 글	보고서, 계획서, 공문서, 협동 글, 전자 글

[표30] 2007 교육과정의 텍스트 유형에 따른 텍스트 종류

텍스트 유형	텍스트 종류
정보 전달	여러 가지 소리, 설명, 안내, 발표, 뉴스, 수업, 강연, 텔레비전 심층보도, 강의, 발표, 소개, 안내, 면담, 보고, 짧은 글, 설명문, 설명서, 사전, 설득 글, 실용서, 규약문, 낱말, 문장, 요약문, 기사문, 조사 요약문, 보고서, 홍보문, 전기문, 해석 글
설득	칭찬, 충고, 훈화, 토의, 토론, 선거 유세, 광고, 회의, 연설, 생각 표현, 주장, 회의, 설득, 의견 제시 글, 어색한 글, 광고, 서평, 의도가 드러나는 글, 설득 글, 다르게 이해될 수 있는 글, 건의문, 사설, 시사 평론, 평가 글, 선언문, 판결문, 기사문, 논설문, 평론, 생각 제시 글, 요청문, 의견 제시 글, 제안하는 글, 찬성 또는 반대하는 글, 연설문, 논증문, 서평, 시평
사회적 상호작용	짧은 이야기, 친교적 대화, 던화 대화, 소개, 온라인 대화, 겸험담, 인사말, 면담, 수업 대화, 이야기, 인사말, 말놀이, 부탁, 거절, 위로. 칭찬, 사과, 인터넷 토론, 세대 간 대화, 협상, 방송 보도, 일 사물에 관한 글, 요구 글, 고전 수필. 시론, 촌평, 면담 기사, 쪽지, 마음 전하는 글, 소식 주고받는 글, 사과문, 축하 글, 격려, 위로 글, 온라인 대화, 문자 메시지, 전자 우편, 충고 글, 식사문
정서 표현	시, 노래, 이야기, 위인전, 인형극, 애니메이션, 교훈, 우화, 창작 이야기, 텔레비전 드라마, 재담, 라디오 프로그램, 영화, 연극, 판소리, 가면극, 대화, 드라마, 경험담, 감동 표현, 촌극, 즉흥극, 감상, 일기, 동화, 생활문, 유머, 감정 표현 글, 독서감상문, 만화, 기행문, 서사문, 역사서, 전기문, 유머 글, 감동 기록한 글, 자서전, 풍자물, 만화, 베스트셀러, 그림일기, 일기, 이야기 요약 글, 그림책 상상 이야기, 수필, 자서전, 영상물, 비평문

[표28], [표29], [표30]에 의하면, 현행 국어과 교육과정은 일관된 방식

은 아니지만 대체로 화자(필자)의 발화 목적에 따라 텍스트를 분류하고 있다. 즉 화자(필자)의 목적이 정보 전달이냐, 설득이냐, 사회적 상호작용이냐, 정서 표현이냐에 따라 각각 ① 정보 전달을 위한 텍스트 ② 설득적 텍스트 ③ 사회적 상호작용을 위한 텍스트 ④ 정서 표현을 위한 텍스트로 유형화하고 있다.[12] 그러나 제7차 국어과 교육과정만 보더라도 텍스트 유형 분류는 몇 가지 점에서 문제를 보인다. 첫째, 분류 기준 설정의 타당성과 적절성 문제는 제외한다 하더라도, 같은 교육과정 내에서조차 그 분류가 일관적이지 못하다는 것이다. 예를 들면, 정서 표현의 텍스트와 문학적 텍스트의 관계가 불명확하다. 정서 표현의 텍스트가 문학적인 글을 포함하는가 하면(<독서> 과목과 <작문> 과목), <문학> 과목이 별도로 구분되기도 한다. 이럴 경우 어떤 텍스트는 정서 표현의 텍스트로 <독서>, <작문> 과목에서 다루어야 하고 어떤 텍스트는 <문학> 과목에서 다루어야 하는지에 대한 혼란이 발생한다. 이 외에도 <국어>과의 듣기·말하기 영역에서는 네 가지로 텍스트 유형을 제시하고 있지만 그것의 심화 과목인 '화법'에서는 텍스트의 개별 종류로 다섯 가지를 제시하고 있는 등 불일치가 발생한다.

두 번째로는 동일한 텍스트 종류가 서로 다른 텍스트 유형으로 분류되는 모순을 보이고 있다. '기행문'의 경우 <독서>에서는 '정보 전달의 글'로, <작문>에서는 '정서 표현의 글'로 서로 다르게 분류되어 있고, '일기' 역시 <독서>에서는 '사회적 상호작용을 위한 글'에, <작문>에서는 '정서 표현을 위한 글'에 분류되고 있다. 2007 교육과정의 텍스트 유형에 관한 [표30]에서도 '기사문'은 '정보 전달' 유형에 속해 있는데

12) '제7차 국어과 교육과정'과 '2007 국어과 교육과정'은 듣기, 말하기, 읽기, 쓰기 영역에서 구어 텍스트와 문어 텍스트에 해당하는 용어로 각각 '말'과 '글'을 사용하고 있다.

'면담 기사'는 '사회적 상호작용'으로 분류되어 있으며, '설명서'는 '정보전달', '일, 사물에 관한 글'은 '사회적 상호작용'으로 분류되어 있다. '기사'와 '면담 기사'의 범주와 위상, 속성이 명확하게 구분되기 어려우며 '일과 사물에 관한 글'과 '설명'의 차이를 구분하기도 쉽지 않다. 뿐만 아니라 사회적 상호작용에 속해 있는 '요구 글'과 '설득'에 속해 있는 '건의문'은 어떻게 구분해야 하며, '촌평'은 '사회적 상호작용'에, '서평', '시평'은 '설득'에 있는 것도, 또한 '평론'은 설득에, '비평문'은 정서 표현에 있는 것을 명료하게 구분하기가 쉽지 않다.

이러한 사례들은 이전 교육과정을 두고 상위 텍스트 유형의 분류가 체계적이거나 일관적이지 않다는 문제를 지양하는 차원에서 제안된 제7차 교육과정과 2007 교육과정의 분류 역시 유사한 문제를 노출하고 있다는 점을 고스란히 보여준다. 뿐만 아니라 텍스트 유형이나 종류에 대한 그간의 국어교육적 논의가 여전히 피상적인 수준에서 진행되어 왔다는 점도 아울러 시사한다.[13]

사실 텍스트 연구자들이 토로하는 대로 의사소통의 현장에서 표현되고 이해되는 텍스트들을 어떤 일정한 기준에 따라 누구나 동의할 수 있게 분류하는 것은 지난할 뿐만 아니라 불가능에 가까운 작업일지도 모른다. 본질적인 이유는 타당한 분류 기준 설정의 어려움에 있다. 그러나 학습자의 국어 사용 능력 신장을 목표로 하는 국어교육에서는 이도영

---

13) 7차 교육과정의 텍스트 유형 문제는 6차 교육과정에서도 노정되었던 문제들이다. 텍스트 유형에 대한 구분이 등장한 것은 6차 교육과정 때이다. '언어 사용 목적'에 따라 3가지로 구분되었다가 '친교 및 정서표현 유형'이 분화되면서 다시 4가지 유형으로 제안되었다. 따라서 국어교육에서 텍스트라고 하면 으레 '설득, 정보전달, 친교, 정서표현' 중에 한 종류를 지칭하는 것으로 이해한다. 그러나 텍스트 유형과 그 하위 종류에 대한 뚜렷한 기준이 제시되지 않은 분류는 6차에서 7차로 개정되면서도 그대로 반복되고 있다. 이는 텍스트 유형에 대한 학계의 관심과 노력의 결여라는 문제가 노출된 결과라고 할 수 있다.

의 주장대로 텍스트를 중심으로 국어교육을 체계화할 수 있고 체계화할 필요도 있다. 왜냐하면 "텍스트 유형을 중심으로 국어교육을 체계화한다는 것은 텍스트 유형에 대한 개념적 지식을 교육한다기보다는, 교육적으로 가치가 있고 필요한 텍스트들을 선정해서 그 텍스트들을 중심으로 다양한 언어(국어) 사용 지식, 기능, 전략, 태도 등을 가르치고 배운다는 것을 의미"(이도영, 2007 : 250)하기 때문이다.

국어교육 좁게 말하면 국어 교과서와의 첫 만남은 텍스트와의 대면에서 시작된다고 할 수 있다. 그만큼 국어교육과 텍스트는 밀접한 관계를 맺는다. 따라서 국어교육의 효율적인 교수・학습 방법을 구안하기 위해서라도 국어 교과서에 선정된 텍스트들이 어떻게 선정되고 분류되었는가를 검토하는 작업은 반드시 필요하다. 국어 교과서의 텍스트를 일정한 기준이나 원리에 따라 상위의 텍스트 유형으로 분류할 때 텍스트언어학이나 화용론 같은 인접 학문과의 연계 속에서 정밀하게 탐사해야 하는 것은 다시 강조할 필요도 없는 것이다.

(2) 조선어과 교과서와 텍스트 유형 분류의 의의

① <조선어급한문교수법>과 '교재'의 의미

본 연구가 대상으로 삼은 일제 강점기는 텍스트언어학이 정립되기 이전이기 때문에 조선어과 교육 기획자들이 언어 자료의 기능과 효과에 대한 교육적 분석과 관심에서 조선어과 교과서의 텍스트를 구안하고 배치하지는 않았을 것으로 추측된다. 그러나 텍스트의 개념과 유형이 정교하게 인식되지 않았던 시기라고 해서 텍스트 연구의 중요성이 폄하될 이유는 없다. 오히려 일제 강점기 조선어과 교과서에 수록된 텍스트는 조선어과 교육 자체가 식민 통치라는 정치적 필요에 의해 수행된 것이라는 점에서 보다 각별한 관심을 요구한다. 국정 시스템에 의한 기획 출판물로 생산되었던 조선어과 교과서의 경우, 선정된 텍스트의 형식과 내용이 국가 권력이 요구하는 지향으로 구성되었을 것이라는 추정이 가능해지기 때문이다. 기획에서 편수, 인쇄, 발행에 이르는 교과서 편찬의 모든 과정을 식민 지배 권력이 전일적으로 주도한 이상, 그들이 생산해 낸 조선어과 교과서의 텍스트에 대한 분석은 식민지기 조선어과 교육의 의미를 확인할 수 있는 본질적인 작업이 된다.[14] 식민주의 교육 기획의 일환으로 한시적으로 운영되었던 조선어과 교육의 경우 텍스트의 의도와 목적에 적합한 텍스트 유형을 배치하는 형식으로 교과서가 구성되었을 가능성이 높기 때문이다.

물론 일제 강점기 제도교육에서 '텍스트'라는 용어는 존재하지는 않았다. 대신 오늘날의 '교육과정'에 해당하는 성격의 문서인 『교육학교과서』에서는 '교재'라는 용어가 등장한다. 이 시기 '교재'는 어떤 의미로 사용된 것일까?

일반적으로 국어교육에서 교재는 '자료(materials)로서의 교재', '담화(texts)로서의 교재', '제재(subjects)로서의 교재'의 세 층위로 구분된다. 이 중 앞의 두 가지는 생산 의도에 관계 없이 교수·학습 과정에 끌어들여 활용할 수 있는 교재이지만 세 번째 '제재로서의 교재'는 '교육적 의도와 설계에 따라 선정·조직된 텍스트'로서 교육과정의 통제 아래 체계적이고

---

14) 조선어과 교과서의 텍스트 유형 분석은 앞(제2장 제2절 2항)에서 살펴 보았듯이 <조선어급한문교수법>이 식민 지배 권력이 조선어과 교과서에 수록할 텍스트의 수준과 선정 영역 및 종류까지 규정하고 있다는 점에서도 그 필요성이 요구된다. 교육과정에서 텍스트에 대해 명시하고 있다는 것은 적어도 텍스트의 중요성에 대한 인식이 전제되어 있었다는 것을 시사하기 때문이다. 또한 국어교육이 교과적 본질상 언어 자료를 바탕으로 성립되는 교과라는 교과적 특수성 역시 국어 교과서의 언어 자료에 대한 관심을 촉구한다. 교과서가 식민 지배 권력이 식민지 교육의 목표를 효과적으로 달성하기 위하여 '정선'한 내용으로 편찬한 일종의 조선어 자료집의 성격이 강했다는 점에서 텍스트에 대한 실증적 검토는 국어 교과서와 지배 이데올로기와의 상관 관계를 규명하는 데 일정한 시사점을 제공할 것이다.

의도적으로 구안한 교수 재료를 말한다. 이 중 '제재 차원의 교재'의 가장 전형적이고 일반적인 형태에 해당하는 것으로 '교과서'를 들 수 있는데 그 까닭은 교육과정의 목표와 내용을 상세화하여 교수·학습의 절차와 방법에 따라 체계화한 것이 교과서이기 때문이다(최현섭 외, 2005 : 100~ 101).

적어도 조선어과 교육에 적용된 '교재'의 의미는 물리적이고 구체적인 형상을 띤 표상물의 개념보다는 완결된 표상물을 구성하는 '교육의 재료' 또는 '교수 재료'(teaching materials) 정도의 의미로 통용된 것으로 보인다. 구체적이고 완결된 표상물인 교과서를 지칭하는 의미로 사용하지는 않았던 것이라는 얘기다. '교재'의 개념에 대해 명확하게 밝히고 있지는 않지만 『교육학교과서』의 다음 항목은 교재의 의미를 재구할 수 있는 내용을 담고 있어 일독할 필요가 있다.

第二節 教材의 選擇
教授는 教育의 目的을 達호는 一方法인 故로, 教材의 選擇도 坐호 教育目的에 從호야 行치아니치 못홀지라.
各教科目에서 教授의 材料를 選擇홈에 當호야 主意홀 要點을 擧호건디
一. 最히 近易호고 基礎的되는 것을 選擇홈이 可홈.
二. 知識技能으로 要用되고 兼호야 品性陶冶에 適合호 者됨이 可홈.
三. 生徒의 心身이 發達호는 程度에 相當호 者됨이 可홈.

인용 자료는 「제3편 교수」의 일부 항목으로 제시하고 있는 '교재' 관련 부분이다. 이 자료에 의하면 각 교과의 교재는 교육적 보편 이념이 제시된 '교육 목적'을 충족시키면서 세부적으로는 '근이(近易)하고 기초적(基礎的)인 것', '지식 기능(知識技能)으로 요긴하게 사용(要用)될 뿐만 아니라 품성 도야(品性陶冶)에 적합한 것', '생도(生徒)의 심신 발달 정도(心身發達程度)에 부합하는 것'이어야 한다. 조선어과 교육으로 구체화할 경우

조선어과의 '교재'는 '지식 기능의 구비'와 '국민된 성격의 함양'이라는 '교육 목적'을 충족시킬 수 있는 자료여야 한다는 논리가 성립된다. 여기까지 보면 교육 목적에 적합한 자료라면 모두 교재의 범주로 끌어올 수 있다는 다분히 '자료로서의 교재'를 강조하는 듯하다. 그러나 인용문 뒤에 이어지는 내용은 '교과과정(敎科課程)', '교수세목(敎授細目)', '일과표(日課表)'는 물론 '교수안(敎授案)'에 이르는 교수·학습의 체계적인 준거와 모형을 '교재 관련' 요소로 제시하여 '교재'의 체계화, 의도화를 도모하고 있다. 이로써 '교재 선택의 유의점'에서 '자료(materials)'의 의미로 사용된 '교재'가 '교과과정과 매주 수업 시수'와 '일과표'라는 시간적 조건, 교수 세목이라는 범주적 조건, '교수안'이라는 방법적 조건 속에서 구체화됨으로써 국어교육의 범주에서 체계적이고 의도적인 성격에 가까운 '제재(subjects)'로서의 교재라는 의미로 구체화된다.

흥미로운 것은 '제재로서의 교재'가 조선어과 교육에서 구체적인 하위 영역으로 다시 분류되고 있다는 점이다. <조선어급한문교수법>은 조선어과의 '교수의 재료'의 선정 영역을 7개 영역으로 구분하여 명시하고 있다. 『여자고등조선어독본』과 『신편고등조선어급한문독본』은 이 교재 선정 기준에 의해 편성된 제재들로 구안된 교과서이다.

② 중등학교 조선어과 교과서의 텍스트 유형에 관한 선행 연구 검토

국어 교과서의 분석은 선정된 텍스트에 대한 분석과 다름없다. 텍스트의 유형과 내용에 대한 분석은 국어과 교육의 지향과 내용 체계를 종합적으로 확인할 수 있기 있기 때문이다. 그러나 텍스트 유형 분석의 중요성에도 불구하고 일제 강점기 조선어과 교과서의 텍스트 유형 분석에 관한 성과는 그다지 많지 않은 실정이다. 먼저 『여자고등조선어독본』의 텍스트 분석을 시도한 선행 연구는 윤여탁 외 『국어교육 100년사』

(2006)와 조지원『1920년대 중등학교 조선어독본 분석』(2007) 등 두 편이다. 전자는『여자고등조선어독본』중에서 권3을 제외하고 권1, 권2, 권4의 '문종'을 분석하고 있으며 후자는 권1~권4 등 네 권의 교과서를 '텍스트 종류'로 구분하였다. 두 연구에서 사용하고 있는 '문종'과 '텍스트 종류' 전체를 나열하면 [표31]과 같다.

『국어교육 100년사』는 조선어과 교과서의 문종을 분류하고 있으나 여자고등보통학교의 조선어과 교과서인『여자고등조선어독본』만 대상으로 하고 있을 뿐만 아니라 문종 분류의 기준이 명확하지 않다는 점에서 아쉬움을 남기고 있다. 이를테면『국어교육 100년사』의 분류 체계를 보면, '서사(설화)'와 '설화'의 구분이 명료하지 않다. 텍스트와 연결해 보면, '서사(설화)'로 분류한 텍스트는「권1-28-鷄林과 月城」,「권2-18-薛氏女의 情節」,「권2-23-溫達의 妻」이며, '설화'로 분류한 단원은「권2-9-兎의 간」으로서, 전자는 '서사(설화)'라는 텍스트 유형으로 묶어내고 후자의 경우는 '설화'라는 텍스트 유형으로 분류해 낸 합리적인 근거를 찾기가 쉽지 않다. 공저자들의 설명을 확인해 보면 사정은 더욱 애매해진다. "'서사'라고 묶은 단원들은 짧은 에피소드식의 교훈적 이야기들과 한국의 전통 설화들이다. 상위 범주로 묶을 만한 용어가 적당하지 않다"는 진술 속에는 상위 범주로 묶을 만한 용어가 적당하지 않았다는 저간의 사정으로 교훈식 이야기들과 전통 설화를 묶어서 '서사'라고 통칭하기로 한 것을 밝히고 있다. 이 설명을 따르자면, '설화' 역시 '서사'에 포함시키기로 했다는 의미인데 실제 분류에서는 '설화'를 독립 범주로 따로 설정하고 있는 것이다.

[표31] 선행 연구들의 『여자고등조선어독본』의 텍스트 분류

선행 연구	분류 명칭	하위 갈래
『국어교육 100년사』	문종	격언, 고사성어, 기행문, 논설문, 서사(설화), 설화, 설명문, 속담, 수필, 수필(일기), 전기, 편지 (이상 11종)
『1920년대 중등학교 조선어독본 분석』	텍스트 종류	고사성어, 교화적 설명 텍스트, 기행문, 논설문, 설명문, 서사, 서사(이야기), 속담, 수필(서간문), 수필(일기), 운문, 전기문 (이상 12종)

유사한 사례는 또 있다. '편지', '기행문', '수필', '수필(일기)'의 분류이다. 이에 관한 설명을 다시 읽어보자.

　　편지와 기행문은 모두 수필 항목으로 포함할 수 있겠으나 편지는 1920년대 여학생들의 독서와 글쓰기에서 유행하던 문종이라는 점에서 따로 분류하였고, 기행문은 당시에 새롭게 인식되던 문종이라는 점에서 역시 따로 분류하였다.

문맥을 짚어보면 '편지'와 '기행문'이 '수필'에 포함될 수 있지만 당시에 유행하거나 새로운 문종이었기 때문에 '수필'로부터 '따로 분류'했다는 얘기다. 의도적인 분류라는 셈이다. 그러나 강조를 위해서 텍스트를 독립 범주로 분류했다는 것은 분류 결과를 보면 설득력이 약해 보인다. 단서를 제시했다고 하더라도 '편지', '기행문', '수필' 등의 분류 결과는 각각이 서로 대등한 독립 범주로 이해될 소지가 있기 때문이다. 개별 텍스트들의 구조와 기능을 해명하여 유사한 텍스트성에 따라 유형화하는 것을 텍스트 분류라고 한다면, 그것은 필연적으로 텍스트의 위계화를 전제로 한다. 생산된 모든 텍스트를 범주화하는 것은 가능하지도 않을 뿐만 아니라 권장되지도 않기 때문이다. 텍스트 유형화는 한 텍스트 유형을 여타의 텍스트 유형과 비교하여 명백히 구분되는 상이한 유형으로 인식되는 것을 전제로 한다는 한용환(2001 : 273~274)에 따르

면 '편지'와 '기행문', '수필'을 명백히 구분되는 상이한 유형으로 보는 것은 무리가 있다.

『1920년대 중등학교 조선어독본 분석』의 경우는 앞의 『국어교육 100년사』의 경우보다 더 애매하다. 우선 '교화적 설명 텍스트'와 '설명문', '논설문'을 독립 유형으로 따로 구분하고 있다. 그런데 이들 분류의 기준이나 해당 범주에 대한 명확한 설명이 제시되어 있지 않다. 다만 "전체 텍스트의 절반 이상이 설명이나 묘사로 기술되다가 독자에게 당부하는 식의, 필자 개입이 직접적으로 드러나는 방식으로 쓰인 글들"을 '교화적 설명 텍스트'로 따로 설정(2007 : 28)했음을 밝히고 있으며 이 용어 사용의 근거를 『국어교육 100년사』에 두고 있다. 그런데 용어의 적절성 여부는 차치하더라도 우선 선결되어야 할 문제는 '교화적 설명 텍스트'라는 이 문종과 '설명문', '논설문'의 구분이 명쾌하지 않다는 점이다. 이 연구자가 '교화적 설명 텍스트'와 구분하고 있는 '설명문'에 속하는 텍스트와 '논설문'에 속하는 텍스트의 대부분이 위에서 언급한 '설명과 묘사'와 '필자 개입'이 부분적으로 함께 나타나고 있기 때문이다. 또한 이 논문은 말미의 부록을 통해 텍스트를 분류한 도표를 제시하고 있는데 여기서 사용하는 범주명은 '텍스트 종류'이며, 그에 따른 분류는 위의 표에서 제시한 열두 개의 범주명을 사용하여 분류하고 있다. 그러나 본문의 분석에서는 '문종'이라는 용어를 사용하고 있으며 여덟 개의 범주명, 즉 설명문, 논설문, 교화적 설명 텍스트, 서사, 전기, 수필(편지+일기+기행문), 운문, 기타[15] 등으로 제시하고 있다. 여기서도 앞의 선행 연구와 유사한 문제점이 보이는데 '서사'와 '서사(이야기)'를 구분하고

---

15) 본문에서 '문종'의 여덟 가지 범주 중 하나로 제시하고 있는 '기타'가 구체적으로 어떤 텍스트를 가리키는 것인지에 대해서는 별도의 설명이 없다. 다만 네 개의 단원이 여기에 들어가는 것으로만 제시하고 있다. 그러나 각 단원의 텍스트 종류를 제시하고 있는 뒤의 부록에서는 '기타'라는 범주명이 보이지 않는다.

있지만 그 차이를 명확하게 제시하고 있지 않다는 점이다. 가령 「권1 –
5 – 貴婦人과 밀가루장사」와 「권1 – 18 – 足의 分別」, 「권3 – 22 – 떡보 이
야기」는 '서사(이야기)'로 분류하고 있으며 「권2 – 23 – 溫達의 妻」는 '서
사'로 분류하고 있어서 전통적으로 내려오는 이야기는 '서사'로, 그렇지
않은 이야기는 '서사(이야기)'로 분류하고 있는 듯하나, 「권2 – 18 – 薛氏
女의 情節」은 전통적으로 내려오는 이야기임에도 불구하고 '서사(이야
기)'로 분류해내고 있어 그 구분을 이해하기가 쉽지 않다.

『신편고등조선어급한문독본』의 텍스트를 분류한 작업으로는 『1920년
대 중등학교 조선어독본 분석』이 현재까지로는 거의 유일하다.[16] 그러
나 앞의 『여자고등조선어독본』분석의 경우와 마찬가지로 이 부분 역시
뒤의 부록에 제시한 범주명과 본문에서 사용하고 있는 범주명이 차이
를 보인다. 본문에서는 '문종별 분류'라는 제목으로 도표를 제시하고 있
는데 이에 따르면 '설명문', '논설문', '교화적 설명 텍스트', '서사', '전

---

16) 『신편고등조선어급한문독본』의 텍스트 분석을 시도한 사례는 현재까지로는 조지원
(2007)이 거의 유일하지만 이 논문에서 사용하고 있는 분류 기준과 유형화 작업은
윤여탁 외(2006) 공저자들의 문종 분류 기준을 거의 그대로 답습하고 있는 형편이
다. 가령 각각의 텍스트를 '설명문', '논설문', '서사', '설화', '창가', '편지', '수필',
'일기', '격언', '속담', '전기'로 범주화하고 있는데 이러한 분류의 기준에 대한 설명
은 없이 단지 '서사'와 '전기', '편지', '기행문'이라는 문종에 대한 "보충 설명"만 하
고 있다. 특히 "상위 범주로 묶을 만한 용어가 적당하지 않다"는 이유로 텍스트 유
형과 텍스트 종류 즉 상위 갈래와 하위 갈래를 동일한 층위로 설정한 것은 논리성
이라는 면에서 비판을 면하기는 어려울 듯하다. 예컨대 '서사'와 '설화'를 독립된
갈래로 분리하고 있는가 하면, '서사(설화)'의 형태로 제시하고 있기도 하다. 또한
'일기'와 '편지'와 '수필'을 독립시키고 있는가 하면, 어떤 텍스트는 '수필(일기)'로
명명하기도 한다. '서사'와 '설화', '서사(설화)'가 그리고 '일기'와 '수필', '수필(일
기)'로 구분한 것에 대한 명확한 설명이 제시되었어야 하는 것이 아닌가 한다. 물론
식민지기 중등학교 국어 교과서의 한 종류에 대해 최초의 텍스트 분석이라는 의의
가 있다는 점과 아무리 꼼꼼하고 세심한 분류작업이라 하더라도 모든 분류 작업은
선택과 배제의 원리에서 항상 일정한 한계를 내포하기 마련이라는 점을 인정한다
하더라도 다양한 텍스트들을 어떤 원리에 의해 범주화했는지에 대해 보다 세심한
설명을 제시한 후 분류 작업을 시도했더라면 하는 아쉬움이 남는다.

기', '수필(편지+일기+기행문)', '운문', '기타' 등 여덟 개의 범주로 나누고 있다. 물론 여기서도 '기타'에 관해서는 특별한 언급이 없으며 '기타'로 분류한 텍스트도 밝히지 않고 있는 등 텍스트 분류 기준과 분류 단계의 설정에 대해서 명쾌하게 접근하고 있지 않다는 동일한 문제가 노출된다.

이상 두 편의 선행 연구들의 한계는 텍스트 유형화에서 누구나 동의할 수 있는 유형 분류란 거의 없다는 형편에서 보면 어느 정도 수긍할 수 있는 문제이다. 특히 앞 절에서 지적한 여러 가지 문제점에도 불구하고 위 선행 연구들이 일제 강점기 중등학교 조선어과 교과서의 텍스트를 분류한 선구적인 시도들이라는 점만은 의미 있는 성과이기 때문이다. 사실 텍스트를 어떻게 유형화해야 하는지에 대해서는 많은 논의가 있지만 어느 누구나 동의할 수 있는 텍스트 유형 분류는 아직은 없다는 것이 텍스트 연구자들의 공통적인 견해이다. 이들 대부분은 그 어려움의 근원이 주로 텍스트 분류 기준과 분류 단계의 설정에 있다는 데 동의하는 형편이다. 이것은 텍스트 유형화의 핵심이 타당한 기준에 의한 텍스트 분류가 기본이어야 하는데도 불구하고 분류 기준이나 분류 단계에서 타당성과 실용성 면에서 만족할 만한 공동선(善)을 찾아내기가 쉽지 않다는 것에 대한 학문적 토로인 것이다.

2) 텍스트의 유형별 구안과 이념적 배치

(1) 기능적-소통적 관점에서 접근한 텍스트 유형과 분류 실제

텍스트언어학이 '텍스트'를 발견해내기 이전부터 국어교육은 그 기원에서 현재까지 텍스트와 함께 해 왔다. 국어 교과서 분석의 기본은 텍스트의 유형 분석과 텍스트의 내용 분석을 함께 수행하는 데 있다. 본 연구의 텍스트 유형 분류 작업은 선행 연구들의 고민과 성과를 바탕으로 진행한다. 그러나 선행 연구들이 수행한 '문종 분류' 방식은 도입하지 않는다. 적어도 일제 강점기 당시는 아직 텍스트의 유형과 텍스트 종류에 대한 언어학적, 국어교육학적인 관점이 정초되지 않았던 시기이기 때문에 각각의 텍스트를 선행 연구들의 분류 결과인 논설문이나 설명문, 수필, 설화 등의 하위 개별 텍스트로 확정하기는 곤란하다는 판단 때문이다. 따라서 시대적 특수성을 고려한다면 개별 텍스트에 대한 언어학적 관점보다는 각각의 텍스트가 요구되고 소용되게 된 저간의 근거나 목적을 살피는 관점이 보다 유용하다. 본 연구에서는 텍스트에 대한 접근 방법 중 텍스트 내적 측면인 구조적 접근 방식보다는 '기능적 -소통적 접근'(한국텍스트언어학회, 2004 : 175)을 취한다. 이는 앞에서도 잠깐 언급했지만 일제 강점기 조선어과 교과서의 경우 텍스트 선정과 조직이 언어학적 관심 혹은 국어교육적인 고려에 의해 수행된 것이라기보다는 텍스트 외적인 상황과 요구에 의해 그 형식과 내용의 구안이 요구되었을 것이기 때문이다.

텍스트를 중심으로 본다면 국어교육은 국어 능력, 곧 학생들로 하여금 국어로 된 텍스트의 생산과 수용 능력을 길러 주는 것을 목표[17]로 한다고 할 수 있다. 특히 텍스트성(textuality)을 구성하는 텍스트의 본질적 특성으로 '어떤 특정의 메시지(전언 혹은 주제)를 향한 의미적 집중성'이라는 응집성(coherence)이라는 용어[18]를 받아들일 경우 텍스트란 기본적으로

---

17) 그러나 이성영(2001 : 18)은 텍스트언어학과 국어교육 사이의 가장 큰 차이는 텍스트를 분석하는 목적에 있다고 주장한다. 텍스트언어학에서는 개별 텍스트들을 분석함으로써 텍스트 일반이 지녀야 하는 텍스트성을 해명하고 그러한 텍스트들이 지니고 있는 구조와 기능을 밝히며, 그러한 구조와 기능에 따라 텍스트의 유형을 분류하는 것을 목적으로 하지만 국어교육에서는 학습자들의 텍스트 생산 및 수용 능력을 진단하고 교육적 처치 방안을 마련하는 것에 있다고 본다. '목적' 외에도 '텍스트의 유형', '분석의 대상', '텍스트성에 대한 관점', '대상에 대한 철학적 태도'를 기준으로 국어교육에서의 텍스트 분석의 특성을 구별하고 있다.

'특정의 주제'를 전달하기 위한 언어적 결속구조로 볼 수 있다. 더욱이 텍스트란 언어 사용의 제 국면(문화, 이데올로기, 상황, 언어적 특질, 언어의 기능, 언어 사용자간의 관계 등)이 드러나는 곳이기 때문에 국어과 교육은 '텍스트'를 중심으로 실행되어야 한다는 맥카티와 카터의 견해(McCarthy, M.& Carter, R.,1994, 이도영, 1995 : 143 재인용)까지 상기한다면 국어 교과서에 접근하는 방법론으로서 텍스트 분석의 의의를 강조하는 것은 이론의 여지가 없다고 하겠다.

텍스트를 특정의 주제를 전달하기 위한 언어적 결속체로 이해하는 관점은 텍스트를 화자(필자)가 자신의 언어 사용 목적이나 의도에 따라 '주제의 전달'을 효과적으로 실현하기 위하여 구체적으로 구안한 언어 조직으로 바라보는 방식이다. 이것은 텍스트를 화자가 사용한 언어 표현들이자 이 언어 표현들에 대한 청자나 독자의 해석이라고 보는 커뮤니케이션적 접근[19]과 상통하는 것으로서 본질적으로 텍스트에 내재해 있는 의도성이나 목적성을 중시하는 관점인 것이다. 이 관점으로 식민지배 권력의 목적성 교재로 편찬되었던 조선어과 교과서에 접근한다면, 더구나 국어 교재로서의 텍스트는 기술되고 편성되는 순간 이미 '의도성'이 성립되기 마련(정동현, 2005 : 120)이라는 점을 상기한다면 『여자고등

---

18) 응집성이라는 용어는 보그란데와 드레슬러(Baugrande & Dressler, 1981)가 텍스트성을 중심으로 텍스트의 개념을 추출한 데서 사용한 용어이다. 이들은 '텍스트란 일곱 가지의 텍스트성의 기준을 모두 만족시키는 통화성 발화체'로 정의하는데 일곱 가지의 텍스트성 중의 하나로 응집성을 꼽는다. 이에 관한 자세한 논의는 서혁 (1998 : 235~236) 참조.

19) 실제로 문어 커뮤니케이션에서는 텍스트가 거의 유일한 의사 표현 수단이다. 텍스트는 필자의 의도와 목적, 역할에 관한 단서뿐만 아니라 개별 문장들의 의사소통에 관한 단서들도 포함한다. 화용론에서는 이런 단서들을 언어의 대인관계적 기능이라고 명명한다. 언어의 대인관계적 기능이나 텍스트의 의사소통적 기능은 명백한 의도 하에 기술되었던 일제 강점기 조선어과 교과서의 텍스트를 구조적 접근이 아닌 기능적 차원으로 접근하고자 하는 본 연구의 방법론에 타당성을 제공한다. 이에 관한 자세한 논의는 한국텍스트언어학회(2004 : 16~21) 참조.

조선어독본』과 『신편고등조선어급한문독본』은 화자(필자)의 언어 사용 목적에 따라 텍스트의 형식과 내용이 구안되었을 가능성이 다분해진다.

언어 사용은 결과적으로 보면 하나의 텍스트를 생산하거나 이해하는 것이므로 언어 사용의 목적에 따른 텍스트 유형의 고찰은 화행론적 관점에서뿐만 아니라 국어과 교육에서도 핵심적인 영역에 해당된다.[20] 기본적으로 교과서를 '요긴한 식민 이데올로기의 주입 수단으로 활용'(윤여탁 외, 2006 : 306)함으로써 조선어과 교과서의 제재와 구성, 구조의 복합성이나 내용의 질적 난이도 등, 철저하게 기획하여 편찬하려 했던 식민 지배 권력의 입장에서 언어 사용 목적은 언어를 통해 무엇을 할 수 있는가, 즉 언어의 기능에 관한 고민과도 다르지 않다. 조선어과 교과서에 편성한 텍스트야말로 총독부 교육관료들로 제유화된 '일제'가 조선인으로 하여금 식민주의 이념에 적합한 '충량한 국민'으로 재구성하기 위해 '조선어의 기능'을 충분히 활용한 기획물이기 때문이다. 이러한 관점은 제2차 조선교육령의 실행과 함께 조선의 중등학교 학생들을 위해 별도로 편성한 조선어과 교과서의 텍스트에 접근하는 방법이 텍스트 내적 요인인 구조적 접근보다는 텍스트 외적 요인인 기능적-소통적 접근이 보다 유효할 수 있음을 시사한다. 다시 말해 조선어과 교과서에 수록된 언어 자료는 조선어 능력을 신장시키기 위한 텍스트들로 구성되었다기 보다는 텍스트 생산자의 의도(intention)와 계획(plan)에 의해 고안된 '내용적' 언어 자료의 성격이 강하기 때문이다.

---

20) 이도영(1995 : 89~114)은 언어 사용 영역의 내용 체계화의 입론적 근거를 야콥슨의 언어의 기능 여섯 가지에 바탕을 두고 논의를 전개한다. 그는 언어 사용의 제1층위를 언어 사용의 목적으로 보고, 언어 사용의 목적을 바탕으로 언어의 기능과 텍스트의 기능 그리고 텍스트의 유형이 도출된다고 정리하면서 야콥슨의 언어의 기능 여섯 가지 즉 지시적 기능, 메타 언어적 기능, 욕구적 기능, 감정 표시적 기능, 시적 기능, 친교적 기능 등에 따라 언어 사용 영역의 내용 체계화를 위한 기본 틀을 제시하였다.

하나의 텍스트를 통해 텍스트 생산자가 의도하는 그 무엇에 대한 고민은 텍스트 생산자가 구사하는 언어의 목적에 대한 고민과 다르지 않다. 특히 조선어과 교과서에 수록된 언어 자료가 개별 저자에 의한 텍스트가 아닌 '조선총독부'라는 국가적 저자명으로 생산된 텍스트라는 점 역시 텍스트 일반에 대한 구조적 접근보다는 '언어 사용 목적'이라는 기능적 접근에 따른 텍스트 유형론이 보다 적절하고 유효할 것이라는 판단에 힘을 실어준다.[21] 그 결과 본 연구에서는 일반적으로 언어 사용 목

---

21) 물론 텍스트의 유형을 분류하는 방법론은 매우 다양하다. 전통적인 문학 연구의 장르론에서 행해진 유형론 외에도 Brewer의 인지심리학적 유형, Bühler의 언어 기호 이론(Organon - model)에 기초를 두고 분류한 Reiß의 기호론적 유형, 야콥슨의 언어의 여섯 가지 기능에 이데올로기적 기능을 대비시켜 담화의 수사법을 구분하고 있는 Reboul의 이데올로기적 유형, Brinker의 화행론적 유형이 있으며 그 외에도 주제에 의한 유형, 발달론적 유형, 실용성이나 곤란도에 근거하여 텍스트를 분류한 유형 등이 있다. 이 중에서 국어과 교육에 가장 지대한 영향을 끼쳤다고 평가되는 모형이 브르워와 블링커의 분류 모형이다. 브르워는 인지 구조(cognitive structure)와 텍스트의 힘(force)에 의해 텍스트를 유형화했는데 '인지 구조'에 의해서는 기술적 텍스트, 이야기 텍스트, 설명적 텍스트로, 텍스트 사용자의 사용 목적(힘)에 의해서는 '정보 전달', '즐거움 주기', '설득', '심미적 목적'으로 구분한다(그러나 이 분류에 대해 서혁(1995 : 128)은 다음과 같이 문제를 제기한다. 첫째, 기저 구조의 분류 기준으로서의 묘사, 서사, 설명의 타당성 문제이다. 이러한 구분은 한 편의 텍스트가 이들을 모두 포함하는 다양한 진술 방식으로 이루어질 수 있다는 점에서 현실적으로는 무의미하다. 둘째, '텍스트 목적'에 따른 정보, 오락, 설득, 심미 기준은 서로 겹치는 부분이 존재한다). 브링커(K. 브링커, 이성만 역, 1984 : 118~122)는 상호 인간적인 관계의 소통·기능적 국면에서 실용 텍스트를 중심으로 '정보적 텍스트', '설득적 텍스트', '책무적 텍스트', '친교적 텍스트', '선언적 텍스트'로 나눈다. 브링커의 분류에 문학적 텍스트를 고려하여 비문학적 텍스트와 문학적 텍스트를 종합한 고영근(1999 : 267~298)은 갑오경장이라는 시대 기준을 내세워 고전과 현대로, 언어 기호라는 기준에 따라서는 일상 언어 기호, 문학 언어 기호, 공용 언어 기호, 영상 기호로 나누어 이 전체를 '한국의 텍스트 갈래'로 제시한 바 있다. 사실 각각의 텍스트 유형의 특성을 보다 입체적으로 고찰하기 위해서는 이러한 제 방법론들을 다양하게 적용하여 복합적이며 다원적으로 접근하는 것이 타당하다. 이러한 구체적이며 다기한 방법론의 적용은 후속 논의로 미루기로 하고 본 연구에서는 화행론적 관점의 '기능적-소통적' 방법론을 취한다.

적에 따른 텍스트 유형의 명칭으로 사용되는 '설명적 텍스트', '설득적 텍스트', '사회적 상호작용을 위한 텍스트'22), '정서 표현을 위한 텍스트'를 호명하여 『여자고등조선어독본』 전 4권 103개 단원과 『신편고등조선어급한문독본』 전 5권 280개 단원에서 '조선어지부'로 편성된 93개 단원의 텍스트를 유형별로 분류하였다.23)

[표32] 『여자고등조선어독본』(권1~권4)의 텍스트 유형

권1	단원명	내용	텍스트 유형	교재 선취 영역
제1과	新入學	신입생들에 대한 당부	설득적	수신
제2과	博物館	박물관 소개	설명적	역사
제3과	河馬	하마의 생태	설명적	이과
제4과	虛榮心	여자의 허영심 경계	설득적	수신
제5과	貴婦人과 밀가루장사	여자의 허영심 경계	설득적	수신
제6과	留學가신 언니에게	안부 편지	사회적 상호작용	수신
제7과	朝鮮의 産業	농업·어업·광업·임업·무역 등 조선의 산업 설명	설명적	실업

22) '친교적 텍스트'는 '개인적' 차원에서 이루어지는 '긍정적' 인간만을 일컫는 협소한 의미로 이해될 수 있다는 문제로 '2007 교육과정'에서 '사회적 상호작용'으로 개칭하였다. 그 이유는 개인적이고 사회적이며, 비공식적이고 공식적인 상황을 모두 아우를 수 있는 것 그리고 긍정적 인간 관계 뿐만이 아니라 비판적 인간 관계 형성을 지향하는 언어 활동을 총체적으로 지칭하기 위해서이다. 그러나 엄밀하게 보자면 인간의 언어 활동 중에서 사회적 상호작용에 해당하지 않는 활동은 없다. 따라서 이 용어 역시 함의하는 범주가 너무 광범위하다는 점에서 문제점으로 지적되고 있다.
23) 본 연구에서는 이 분류 작업에서 '제재로서의 교재'를 '텍스트'라는 용어로 바꾸어 사용한다. 이유는 '교재'라는 용어가 교수 재료라는 의미로서 일제 강점기 교과 교육에서 범교과적 용어로 통용된 것이기 때문에 조선어과 교육의 정체성을 살리기 어렵다는 자의적 판단 때문이다. '텍스트 내용별 영역'은 『교육학교과서』의 <조선어급한문교수법>의 '교재 선취' 즉 교재 선정 영역을 제시한 것이다.

권1	단원명	내용	텍스트 유형	교재 선취 영역
제8과	北風과 松樹	소나무와 바다의 바람 이야기	정서 표현	문학
제9과	時計	시계의 규율	사회적 상호작용	수신
제10과	時間에누리	시간의 중요성	설득적	수신
제11과	寓言	공검(恭儉)과 요설(饒舌 警戒)에 관한 격언	설득적	수신
제12과	橫濱	요코하마 소개	설명적	지리
제13과	富士山	후지산에 대한 소개	설명적	지리
제14과	家庭	원만한 가정과 여자의 책임	설득적	가사
제15과	裁縫	재봉의 근대화	설득적	가사
제16과	勤儉은 齊家의 基礎라	저축과 근검의 중요성	설득적	수신
제17과	節婦百守貞	백수정의 정절 소개	설명적	수신
제18과	足의 分別	발에 관한 이야기	정서 표현	문학
제19과	賢明한 裁判官	현명한 재판관 이야기	정서 표현	문학
제20과	防牌의 兩面	어리석은 두 무사 이야기	정서 표현	문학
제21과	讀書訓	독서의 취미, 특히 부녀자에게 권함	설득적	수신
제22과	碩學이퇴계	퇴계의 가족애, 학문	설명적	수신
제23과	近狀을報告 키위하여 舊師께	스승에게 보내는 안부 편지	사회적 상호작용	수신
제24과	月世界	달에 대한 설명	설명적	이과
제25과	同情	비복	설득적	수신
제26과	愛國婦人會	애국부인회 소개	설명적	기타사회제반제도
제27과	우리故鄉	고향의 경치 소개	사회적 상호작용	지리
제28과	鷄林과月城	김알지 탄생 설화	정서 표현	문학

권2	단원명	내용	텍스트 유형	교재 선취 영역
제1과	春	새 봄을 맞이하여 다짐과 격려	사회적 상호작용	수신
제2과	每事에마음을 專一히하라	무슨 일을 하든지 마음을 전일히 할 것	설득적	수신
제3과	虎	호랑이의 생물학적 특성과 조선의 호랑이 분포현황	설명적	이과
제4과	開城	개성의 소개	설명적	지리
제5과	遠足의 請誘	북한산 원족을 청유하는 내용	사회적 상호작용	수신
제6과	禽獸의 敎育	고등동물의 새끼 양육, 교도	설명적	수신
제7과	孟母	맹모의 교육열	설명적	수신
제8과	朝鮮米와 綿	조선의 대표적 농산물 쌀과 면	설명적	실업
제9과	兎의 간	토끼의 꾀	정서 표현	문학
제10과	怠치말고 時를 惜하라	시간 절약의 중요성	설득적	수신
제11과	물은 萬物의 母	水源보호의 중요성	설명적	이과
제12과	心身의 淸潔	심신, 언행의 청결 강조	설득적	수신
제13과	蝦	파리 박멸 노력	설득적	이과
제14과	生命保險	보험의 중요성	설명적	기타사회제반제도
제15과	奈良	나라지방 소개	설명적	지리
제16과	俚言	審愼, 戒慾에 관한 속담 4개씩	설득적	수신
제17과	母女間往復 書簡	시집간딸의 안부편지	사회적 상호작용	수신
제18과	薛氏女의 貞節	약혼자에 대한 설씨녀의 정절	정서 표현	수신
제19과	日記中에서	6일간의 일기	사회적 상호작용	지리
제20과	學校記念日	개교기념일 행사	사회적 상호작용	기타사회제반제도
제21과	忌祭例	기제의 의의와 절차	설명적	가사
제22과	世上에서 第一무서운것	후쿠자와 유키치의 일화	설명적	수신

권2	단원명	내용	텍스트 유형	교재 선취 영역
제23과	溫達의 妻	평강공주 이야기	정서 표현	문학
제24과	寒中 親友에게	친구에게 전하는 안부편지	사회적 상호작용	수신
제25과	愛는人에게 對하는 道	愛는 도덕의 근본	설득적	수신
제26과	赤十字社	적십자사의 성립과 의의, 설치현황	설명적	기타사회제반제도

권3	단원명	내용	텍스트 유형	교재 선취 영역
제1과	習慣	선량한 습관 양성의 중요성	설득적	수신
제2과	鸚鵡	앵무새의 생태	설명적	이과
제3과	石炭의 이약이	석탄의 혜택	설명적	실업
제4과	鄭夢周	정몽주의 일대기	설명적	역사
제5과	臺灣의 夏(一)	대만의 기후, 식수, 해충	설명적	지리
제6과	臺灣의 夏(二)	대만의 수목, 의복, 가옥	설명적	지리
제7과	常識의 修養	상식의 개념과 수양방안	설득적	수신
제8과	農業의 趣味	농업은 美趣와 詩情을 양성	설명적	실업
제9과	歸省	학기방학을 맞아 귀성	사회적 상호작용	수신
제10과	濟州道의 海女	제주도 해녀 소개	설명적	수신
제11과	經學院의 釋尊	공자의 문묘와 제례법	설명적	역사
제12과	衣服과 精神	올바른 의복 착용법	설득적	가사
제13과	廢物利用	폐물이용의 중요성	설득적	실업
제14과	山蔘캐기	산삼 소개	설명적	실업
제15과	朝鮮의 音樂	조선 음악의 역사	설명적	역사
제16과	俚諺	조선과 일본의 속담 소개	설득적	수신

권3	단원명	내용	텍스트 유형	교재 선취 영역
제17과	婦人과 地理	부인의 지리적 관념의 중요성	설득적	지리
제18과	郵票	우표의 유래담	설명적	기타사회제반제도
제19과	電氣의 應用	전기의 편리함	설명적	기타사회제반제도
제20과	下人에 對한 主意	하인을 고용할 때의 유의점	설명적	가사
제21과	典故五則	고사성어 5개 소개	설득적	수신
제22과	笑談	떡보 이야기	정서 표현	문학
제23과	講話의大要를缺席한友人에게	교장선생님의 강화를 전하는 친구의 편지와 그 답장	사회적 상호작용	수신
제24과	知恩의 孝養	효녀 지은 설화	정서 표현	문학
제25과	品性	품성에 따른 사람의 평가	설득적	수신

권4	단원명	내용	텍스트 유형	교재 선취 영역
제1과	新時代의 要求	1. 근로 2. 노동 3. 여자의 교육	설득적	수신
제2과	蜘蛛	거미의 유익함	설명적	자연
제3과	京城꽃구경	비원, 창경원, 앵곡	사회적 상호작용	자연
제4과	朝鮮의 繪畫(一)	삼국~신라까지 회화	설명적	역사
제5과	朝鮮의 繪畫(二)	고려 이후의 회화 소개	설명적	역사
제6과	日記中에서	5일간의 일기	사회적 상호작용	지리
제7과	奧村五百子와 光州	애국부인회 창립자의 업적	설명적	역사
제8과	休暇의 利用	휴가의 의미	설득적	수신
제9과	朝鮮의 工業	총독부의 공업부흥책	설명적	실업
제10과	新聞紙	신문의 역할	설명적	기타사회제반제도
제11과	談話의 心得	담화의 태도	설득적	수신

권4	단원명	내용	텍스트 유형	교재 선취 영역
제12과	落書의 名筆	문장가 車五山, 韓石峯 일화	정서 표현	문학
제13과	箱根路(一)	副士일대 여행	설명적	지리
제14과	箱根路(二)	〃	설명적	지리
제15과	典故五則	고사성어 소개	설득적	수신
제16과	朝鮮 女子의 詩歌(一)	공후인, 회소곡 관련설화	설명적	역사
제17과	朝鮮 女子의 詩歌(二)	사임당, 허난설헌의 작품소개	설명적	역사
제18과	사랑하는 妹弟에게	여동생에게 여자의 태도를 알려주는 편지	사회적 상호작용	수신
제19과	朴泰星	박태성의 효행	설명적	수신
제20과	地殼과 變動	지구의 지질학적 특성	설명적	자연
제21과	掃除	청소의 의의와 방법	설명적	가사
제22과	蒙古의 風俗	몽고의 의식주 풍속	설명적	지리
제23과	關東八景	관동팔경을 노래한 가사	정서 표현	문학
제24과	辛欽의 妻 李氏	근검한 이씨 찬양	설명적	수신

[표33] 『신편고등조선어급한문독본』(권1~권5)의 텍스트 유형

권1	단원명	중심 내용	텍스트 유형	교재 선취 영역
제1과	新入學	신입생에 대한 당부	설득적	수신
제2과	博物館	박물관 설명	설명적	기타사회제반제도
제3과	河馬	하마의 생태	설명적	자연(이과)
제4과	漢字의 自習法	한자의 학습 방법	설명적	역사
제5과	朝鮮의 産業	조선의 산업 설명	설명적	실업
제6과	平和博覽會	평화 박람회 소개	설명적	기타사회제반제도

권1	단원명	중심 내용	텍스트 유형	교재 선취 영역
제7과	北風과 松樹	북풍과 송수 이야기	정서 표현	문학
제8과	時計	시간 절약의 중요성	사회적 상호작용	수신
제9과	時間에누리	시간 관념의 중시	설득적	수신
제10과	寓言	격언	설득적	수신
제11과	橫濱	요코하마 소개	설명적	지리
제12과	富士山	후지산 소개	설명적	지리
제13과	勤儉은 齊家의 基礎라	근검 절약의 중요성	설득적	수신
제14과	賢明한 裁判官	재판관의 지혜에 관한 이야기	정서 표현	문학
제15과	漢字	한자에 관한 설명	설명적	역사
제16과	防牌의 兩面	두 병사의 어리석음	정서 표현	문학
제17과	讀書訓	독서에 관한 설명	설득적	수신
제18과	碩學李退溪	이퇴계의 일대기	설명적	수신
제19과	月世界	달에 대한 설명	설명적	자연(이과)
제20과	同情	동정	설득적	수신
제21과	우리故鄕	고향에 대한 그리움	사회적 상호작용	지리

권2	단원명	중심 내용	텍스트 유형	교재 선취 영역
제1과	春	새 봄을 맞이 당부	사회적 상호작용	수신
제2과	每事에마음을 專一히하라	전일한 마음 구비	설득적	수신
제3과	虎	호랑이에 대한 설명	설명적	자연(이과)
제4과	朝鮮의 漢字	한자의 유래와 원리	설명적	역사

권2	단원명	중심 내용	텍스트 유형	교재 선취 영역
제5과	極東競技大會	체육의 발전이 국력의 발전	설명적	기타사회제반제도
제6과	開城	개성 기행	설득적	지리
제7과	蝦	파리 박멸	설득적	자연(이과)
제8과	時調三首	시조 3수	정서 표현	문학
제9과	禽獸의 敎育	고등동물의 양육 방식	설명적	자연(이과)
제10과	孟母	맹모의 교육열	설명적	수신
제11과	朝鮮米와 綿	조선의 중심 농산물인 쌀과 면 소개	설명적	실업
제12과	兎의 간	토끼의 간 이야기	정서 표현	문학
제13과	怠치말고 時를 惜하라	시간 절약	설득적	수신
제14과	물은 萬物의 母	水源 보호의 중요성	설득적	자연
제15과	싸고다公園	파고다공원 설명	설명적	지리
제16과	生命保險	보험의 중요성	설명적	기타사회제반제도
제17과	奈良	나라 소개 삽화	설득적	지리
제18과	俚言	속담 소개	설득적	수신
제19과	世上에서 第一무서운것	후쿠자와 유키치의 일화	설명적	수신

권3	단원명	중심 내용	텍스트 유형	교재 선취 영역
제1과	習慣	선량한 습관 양성의 중요성	설득적	수신
제2과	鸚鵡	앵무새의 생태	설명적	자연
제3과	石炭의 이약이	석탄의 혜택	설명적	문학
제4과	鄭夢周	정몽주의 일대기	설명적	수신

권3	단원명	중심 내용	텍스트 유형	교재 선취 영역
제5과	臺灣의 夏(一)	대만의 기후, 식수, 해충	설명적	지리
제6과	臺灣의 夏(二)	대만의 수목, 의복, 가옥, 과실	설명적	지리
제7과	常識의 修養	상식의 개념과 수양	설득적	수신
제8과	農業의 趣味	농업은 美趣와 詩情을 양성	설명적	실업
제9과	情景	반도의 경치에 대한 예찬	정서 표현	문학
제10과	經學院의 釋尊	공자의 문묘와 제례법	설명적	기타사회제반제도
제11과	廢物利用	폐물이용의 중요성	설득적	자연(이과)
제12과	朝鮮의 音樂	조선 음악의 역사	설명적	역사
제13과	古歌五節	구곡가에 얽힌 사연	정서 표현	문학
제14과	郵票	우표의 유래 이야기	설명적	기타사회제반제도
제15과	石潭九曲	이이의 고산구곡가	정서 표현	문학
제16과	電氣의 應用	전기의 발명과 편리	설명적	자연(이과)
제17과	典故五則	고사성어 5개 소개	설득적	문학
제18과	朝鮮副業品 共進會의 槪況을 報하는 書	'조선부업품공진회' 소개	사회적 상호작용	실업
제19과	品性	품성에 따른 사람의 평가	설득적	수신

권4	단원명	중심 내용	텍스트 유형	교재 선취 영역
제1과	地方靑年會	지방청년회의 임무	설명적	수신
제2과	漢陽遊記	한양의 명소 소개	설명적	지리
제3과	朝鮮의 繪畵(一)	삼국~신라의 회화 소개	설명적	역사

권4	단원명	중심 내용	텍스트 유형	교재 선취 영역
제4과	朝鮮의 繪畵(二)	고려 이후의 회화 소개	설명적	역사
제5과	日記中에서	5일간의 일기	사회적 상호작용	수신
제6과	釋迦	석가의 행적과 불교의 기원	설명적	수신
제7과	休暇의 利用	휴가의 효율적인 이용	설득적	수신
제8과	朝鮮의 工業	조선에서의 공업 부흥 정책	설명적	실업
제9과	新聞紙	신문의 역할	설명적	기타사회제반제도
제10과	落書의 名筆	문장가 車五山, 韓石峯 일화	설명적	문학
제11과	朴泰星	박태성의 효행	설명적	수신
제12과	地殼의 變動	지구의 지질학적 특성	설명적	자연(이과)
제13과	林俊元	풍류협객 임준원의 일화	설명적	수신
제14과	市場(一)	조선 시장 소개	설명적	실업
제15과	市場(二)	시장의 체제—객주 거간 監考	설명적	실업
제16과	蒙古의 風俗	몽고의 의식주 풍속	설명적	지리
제17과	關東八景	관동팔경을 노래한 가사	정서 표현	문학

권5	단원명	중심 내용	텍스트 유형	교재 선취 영역
제1과	自然美의 愛好	반도 강산 애호를 주장	설명적	지리
제2과	조흔꼿	앵화·목단·장미의 생태와 특징	설명적	자연
제3과	동무나븨	나비에 관한 7.5조의 운문	정서 표현	문학
제4과	基督	예수의 생애와 기독교의 기원	설명적	역사
제5과	두더쥐 婚姻	두더지부부의 딸 혼인에 관한 이야기	정서 표현	문학

권5	단원명	중심 내용	텍스트 유형	교재 선취 영역
제6과	西湖日記	서호 주변에서 느끼는 정취	정서 표현	문학
제7과	時調四首	이명한의 시조, 조식의 시조, 작자 미상 2수	정서 표현	문학
제8과	古朱夢	주몽의 일대기	설명적	역사
제9과	비둙기 便紙	어머니에 대한 그리움을 7·5조의 율격으로 표현	정서 표현	문학
제10과	千里秋色 (一)	가을 풍경 완상을 위해 떠난 기차 여행	사회적 상호작용	지리
제11과	千里秋色 (二)	〃	사회적 상호작용	지리
제12과	才談과 謎	재담, 수수께끼	사회적 상호작용	수신
제13과	高麗陶磁器 (一)	고려 도자기에 대한 설명	설명적	역사
제14과	高麗陶磁器 (二)	〃	설명적	역사
제15과	從弟에게	졸업 후 진로에 대한 충고	사회적 상호작용	수신
제16과	古詩意譯	고시 의역	설명적	문학
제17과	先覺者의 任務	선각자의 임무	설득적	수신

[표32]는 『여자고등조선어독본』권1에서 권4까지 총 4권의 단원별 텍스트를 언어 사용 목적에 따른 유형으로 분류한 것이다. 텍스트 유형별로 정리하면 설명적 텍스트가 전체의 47% 정도를 차지하고, 설득적 텍스트가 그 다음으로서 전체의 27% 정도에 이른다. 이 둘을 합하면 전체 교과서의 74% 정도로서 조선어과 교과서의 대부분이 설명적 텍스트와 설득적 텍스트로 배치되었다는 것을 알 수 있다. 표로 정리하면 다음과 같다.

[표34] 『여자고등조선어독본』의 유형별 텍스트 배치 비율

	권1	권2	권3	권4	계	비율(%)
설명적 텍스트 (설명문, 안내문, 기행문 등)	9	11	13	16	49	47.57
설득적 텍스트 (논설문, 격언, 속담 등)	10	6	8	4	28	27.18
사회적 상호작용 텍스트 (일기, 서간문, 수필 등)	4	6	2	3	15	14.56
정서표현 텍스트 (이야기, 우화, 시가 등)	5	3	2	1	11	10.68
계	28	26	25	24	103	100.00

[표33]은 『신편고등조선어급한문독본』 권1에서 권5까지 총 5권의 단원별 텍스트를 언어 사용 목적에 따른 '텍스트 유형'과 『교육학교과서』에서 제시한 '교재 영역'으로 분류한 것이다. 텍스트 유형별로 정리하면 설명적 텍스트가 전체의 51% 정도를 차지하고, 설득적 텍스트가 그 다음으로 전체의 25% 정도에 이른다. 설명적 텍스트와 설득적 텍스트를 합하면 조선어과 교과서의 77% 정도로서 조선어과 교과서의 대부분이 설명적 텍스트와 설득적 텍스트로 배치되었다는 것을 알 수 있다. 표로 정리하면 다음과 같다.

[표35] 『신편고등조선어급한문독본』의 유형별 텍스트 배치 비율

	권1	권2	권3	권4	권5	계	비율(%)
설명적 텍스트 (설명문, 안내문, 기행문 등)	10	10	9	14	5	48	51.61
설득적 텍스트 (논설문, 속담, 격언 등)	6	6	7	1	4	24	25.80
사회적 상호작용텍스트 (일기, 서간문, 수필 등)	2	1	1	1	3	8	8.60

	권1	권2	권3	권4	권5	계	비율(%)
문학적 텍스트 (이야기, 우화, 시가 등)	3	2	3	1	6	13	13.99
계	21	19	19	17	17	93	100.00

(2) 유형별 텍스트의 이념적 배치

① 설명적 텍스트

설명적 텍스트는 지배적인 기능이 정보 전달이기 때문에 정보 중심적 텍스트라고도 불린다. 이 텍스트는 미지의 사실이나 아직 이해되지 않는 정보의 의미를 상세하고도 분명히 알린다는 목적으로 기술된 텍스트를 일컫는다. 설명한다는 것은 어떤 지식이나 정보를 상대방이 아직 모르고 있거나 또는 알고 있더라도 그것이 불충분할 경우 상대방이 이해할 수 있는 방법으로 분명하게 알린다는 목적을 지닌다. 따라서 기술 방식은 어떤 사실이나 정보를 쉽게 풀어서 그것이 무엇인가를 알게 하는, 즉 주제에 대한 해명이라는 방식을 주로 사용한다.

설명적 텍스트는 주로 '왜(why)에 대한 대답을 제시하는 양식', '주제를 밝히는 양식', '독자를 이해시키는 양식', '성격이나 상황을 분석하는 양식', '용어를 정의하는 양식', '지침을 주는 양식', '미지자(未知者)에게 정보를 제공하는 양식' 등 다양한 형식으로 기술된다. 설명은 기술의 목적상 발화자가 수화자에게 어떤 지식이나 정보를 상세하고 분명하게 이해시켜야 하는 것이므로, 설명의 방법은 다양해질 수밖에 없다. 설명이 부분적으로는 묘사(설명적 묘사)나 서사(설명적 서사)를 포함하는 것은 '설명'이 함의하는 다양한 양식 때문이기도 하다. 또한 설명의 대상이 생태학적 대상인가 혹은 지리적 대상인가 아니면 인물이나 장소에 대한 소개인가에 따라 개별 텍스트는 '보고문'이나 '안내문', '전기문' 등의 형식으로 다양하게 세분화되어 나타나기도 한다.

조선어과 교과서에서 설명적 텍스트를 많이 활용하는 것은 편찬자들의 관점에서 학습자들에게 새롭게 알려야 할 사실이나 정보가 많다는 판단이 작용한 결과로 보인다. 예컨대『여자고등조선어독본』의 경우 주로 조선 여성이 본받아야 할 인물이나 정보를 소개하는 내용이나 가사(家事)를 비롯하여 실용적인 영역에서의 근대적인 지식을 알리는 내용을 기술할 때 설명적 텍스트가 활용된다. 전자는 주로 '節婦百守貞'(「권1-17」), '愛國婦人會'(「권1-26」), '禽獸의 敎育'(「권2-6」), '孟母'(「권2-7」), '濟州道의 海女'(「권3-10」), '朴泰星의 孝行'(「권4-19」), '奧村五百子와 光州'(「권4-7」), '申欽의 妻 李氏'(「권4-24」) 등에서 정절이나 애국, 자녀 교육, 근면성, 효행 등을 조선의 여성이 본받아야 하는 여성적 자질로 설명하고 있으며, 후자의 경우는 '忌祭禮'(「권2-21」), '山蔘캐기'(「권3-14」), '下人에 對한 主意'(「권3-20」), '掃除'(「권4-21」) 등에서 가사와 관련된 근대적 지식을 소개하는 내용에서 주로 활용된다. 특히 전자의 경우는 식민지 조선의 여성이 체득해야 할 자질을 역사적 인물의 예시를 통해 설명의 효과를 높이는 기술 방식을 취하고 있다.

『신편고등조선어급한문독본』의 경우 설명적 텍스트로 기술된 내용은 크게 두 가지로 구분된다. 하나는 조선과 조선 문화의 열등성을 알리는 내용이고 다른 하나는 일본 제국주의의 우월성을 전달하는 내용이다. 전자의 경우는 주로 '博物館'(「권1-2」), '朝鮮의 漢字'(「권2-4」), '朝鮮의 音樂'(「권3-12」), '朝鮮의 繪畫'(「권4-3~4」), '高麗陶磁器'(「권5-13~14」) 등에서 조선 문화의 열등성과 타율성을 증거하는 사례들로 음악, 미술, 한자의 기원과 역사적 변천을 알리는 형식으로 기술된다. 후자의 경우는 '平和博覽會'(「권1-6」), '橫濱'(「권1-11」), '極東競技大會'(「권2-5」), '生命保險'(「권2-16」), '奈良'(「권2-17」), '石炭의 이약이'(「권3-3」), '郵票'(「권3-14」), '電氣의

應用'(「권3-16」) 등을 통해서 근대 문명국으로서 일본을 소개하고 있으며, '朝鮮의 産業'(「권1-5」), '時計'(「권1-8」), '開城'(「권2-6」), '朝鮮米와 綿'(「권2-11」), '朝鮮副業品共進會의 槪況을 報하는 書'(「권3-18」), '朝鮮의 工業'(「권4-8」) 등을 통해서는 식민지 조선이 일본의 식민 통치에 의해 얼마나 발전했는지를 산업, 농업, 공업 등의 제재를 통해 설명하고 있다. 특히 후자는 이전의 조선과 '신정의 혜택'을 받은 후의 조선의 모습을 비교, 대조하는 설명 기법을 활용하여 '사실'의 객관성을 높이고 있는 기술 방식을 취하고 있다.

결국 『여자고등조선어독본』의 경우는 잘 알려지거나 혹은 잘 알려지지 않은 인물이나 정보라는 '미지의 사실'을 수화자인 조선의 여성들에게 상세하고 분명하게 이해시키기 위해서, 그리고 『신편고등조선어급한문독본』은 조선과 조선 문화가 근본적으로 타율적이고 열등한 속성을 가지고 있다는 '미지의 사실'을 수화자인 조선의 고보생들에게 상세하고 분명하게 이해시키기 위해서 설명적 텍스트를 활용한다. 이들 텍스트는 텍스트 자체에 필자가 말하고자 하는 바가 직접적으로 드러나는 경우가 대부분이다.

한편 설명적 텍스트의 성격이 보고적이거나 정보적이라는 점은 교과서, 넓은 의미의 교재의 기능과 관련지어 보면 보다 흥미롭다. 이성영 (1992 : 77~79)은 교재는 기본적으로 내용 전달과 방법 즉 의사소통이 가장 본질적인 기능이라고 설명하는데 의사소통의 수단으로 교재를 이해하는 것은 의도하는 내용과 효과적인 전달을 교재 성립의 중심 조건으로 간주하고 있다는 점을 시사한다. 이에 따라 그는 의사소통의 목적에 따라 교재의 유형을 두 가지로 구분한다. 하나는 상대방이 모르고 있던 내용을 알려 주는 것으로서 이 때 사용되는 언어를 보고적인 언어라고 하며 다른 하나는 상대방으로 하여금 어떠한 행동을 하도록 요구하는 목적으로 사용되는 언어로서 이를 지령적인 언어라고 한다. 이러한 두 가지 유형의 의사소통은 교재의 유형에도 그대로 적용되는데 주로 학습자에게 새로운 지식이나 정보를 학습시키기 위한 교재와 새로운 지식보다는 기능 또는 능력을 습득시키는 목적의 교재가 그것이다. 전자의 경우는 주로 독본(reader)형 교재와 후자의 경우는 연습책(workbook)형 교재와 관련이 깊다는 것이다.24) 그의 논지를 따르자면 독본형 교재의 형식을 취하는 조선어과 교과서에 수록된 텍스트 중 가장 많은 비중을 차지하고 있는 것이 설명적 텍스트라는 점은 진술 언어 양식이 보고적 언어라는 점과 상통하는 지점이 있다고 할 수 있다.

② 설득적 텍스트

설득적 텍스트는 브링커의 텍스트 기능 분석(클라우스 브링커, 1984, 이성만 역, 2004 : 115~176)에 의하면 호소 중심적 텍스트 유형에 편입될 수 있다. 그것은 주로 발화자가 청자의 의중에 개입해서 발화자의 의도에 따라 생각을 갖게 하거나 나아가서 그 생각을 바탕으로 한 행위까지도 유발하는 기능을 수행하는 언어 체계로서 기술된 텍스트를 말한다. 따라서 이러한 텍스트는 서술자(화자 혹은 필자)가 어떤 사실에 대해 일정한 입장을 취하고 이러한 서술자의 입장을 용납해서 일정한 행위를 수행하도록 청자(독자) 혹은 학습자의 마음을 움직이고 싶어하는 데 그 본질을 둔다. 궁극적으로는 서술자가 독자를 진리, 개연성, 필연적 사실 또는 진실을 인식하게 함으로써 최종적으로 서술자와 독자 사이에 동화

---

24) 이성영은 국어 사용 능력을 신장시키기 위해서는 미래의 국어 교재는 연습형 유형의 교재가 주교재가 되고 독본 유형의 교재가 부교재가 되는 것이 바람직하다고 주장한다. 독본형 교재는 국어 사용 능력의 신장이라는 국어교육의 궁극적 목표와는 무관하게 단지 내용 학습으로만 국어 수업이 흐를 가능성이 높기 때문이다(이성영, 1992 : 88~89).

작용 혹은 일체화가 일어나게 하는 것을 목표로 삼는 것이다.

설득적 텍스트들은 텍스트를 통한 독자의 행동 변화에 목적이 있으므로 대개가 단기적인 수행을 권유하는 기능을 가진다. 생각과 행동의 변화를 요구하는 설득적인 언어 사용은 일상 생활에서 매우 광범위하게 활용되고 있으며 이것은 청자나 독자가 담론에 참여하기 이전에 또는 참여하면서 가지고 있는 마음의 다양성과도 관련을 지닌다. 가령 적대 관계에 있거나 아니면 반감을 가지고 있을 사람에서부터 시작해서 불신하고 있는 사람 또는 회의를 품고 있을 사람 등을 거쳐서 모르고 있는 사람 내지 잘 알지 못하고 있는 사람들을 청자 내지 독자로서 예상할 수 있어야 하고 상대의 다양성에 따라서 화자(필자)는 그들을 움직일 수 있는 언어 전략을 세워야 한다. 굴복시킬 것인가, 우호관계를 정립할 것인가 또는 감복시킬 것인가 아니면 신봉하게 할 것인가 등에 따라 설득적인 텍스트는 자신의 의도를 관철해야 한다. 따라서 명징한 논설문 외에도 속담이나 격언 등과 같이 청자(독자)를 감복(감화)시켜 마음을 움직여 '행동의 촉발'을 유발하는 성격이 강한 텍스트들도 설득적 텍스트로 분류가 가능하다. 이 때 생각과 행동의 변화 이전에 반드시 '감화(공감)'의 단계가 전제되어야 하기 때문에 필자의 의도는 텍스트의 문면에 직접적으로 드러내지 않는 경우가 대부분이다. 필자의 표현 의도는 텍스트의 빈칸을 통해 추론해야 한다. 설득적 텍스트에서 특히 해석이 중요한 것은 이 때문이다.

조선총독부 교과서 편찬자들은 조선어과 교과서에서 논설문은 물론 속담이나 격언 등 호소적 기능을 수행하는 설득적 텍스트를 충분히 활용한다. 『여자고등조선어독본』의 경우 설득적 텍스트로 기술된 단원은 주로 식민지 조선 여성을 제국의 여성으로 재구성하기 위해 필요한 자질들을 호소하고 계도하는 내용이 대부분이다. 예컨대 1학년 교과서의

'虛榮心'(「권1-4」), '貴婦人과 밀가루 장수'(「권1-5」) 등에서는 조선 여성이 파기해야 할 부정적 자질들을 강력하게 제기한 뒤 이어서 각 학년 별로 '家庭'(「권1-14」), '裁縫'(「권1-15」), '勤儉은 齊家의 基礎라'(「권1-16」), '怠치 말고 時를 惜하라'(「권2-10」), '心身의 淸潔'(「권2-12」), '衣服과 精神'(「권3-12」), '新時代의 要求'(「권4-1」), '談話의 心得'(「권4-11」) 등을 통해 가정에서의 여성의 역할을 강조하는 내용을 집중적으로 배치하여 조선 여성이 긍정적인 동일화의 대상으로 삼아야 하는 여성상을 구성한다. 전통적으로 여성의 법도라고 강조되어 온 현모양처의 원리 위에 건강하고도 투철한 노동정신을 표방하는 제국적 이데올로기를 배후로 하는 여성의 의무를 강조하기 위하여 설득적 텍스트를 적절하게 활용하고 배치하고 있는 모습이다. 조선의 여성들로 하여금 제국주의적 여성성에 적합한 자질을 구비하도록 하기 위해 조선 여성의 '언행을 변화'시키는 것을 목표로 하고 있다는 점에서 설득적 텍스트가 효과적인 기술 양식으로 활용되었다.

『신편고등조선어급한문독본』의 경우 열등한 조선인들을 충량한 제국 신민으로 재구성하기 위해 계도하고 훈육해야 하는 내용이 주로 설득적 텍스트로 기술되었다. 1학년 교과서의 「時間 에누리」(9과), 「勤儉은 齊家의 基礎라」(13과), 「讀書訓」(17과), 2학년 교과서의 「極東競技大會」(5과), 「怠치 말고 時를 惜하라」(13과), 3학년 교과서의 「習慣」(1과), 「常識의 修養」(7과), 「品性」(19과) 5학년 교과서의 「自然美의 愛好」(1과), 「從弟에게」(15과), 「先覺者의 任務」(17과) 등은 제국의 국민이 갖추어야 할 근검, 절약, 독서, 체력, 선량한 습관, 상식 등을 습득하게 하여 조선의 고보생들을 제국의 식민 통치 이념을 일반 민중들보다 먼저 인식하고 각성하게 하여 전파하는 조선의 '선각자'로 육성하기 위해 기술한 단원들이다. 이 때 설득적 텍스트는 식민 통치라는 '신정(新政)'을 실시한 이래 후진적이고 열등한 민족이었던 조선이 각 분야에서 괄목할 만한 성장과 발전을 이루고 있다는 '사실'에 대해 조선인들로 하여금 '소신'을 갖게 하는 데 효과적인 텍스트로 기능한다. 뿐만 아니라 조선인들을 식민 통치 이념에 '감화'하게 하여 일본의 제국주의적 식민 통치에 원만하게 기여하는 '제2의 국민'으로 '행동'하도록 요구한다는 점에서도 효과적인 유형이 된다. 이렇게 본다면 앞의 설명적 텍스트도 식민 통치 이념으로 재해석한 사상이나 가치들을 '객관적인 사실'로 위장하여 기술(記述)함으로써 일본의 식민주의 이념을 주입하고 있다는 점에서는 '설득적인' 성격을 내포한다고 할 수 있다.

③ 사회적 상호작용을 위한 텍스트

사회적 상호작용을 위한 텍스트는 접촉이나 표현 기능을 주로 행사하여 텍스트 유형으로는 접촉 텍스트 혹은 표현 중심적 텍스트 유형으로 편입될 수 있다. 이 텍스트는 서술자가 '나'이면서 신변의 사사로운 체험이나 감상을 중심 내용으로 기술한 것으로서 서간문이나 일기 형식의 텍스트들을 포함시킬 수 있다. 『여자고등조선어독본』의 경우 일기나 편지, 수필 등을 사회적 상호작용을 위한 텍스트로 범주화한 결과 14.5%로서 『신편고등조선어급한문독본』의 8%에 비해 더 많이 배치되어 있다.

이러한 결과는 1920년대로 들어서면서 여학생들 사이에서 이른바 개인의 은밀한 내면을 고백하는 형식의 일기나 편지, 수필 등의 글쓰기가 유행했던 것과 무관하지 않다. 따라서 여고보용 조선어과 교과서의 교재로 사회적 상호작용을 위한 텍스트를 많이 활용한 것은 일기나 편지 등이 개인의 내면을 드러내는 갈래라는 점에 착안하여 조선 여학생의 이상과 포부 등을 식민주의적 이념에 적합한 형식으로 기술하여 '보여' 주려는 데 목적이 있었던 것이다. 예컨대 '편지'라는 형식은, 언니가 졸업한 학교에 새롭게 입학한 여동생이 식민교육기관인 여자고등보통학교가 학생들을 위한 '좋은' 프로그램을 많이 기획하고 있다는 내용을 안부 내용으로 엮어냄으로써 여학생들이 식민 교육의 혜택에 자연스럽게 '감화'되도록 유도하기 위한 텍스트로, '일기'라는 형식은 원족(遠足)에 대한 설렘과 기쁨의 마음을 고스란히 표현해냄으로써 일제 강점기의 체력 강화 프로그램에 자연스러운 협조를 유도하기 위한 텍스트로 적극 활용되었다. 특히 편지는 보통학교의 조선어과 교과서인『보통학교조선어급한문독본』의 경우 「권5－14－書簡文의 作法」이라는 단원을 편성하여 편지의 형식에 대해서 별도로 교수할 만큼 중요한 텍스트로 간주되었다.25)

④ 정서 표현을 위한 텍스트

정서 표현을 위한 텍스트는『교육학교과서』에서 교재 영역으로 제시한 '문학'과 관련된 텍스트를 추출하여 서사적 성격의 텍스트와 운문적 성격의 텍스트를 일컫는 유형으로 제시한 것이다. 이 텍스트는『여자고등조선어독본』과『신편고등조선어급한문독본』모두 전체 텍스트의 10% 정도로 가장 낮은 비중을 차지한다. 이것은 일본 제국주의의 식민 교육

---

25) 사실 '사회적 상호작용을 위한 텍스트'로 분류한 단원들 중에는 내용면에서는 다분히 설득적 텍스트의 성격을 지니는 것들이 많다. 예컨대,『신편고등조선어급한문독본』의「권5－15－從弟에게」의 경우는 형식적인 측면에서는 서간문의 형식을 띠고 있지만 내용적으로는 졸업 후 국가나 사회 문제에 가담하지 말 것을 권고하는 설득적, 호소적 내용이 중심이라는 점에서는 일정 부분 설득적 텍스트로 볼 수 있다.「권3－18－조선부업품공진회의 개황을 보하는 서」역시 내용적으로는 일본의 식민 통치로 인해 발전한 조선의 모습이라는 '새로운 사실'을 설명해 주는 것으로 채워지고 있다는 점에서는 정보 전달의 텍스트로 분류할 수도 있는 한편, 나아가 이를 통한 식민 통치에 대한 인식의 변화를 유도한다는 측면에서는 '설득적 텍스트'로도 볼 수 있다. 이러한 문제는 본 연구에서 분류한 네 가지 유형에서 공통적으로 제기된다. 따라서 텍스트 유형 분류에 대한 보다 면밀한 잣대와 다양한 분류의 시도가 요구된다고 하겠다.

기획이 조선과 조선 문화의 열등성과 타율성을 규정하는 것과 관련이 깊다. 일제는 기본적으로 조선의 음악, 회화는 물론 한자 문화와 조선 역사의 기원까지 중국으로 설정한다. 그들에 의하면 조선이 주체적으로 혹은 창의적으로 개발하거나 형성한 문화란 존재하지 않는다.

이러한 관점은 조선의 문학에도 마찬가지로 적용된다. 그리하여 주로 문학적 텍스트에 해당하는 정서 표현적 텍스트로 분류될 만한 단원은 권4의 16과와 17과인 「조선 여자의 시가」가 거의 전부이다. 그러나 이들 역시 엄밀히 말하면 정서 표현 텍스트라기보다는 설명적 텍스트로 분류하는 것이 타당하다. 왜냐하면 「공후인」과 「회소곡」, 사임당과 허난설헌의 작품을 그대로 소개하는 것이 아니라 작품에 대한 설명 속에서 다루고 있기 때문이다. 「공후인」과 「회소곡」은 관련 설화를, 사임당과 허난설헌의 경우에는 작품을 소개하는 형식으로 조선의 문학작품을 간략하게 내보인다. 이러한 형태는 학습자 스스로가 작품을 감상하게 하는 것이 아니라 텍스트에서 제시하는 관점에 입각하여 작품을 감상하도록 유도함으로써 감상의 시각과 폭을 제한한다. 설화에 해당하는 단원 역시 「권3 - 24 - 지은의 효행」, 「권2 - 18 - 설씨녀의 정절」, 「권2 - 23 - 온달의 처」 등을 산문 문학에 소속시킬 수는 있지만 이 단원들의 실제 목적은 조선 산문 문학의 작품성이나 텍스트적 가치를 학습시키기 위해 편성했다기보다는 효나 정절, 지아비에 대한 현명한 내조 등의 주제적 덕목을 여성적 자질로 내면화시키기 위해 의도적으로 선정했다고 보는 것이 타당하다.[26]

---

26) 교과서의 단원별 내용을 네 가지로 분류한 바 있는 박붕배는 고학년으로 갈수록 '일본적인 것'이 감소하고 '문학적인 것'은 늘어난 현상에 대해 "日本 國民임을 旣定化하고 順應하도록 하는 데 입각한 敎材 編纂"이라고 정리한다. 즉 정신 연령에 있어 민족 의식이나 대일감정의식이 강한 중등학교 학생들에게 굳이 일본적인 것을 강조하거나 조선적인 것을 폄하하는 내용을 담아 그들을 자극할 필요는 없었

『신편고등조선어급한문독본』의 경우 93개 텍스트 중에서 전체의 13% 정도에 해당하는 총 15개 정도의 텍스트가 해당한다. 이 텍스트를 다시 산문적 텍스트와 운문적 텍스트로 분류하면 전자는 여섯 작품, 후자는 아홉 작품 정도이다. 고학년으로 갈수록 운문 텍스트의 비중이 높아진다. 또한 시대 개념을 적용하여 고전적 텍스트와 현대적 텍스트로 나누어 보면, 전자는 다섯 작품에 불과하고 나머지는 모두 당대적 텍스트이다. 특히 고전적 텍스트에 속하는 작품은 산문으로는 '兎의 간'(「권2-12」)이 유일하며 운문으로는 '時調三首'(「권2-8」), '石潭九曲'(「권3-15」), '時調四首'(「권5-7」), '古詩意譯'(「권5-16」) 등이 해당한다. 즉 조선의 문학적 전통과 역사에서 '가르칠 만한' 산문 작품으로 선정한 것이 단 한 개 작품에 불과하며, 운문 역시 고대에서 신라, 고려, 조선에 이르기까지 다양하고도 방대한 운문 중에서 단지 시조만 선정하고 있을 뿐이다.

그 밖에 [표32], [표33]에서 '텍스트 유형' 외에 제시한 분류 항목으로 '텍스트 영역'이 있다. 이것은 『교육학교과서』의 「조선어급한문교수법」에서 제시한 '교재 선취(選取)' 영역에 따른 분류이다. 앞에서 살펴본 바 있지만(제2장 제2절 2항), 조선어과 교과서에서 교수하도록 제시한 영역은 수신, 역사, 지리, 기타 사회 제반 제도, 자연, 문학, 실업 등 7개 영역으로 오늘날 내용(제재)에 따른 텍스트 분류에 해당하는 것으로 볼 수 있다. 도표로 정리하면 다음과 같다.

다는 것으로 편성의 의도를 분석하고 있다. 이러한 관점은 표면적인 수치로 보면 일면 타당하다고 할 수 있지만 실제 내용을 분석해 보면 보다 더 정교하게 식민주의 문법을 체득시키고 있다는 사실을 알 수 있다. 이에 관해서는 다음 제4장에서 검토할 것이다.

[표36] '교재 선취'에 따른 『신편고등조선어급한문독본』의 텍스트 분류

	수신	역사	지리	기타사회 제반제도	자연	문학	실업	계
권1	8	2	3	2	2	3	1	21
권2	6	1	3	2	4	2	1	19
권3	4	1	2	2	3	5	2	19
권4	6	2	2	1	1	2	3	17
권5	3	4	3	0	1	6	0	17
계	27	10	13	7	10	18	7	93

물론 중등학교 최초의 조선어과 교과서인 『고등조선어급한문』에 비해 『신편고등조선어급한문』에 실린 텍스트 유형이 점차 다양화되는 경향을 보인다 해도 전체적으로는 한결같이 조선인을 식민주의 교육 이념이 상정하는 '충량한 제국 신민'으로 재구성하기 위해 필요한 자질들을 직접 혹은 간접적으로 기술하는 방식의 텍스트가 지배적이다.

이상의 유형 분류를 정리해 보면 조선어과 교과서의 텍스트 유형은 텍스트 내용 및 의도와 긴밀한 관계를 맺으며 도출된 것으로 보인다. 교과서 집필자들은 전파하고자 하는 텍스트의 이념과 목적에 가장 적합한 양식으로 텍스트의 유형을 고안한 것이다. 일제 강점기 조선어과 교과서는 식민지 교육이 식민 통치의 성공을 결정하는 가장 본질적인 요소라는 점을 인식한 식민 지배 권력이 편찬한 일종의 정치적 텍스트인 셈이다. 이런 점에서 조선어과 교과서는 '국어'라는 '감복'시키기 쉬운 표현 매체를 수단으로 한다는 점에서 국가 권력이 지향하는 '국민' 창출에 더할 나위 없이 효과적인 수단으로 활용되기에 충분했던 것으로 보인다. 설명적 텍스트와 설득적 텍스트의 집중적인 배치는 조선어과 교과서를 어문 교과서로 인식했다기보다는 조선어과 수업이라는 공식적 제도권에서 활용할 수 있는 정치적인 이념 교과서로 간주했다는 의미이다. 조선어과 교과서임에도 불구하고 조선어 문법이나 조선 문화

에 관한 어떤 텍스트도 발견할 수 없다는 사실 역시 정치적 텍스트로서 조선어과 교과서의 정체성을 강화한다. 결국 일제 강점기 조선어과 교과서는 텍스트 유형에 있어서도 지배 권력이 교과서를 주관하고 통제하는 국정 시스템의 전제성을 방증하는 대표적인 사례가 된 셈이다.

04 조선어과 교과서와 '조선인' 형성 기획

텍스트의 유형이 텍스트의 내용 및 목적과 긴밀한 관계를 맺는다는 것은 발화자가 특정의 텍스트를 통해 전달하고자 하는 내용이나 의도를 효과적으로 전달하기 위해서는 가장 적절한 언어 사용 방식을 구안한다는 것을 의미한다. 발화자의 의도는 텍스트의 목적으로 연결되며 텍스트의 목적은 수화자를 염두에 둔 텍스트의 작용이나 기능을 통해서 드러난다. 텍스트가 행사하는 제보적 기능이나 호소적 기능, 사회적 상호작용 기능이나 미적 기능 등은 텍스트에 대한 수화자의 반응이나 인식의 최종적 결과를 유발하는 언어적 권력 행사라 할 수 있다. 텍스트는 필자가 글을 쓰는 목적에 따라 텍스트의 소통적·행위적 기능이 발휘될 뿐만 아니라 다양한 유형으로 구안되고 분류된다.

본 연구는 앞의 제3장에서 조선어과 교과서에 선정된 텍스트를 기능적·소통적 관점에 따른 언어 사용 방식에 따라 설명적 텍스트, 설득적 텍스트, 사회적 상호작용을 위한 텍스트, 정서 표현을 위한 텍스트 등 네 가지 유형으로 분류한 바 있다. 설명적 텍스트와 설득적 텍스트가 교과서 전체에서 2/3 이상을 차지하고 있으며 그 내용은 주로 조선의 학생들에게 '미지의 사실'을 인식시키거나 혹은 그들에게 특정한 생각이나 행동의 변화를 요구하기 위한 내용으로 구성되어 있다. 조선어과 교과서 편찬자들은 식민주의 교육 이념과 목적을 효과적으로 전파할수 있는 형식으로 텍스트를 기획한 것이라고 볼 수 있다. 그렇다면 특정한 텍스트 유형 안에 담아내고자 했던 지배 이념은 무엇이며 그 이념적 작용을 통해 새롭게 형성하고자 했던 '조선인'은 어떠했을까? 이번 장에서는 『여자고등조선어독본』과 『신편고등조선어급한문독본』을 구성하는 텍스트의 이념적 기획을 고찰하고자 한다.

조선어과 교과서가 제재별 구성을 취하고 있다는 점은 조선어과 교과서의 이념성을 보여주는 흥미로운 단서이다. 일반적으로 제재별 구성은 읽기가 중심인 독본형 교과서의 특징으로서 특정 가치나 주제 중심으로 구성된 조선어과 교과서도 이같은 구성 방식을 취하고 있다. 제재별로 단원을 구성하기 위해서 먼저 제재는 학습 목표를 실현하는 가장 기본적인 자료가 되는 동시에 학습자의 학습 의욕과 동기를 유발할 수 있는 것으로 선정되어야 한다. 교육 목표를 달성하기 위해서 동원하는 제재가 학습자의 동기나 흥미, 발달 단계에 적합한 것이면서 동시에 교육 목표 달성에 직접적으로 기여할 수 있는 것으로 선정되어야 하는 것은 기본이기 때문이다. 교육을 목적으로 선정되는 글이나 말로서 제재의 중요성은 교과서가 단지 다양한 교수·학습 자료 가운데 하나일 뿐이라는 열린 교재관의 확산에도 불구하고 교실 현장에서는 여전히 가장 중요하고 긴절한 교수·학습 자료로 인식되고 있다. 특히 국정 교과로서 독점적 지위를 누려 온 국어과의 경우 교수·학습 자료로서 교과서의 영향력은 타 교과에 비해 절대적인 위상을 점해 왔다.

교수·학습 자료로서 국어 교과서의 분석은 대체로 두 가지 방향으로 실행되어 왔다. 하나는 교과 내용에 대한 계획을 추상적이고 포괄적으로 제공하는 교육과정을 구체적으로 해석하고 세분화한 것이 교과서라는 관점에서 주로 교육과정에 비추어 교과서를 해석하는 것이다. 국어 교과서에 대한 또 다른 접근은 실제 교수·학습 현장, 즉 교실 수업 현장에 주목하는 것이다. 대부분의 교수자와 학습자는 교과서를 분석하고 재해석하는 활동으로 수업의 대부분을 채워나간다. 이 때 교과서에 수록된 제재가 교수·학습의 기본 매체로 기능한다.

본 연구가 제재에 주목하고 특히 그 제재가 구현하는 주제적 가치에 초점을 두는 것은 국어 교과서와 제재가 맺는 긴밀한 관계에도 기인하지만 한편으로는 일제가 조선어과 교과서를 국정이라는 관찬 시스템으로 포획했던 근본적인 저의가 교과서의 '내용'을 통제하기 위해서였다는 사실과도 관계가 있기 때문이다. <조선어급한문교수법>이 '덕성의 함양'이라는 이념적 주제를 조선어과 교육의 목표이자 내용 구성의 원칙으로 제시하여 조선어과 교육 내용에 대한 국가적 통제를 실행한 것이나 교과서 편찬에서도 '설명적 텍스트'나 '설득적 텍스트' 등 기능과 유형에 따라 텍스트를 편향적으로 배치했던 것도 실은 조선어과 교육의 중심이 '내용'에 있었다는 사실을 방증하는 것이다.[1] 제4장에서는 『여자고등조선어독본』과 『신편고등조선어급한문독본』의 내용을 검토하고자 한다.

---

[1] <조선어급한문교수법>의 '제2절 교수의 재료'에 제시된 언어 자료에 관한 설명을 보면 그 기준이 조선어과 교육의 목표를 지향하는 것이어야 한다는 조항을 찾아보기 어렵다. 가장 중요하고 절대적인 조건이 명시되지 않은 채, 단지 '격언(格言)'과 '탁의화(托意話)', '전기(傳記)', '승사(勝事)' 그리고 사교적인 성격의 '수인사(修人事)', '경조적 서간문(慶弔的 書簡文)' 등의 장르 중심적이거나 가치 중심적인 조건을 제시함으로써 국어과의 언어 자료가 언어 교과의 본질과는 거리가 먼 지점에서 선정되고 있다는 점을 드러낸다.

1. 『여자고등조선어독본』과 '식민지 조선 여성'의 재구성

1) '식민지 여성'의 창출 과정

여성주의적 시각에 의하면 '여성'은 탈역사적이라거나 항구적인 것 혹은 보편적인 개념이 아니다. '여성'이라는 개념은 일정한 의도와 기획 아래 생성되는 구성적인 범주이다. 풀어 말하면 선험적으로 존재하는 어떤 것도 아니지만 그렇다고 '남성'이라는 단일한 힘에 의해 대타적으로 생성되는 단일한 대립항도 아니다. '여성'은 역사의 시기마다 미세한 내파를 일으키며 중층적인 사회적 역학에 의해서 그 의미가 유포되어 지는, 역사적이며 상대적인 개념인 것이다.[2] 따라서 특정한 역사적 맥락에 따라 상상된 규범[3]으로서 '여성'은 언제든지 굴절되거나 해체될 수 있는 문화적인 구성체라고 할 수 있다.

이러한 관점은 일제 강점기 조선어과 교과서인 『여자고등조선어독본』분석에서 보다 유용하다. 『여자고등조선어독본』은 조선총독부가 제2차 조선교육령을 기점으로 조선의 여성 중등 학교에서 교수할 조선어과 교과서로 편찬한 교재이다. 이러한 기획은 식민 통치 전략에서 '조선

---

2) '여자'가 가족적, 사회적인 관계의 호칭에서 벗어나 자립적인 '개인'의 의미로서 사용되기 시작한 것은 1910년대 여성 신지식인층에 의해서이다. 『여자계』, 『신여자』, 『여자시론』 등 1910년대 후반부터 20년대 초에 간행되기 시작한 여성지들은 대상 독자로서 '여자'라는 대상을 상정함으로써 상상적 공동체로서 '여자계'를 구성해낸다. '누이'나 '형'으로 호명되는 이 시기의 '여자'는 인습에 의한 핍박의 대상이라는 기의를 벗어나 새로운 시대에 부응하는 새로운 존재로의 변신에 대한 기대가 담겨져 있는 기표라는 의미를 획득한다. 이 시기 '여자' 혹은 '여성'이라는 기표는 이전의 조선시대의 '계집'이나 '아낙'과는 다른 양상으로 유포되면서 1910년대 후반 담론 공간에서 하나의 규범으로서 기능했다.

3) '규범'으로 작용한다는 말은 균질화될 수 없는 대상들을 '여성'이라는 이름으로 묶어냄으로써 그 대상들에게 표준화되고 추상화된 규준이 작용한다는 의미이다(노지승, 2005 : 13).

의 여성'이 '특별 관리 대상'으로 인식되었다는 것을 시사한다. 조선의 여성은 값싼 노동력으로 활용될 수 있는 경제적인 가치로서뿐만 아니라 '사회적 융합'⁴⁾의 차원과 "식민지 조선의 각 가정에서 일본 내지인의 성질을 이해시켜 일본인과 동화하는 조선인을 길러낼 어머니"(박정애, 1999 : 9)의 효율적인 육성이라는 차원에서도 세심하게 관리하고 통제해야 할 대상으로 간주되었다. 그렇다면 식민 통치의 관점에서 '새롭게' 호명하고자 했던 식민지 여성, 다시 말해『여자고등조선어독본』이라는 조선어과 교과서를 별도로 편찬하면서까지 재구성하고자 했던 '식민지 여성'은 어떤 여성이었을까? 본 절에서는 이같은 질문을 염두에 두며『여자고등조선어독본』의 내용을 읽어보고자 한다. 특히 교과서의 '내용'에 주목하는 것은 교과서가 객관적이고 중립적인 지식 체계의 모습을 표방하고 있지만 실은 매우 유동적이고 상대적인 구성체라는 점 때문이다.

(1) 제거 대상 일 순위, 여성의 '허영'

『여자고등조선어독본』을 통해 최초로 기획한 '여성용' 학습 내용은 무엇일까?『신편고등조선어급한문독본』과 공통적인 단원인 1학년 교과서의 1~3단원을 제외하면, 4단원과 5단원이 여성용 교과서를 위해서 새롭게 편찬한 첫 부분이다. 흥미로운 부분은 두 단원의 주제가 공통적으로 여자의 허영심에 관한 것이라는 점이다.「권1 - 4 - 虛榮心」은 동서고금을 막론하여 사치는 여자만의 그릇된 본성이라고 규정하며 시작한다. 모든 부덕의 소치로서 여성의 사치는 '가정의 문란'과 '조선 전래의 가산을 탕진'하게 하는 사회적 불의의 주범으로 설명되고 있다. 그런데 이 정신적, 사회적 악습에 해당하는 사치라는 것은 여성에게만 고유한

---

4) 原象一郎,「朝鮮の旅」, 1914, 大野謙一,『朝鮮敎育問題管見』, 朝鮮總督府學務課, 1936, 304쪽에 재수록.

속성이므로 근대적인 교육을 받은 여성이 그렇지 않은 여성들과 차별화되려면 자신의 몸과 마음에서 이 고질적 본성부터 제거해야만 한다. 이러한 주장은 허영심을 여성의 전근대적인 무지와 동일시함으로써 '교육받은 지식인 여성→검소한 여성→근대적인 여성'이라는 도식을 공식화한다. 결국 근대적인 지식인 여성이 갖추어야 할 가장 근본적인 조건으로 허영의 제거를 제시하고 있는 셈이다.

이어지는 「권1-5-貴婦人과 밀가루장사」는 귀부인의 목걸이를 밀가루 장사의 돌절구와 비교하여 '소용'과 '이익'에 닿지 않는 보석 등의 사치품이야말로 아무 짝에도 소용없는 것이라고 강조한다. 특히 값비싼 보석류로 치장한 여자를 가리켜 "한갓 갑만은 寶石이나 華麗한 裝飾品을 가지고, 無智한 村民들에게 자랑하는 것으로써 歲月을 보내는 以外에는, 아모것도 할일이 업"는, '암매(暗昧)'한 인물로 규정하고 있다. 밀가루 장사의 돌절구는 100원이라는 초기 투자금액으로 매년 40원이라는 이익을 산출하는 매우 경제적이고 실용적인 생필품이지만, 여성의 액세서리는 아무런 실익이 없는 비경제적인 장식품에 불과하다는 실용주의적 관점에서 여성의 허영심을 비난하고 있다. 이때의 실용주의란 물론 식민기획의 일종으로서 근로주의의 획책을 기도하는 실용주의에 가까우며, 이 관점에 의하면 여성의 소비 지향은 제국 통치의 논리인 근로 정신에 위배되는 부정적인 속성에 해당한다.

두 단원의 논리는 허영과 사치에 빠진 여성 대개를 신식(時體)을 추앙하고 따라가기에 급급한 이들로 규정하고 나아가 "時體는 大槪 虛榮心으로부터 생기는 짜닭"이기에 '신(新)'에의 열망 그 자체를 무지하고 전근대적인 허영심의 발로로 간주한다. 이 때 '신(新)'을 욕망하고 추종하는 여성들이란 당시 1920년대 조선 사회에 새로운 사회적 아이콘으로 급부상하고 있었던 '신여성'을 암묵적으로 지시한다고 볼 수 있다. 당시

신여성들이 보여준 외모에 대한 적극적인 관심을 사치와 허영, 나아가 섹슈얼리티와 연결하면서까지 부정과 단죄의 대상으로 낙인찍는 행위는 당대의 사회적 담론뿐만 아니라 제도적 교육 매체인 교과서를 통해서도 행해졌던 것이다.

1학년 첫 부분에서 허영심에 빠진 여성에 대한 강력한 배격은 4학년 마지막 단원에서 추앙해야 할 모범적 전형을 제시하는 것으로 논리를 완성한다. 「권4-24-신흠의 처 이씨」는 여학생들이 존경해야 할 인물로 '신흠의 처 이씨'를 제시한다. "부인 중에 사행잇는 분을 논할 때 이씨로써 首位를 삼"아야 하며 그 이유는 "조곰도 外觀을 飾함이 업"는, "勤儉"이기 때문이라고 단언한다. 결국 조선어과 교육이 제도적으로 본격화된 이래 최초의 여성용 조선어과 교과서로 편찬된 『여자고등조선어독본』이 1학년에서부터 4학년 교재에 이르기까지 일관적으로 제시하고 있는 허영에 대한 경계는, 식민 지배국의 입장에서 충량하고 부덕있는 제국의 여성5)으로 조선의 여성을 재탄생시키기 위해 가장 우선적으로 실현해야 할 과제가 조선 여성의 몸에서 허영이라는 '나쁜' 피를 제거하는 일이었다는 것을 시사한다. 그렇다면 지배국의 편에서 식민지 여성의 허영은 왜 문제적이었을까?

1920년대~30년대를 보여주는 신문, 잡지 중 몇 부분만 훑어보더라도 당대 사회의 담론 장에서 특히 경성의 여성을 소비와 허영으로 연결하는 논의는 뜨거운 테마였음을 알 수 있다. 일반적으로 여고보생을 지칭하는, 이른바 '신여성'6)의 소비 행위는 허영과 사치로 등치되었으며 그

---

5) 제2차 조선교육령에 의하면 "여자고등보통학교는 여생도의 신체의 발달 및 부덕의 함양에 유의하여 이에 덕육을 베풀고 생활에 유용한 보통의 지식 및 기능을 교수하여 국민으로서의 성격을 양성하고 국어에 숙달시키는 것을 목적으로 한다." 식민지 여성 교육 기획은 조선 여성을 부덕있는 국민으로 양성하는 것을 목적으로 제시했다. 이에 대한 자세한 논의는 앞의 제3장 1절 1항 참조.

들의 우산이나 양산, 시계, 허리띠, 손수건, 핸드백, 안경 그리고 화장품, 향수에 이르기까지 모든 소비 항목들은 남성 논객들의 담론의 대상이 되었다. 신여성들은 식료품은 없어도 쌀 두 가마에 맞먹는 구두는 반드시 사야 했고 값비싼 향수를 사서 연애편지에 뿌리거나 혹은 쓰개치마 대신 사용하기 시작한 우산이 1920년대 중반이 되면 본래의 용도와는 관계없이 "서울의 여자들은 날 조흔 째나 혹은 밤중에도 우산을 밧고 다니는 우수운 습관"[7]으로 유행되고 있다는 식이었다. 여성의 소비 지수는 이제 계측이 어려울 정도에 이르렀다는 식의 기사들을 1920~30년대 미디어에서 접하는 것은 더 이상 낯선 일이 아니었다. 이러한 보도들은 대개가 조선의 여성들이 옷맵시, 머리나 얼굴 치장 같은 물질적 향락과 사치에만 열성적이어서 "왼 집안이 다 주리고라도 자긔 한 사람만 각구어 주어야 만족"한다거나[8] 부모는 쌀값도 없어 허덕이는 데 그 집의 딸인 여학생은 여름용 흰 구두와 양산을 살 궁리만 하고 있다[9]고 질책하면서 소비하는 여성을 "전래의 풍속과 도덕"마저 상실한, "모던 걸/못된 걸"로 규정해 버린다.

---

6) '신여자' 혹은 '신여성'이라는 어휘는 1910년대부터 조금씩 사용되기 시작하다가 1920년대 들어오면 대중적으로 친숙한 어휘로 자리잡게 된다. 신여성의 개념 범주에 대해서는 명확하게 정의내리기 어렵지만 신교육의 수혜 여부가 신여성의 중요한 한 조건으로 작용하기는 했다. 대체로 신여성이라는 개념은 시대와 상황에 따라 그 의미와 범위가 유동적으로 규정되면서 변화를 겪었다고 보는 것이 지배적이다. 본 연구 역시 이와 같은 일반적 논의를 따라 주로 여고보에 재학 중이거나 졸업한 여성들을 일컫는 용어로서 사용한다. 이를 뒷받침하는 논거는 다음과 같다. 예컨대 "신지식을 배혼사람을 신녀성"(유광렬, 「장처는 사람, 단처 몃가지」, 『신여성』, 1925년 6월, 7쪽)이라 한다거나 혹은 "중등 정도의 지식이 잇서서 신사상 신풍조를 이해함으로 해서 신식녀성이라 하고"(이성환, 「신여성은 칠덕이 구비」, 『별건곤』, 1928년 7월) 등이다.

7) 관상자, 「여성의 잡관잡평」, 『신여성』 4권 3호, 1926년 3월, 51쪽.

8) 심상덕, 「녀학생의 아홉가지 잘못」, 『신여성』 2권 5호, 1924년 7월, 44~45쪽.

9) 목성記, 「은파리」, 『신여성』 2권 5호, 1924년 7월, 35쪽.

물론 도시와 농촌 가릴 것 없이 극도의 빈곤이 지속되고 있던 당시 외제 물품이 넘쳐나는 진고개(현 충무로)에서 구두나 양산 같은 수입 명품을 사지 못해 안달하는 행위는 사회적으로 비난받을 만하다. 따라서 때로는 격앙된 목소리로 때로는 풍자와 희화화의 목소리로 신여성의 허영심을 비난했던 당시의 지배적 담론과 관련시킬 때 『여자고등조선어독본』의 내용 편성은 시의성을 적절하게 반영한 것으로 볼 수 있다. 일반적으로 교과서는 지식의 변화나 교육 이론의 변화에 따라 그 내용이 기획되기도 하지만 사회 여건이나 정치·사회적 지배 이데올로기의 변화에 의해서도 개정되기 때문이다. 그런 점에서 본다면 조선 여성의 허영심은 당대 사회적 담론장을 이끌었던 조선의 남성 논객들은 물론 식민 교육 기획의 주체였던 조선총독부의 편에서도 문제적이었다. 『여자고등조선어독본』이 교수되었던 1920년대 중반 조선의 신여성은 식민 지배당국의 남성과 식민지 조선 남성이 양쪽에서 가하는 공격의 장에 서 있었던 셈이다. 모순적이지만 식민지 조선 남성과 식민 지배자의 공통적인 주장대로 허영과 사치는 분명 부정적인 속성이다. 그것은 교과서 편찬자가 강조하는 대로 '가정 문란'까지 야기할 수도 있으므로 '교육을 바든 숙녀'나 '수양에 뜻잇는 부인들'이라면 경계하고 배격해야 하는 종류임에는 틀림없었다.

  그러나 조선 여성의 소비 행위에 대한 경계와 비난이 조선 남성의 경우도 마찬가지였지만 식민 지배국의 입장에서도 일반적이고 범도덕적인 의미에서 가해진 공격이라고 보기는 어렵다. 두루 알려진 바와 같이 당시 여성의 기표로 유행했던 단발이나 양장, 구두 등을 통해 추구된 서구적인 스타일은 단순히 외모의 변화를 반영하는 표식이 아니라 여성으로서 자아의 변화와 전통적인 성적 인습에 대한 도전을 의미하는 것이었다. 이전에는 답답한 장옷 속에 감추어져 있었던 얼굴과 긴 한복

치마 속에 숨겨졌던 신체 라인 등이 편리함의 수용이든 유행의 일부이든 간에 여성의 곡선미를 살린 서구적인 양장과 구두로 대체되어 조선의 거리에 드러났다. 사회의 시선 속에 가시화된 여성의 몸은 단순히 신체적인 해방을 의미하는 것만이 아닌 여성의 주체적인 자각을 상징하는 기표로 읽혔다.

> 오이씨가튼 발을 사나희들은 조하햇습니다….
> 그러나 당신들은 우선 발부터 해방되엇습니다….
> 양말을 칙혀신고 가벼웁고 튼튼한 맵시잇는 구두를 신고 뚜벅뚜벅 아스팔트 위로 거러다니고….
> 당신들은 활발하고 튼튼해젓습니다 그것은 당신들의 발에 자유가 온 싸닭입니다
> 완전히 사나희들은 노리갯감은 아닙니다
> 구두를 신고 길을 다 나오십시오
> 당신들은 너무도 오래 골방속에 갓첫섯습니다
>
> 정순애, 「발」, 『여성』, 1937년 2월호, 48쪽

'오이씨 같은 발'이 버선 속에 감추어진 발로서 전통적인 여성의 이미지를 표현한다면 가볍고 맵시 있는 구두 속의 발은 자유를 맞이한 발로서 근대적인 여성의 이미지를 나타낸다. 조선 여성에게 있어 맵시 있는 양말과 구두는 '골방 속에 갓첫섯'던 여성을 '활발하고 튼튼'하게 '자유'의 대로로 자신 있게 나서게 하는 해방의 기호로 인식되었다. 여성의 달라진 의상과 외모는 실용과 편리를 넘어선 새로운 '자유'의 표현이었다. 그것은 골방으로 상징되는 전통 사회와의 결별과 봉건적 억압으로부터의 탈출을 의미하는 표식으로서 당당한 사회적 주체로서의 여성을 선언하는 방법적 도구였다.

자유와 해방의 표상으로 사회의 전면에 등장하기 시작한 조선 여성

의 존재가 조선 남성에게 봉건적 가부장제에 대한 도전으로 읽혔다면 식민 지배국의 입장에서는 '부덕 함양'과 '국민된 성격의 도야'를 강조하여 제국의 어머니로 식민 여성을 효율적으로 훈육해야 하는 점에서 불온한 대상으로 인식되었다. "내 몸이 아깝거늘 어찌 남의 일만 죽도록 보아주고 남을 편하게 해 주기만으로 일생을 보낼 수 있으랴"고 주장하며 이제부터 "내 몸이 귀엽고 사랑스럽고 아껴야 할 것을 잊지 않도록 되어야 하겠다"와 같은 '몸' 예찬이 "여성의 해방, 자유, 평등"[10]을 주장하는 담론으로 심화되는 것은 자연스런 논리이기 때문이다.[11] 따라서 지배국 편에서는 제도적인 교육 시스템을 가동하여 하루빨리 조선의 여성을 불온에 전염되기 전에 분리해 내어 융화적인 '식민지 여성'으로 새롭게 구성하는 것이 시급했다. 이를 위해 자신의 몸에 대한 여성의 관심을 퇴폐나 허영으로 등치시키고 '가정문란'을 야기하는 반(反)전통적인 자질로 반복 학습시킴으로써 여성의 몸 혹은 여성 자아에 대한 인식을 제도적으로 차단하는 작업이 식민지 여성 교육에서 수행해야 할 최우선적인 과제로 부각되었다. 여학생의 몸에 교복을 입혀 여성의 신체를 규율했던 것과 마찬가지로 몸에 대한 여성의 관심을 성적(性的) 부정으로 맥락화하여 또 다른 형태의 규율 장치로 삼았던 것이다. 의복이나 구두, 장신구에 대한 욕망을 서구적인 허영이나 근대적 퇴폐로 부정시하여 배제하는 논리를 『여자고등조선어독본』을 학습하는 여고보생들은 조선어과 수업에서 매 학년 학습해야만 했다. 성적으로 문란한 여성과 소비하는 여성은 모두 규율 권력 아래에서 '통제 불능'[12]

---

10) 나혜석, 「나를 잊지 않는 행복」, 『신여성』, 1924년 8월
11) 새로운 서구의 가치관을 받아들이고 자유와 해방의 분명한 길을 발견한 여성들의 사회적 활동은 그 자체로 사회적 정체성의 위기를 촉발시키는 계기가 되었다(김진송, 1999 : 204).
12) 리타 펠스키, 『근대성과 페미니즘』, 거름, 1998, 112~129쪽.

의 여성으로 부정되거나 삭제되었다. 식민당국은 조선의 여성들을 식민 기획에 적합한 여성으로 재편하기 위해 교정하고 훈육해야 할 대상을 찾아야 했으며 허영은 제거대상 일 순위 항목으로 포획되었던 것이다.

(2) 노래 부르는 조선 여학생

(가) 이 學校에서는 生徒의 體育과 趣味的 敎育에 特히 留意하야, 언니가 在 學하시든 時代보다는, 아조 面目이 一新하야젓습니다. 그럼으로 有名한 書畵를 收集하야 展覽會를 開하며, 音樂大家를 招請하야 音樂繪를 開하 며, 或은 기회를 딸아, 學德이 兼備한 名士를 招聘하야 講話會를 開催하 는 등, 情緖의 敎養과 婦德의 涵養에 필요한 見聞을 넓혀 주시고,

「권1-6-留學가신 언니에게, 25쪽」

(나) 五月 十六日 金曜 晴
朝陽에 빗취는 나무 닙희물방울이 完然히 水晶갓다. 學校에 가본 즉 모 다 庭球에 熱心하고 잇다. 春期競技會가 갓가워졋슴으로, 李氏, 張氏, 諸 葛씨 등 選手班 의 猛烈한 練習은, 實로 相當한 敵手라하겟다.
實로 我等女子들도, 勝敗는 엇더튼지 運動으로 因하야 體力을 增進하고, 體格을 훌늉하게 만드는 일은, 如何한 點으로 生覺하든지 必要하다.

「권4-6-日記中에서, 39~40쪽」

위 두 인용문은 일제 강점기 여고보가 주력하는 분야가 무엇인지를 잘 보여준다. (가)는 여동생이 유학 간 언니에게 보내는 편지로 구성된 단원의 일부이다. 언니의 모교에 재학 중인 여동생은 언니가 재학하던 시절보다 학교가 학생들을 위해 다양한 체험의 장을 열어주기 위해 애 쓰고 있다는 사실을 은근히 자랑한다. 학교에서 특히 '유의'하는 교육은 '체육과 취미적 교육'이다. 이를테면 학생들을 위해 "有名한 書畵를 收 集하야 展覽會를 開"한다거나 "音樂大家를 招請하야 音樂繪를 開"하는 등 주로 "情緖의 敎養과 婦德의 涵養"을 위한 기회를 제공하기 위해 노

력하는 모습을 보인다. (나)는 정구대회 준비에 여념이 없는 여학생들의 모습을 보여준다. 1920년대~30년대에는 여학생들 사이에 핑퐁, 정구, 테니스, 빠스켓볼, 스키, 골푸, 수영에 이르는 다양한 운동이 유행했다.[13] 운동의 보급은 주로 학교의 교과 수업은 물론 비교과 활동을 통해서도 이루어졌다. 여학생들의 "신톄를 건강하게 하기 위하야서 쏘한 신톄의 완전한 발육을 도모하게 하기 위해서 반다시" 운동이 필요한 것으로 인식되었기 때문이다.

이와 같이 그림 전시회를 관람하거나 음악이나 정구를 즐기는 여학생의 모습을 조선어과 교과서를 통해 강조하는 것은 조선어과 교육의 본질을 고급 지식의 습득이나 인문사회학적인 다양한 진리 탐구가 아닌 예체능 교육을 통한 '취미' 계발이나 '정서' 함양에 두고 있다는 의미이다.[14] 여기에는 여성들이 학문과 진리를 탐구하는 과정에서 이성과 자유에 대한 열렬한 긍정이 사회적 양심이나 정의의 형태로 분출되는 것에 대한 정치적인 우려가 전제되어 있다. 효율적인 식민 통치를 위해 요구되는 여성은 정치적, 사회적 이념을 비판하거나 다양한 문화적 상징을 창조하고 전달하는 데 주로 종사하는 '지식 여성'이 아니라 부덕을 갖춘 '보통 여성'이면 충분했다. 따라서 식민당국은 교육 정책상 여성지식인 양성을 목적으로 하는 철학적 사상이나 인문학적 지식과 관

---

13) 연구공간 수유+너머 근대매체팀, 『신여성』, 한겨레신문사, 2005, 97쪽.
14) 식민 여성 교육에서 음악의 강조와 보급은 문학적 인물의 형상화에서 대부분 부정적으로 그려지고 있다는 점은 흥미로운 점이다. 가령 염상섭의 작품에는 근대적인 교육을 받은 여성인물들의 경우, 대부분 음악을 전공하거나 음악에 뛰어난 재능을 보이는 이들이 많이 등장한다. 「제야」의 정인은 음악학교 시험을 치렀으며, 「만세전」의 을라 역시 C음악학교에 다니고, 「사랑과 죄」의 마리아는 성악가이며, 「광분」의 경옥 또한 일본에서 유학을 했으며 자신이 '음악회'까지 개최한다. 이에 대해 김윤식은 근대적인 교육을 받은 여성에게 있어 음악은 자아와 개성의 실현을 목적으로 하는 예술, 근대교육의 일환으로 인정되기보다는 사치나 허영의 발로로 분석한다. 이에 관한 자세한 논의는 김윤식(1987 : 271) 참조.

련된 교과는 기초적인 이해 정도로만 교수하고 주로 '정서'와 '부덕'의 소양과 관련된 기예 교과를 장려했다.[15] 『여자고등조선어독본』은 노래와 운동에 즐겁게 몰두하는 여학생들의 일상을 교과 내용으로 빈번하게 소개함으로써 음악과 스포츠의 내면적 배치를 유도했다. 그렇다면 조선어과 교과서를 통해 반복적으로 등장하는 창가, 조선의 여학생들이 수업 시간은 물론 가정에서도 장기 자랑하듯 가족들 앞에서 부르고 있는 창가는 어떤 노래일까?

음악 교과에 해당하는 <창가>가 공교육 제도의 커리큘럼에 포함되기 시작한 것은 다른 교과와 마찬가지로 1906년 각종 칙령과 학부령의 공포에서 비롯된다. 보통학교에서는 <창가>, 상급학교에서는 <음악>이라는 명칭으로 등장한 <음악> 교과는 노래 부르는 것 이외에 악기 사용법과 기악곡까지 포함하는 것이었다. 일제 강점기 음악 교육의 목표는 "심정을 순정하게 하고 미감을 양하여 덕성의 함양에 자함"에 있었다. '미감'과 '덕성'의 함양을 목표로 하는 음악 수업에서 주로 배웠던 창가는 어떤 내용의 노래였을까?

다른 교과 정책과 마찬가지로 통감부는 학부 시기에 편찬되었던 음악 관련 서적을 '불량창가' 혹은 '허가를 받지 않고 출판한 책'이라는 이유로 모두 발매 금지한 후 일본의 음악 교과서인 『심상소학창가』(일본

---

15) 교과별 차이는 각 교과의 교수 목적에서 명확하게 드러난다. 가령 고보와 여고보의 동일한 교과로 편성되었던 <수학>교과의 경우 여고보에서는 '산술' 중심으로 하되, 대수 및 기하의 경우 '초보적'인 지식만 가르치도록 규정을 두고 있으나, 남학생을 대상으로 하는 고보의 경우에는 '산술', '대수', '기하'와 '삼각법'에 대한 체계적인 지식을 교수하도록 하고 있다. 반면, <음악>과의 경우에는 남보고의 경우 교과목 명을 '창가'로 하여 단지 '가곡을 부를 수 있게 하'는 것에 그치는 반면, 여고보의 경우에는 '음악에 관한 지식, 기능'과 '창가는 가곡을 부를 수 있게 하'는 것을 모두 교수하도록 하고 있는 것이다. 수학이나 역사, 외국어과에서는 여고보의 경우 초보적인 지식만 교수하도록 하는 반면 체조나 음악과의 경우에는 오히려 더 체계적인 지식과 기능을 쌓을 수 있도록 지침을 내리고 있는 것이다.

서적주식회사, 1905)와 『신편교육창가집』(개정판, 1906)을 사용하게 했다. 여기에 실린 창가는 가사가 모두 일본어로 되어 있으며 곡은 일본의 전래 창가와 일본인이 새로 작곡한 창가가 중심이었다. 이후 한국 최초의 음악 교과서라는 교육사적 의미를 갖고 있는 『보통교육창가집』(1910~1913) 역시 가사는 조선어로 표기되었지만 한 곡을 제외한 전 곡이 모두 일본 창가집에 수록된 곡을 재수록한 일본 노래이다.16) 가사 내용이 주로 학교 교육과 자연을 소재로 한 것이 많은 것으로 보아 재수록시 의도적으로 국가나 민족, 향토와 관계된 곡은 배제한 것으로 보인다. 이후 『신편 창가집』은 수록된 41곡 중 대부분이 일본어로 되어 있으며17), 일본의 '기미가요'를 비롯한 의식 창가를 많이 수록하고 있다. 1920년에 출판된 『보통학교 창가서』 역시 1학년 교과서의 8곡을 제외하고는 2학년~4학년 교과서의 가사가 모두 일본어로 되어 있다. 이 경우 4학년 교과서를 제외하고 나머지 학년 교과서는 모두 일본에서 인쇄했다.

조선총독부는 식민 통치 기간 동안 전부 20권의 음악 교과서를 발행하였고 총 545편의 창가를 학교 음악 시간에 보급했다. 이들 창가는 주로 일본인이 작곡하고 일본어로 표기된 일본 창가가 대부분이었다.18) 따라서 "玉卿이(季妹)도 벌서 普通學校 一學年이되여서, 夕飯後에는 唱歌 練習하는 소리에 家內가 아조 盛況을 닐우옵니다"(「권1-6 留學가신 언니에게」)나 "금일은 토요일인 고로, 저녁에는 음악회가 개최되옵나이다. 그러함으로 '우리들 일년생은'이라는 창가를 합창하게 되여서, 벌서 삼사

---

16) 「例言」과 27곡으로 구성되어 있는 이 책은 김인식이 작곡했다고 알려진 「표의」 이외에는 모두 일본 창가집에 수록된 곡이다(오지선, 2002 : 46).

17) 나머지 3곡 중에서 2곡은 일본어 가사를 한국어로 번역한 것이며 나머지 1곡만이 한국의 전래동요 가사를 사용한 것이다.

18) 물론 일본에서 수입한 서양노래나 조선총독부에서 현상모집 또는 위촉하여 모은 가사를 일본의 작곡가에게 위촉하여 만든 '총독부 창가'도 있지만 일본인에 의해 만들어진 창가에 비하면 소수에 불과하다.

차나 연습을 하얏삽나이다."(「권1-23-近狀을 報告키로하야 舊師께」)와 같이 보통학교에 재학 중인 여동생이 혹은 동문 재학 중인 동기들이 열심히 부르는 창가는 가사와 리듬이 모두 일본 노래였던 것이다. 이는 "일본 고유의 선율과 리듬을 인식"시켜 "민족 정신을 고조시키는 것"[19]을 핵심으로 하는 음악 교육 정책을 반영한 것이었다. 따라서 교과 자료로 선정된 창가는 "명랑쾌활한 것으로 하되 비애를 내포하는 센티멘탈한 것은 삼가" 궁극적으로 "국민성 도야"에 필요한 가사로 이루어진 것이 선정되었다. 요컨대 식민지 교육 정책은 창가를 적극적으로 유포하고 유행시킴으로써 식민지 학습자의 음악적 미감까지 정치적으로 관리하고 통제하려 했던 것이다.

(3) 다시 배우는 '가사'

『여자고등조선어독본』을 구성하는 내용 중에서 '가사' 관련 영역은 일제 강점기 내내 전 교과의 1/3 정도를 차지할 정도로 비중 있는 내용으로 다루어졌다. 기예 교육보다 '학과(學課)' 중심의 일반 인문 교육을 요구하는 주장이 여성 교육과 관련해서 끊임없이 제기되었는데도 실용을 표방한 '가사' 교육은 여성 교육에서 언제나 중요한 비중을 차지했다. 여성의 사회 진출이나 직업 활동을 위한 고려가 거의 없었던 식민지 교육 정책은 '가사'를 여자의 본성에 적합한 것으로 파악하고 여성용 조선어과의 전 학년 교과서를 통해 가사과에 해당하는 내용을 집중적으로 학습시켰다. 이를테면 "가사과에서 배운 세탁법을 응용하야, 여러가지 의복을 빨아 보앗"더니 "어머님께 稱讚을 들엇다"(「권4-6과 日記중에서」)는 식의 내용은 조선어과 교과서에 매우 빈번하게 출현한다. 재봉법(「권

---

19) 西川末吉, 『各科教育の動向』, 三重出版社, 1935, 124~135쪽, 오지선(2002 : 53) 재인용.

1 - 15 - 裁縫」)이나 의복손질법(「권3 - 12 - 衣服과 精神」), 청소하는 법(「권4 - 21 - 掃除」), 하인 다루는 법(「권3 - 20 - 下人에 對한 注意」) 같은 실제 일상 가정생활에 필요한 기능과 관련된 '家事的'인 내용들이 조선어과 교과서의 중요한 내용 영역이었다. 이들 대부분은 여성들로 하여금 "陋屋과 小庭이 淨潔하게 掃除되지 못한 것은, 醜女가 그 몸맨도리를 團束지 아니한 것과 갓고, 家屋도 輪奐하고 階庭도 廣闊한대, 잘 掃除를 하지 아니하야, 마루에는 塵埃가 싸이고, 툇돌은 雜草에뭇쳐잇음은, 美人이 침과 코물을 흘니는 것과 갓"다고 하여 여성의 몸과 청소를 동일시하거나 "의복이란 사람의 정신, 품격, 기거동작"을 나타내는 것으로서 "의복과 부인은 분리할 수 없는 관계"(「권1 - 15 - 裁縫」)라는 식으로 여성과 가사를 동일시하는 논리로 일관한다. 이 같은 사실로 볼 때, 여성용 중등 조선어과 교육은 교과의 성격과는 무관할 정도로 '가사적'인 단원들로 배치되었다. 재봉법이나 청소법 등은 학교에서 군이 배우지 않아도 되는 것들이므로 쓸데없는 교육이라는 비판에도 불구하고 식민당국은 식민 통치 내내 '가사'를 강조했다.

1910년대에 비해 1920년대에는 여고보의 교과 시수에서 <재봉>이나 <가사>의 비중이 대폭 줄어들었으며 교과목 자체도 1910년대에 강세를 보이던 기예 교과 대신에 일반 교과가 강화되는 경향을 보였다.[20] 1920년대로 들어오면서 실용·기예 과목이 점차 일반적인 인문교양교

---

20) 1차 조선교육령기 여고보 교과과정과 교수 시간표에 의하면, <裁縫手藝>가 전체 93시수 중에서 30시수, '이과 가사'가 10시수를 차지함으로써 총 93시수 중에서 40 시수가 가사과 영역(가사, 재봉, 수예)에 해당하여 44%를 차지한다. 그런데 2차 교육령기에 이르면 <裁縫及手藝>를 분과하여 <裁縫>을 정규과목으로 <手藝>는 수의 과목으로 배정하고, <理科家事>에서 <家事>만을 분리하여 전체적으로 시수를 줄이게 된 결과가 되었다. 5년제 과정 총 120시수(실제로는 4년제로 운영, 따라서 통계에서도 5학년 시수는 제외하였다)에서 <가사>와 <재봉>을 합하여 22시수로 할당하여써 전체 시수 중 18.4% 정도만을 유지시켰다.([표4], [표5] 참조)

육으로 이행하였던 것은 여성에 대한 차별적 교육 내용에 대한 반작용으로서의 성격이라고 지적하기도 하지만, 교과 편제의 속 내용을 들여다보면 여성 교육 정책이 달라졌다고 보기에는 다소 미심쩍은 측면이 있다. 실제로는 '가사'과에 해당하는 내용의 일부를 새롭게 편찬한 조선어과 교과서에 수록하고 있기 때문이다. 여성용 조선어과 교과서는 권1에서 권4에 걸쳐 '가사적'인 내용을 한 단원씩 반드시 배정하고 있다.21) 2차 교육령기에 조선어과 시수가 상대적으로 적게 배정되었다는 점을 미루어볼 때, 조선어과 수업에서 실행한 가사과 내용은 결코 적은 양이 아니었다. 조선총독부는 1차 교육령에서 2차 교육령으로 개정하면서 표면적으로는 가사 중심의 실용교육에서 학과 중심의 인문교육으로 무게중심을 옮기는 듯한 포즈를 취했다. 그러나 다른 교과로 내용의 일부를 이동하여 편제했다는 점을 고려하면 결과적으로는 가사 중심의 실용교육 중시라는 교육 정책은 꾸준히 견지했던 것으로 볼 수 있다.22)

식민 지배국의 입장에서 변화된 환경에 맞게 '가사'는 새롭게 적응해야 할 필요가 있었다. 단순히 재래의 전통적인 가사가 아닌 '시간과 노력과 경제' 관념에 준한 새로운 '가사'가 행해져야 했다. 이를테면 "여하히 하면 시간과 노력을 생략하고 여하한 재료를 선택하면 경제가 될는지, 연구를 불태하고 개량을 勵行해"서 "사회진보에 적응케"(「권1-15-裁縫」)하는 근대적 경제관념은 가사의 제도적 학습의 근거를 제공했다. 시간과 노력의 도구화를 통한 경제적 효율을 도모하는 교육적 관점이 가사 교육의 실질적인 명분으로 대두되었다. 이제 <가사>는 '위생' 관

---

21) 직접적으로 '가사'가 중심 제재인 단원은 권1의 경우 「裁縫」, 권2의 「忌祭禮」, 권3의 「衣服과 精神」, 권4의 「掃除」 등이며 간접적 혹은 부분적으로 가사와 관련된 실용지식을 강조한 단원까지 합하면 그 비중은 보다 높아진다.
22) 역으로 말하면 이것은 조선어과의 교과적 정체성이 불분명했다는 사실을 보여주는 것이기도 하다.

넘처럼 새롭게 '학습'해야 하는 근대적인 과목이 된 것이다. 동일하게 집안일을 하더라도 재료와 방법을 달리하면 보다 경제적으로 할 수 있다는 내용이 조선어과 교과서를 통해 지속적으로 교수되었다. 의복 세탁이나 청소가 수학이나 과학처럼 응용 가능한 분야로 격상되었으며 재봉은 단순히 의복을 짓는 행위 정도가 아니라 화가의 그림처럼 전시되어 가격으로 평가되는 예술 행위의 일종으로 승화되었다. "음식에 대한 영양가를 모르고, 의복에 대한 지식이 없으며, 주택에 의한 위생적 관념이 박약하고 양로와 간호 등에 상식이 부족하며 위대한 사명의 육아법을 소홀히 행함으로 전도양양한 어린 싹을 무참히도 정신과 육체의 불구자를 만들고 내조자의 큰 의무를 망각하여 자신과 일가족에 불행을 가져"[23]왔던 식민지 조선의 여성들을 위해 '가사'는 다시 학습되어야 했다. 식민지 조선 여성들이 "본래 넉넉지 못한 조선 사람의 살림살이로 서양문화 일본문화에 따루 차림차리를 하자한들 이것이 경제상 許치를 아니"할 뿐만 아니라 조선의 현실과 유리된 교과 내용이라는 비판에도 불구하고 <가사>는 "전문적 과학적 지식" 교과로 '새롭게' 교수되었다. <가사>는 '시간과 노력과 경제'의 관점에서 "현대의 진보된 과학을 이용하여 합리적이고 경제적으로"[24] 학습해야 하는 근대적인 실용 지식 교과로 그 지위를 부여받았다.

근대적 교과로서 가사의 위상은 여고보의 교과적인 측면은 물론 비교과적인 측면에서도 두루 확인할 수 있다. 가령 여고보에 설치된 재봉실은 가사의 전문성을 보여주는 근대적인 공간 장치이다. 오늘날 가사 실습실에 해당하는 재봉실은 <재봉수예> 수업을 진행하는 별도의 수업 공간으로서 이 교과가 과학 실험처럼 독립적인 공간에서 학습하고

23) 최마리아, 「가사전문 이야기」, 『이화』4, 김혜경(1998 : 154)에서 재인용.
24) 申東起, 「文化生活의 意義」, 『新家庭』, 1921년 7월, 31쪽.

실습해야 하는 전문적 과목임을 시사한다.[25] 또한 당시 각 여학교에서 개최했던 바자회나 요리 실습회 역시 가사의 근대적 교수의 의의를 보여주는 상징적 사례이다. 일제 강점기 바자회는 오늘날처럼 기금 조성을 위한 사회사업의 성격을 지닌 것이 아니었다. 다음 기사는 당시 여학교에서 개최했던 바자회의 성격을 잘 보여준다.

> 시내 수송동 숙명여자고등보통학교의 창립 이십주년 기념으로 열릴 바자회는 오는 22일 23일 양일간에 동교 강당 안에 진열할 터이라는데 제1학기부터 수백 명 학생들의 고운 솜씨로 고이고이 만든 가지각색의 편물, 재봉수예품과 금년 하기 휴가를 이용하여 숙제로 하여 온 수천 점의 작품을 벌써부터 보기 좋게 진열할 준비를 하는 중이라는데 특히 우리조선사람 가정에 취미와 실익을 도움기 위하여 실비만 받기로 되었다 하며 입장료는 무료나 대회 제1일인 22일은 오전 9시부터 오후 5시까지 등교의 초대권을 가진 이에게만 한여 입장을 허하여 관람케 하고 제2일인 23일 오전 9시부터 오후 5시까지는 일반에게 관람케 하여 즉석에서 판매케 하리라더라
>
> (「淑明 創立紀念」『동아일보』, 1926년 10월 19일)

전통적인 관점에서 보자면, 재봉과 수예, 자수, 요리 등은 근대적인 교육을 받지 않은 여성들, 즉 구여성도 할 수 있는 일이다. 따라서 식민 지배국의 입장에서는 '교과로서의 가사'를 '전통적인 가사'와 차별화할 논리가 필요했다. '바자회'나 '요리 실습회'는 근대 교육을 받은 여학생들의 가사가 다르다는 점을 공적으로 선전할 수 있는 기회로 제안된 것이다. 이러한 공적 행사는 근대적 교과 영역으로 학습한 재봉법이나 수

---

25) 1930년 배화여고보의 교사(校舍)는 상층·중층·하층과 천정실로 이루어져 있었다. 상층에는 교실과 생도 독서실, 그리고 재봉 교실이 위치해 있었다. 재봉 교실은 6대의 재봉기계와 25개의 재봉 탁자가 4열 종대형으로 배치되어 있었으며, 교실 뒤에는 재봉 비품을 보관하는 물품함이 별도로 설치되어 있었다. 『培花』 창간호, 1930, 174쪽.

예 및 자수 편물기법, 요리법 등을 대중에게 소개하는 계기로 기능했다. 여학생들의 입장에서는 바자회 출품이나 공개 요리 실습회를 위해서라도 재봉법과 수예, 편물기법과 요리법 등 가사이론과 실제를 열심히 습득했을 것이며 관람객들은 전시 작품을 구경하면서 근대적 가사의 의미를 재인식하는 기회가 되었을 것이다. "수백 명 학생들의 고운 솜씨로 고이고이 만든 가지각색의 편물, 재봉 수예품" 등 바자회에 출품된 다양한 편물과 수예품들 그리고 "일찍이 조선 안에서 들어보지 못하던" "4학년 생도들의 손으로 만드는" "온면, 수란, 잡채, 장김치, 어채, 덴뿌라, 샌드위치, 백반, 신선로, 과자, 실과, 화채 등"(「<가정부인> 경성여고보의 요리실습회를 보고」, 『동아일보』, 1927년 11월 30일)은 근대적으로 학습한 과학적 기술에 의해 창작된 예술 작품으로서 그 위상을 부여받았다.

그러나 재봉실이나 바자회, 요리 실습회는 식민지 여성의 내면을 '여성적'인 정체성으로 구성하는 전략적 장치로 소용된 것이기도 했다. 학교의 가사 교육이 전통적인 학습 방법에 비해 보다 전문적이고 차별화된 시스템에 의한 교수·학습의 형식을 취했을지라도 그것은 단지 가사의 내면화를 통해 부덕의 함양을 의도하는 정교한 교육 장치에 불과했다.[26] 사회의 전 영역이 근대적 변화의 궤도에 올라타고 있었음에도 불구하고 여성의 역할은 식민 통치라는 논리 속에서 '제가(齊家)'에 한정되어 단지 부덕 함양이라는 목적으로만 조준되었다.

---

26) 가사의 중시는 단지 식민 여성 교육 정책에서만 강조한 것은 아니다. 조선여성들 역시 이에 적극적으로 호응했는데 가령 1939년에 이화전문학교 진학 상황을 살펴보면, 문과는 50명 정원에 29명으로 미달이었고, 음악과 역시 30명 정원에 29명으로 미달이었지만 가사과는 40명 정원에 94명이 지원해 2.35대 1의 경쟁률을 기록했다. 이것은 가사교육의 중시가 단지 식민당국의 일방적인 의도만은 아니었다는 사실을 반증한다(최숙경 외, 1993 : 35).

2) 식민지 조선 여성의 직분, '어머니 사업'

(1) 가정의 관리자, 현모양처

> 白守貞이 이로부터 決心을 단단히 한 後, 農蠶에 專力하고 針績을 不怠하며, 一分一粒이라도 節用節食하고, *姑의 供養을 極盡히 하며, 治家殖産을 益勤益勉하야, 家産이 饒富하니, 衣食이 自足한지라. 守貞이 이에 親戚의 貧寒者를 救助하며, 隣里의 窮困者를 救恤하야, 慈善을 普施하는 故로 一鄕이 모다 그 德을 仰慕하야, 稱頌이 藉藉하드니, 그 事實이 天聽에 達하야, 明治天皇께옵서 恩賜金을 下賜하사, 그 善行을 *狀하옵시고….
>
> 「권1 – 17 – 節婦白守貞, 75쪽」

예컨대 위 인용문의 '백수정'이라는 여성은 결혼한 지 일 년만에 남편과 사별했지만 주변의 개가 권유를 한마디로 거절한 후 잠농(蠶農)에 전력하여 가정 살림을 요족하게 한 인물이다. 그녀는 남편이 없이도 가정 경제를 일으켜 가난한 친척과 주변인들까지 구휼한 것은 물론 시부모까지 극진히 봉양하는 부지런하고도 강인한 여성으로 묘사된다. '절용절식(節用節食)'과 '치가식산(治家殖産)' 등 '가(家)'의 경영에서 탁월한 역량을 발휘한 백수정은 조선 여성이 본받아야 할 모범적인 여성으로 표상되고 있다. 이와 같이 일제는 조선 여성의 몸에서 허영이라는 피를 제거하는 대신 가사와 같은 실용 지식을 수혈함으로써 교정하고 훈육하고자 했던 여성을 향하여 "女子는 家庭에 잇서서, 家事를 다사리는 것이, 그의 本分"(「권1-14-家庭」)이라고 선언한다. 남편이 없을 경우에는 남편을 대신해서 가정을 이끌어야 하며 남편이 있을 경우에는 '가(家)'의 틀 안에서 "부엌에 계실 째는 음식을 요리하고 방안에 계실 째는 衣服을 裁縫하야 종일토록 우리를 위하야 수고하"(「권2-11-물은 萬物의 母」)고 "家長이 종일토록 밧게 나가서, 事務에 努力하다가, 저녁째가 되여서, 疲困한 몸을 끌고 집에 돌아"왔을 때 가정을 평화로운 안식처로 느낄 수 있게끔 만들어야 하는 책임을 져야 하는 존재로 규정된다.[27] "女子는 家業에 부지런치 아니하면 자신을 養하지 못할지오, 男子는 學業을 닥지 아니하면 善人이 되지 못하리라"(「권2-7-孟母」)고 단언할 정도로 여성과 남성의 임무는 '家業'과 '學業'으로 분리된다는 사실을 조선어과 교과서는 교수하고 있다.[28] 1920년대~30년대만 하더라도 매우 희소한 존재였던 여고보생들에게 "女子敎育"의 목표는 "婦人이 家庭의 主婦가 되여, 그 子女를 敎養할 時에, 그 目的을 充分히 達"(「권3-17-婦人과 地理」)하는 것, 즉 가정에서 미래의 충량한 황국신민을 잘 교양하여 사회로 내보내는 것으로 선언되었던 것이다.

이러한 논리는 「권2-18-설씨녀의 정절」이나 「권2-23-온달의 처」, 「권4-신흠의 처 이씨」 등에서 남편에 대해 정절을 지키거나 헌신적으로 내조함으로써 남편을 사회적으로 성공시키는 것이 여성의 임무라는 내용으로 반복적으로 교수된다. 이들 단원은 공통적으로 "女必從夫는

---

27) 가정이 존재하는 집이라는 공간은 17세기를 경과하면서 공공성을 상실하고 외부와 단절된 폐쇄적 공간으로 변화한다. '집'이라는 공간은 삭막한 세계와 분리된 아늑한 안식처, 공적 영역과 사생활의 영역이라는 구획적 분절을 만들어내며, 집의 벽을 경계로 근대의 공간 간에는 넘을 수 없는 이질성의 벽이 가로놓인다(이진경, 2002 : 284~285).

28) 이러한 관점은 그 당시 식민지 조선의 남성 지식인들의 관점과도 유사하다. 가령 "남자는 사회에 대한 책임이 중하고 여자는 가정에 대한 책임이 중하다"(P生, 「女子敎育에 對한 意見」, 『女子時論』, 1920.1, 6쪽)에서나 "女子가 分擔하야 家政內事務를 整理하고 男子로 하여금 外部에 活動하야 生活에 自力을 求得케 함은 業務上 결코 貴賤高下의 別이 업슬 것이오"(張膺震, "먼저 敎育問題를 解決함이 急務", 『開闢』, 1920. 10, 30쪽) 등 20년대를 지나면서 이와 같은 여성관은 점점 더 정교해졌으며 그 내용의 핵심은 대체로 '가사경제'를 중심으로 한 살림의 총책임자로서의 아내의 역할과 밖에서 일하는 남편을 잘 내조하는 것이었다. 여성을 계속해서 가정과 모성의 틀 속에 묶어두려는 이러한 주장들은 식민주의자나 민족주의자 양측에게 공유되고 있었다. 식민지기에 강조된 '민족의 어머니'가 일제의 동화정책과 제국주의 모성론과 전혀 배치되지 않았기 때문에 일제가 이 시기 여성 교육 정책을 통하여 조선여성에게 이식하려 했던 '현모양처' 여성관은 보다 용이하게 전파될 수 있었다.

自然한 法理"(「권2-17-母女往復書簡」)라는 성적 위계를 규율하고 있는데 이러한 논리는 4학년 교과서에 이르면 보다 직접적으로 명시된다. 이를 테면, 「권4-18-사랑하는 妹弟에게」는 여성이 정치나 예술, 사회사업을 희망하는 것 자체를 '공상'으로 단언한다. 그렇다면 교과서 편찬 당국의 입장에서 여자에게 중요한 일이란 무엇일까?

> 여자에 대하여 일층 더 중요한 일이 잇다고 생각한다. 그것은 무엇인가. 天은 實로 女子에게 特別한 恩寵을 주신 것이다. 그것은 남의 어미가 되는 特權 곳 女子獨占의 天分이 이것이다. 此天分을 圓滿하고 充分하게 發揮한 女子는 一面으로보면 深奧한 學理의 發見, 世界的 大藝術, 大文學의 創作과 갓치 尊貴偉大한 事業을 成功함이라 할 수 있다. 女子도 엇더한 境遇에는 獨力으로 一家의 生計를 維持하며, 子女를 敎養할 實力을 培養할 必要가 잇다.
>
> 「권4-18-사랑하는 妹弟에게, 99~111쪽」

여성이 천부적으로 받은 은총은 '어미가 되는 특권'이다. 그러나 교과서 편찬자가 말하는 어머니는 단순한 어머니가 아니라 '일가의 생계를 유지'하고 '자녀를 교양할 실력'을 갖춘 어머니이다. 교과서가 요구하는 어머니가 되기 위해서는 '생계 유지'와 '자녀 교육'이라는 두 과제를 성실하게 수행해야 하며 그것은 '深奧한 學理의 發見'이나 '世界的 大藝術, 大文學의 創作'에 비견될 만큼 '尊貴偉大한 事業'으로 고평된다. 이러한 관점에서 앞의 백수정은 가정 경제와 자녀 양육이라는 책임을 지는 어머니로서의 모습을 실현한 것은 물론이요, 일제 강점기에 총독부가 농가 경제를 보충하기 위해 장려한 농잠(農蠶)에 전력하여 살림을 풍족하게 한 인물로서 여성 훈육의 역할 모델로 제시된 것이다.

특히 일제 강점기 동안 한반도에 강제 합병 토지 조사령을 발동하여 산미증산계획을 독촉하고 '근로주의'라는 제국주의적 이데올로기를 표방하여 원자재와 값싼 노동력의 항상적인 수탈지로 또는 일본 상품의 강요를 통한 상품 시장의 개척지로 식민지 조선을 활용했던 기획은 여성에게도 예외는 아니었다. 식민지 경제체제에 순응하는 노동력을 확보하기 위해 식민당국은 농·공·상업 등 실업교육을 장려하거나 실제적인 기능과 지식을 훈육하는 데 주력했으며 이에 따라 가정에서는 물론이요 바깥에서도 생계 유지를 위해 전심전력 일하는 여성의 표상화 작업은 중요한 교화 사업이었다.

제국 건설을 위해 참전 중인 남편을 대신해 가장의 역할까지 완벽하게 소화해 내는 여성을 부각시키는 방법 등으로 식민지 여성은 '가족의 관리자'(홍일표, 1997 : 310~311)라는 표상으로 교과서를 통해 반복적으로 제시되었다. 1학년 때 학습한 '백수정'은 2학년 때는 온달을 입신출세시킨 '평강공주'나 참전 중인 남편에 대한 정절을 지킨 '설씨녀'로, 3학년 때는 가정경제를 책임지는 '제주도 해녀'로 변주되면서 식민지의 이상적인 여성상으로 정립되었다. 예컨대 「권3 – 10 – 제주도의 해녀」에서 제주도 해녀들은 강인한 체력과 생활력을 바탕으로 자녀 양육과 가정경제를 동시에 그리고 성공적으로 꾸려나가고 있는 '훌륭한' 여성들로 호명되고 있다. 그녀들은 '深奧한 學理의 發見'이나 '世界的 大藝術, 大文學의 創作'보다 더 '尊貴偉大한 事業'인 '어머니 사업'을 실현하는 인물로 그 위상을 부여받는다. '어머니 사업'은 가족의 관리라는 명분으로 사회의 전면에 등장하면서 위생적이고 편리한 가정 건설 사업과 '황국신민'이라는 국가적 인재 육성 프로젝트를 성공적으로 추진하기 위한 가장 중요한 사업으로 간주되었다. 여고보용 조선어과 교과서는 이 사업의 효율적인 추진을 위한 제도적인 매체로 활용되었다.

식민지 여성이 궁극적으로 지향해야 할 최종적인 심급이 '어머니 사업'으로 규정되는 한 여성의 사회 진출을 통한 자아 실현은 기대하기 어려운 것이었다. 진학의 형식이든 취업의 형식이든 '어머니 사업'과 무관한 욕망은 제도적으로 차단되었다. 여성을 위한 교육 제도는 사회적 욕망의 배제 장치로 기능했다.

> 현 사회가 여자들에게 허락한 활동의 범위는 매우 狹窄한 것이라 남자와 여자를 차별하여 다 가튼 활동의 긔회를 허라지 아니 하얏스니 일반 여자의 사회덕 활동은 스스로 미약하지 아니할 수가 업다. 보라 여자교육이 보급되지 못하야 매년 중등학교를 졸업하는 신녀자의 수효가 사백 명 내외에 지내지 못하지마는 그들 중에는 몃 사람이 학교교원의 직무를 가지게 될 뿐이오 거의 전부는 다시 가뎡으로 드러가고 또는 경험과 상식 모든 것이 부족한 그대로 主婦가 되야 남자의 구속을 엇절수 업시 밧게 되는 구차한 결혼 생활로 드러가고 말지 안는가
>
> '(배성룡, 「女子의 職業과 그 意義」, 『신여성』3권 3호, 1925, 19쪽)

여성으로 하여금 진학의 형식이든 취업의 형식이든 자아실현을 열어 주는 제도적 시스템의 부재로 인하여 여성이 사회적 자아를 형성할 수 있는 기회는 현실적으로 차단되었다. 이러한 제도적 시스템의 부재는 여성으로 하여금 사회로 나가는 것보다 가정으로 돌아가 보다 중요한 일, 즉 '존귀 위대한 어머니 사업'을 수행하는 것을 강제하기 위한 전략적 장치였다. "오늘날 이 여자의 정통적 교육은 이 근본정신 곳 자유로운 독립한 인격완성의 도움이 아니라 남자에 대한 노예적 지위를 유지하기 위한 선전이요 짜라서 기계를 만드는 것에 불과"[29]하다는 지적은 일제 강점기 여성 교육이 여성 자신을 위한 것이 아니라 남편과 자녀 나아가 식민제국을 위해 헌신할 수 있는 여성으로 훈육하기 위해 실시했다는 것을 확인시켜 준다.

조선어과 교과서 전 영역에 걸쳐서 강조되고 있는 현모양처 규율은 자조나 체념의 형태로 조선 여성의 내면에 서서히 파고들면서 유포되

---

29) 고소생, 「賢母良妻主意의 敎育에 關하야」, 『신여성』 3권 3호, 1925, 10~13쪽.

었다. 가령 "사회를 위해서 무엇이나 힘쓰는 것도 물론 조켓다고 생각이야 하지만 나는 현재의 경우나 처지가 별 수 업시 가뎡 생활에 빠지지 안코는 될 수가 업시 되얏습니다. 그것이 엇지 생각하면 퍽이나 불만한 듯도 하고 비참한 것도 갓지만 사람은 자긔 리상대로만 되는 것이 아닐진대 거긔에 안심하고 지나는 것도 조흘넌지 모르겟습니다. 그러나 가뎡에 드러가서 일가뎡만 잘 정리한다면 그도 어느 의미로 보아서는 사회에 공헌 안 되는 것은 아니겟지요"[30]와 같이 차선의 형식으로 가정을 선택하거나 "한 가정을 평화롭게 다사리고 조흔 어린아희를 만히 나하 새로운 국민을 만드러 놋는 것이 더할 수 업는 귀한 직업입니다. 이 우에 더 다른 직업을 가질 사이도 업고 갓는다고 하는 것이 무리"[31]라고 하면서 가정 경영과 자녀 양육을 통해 새로운 국민을 생산하는 것이야말로 '귀한 직업'이라고 언급하는 모습은 조선 여성 스스로가 현모양처 규율을 수용하고 내면화하고 있는 모습을 보여준다.

여성이 자율적인 주체로 정립되기 위해서 가장 중요한 것은 주체로서의 독립적인 지위를 확보하는 일이다. 그러나 당시로서는 고학력 엘리트 계층에 속했던 여고보생들에게 '어미'라는 '본분'만을 강조했던 것은 독립적이고 자율적인 개인으로 여성을 거듭나게 하는 것과는 무관한 지점에서 여성 교육이 행해지고 있었다는 점을 보여준다.

(2) '제국 건설'의 보조자, 국민의 어머니

> 校門 우에 놉히 달닌 日章旗는 펄쩍펄쩍 記念日의 慶事스러운 일을 길가는 사람에게 자랑하는 듯, 우리들의 즐거운 마음에 눈압헤 잇는 것이 무엇이든 반갑게 보이지 아니하는 것이업소
>
> 「권2-20-學校紀念日, 97~98쪽」

---

30) 장봉삼, 「卒業期를 압헤노코 : 純全한 家庭生活로」, 『신여성』 3권 3호, 1925, 47쪽.
31) 허영숙, 「女子에게 적당하지 못한 직업」, 『신여성』 3권 4호, 1925, 54쪽.

조선의 여학교 교문 위에서 '펄쩍펄쩍' 휘날리는 것은 태극기가 아니라 일장기이다. 근대 일본의 학교 교육은 교육의 대상을 국가라는 체제 속으로 끌어들여 국가가 요구하는 충량한 '신민(臣民)'이라는 일정한 코드로 재탄생시킴으로써 국민 국가를 형성하는데 기여하였다. 식민통치를 용이하게 하기 위해서 동양의 전통적인 가부장적 질서체계인 '효(孝)'를 그대로 이식시켜 천황과 국가에 대한 '충(忠)'으로 확장시킨 것도 같은 의도이다. 천황과 신민, 국가와 국민을 부모와 자식의 관계로 지속적으로 은유화하여 충량한 신민으로 복종하게 만들었던 것이다. 이러한 사실은 식민지 조선에 있어서는 조선에 대한 지배와 복속을 조선인의 무의식에 자연스러운 역사적 사실로 하나하나 이식시킴으로써 조선과 일본의 관계 역시 조선은 일본의 속국이라는 사실, 그럼으로써 천황에 대한 충량한 신민으로서의 관계라는 제국의 시스템 속으로 동화되어야 한다는 사실 속에 놓여 있다는 점을 강제해 왔다. 황국신민으로의 동화 정책은 "조선통치의 要諦는 첫째가 同化가 아니어서는 안된다. 둘째도 同化가 아니어서는 안된다"[32]고 강조할 정도로 식민 통치의 기본정책이었다. 특히 저열한 조선이 우수한 일본에 동화되어야 한다는 공식은, 조선어 교과는 물론 수신, 역사, 국어(일본어) 등의 교과에서 쉽게 접할 수 있는 논리였다.

'저열한 조선 대 우수한 일본'의 대립 구도는 「권4-22-笑談」에서와 같이 조선인을 매우 어리석은 인물로 설정하거나 「권2-8-朝鮮米와 綿」에서처럼 조선에 신지식이 보급되지 못하여 조선 토지에 존재하는 천연 자원조차 충분히 활용하지 못하는 우둔한 민족으로 몰아가는 방식으로 조형된다. 특히 「권2-8-朝鮮米와 綿」의 경우 "최근 십여년간 ('일본의'-인용자) 노력에 의하야" 농업을 비롯한 산업의 총생산량이 급격히

---

32) 朝鮮總督府, 『施政二十五年史』, 1935, 10쪽.

증가했다고 주장하면서 최근 조선이 양질의 쌀을 수확할 수 있는 것도 일본의 벼종자를 사용했기 때문이라는 억지 논리까지 펼치고 있다. 결국, 일본의 근대적인 지식과 기술의 보급 덕택에 원시적이고 전근대적인 수준의 조선의 농업이 비약적으로 발전하게 되었다는 점을 교수하여 한편으로는 조선인의 패배주의와 열등함을 조장하고 다른 한편으로는 한반도는 이제 일본의 완전한 속국이라는 점을 인정하게 하고 있다.[33]

이러한 관점은 '무능력할 뿐만 아니라 무식하기까지 해서 자신의 땅의 자원도 제대로 활용하지 못하는 조선인들'에게 지식과 학문을 보급하여 조선인의 생활 수준을 향상시켜 준 일본의 '은혜'야말로 "이 愛의 德이 衆에게 普及됨이, 맛치 日의 光이 萬物에 照耀치 안는 곳이 無함과 如"(「권2-25-愛는 人에게 對하는 道」)하다는 진술로 강조되고 있다. 암흑과 무지의 세상을 환하게 비추어 광명의 세상으로 이끄는 태양 같은 존재로 일본을 부각하는 것이다. 「권2-26-赤十字社」는 일본 적십자사가 청일전쟁에서 일본 부상병은 물론 적국인 청나라 부상병도 똑같이 구호해 줌으로써 청나라 군인들에게 깊은 감명을 심어주었다는 예화를 소개하고 있다. 일본 적십자사의 구호활동이 제1차 세계대전과 러일전쟁에서도 적극적으로 행해졌다는 점을 강조함으로써 식민지 조선의 여성들에게 일본을 자혜의 나라로 인식시키는 것은 물론, 대륙 침략이나

---

33) 이와 관련해서는 사이토 총독이 「조선에서의 교육시책의 요결」에서 지시한 내용의 일부를 일독할 만하다; "조선인 청소년으로 하여금 그들의 역사, 전통문화를 모르게 하라. 동시에 될 수 있는 대로 그들의 조상과 선인들의 무위무능한 행적, 악행 및 폐풍 등의 사례, 에컨대 외침을 당하여 항복한 수난사, 중국에 조공을 바였던 史實, 당파싸움 등을 들추어 가르쳐라. 조선인 청소년들에게 자국의 역사와 조상, 전통문화에 경멸감을 일으키게 하여 자국의 모든 것에 혐오감을 느끼게 하라. 그 때 일본의 역사와 전통, 문화, 인물, 사적 등을 가르치면 자연히 그들이 일본을 흠모하게 되어, 그 동화의 효과가 지대할 것이다. 이것이 일본이 조선인을 반일본인으로 만드는 요결인 것이다." 손인수(1989 : 134)에서 재인용.

전쟁 도발의 주범에 대한 역사적 사실을 비판적으로 인식하기보다는 오히려 구호와 자선 활동에 대한 동경의식을 이식시키는 방향으로 일본에 대한 인식을 주입시키고 있는 것이다.

자혜의 나라로서의 일본이라는 왜곡된 주입은 「권2-14-生命保險」에서도 계속된다. 이를테면 이 단원은 보험제도의 의미와 장점, 일본의 보험제도 실시 현황을 장황하게 나열한 후 문명국이라면 어느 나라든지 보험제도를 '선취'하고 있다고 강조한다. 일본 역시 이러한 보험제도를 바탕으로 빈민 구휼을 위한 국가적인 지원을 아낌없이 실행하고 있다는 사실을 덧붙인다. 이로써 문명국의 제도인 보험 제도를 갖고 있지 않은 조선은 열등하고 미개한 나라라는 점을 부각시키고 이러한 기술 방식을 통해 조선인 여학생으로 하여금 민족적인 열등감과 자괴심을 느끼도록 그 내용을 구성하고 있는 것이다.[34]

열등한 조선에 대한 일본의 은혜는 4학년 교과서 「권4-7-奧村五百子」에서 열등한 조선인을 계도한 일본인 여성 오쿠무라 이요코를 아낌없이 헌신하는 이상적인 어머니상으로 소개하는 것으로 마무리한다. 오쿠무라는 오십이라는 적지 않은 나이에 조선에 정착한 후 농업을 개량하는 데 앞장섰으며 농업 개량 뿐만 아니라 실업학교도 설립하여 전근대

---

34) 학교 교재의 이데올로기적, 제국적 편성에 대해 당시의 언론 역시 "일본의 역사 지리 등을 교수 또 고취함이 조선인 교육의 주요목적"이라고 비난하면서 다음과 같이 경계하기도 하였다. "朝鮮人에게 朝鮮의 歷史 및 地理를 等閑히 하고 日本의 그것으로서 代하는 것은 不可하다. 朝鮮의 自然을 대상으로 하여야 할 博物學의 敎材 및 그 敎科書 가튼 것도 朝鮮 것으로 또 朝鮮人의 힘으로 함이 가장 安當한 것이다. 數理에 관한 敎科도 朝鮮的으로 함이 可한 것은 물론이다"(『조선일보』, 1926년 1월 21일). <역사>나 <지리>는 물론 <과학>이나 <수리> 등의 자연과학적인 과목에서까지 조선적이고 민족적인 내용은 배제하고 일본 정신, 일본 문화, 일본 역사 등 일본적인 것으로 편성한 것에 대한 식민지 언론의 우려를 감안한다면 유일하게 조선어로 교수된 과목이었음에도 불구하고 조선어 교과의 제재 구성 역시 황국신민화라는 거대한 식민정책에 적합하게 편찬되었던 것이다.

적인 방법으로 농잠에 종사하고 있는 조선민들에게 근대적인 농잠술을 보급하여 존경을 받은 인물로 평가되고 있다. 그런데 오쿠무라 이야기에서 주목해야 할 부분은 따로 있다. 교과서에 의하면 오쿠무라는 청일전쟁이 일어나자 "홀연히 궐기하야" 학교를 부교장에게 맡기고 "硝煙의 間"에 "我駐屯軍"을 "慰問"하러 떠난다. 이것은 백수정이나 평강공주처럼 가정에서 어머니의 소임을 다한 이후 그 다음에 해야 할 일은 국가를 위해 해야 할 일을 찾아나서는 적극적인 여성상을 시사하는 부분이다. 나이든 '부인의 몸'으로 제 나라의 군인들을 위로하기 위해 용감하게 전장으로 향하는 여성을 통해 남편과 아들을 위해서라면 적진도 마다 않는 강인한 어머니의 모습을 표상하는 전형을 창조하고 있는 것이다. 여고보 조선어과 교과서를 통해 교수되는 유일한 일본 여성으로서 오쿠무라는 백수정, 온달의 처, 신흠의 처 이씨 등을 아우르는 최종적인 심급으로 제시된다. 근로 정신과 시혜의식, 그리고 자애로운 어머니상으로 구성된 오쿠무라는 조선 여성을 교정하고 훈육하여 재구성하고자 했던 궁극적인 여성상인 '국민의 어머니'의 전형으로 새롭게 창안된 것이다.

요컨대 『여자고등조선어독본』은 여성에 관한 두 가지 관점을 제시한다. 허영과 사치를 일삼는 '서구화되고 퇴폐적이고 방탕한' 신여성 그룹과 '가족 경영과 미래의 국민인 자녀 양육 업무에 성실한' 현모양처 그룹이 그것이다. 문란과 몰락의 이미지로 표상되는 신여성 그룹과 '어머니'로 내면화되는 현모양처 그룹 사이에는 일종의 정치적인 경계선[35]이

---

35) '정치적 경계선'이라는 용어는 니시카와 나가오(윤대석 역, 2002 : 59)가 국민국가 논의를 두고 사용한 용어이다. 그에 의하면, 국민국가를 둘러싼 논의는 국민국가라는 '숙명'을 받아들이거나 혹은 거부하는, 수용과 거부 사이에 존재하는 지극히 단순하고 명쾌한 정치적인 경계선에서 진행된다. 본 연구에서는 신여성 그룹과 현모양처 그룹 사이에 그어진 정치적 분리를 일컫는 의미로 차용하였다.

그어져 있다. '정치적'이라 함은 황민화로 상징되는 식민주의적 여성 주체를 구성하는 작업이 본질적으로 식민지 여성 교육 정책의 전략적 산물이기 때문이다. 기본적으로 '새로운' 여성 주체를 구성하기 위해서는 특정한 정체성을 긍정적인 동일화의 대상으로, 그 외의 정체성은 말살과 배제의 대상으로 만드는 강력한 분리 역학이 필요하다.36) 제국의 어머니로 조선의 여성들을 재구성하기 위해서 총독부는 1920년대 신여성 그룹을 부정하고 파기해야 할 대상으로 포획하였다. 신여성의 정체성을 서구화와 퇴폐의 상징으로 단죄하여 전면적으로 부정하고 현모양처라는 이름의 '동양의 전통적 여성성'을 제도적으로 학습시켜 내면화를 유도함으로써 기본적으로 식민지 여성은 교정되고 훈육되어야 하는 존재라는 식민주의적 전략을 발효시키고 있는 것이다. 『여자고등조선어독본』은 "세상 물정에 暗昧하고 意志가 淺薄한" 조선의 '귀부인'을 제국주의적 정치기획을 수행하는 '국민'의 어머니로 재구성하기 위해 기획된 제도적 텍스트이다.

그런데 중요한 것은 이 '새로운' 정체성 구성 기획이 자연스럽게 내면화되도록 하는 방법론이다. 이 때 '조선어'는 강력한 유인 매체였다. 모든 수업이 일본어로 진행되는 가운데 조선인 학습자 입장에서 조선어로 쓰여진 텍스트를 조선어로 읽고 조선어로 인식하고 조선어로 감각하는 수업, 그것은 조선어 교과 수업이 유일했다. 조선어과 수업은 '조선어'를 사용한다는 이유만으로도 학습자들을 '감화'시키는 면에 있어서 다른 교과 수업에 비해 절대적으로 유리했다. 뿐만 아니라 효녀 지은, 신사임당, 백수정 등 같은 조선의 여성들을 등장시켜 제국의 어머니라는 정체성이 실은 조선 전래의 여성적인 정체성과 다르지 않다는

---

36) 젠더화와 파시즘 체제의 관계에 대한 흥미로운 논의로 권명아(2004, 2005)를 참조할 수 있다.

점을 자연스럽게 인식하도록 했다는 점도 기억할 필요가 있다. 이러한 방법을 통해 식민지 조선의 여학생들은 '평강공주'나 '설씨녀'처럼 국가를 위한 전장에 남편을 보낸 것을 자랑스러워 할 뿐만 아니라 전장에 나간 남성들을 대신하여 가정에서 주부로서의 직무에 충실한 여성상을 전유하도록 유도된 것이다. 『여자고등조선어독본』은 조선의 여성적 전통을 계승하는 듯한 단원 편성을 통해 실은 제국일본의 황민화 통치를 위해 소용된 것에 불과했다. 이런 점에서 여성용 중등 조선어과 교과서로 별도 편찬된 『여자고등조선어독본』은 어문교과교육 텍스트로서 개발된 것이라기보다는 식민지적 여성을 구성하기 위한 정치적 텍스트로 구안된 것이라고 할 수 있다.

2. 『신편고등조선어급한문독본』과 '식민지 조선인'의 재구성

1) '조선'의 전시와 '조선'의 창안

(1) '조선의 전시' 프로그램, 박물관과 박람회

일제 시대 중등학교 학생들을 대상으로 하는 조선어과 수업에서 가장 먼저 교수하고자 기획한 '내용'은 무엇이었을까? 『신편고등조선어급한문독본』의 1학년 첫 단원은 '신입학'이라는 제목으로 제시되어 있다. 이 단원은 보통학교를 졸업한 후 큰 포부를 가지고 새롭게 고등보통학교에 입학한 조선의 학생들에게 격려와 당부의 메시지를 담은 내용을 기술한 것으로 다분히 요식적으로 편성된 단원이다. 따라서 조선어과 교육의 본격적인 실행은 2단원부터이다. 편찬 당시인 1920년대 초반만 하더라도 아직은 낯선 개념인 '박물관'이라는 제목으로 선보인 이 단원은 별도의 출전 표기가 없는 것으로 보아 조선어과 교과서 편찬을 위해서 새롭게 기술한 단원으로 보인다. 교과서 집필자들은 조선의 중등학교 학생들이 조선어과 수업에서 처음으로 학습하는 내용으로 왜 '박물관'을 선정한 것일까?

「권1-2-博物館」은 식민지 조선의 대표적인 두 박물관인 '조선총독부 박물관'과 '이왕가 박물관'을 소개하고 있는 것이 중심 내용이다. 두 박물관은 미묘한 차이가 있기는 하지만 지배 권력자인 일본의 식민 기획물이라는 점에서 공통점이 있다. 그들은 왜 식민지 조선에 박물관을 설립했던 것일까? 교과서는 다음과 같이 기술한다. "實質과 眞狀을 確知"하기 위해서는 "實物을 目覩"하는 것이 가장 중요하지만 "物物의 實物을 ――이 目睹하기는 絶對不能한 事"이다. 그래서 "文明諸國"들은 "各都會"에 "各種 博物館을 設立하야, 衆人의 遊覽에 공하고, 人民의 知識을 啓發"(「권1-2-博物館, 5쪽」)하는 데 역점을 두고 있다는 것이다. 집필자들은 문명제국의 상황을 인유(引喻)하여 박물관을 인민의 지식을 계발하기 위한 교육적인 제도로 인식하고 있다.

일반적으로 박물관의 교육적 의의를 강조하는 문맥들은 박물관에서 행하는 전시, 관람, 연구 같은 모든 활동을 교육의 범주로 포함시킨다. 국가가 기획하고 개최하는 각종 전람회나 강습회는 물론 도서관, 과학관, 진열관, 박물관 등의 공공 기관 설치 사업을 '사회교육'의 범주로 분류하는 것이나 식민지 조선의 이왕가 박물관이나 동물원, 식물원, 조선총독부 박물관, 백제관, 평양부립박물관, 은사기념과학관, 덕수궁 등을 '교육적 관람시설'로 분류37)한 의도 역시 식민 권력이 박물관을 교육적 제도로서 인식한 사례이다. 그렇다면 교과서 집필자들은 박물관의 교육적 의의라는 이유 때문에 박물관을 조선어과 교과서의 내용으로 선정한 것일까?

---

37) 文部省社會教育局, 『教育的觀覽施設一覽』, 1936, 20~21쪽, 국성하(2007 : 31)에서 재인용.

「권1-2-박물관」은 두 박물관의 소재지로부터 조선총독부 박물관과 이왕가 박물관에 대한 설명을 시작한다. "景福宮內에는 朝鮮總督府博物館이 잇고, 昌慶苑內에는 李王家博物館이 잇스니"에서 알 수 있듯이 두 박물관은 모두 조선의 궁궐 안에 위치해 있다. 박물관의 위치가 조선의 궁 안에 있다는 사실은 박물관의 설립 주체를 고구할 경우 쉽게 간과할 만한 부분은 아니다. 이를 위해 두 박물관의 설립 과정을 잠시 살펴보기로 한다.

우리나라 최초의 박물관에 해당하는 이왕가 박물관은 친일 개화파를 중심으로 하는 정부에 의해 처음으로 제안되었다. 표면적인 설립 주체는 조선 황실이었지만 실질적으로는 내각 총리대신 이완용, 궁내부 대신 이윤용 외에 궁내부 차관 고미야 미호마쓰(小宮三保松) 그리고 일찍부터 한국 고적 조사에 착수하고 있었던 세키노 다다시(關野貞) 등 친일 내각과 일본 세력에 의해 1908년 설립되었다. 이왕가 박물관은 순종이 기거한 창경궁 내의 명정전(明政殿), 경춘전(景春殿), 환경전(歡慶殿), 통명전(通明殿), 양화당(養和堂), 함인정(涵仁亭) 등을 전시 장소로 흡수하면서 본격적인 박물관으로 그 체제를 갖추었다. 다음 해인 1909년 11월에는 창경궁 내에 식물원과 동물원을 설치하고 1911년에는 박물관 건물을 새로 완공하여 '이왕직박물관'으로 현판을 달아 식물원, 동물원과 함께 일반인에게 공개했다. 이 때 박물관의 소재지인 창경궁의 명칭을 '창경원'으로 개칭했다. 이것은 창경궁에서 '궁(宮)'을 삭제한 후 위락적인 공원을 표방하는 '원(園)'을 내세움으로써 조선 왕궁의 권위와 역사적 전통을 오락적인 이미지로 변질시킨 처사이다.

이왕가 박물관의 설립 과정에 일본 세력이 '보조적' 주체로 참여했다면[38] 조선총독부 박물관의 설립에는 기획에서부터 전시물의 수집과 보

---

38) '이왕가 박물관'의 설립을 둘러싸고 최초로 누가 박물관 설립을 제안했는가에 대

존 등에 이르는 전 과정을 주도했다. 조선총독부는 1915년 9월 11일에서 10월 31일까지 50일 동안 열렸던 '시정 5년 기념 조선물산공진회(施政五年紀念 朝鮮物産共進會)'를 개최하기 위해 경복궁 동쪽에 '공진회 미술관(共進會 美術館)'을 신축한 바 있다. 그 해 12월 1일 공진회 미술관을 중심으로 경복궁 내 근정전, 사정전, 수정전을 부속 전시 공간으로 삼아 '조선총독부 박물관'을 설립했다. 출발 단계에서부터 공진회와 내밀한 관계를 유지했던 총독부 박물관은 설립 목적 면에서도 공진회의 목적과 유사한 지점을 공유한다. 예컨대 공진회의 경우 "朝鮮 舊來의 文物 中 參考資料로 삼을 만한 것으로서 新舊施政의 比較 對照를 通해서 朝鮮 民衆에게 新政의 惠澤을 自覺하게"(「共進會」, 朝鮮總督府, 『朝鮮彙報』, 1915년 9월)하는 데 그 목적이 있었다. 즉 한국 민중들에게 식민 통치 이전과 이후의 신구 대비를 통해 근대성과 전근대성, 진보와 정체, 문명과 야만의 이미지로 조선의 문물을 전시하여 궁극적으로는 식민 통치라는 '신정의 혜택'을 합리화하기 위해 일본 제국주의가 기획한 행사였다. 식민 통치의 혜택으로 눈부시게 발전한 조선의 신문명을 부각시키기 위해 전근대적이고 정체적인 조선의 이미지를 표상하기 위한 대조적인 장치로서 조선 왕조의 상징인 경복궁이 선택되었다. 행사를 기획한 조선총독부는 이 공진회에서 식민 통치의 혜택을 화려하고 풍요로운 시각적인 스펙터클 속에 담아내기 위해 궁궐 안의 다양한 전각(殿閣)들을 파손하거나

해서는 여전히 논란이 분분하다. 박물관 행정을 담당했던 궁내부 차관 고미야가 제안했다는 견해도 있고, 이토 통감이 박물관 등의 시설을 명했다는 기록도 있다(權藤四郎介, 『李王宮秘史』, 京城：朝鮮新聞社, 1926, 22~23쪽). 또 다른 기록에 의하면 고미야 차관이 이토 통감에게 직접 박물관 설립을 제안하고 허가를 받아 이토의 친척인 수에마쓰 구마히고(末松熊彦)가 박물관 설비를 담당했다고도 한다. 그러나 당시 박물관 설립을 실질적으로 주도한 세력이 일본이라는 데에는 별다른 이견이 없다. 단지 당시의 정치적인 상황으로 미루어 볼 때 국내・외의 비판을 면하기 위해 일본 세력은 이완용을 비롯한 한국 내각을 전면에 내세워 박물관 계획을 추진했던 것이다.

철거했으며 그 자리에 조선의 궁궐 이미지에 배치되는 새로운 건축물들을 축조하여 실질적으로는 경복궁이라는 조선의 왕통(王統)을 파괴했다.

식민 지배 권력이 조선 땅에 박물관이라는 제도를 안착시키기 위해 그 소재지를 조선의 궁궐로 선정한 것은 조선의 상징적 권부(權府)를 해체하는 데 그 의도가 있었다. 정치적, 문화적으로 상징적인 조선의 창경궁을 유원지로 개발하여 원유(園囿)적인 오락 공간으로 그 정체성을 변질시킨 것이나(『純宗實錄 附錄』, 純宗 五年 三月 十六日) 식민 통치를 기념하는 공진회 개막식에 참석한 일본 천황의 친족인 간인노미야 노리히토(閑院宮載仁)가 조선 임금의 조례 장소인 경복궁 근정전 정면에 앉아 있는 모습은 일본의 식민지로서 조선의 현실을 시각적으로 선포하는 장면이었다. 이제, 조선은 명실상부 일본 제국주의의 식민지이며, 조선은 현실 정치의 장이었던 조선의 궁과 함께 단지 조선의 옛 시절을 보여주는 고고학적 전시물로 전락했을 뿐이다.[39] 박물관의 소재지에 대한 환기로 시작하는 '박물관' 단원은 조선의 식민지적 현재에 대한 계고적(啓告的) 배치라고 볼 수 있다.

조선어과 교육의 내용으로서 '박물관' 단원을 주목해야 하는 두 번째 이유는 소장품 목록과 관련이 있다. 이와 관련하여 조선총독부 박물관의

---

39) 실제로 '이왕가 박물관'의 위치를 창경궁으로 결정한 배경에는 창경궁을 박물관이라는 "고상한 문명의 사업에 이용"할 만한 가치가 있는, "하나의 거대한 미술 골동품"으로 인식했다는 에피소드가 있다. '이왕가 박물관'의 설립을 제안한 것으로 알려진 당시 고미야 차관은 이토 통감에게 창경궁의 개방과 전시의 필요성을 말하면서 "창덕궁은 투명한 유리 그릇에 넣은 물체처럼 명백하게 누구에게라도 보이는 것이 좋다"고 했다고 한다. 실제로 고미야를 비롯한 일본인 관리들은 순종이 거주했던 왕궁을 "투명한 유리그릇에 넣은 물체처럼" 전시하려 했다는 것이다. 이것은 창경궁이 심미적인 관조의 대상으로 포획되었다는 것을 의미하기도 하지만 창경궁을 왕권의 상징이라는 역사적 문맥으로부터 분리하여 고고학적인 골동의 일종으로 재정의하고 있는 것으로도 볼 수 있다. 權藤四郎介, 『李王宮秘史』, 京城 : 朝鮮新聞社, 1926, 54~55쪽, 박소현(2004 : 150) 재인용.

설립 목적을 확인할 필요가 있다. 조선총독부 박물관에서 발간한 『博物館報』에 의하면 박물관을 설립한 목적은 "조선 고래(古來)의 제도, 종교, 미술, 공예와 기타 역사의 증거 참고가 되는 것들을 모아서, 반도 민족의 근원을 찾아 그 민족성을 밝히"는 데 있다.[40] 총독부 박물관에 전시되어 있는 소장품은 '반도 민족의 근원과 민족성'을 규명하는 데 진정으로 기여하는 것일까?

> 本館은 階上·階下가 잇스니, 階下 中央에는 新羅製의 佛像數箇가 잇는데, 그 생긴 模樣이 모다 雄壯하고, 階下 東室에는 伽倻, 百濟, 漢, 高句麗, 新羅, 高麗의 發掘物 중의 주요한 金銀珠玉의 裝飾品, 金屬製의 器具 등을 陳列하얏스니, 近來 慶州에서 발굴한 新羅時代의 金冠及裝飾品은 특히 사람의 눈을 놀내고, 階下 西室에는 각 時代의 陶磁器其他 石鐵製의 器具 等을 陳列하니라.
>
> 「권1-2-博物館, 7」

본문에 의하면 조선총독부 박물관의 전체 구조는 "본관(本館)과 구 경복궁내의 근정전(勤政殿), 사정전(思政殿), 수정전(修政殿)" 등으로 구분되며 전시물은 시대별로 진열되어 있는 것으로 기술하고 있다. 그런데 위 인용문에서 시대별 목록을 열거하는 부분을 보면, 가야, 백제, 한, 고구려, 신라, 고려, 지나 등으로 되어 있으며 '조선'은 눈에 띄지 않는다. 해당 단원의 본문 위 상단에 각주의 형태로 제시해 놓은 정보 역시 가야 백제, 한, 고구려, 신라, 고려 등이며, '조선'은 없다.

이러한 사정은 교과서 바깥 자료에서도 발견된다. 조선총독부 박물관에서 총 16권으로 편찬한 『博物館陳列品圖鑑』은 '반도'의 유물을 시대별로 분류하고 있다. 이 분류에 의하면 고대 삼국 이전(117점), 낙랑/대방(94점), 삼국(81점), 통일신라(31점), 고려(66점), 조선(24점), 중국 및 서역(4점), 불

---

40) 朝鮮總督府博物館略案內, 朝鮮總督府博物館, 『博物館報』 第1號, 1926.4, 3쪽.

명(1점) 등으로서, '조선'은 낙랑/대방은 물론 삼국, 통일신라, 고려시대보다 적게 구성되어 있다.[41] 이러한 기술은 두 가지 면에서 문제적이다. 첫째, '조선'을 폄하하는 대신 '고대 삼국 이전'과 '낙랑/대방'을 강조하는 시대적 배치는 조선 역사의 실질적인 태생을 한사군에 두어 조선의 시원(始原)은 중국이라는 것 그리고 '임나일본부설'을 통해 조선이 고대부터 일본의 지배를 받았다는 것을 간접적으로 부각시키는 행위이다. 이것은 조선의 역사적 기원을 일본과 중국으로 규정하여 객관적인 '사실'로 인식시키려는 목적인 것이다.[42] 두 번째 문제점은 삼국시대나 통일신라, 고려시대에 비해 '조선'시대의 유물을 상대적으로 적게 전시함으로써 조선의 역사나 문화, 예술이 '조선'시대에 이르러 점차 퇴보하고 있다는 조선의 정체(停滯)론을 강화하기 때문이다. '조선 쇠망론'과 결부되어 개진된 '조선 문화 쇠망론'이 "古代부터 時代의 흐름에 따라 疲弊되고 貧弱하게 된 것을 記述하여 合倂에 의해 韓國民이 幸福을 누릴 수 있게 되었다는 點을 論述"[43]하는 데 목적을 둔 "半島史 編纂의 主眼"으로도 제시되었다는 것은 주지의 사실이다.

'조선의 현실은 식민지'라는 역사적 사실을 '박물관'이라는 제도로 '보여' 주기 시작한 이른바 '조선의 시각화 프로그램'은 산업 기술을 바

---

41) 朝鮮總督府博物館, 『博物館陳列品圖鑑』, 一輯－九輯. 『박물관진열품도감』에 대한 자세한 논의는 국성하(2007 : 165~184) 참조.

42) 박물관 단원의 텍스트 유형이 설명적 텍스트로 기술되어 있다는 점은 주목할 만하다. 자의적으로 해석한 역사를 객관적인 '사실'인 것처럼 위장하기에 적절한 텍스트로 설명적 텍스트가 활용된 것이다. 일제 강점기 조선어과 교과서의 경우 텍스트의 내용이 텍스트의 유형을 결정하는 가장 지배적인 요인으로 작용한다. 앞(제3장 제2절 2항)에서 살펴 본 바와 같이 『신편고등조선어급한문독본』에서 설명적 텍스트에 속하는 단원은 전체의 51% 정도를 차지하며 그들의 내용은 공통적으로 식민지적 조선의 현재를 '사실'로 규정하는 내용이거나 조선 문화의 타율성을 '사실'로 설명하는 내용들이 대부분이다.

43) 朝鮮總督府, 『朝鮮半島史編成 要旨及順序 朝鮮人名彙考編纂 要旨及順序』, 1916, 4쪽.

탕으로 장대한 스펙타클을 연출하는 '박람회'라는 전시 형식을 통해 더욱 화려하게 실행되었다. 엄밀히 말하면 '조선의 전시' 기획은 박물관 제도가 창안되기 훨씬 이전부터 '박람회'라는 형식으로 진행되어 왔다. 일본과 조선에서 행해진 최근의 박람회와 공진회를 소개하는 「권1-6 -平和博覽會」, 「권3-18-朝鮮副業品共進會의 槪況을 報하는 書」만 보더라도 이 행사가 일본 제국에서는 이미 오래 전부터 개최되고 있었던 국가적인 행사라는 점을 짐작할 수 있다. "박람회 시대는 제국주의 시대"(요시미 슌야, 이태문 역, 2004 : 210)라는 요시미 슌야의 말을 굳이 떠올리지 않더라도 세계 최초의 박람회였던 런던 박람회(1851)가 제국주의의 화려한 디스플레이의 장으로 펼쳐졌다는 사실은 주지하는 바이다. 런던 만박은 대영 제국의 지배 아래에 있는 여러 식민지와 자치령 국가가 출품한 전체를 영국의 물품으로 전시하여 대영제국의 '풍요로움'과 '우월성'을 전 세계에 '입증'하는 계기가 되었다. 런던 만박의 식민지 전시는 식민지 원료와 생산물 정도로만 한정되었을 뿐 식민지의 문화나 풍속을 전시하는 선까지는 나아가지 않았다.

식민지 전시가 정치적인 색채를 반영하기 시작한 것은 식민지 파빌리언을 전시한 1855년 파리 만박이지만 박람회 역사상 반인류적인 기획이 실행된 것은 1899년 파리 만박에서이다. 이 박람회에서 이른바 '인간 전시' 프로그램이 가동된 것이다. 박람회장에 식민지촌을 건설한 후 다수의 식민지 원주민을 데려다가 그 안에서 실제로 생활하게 했던 것이다. 원주민들의 일상을 그대로 '보이는' 프로그램을 내놓은 것이다. 근대 문명의 밝고 화려한 불빛에 의해 환하게 드러난 '열등한 이종(異種)' 으로서 원주민의 존재는 제국과 식민, 문명과 미개 사이를 가로지르는 지배 권력의 우월성을 손쉽게 증명할 수 있는 매력적인 전시물이었다. '인간 전시'라는 새로운 장르는 더욱 정교하게 다듬어지면서 제국의 박람회를 통해 자주 활용되었다.

일본은 러일전쟁 무렵부터 서구의 박람회가 정교하게 구성해 낸 식민주의적 문법을 자국의 박람회에 적극적으로 복사하기 시작했다. 1903년 오사카에서 개최한 '내국 권업 박람회(內國勸業博覽會)'를 통해 일본의 통치를 받고 있던 문화를 전시함으로써 제국의 차별적 시선을 드러내기 시작했다. 박람회장에 '학술인류관'이라는 전시관을 개설하여 "내지에 가까운 이인종을 모아, 그 풍속, 기구, 생활의 모양 등을 실제로 보여 준다는 취향으로 홋카이도의 아이누 5명, 대만 생번 4명, 류구 2명, 조선 2명, 지나 3명, 인도 3명 등 도합 32명의 남녀가 각 나라의 주거를 본 뜬 일정의 구획 안에서 단란하게 일상의 거동을 보여"(요시미 슌야, 2004 : 242) 주었다. 이것이 문화적으로 열등한 인종으로서 조선인이 전시된 첫 번째 사례이다.

이후 조선인의 전시는 1907년 '도쿄 권업 박람회(東京勸業博覽會)'를 통해 더욱 정치화되었다. 박람회장의 조선관 옆에 세운 수정관에 "여러 사람들에게 흥미를 북돋고자" 조선인 남녀 두 사람을 황색 복장을 입혀 마치 "꿈틀거리는 동물처럼"[44] 출품한 기사가 국내 언론에 의해 보도되면서 사회적인 문제가 되었다. 식민지의 전시는 제국의 입장에서는 자국의 우월한 지위를 세계 각국에 널리 알릴 수 있는 계기이자 동시에 식민지의 '미개'를 증명하는 기회로 활용되었다. 일본은 박람회를 통해 조선인을 '미개'의 이인종으로 분리했다. 조선은 일본의 '시선'에 의해 분류되고 배치되어 열등한 '타자'로 명명되었다. 모두 박람회를 통해 일어난 일이었다. 그런 점에서 조선어과 교과서에 수록되어 있는 '박람회' 관련 단원은 주목을 요한다.

---

44) 『매천야록』 제5권, 광무 11년, 요시미 슌야(2004 : 243 각주32) 재인용.

陸上에 架設한 平和博覽會를 건너서 不忍池畔에 至하면 곳 第二會場이다. 이
　　會場에는 北海島館을 最右로 樺太館·朝鮮館·臺灣館·外國館 等이 잇어서, 各
　　各 其他의 特産物을 陳列하얏는내, 特히 朝鮮館은 그 建築物의 雄大함과 丹碧의
　　綺麗함이 場內를 壓頭하며, 館內에는 朝鮮의 特産物을 爲始하야 各種의 陳列品
　　이 잇서서, 朝鮮産業의 急速한 進步를 자랑하며, 또 朝鮮의 名山인 金剛山의 大
　　模型은 觀覽者의 喝采를 博한다.

「권1－6－平和博覽會, 23~24쪽」

　　조선어과 교과서 안에서 박람회는 어떻게 기술되고 있을까? 박람회
가 열린 시간과 장소에 대한 간단한 언급으로 시작한 후 이어서 장황할
정도로 많은 분량을 할애하고 있는 것은 박람회장의 구조이다. 구조에
대한 상세한 묘사는 동경에서 열린 박람회장에 가 보지 못한 조선의 학
생들에게 이 박람회가 얼마나 성대하게 치러졌는지를 알리기 위한 의도
로 기술된 설명적 텍스트의 특성을 유감없이 발휘하고 있다.

　　본문에 의하면 1921년 3월 10일부터 7월 31일까지 도쿄 우에노 공원
에서 열린 평화박람회는 모두 두 곳의 회장(會場)으로 구획되었다. 일본
의 제작 공업, 염색, 개량주택, 화학공업 등 근대적 산업의 발전 양상을
전시하는 제1회장은 우에노 공원의 '고대(高臺)'에, 일본의 식민지관이
중심인 제2회장은 '불인지반(不忍池畔)'에 배치되었다. 이러한 구조는 박
람회의 변두리에 위치한 식민지관이 '지상의 낙원'으로 조성된 일본관
을 올려다 보도록 하는 설계로 탄생된 것이다. 박람회장의 구조를 제국
의 위용과 식민지의 열등으로 서열화하여 제국과 식민의 관계를 상/하,
중심/주변의 정치적 배치로 실현한 셈이다. 박람회장의 '위·중심'에 위
치한 일본관에서 내려다 보이는 '아래·주변부'의 식민지 조선관은 "朝
鮮의 急速한 進步"를 증거하는 특산물을 주로 전시하여 조선이 식민 통
치로 인해 "最近 文明 發達의 魅力"을 누리고 있는 것으로 기획되었다.
조선의 중심인 경성의 한복판에서는 조선의 궁궐을 파괴하고 들어선

제국의 박물관이 조선의 과거를 고고학적 골동품으로 진열하고 있었다면, 제국의 중심 동경에서는 식민 통치의 성공을 증거하는 실물 교재로서 조선의 현재가 전시되고 있었다.

식민주의의 성공적인 사례로서 전 세계인을 대상으로 조선을 제국 일본의 식민지로 알린 일본은 곧 이어 조선인들을 대상으로 '新政의 惠澤'을 홍보하는 프로그램을 조선 땅에서도 마련한다. 「권3 - 18 - 朝鮮副業品共進會의 槪況을 報하는 書」는 조선에서 열린 박람회 성격의 공진회에 관한 단원이다. 조선 최초의 박람회는 1907년 '경성박람회(京城博覽會)'로 알려져 있다. "우리나라 四千年에 未曾有하던 博覽會가 우리나라 首府에서 一回 開催"(『황성신문』, 1907년 9월 11일)된 경성박람회를 주최한 당사자는 일반적으로 대한제국 농상공부라고 알려져 있다. 그러나 박람회의 개최 과정이나 결과를 볼 때 실질적인 주체는 일본 정부였다고 보는 것이 타당하다. 가령 출품 물품으로 볼 때 전체 출품물 79,126점 중에서 조선인이 출품한 물품은 4,500여 점에 불과했으나 일본인이 출품한 물품은 74,600점에 이르렀으며 그 중 일본에서 직접 출품한 것만 해도 56,500여 점이나 되었다. 그런데 관람자 수는 박람회 기간인 9월 1일부터 11월 15일까지의 총 2개월 반에 이르는 동안 총 208,470명이었으며 그 중 조선인이 73% 정도를 차지했다.[45]

결국 조선인 관람객료가 박람회의 주 수입원이었다는 것과 조선인 관람객이 구매한 상품의 대부분이 일본 상품이었다는 점, 이 박람회를 위해 대한제국 정부가 2만 5천원이나 개최 비용을 부담했다는 점, 박람회에 참여하는 일본측에 대한제국 정부가 각종 편의를 제공했다는 점, 박람회 물품에 대한 수상식에서 전체 수상자 1,213명 중에서 일본인이 1,121명을 차지했다는 점 등으로 미루어 볼 때 경성박람회는 조선 땅에

---

45) 統監官房 文書科, 『統監府統計年報』 第一次, 第二次 第三次, 明治40~明治43 참조.

서 조선 정부가 차린 물품 잔치에 실질적으로는 일본인이 이익을 취한 일본인을 위한 박람회였다. 조선은 단지 일본 물품의 판매고로 활용되었을 뿐이다. 조선에서 개최된 최초의 박람회였던 경성박람회만 보더라도 알 수 있듯이 조선에서 열린 박람회는 '일제의 선전도구'(국성하, 2007 : 218)로 기획된 것이다.[46]

조선의 박람회를 도구적으로 이용한 일제가 그 의도를 보다 직접적으로 드러낸 것은 1915년 조선 강점 5년을 기념하기 위해서 개최한 공진회에서이다. 당시 조선총독은 이 공진회를 개최하기 위해 조직한 공진회 위원들에게 다음과 같은 훈시를 내린다.

> 신정부 시행 이래 5년이 지나면서 시설경영 기초가 점점 확립되고 산업과 기타문물의 개선진보와 실적을 보여줄 만한 것이 있었다. 그래서 이 가을에 공진회를 개설하여 널리 조선 각지의 산물을 수집 진열하고 제반의 시설 상황을 전시하고 동시에 신구 시정의 비교대조를 하여 밝히고자 한다. 또한 생산품과 생산사업의 우열 득실을 심사하고 고려하고 정확하게 밝혀 당업자를 고취진작하고, 조선 민중으로 하여금 신정부 혜택을 각성하게 한다. 그리고 이 기회에 가능하다면 많은 일본인들을 오게 하여 조선의 실상을 보게 하여 향후 조선 개발이 현저한 효과가 있다는 것에 의심이 없게 한다.
>
> (조선총독부, 「공진회」, 『조선휘보』, 1915년 9월)

일본이 공진회를 개최한 의도는 두 가지이다. 하나는 조선인들에게 식민 통치의 혜택을 인식시키기 위해서 또 하나는 일본인들에게 식민지 조선에 대한 투자를 독려하여 식민 통치의 경제적 효과를 창출하기 위해서였다. 이를 위해 공진회는 '신구 시정의 비교 대조'가 최대한 극

---

46) 식민 통치 내내 일본은 자국 박람회는 물론 해외 박람회에 조선의 물품을 출품했다. 이는 식민지화된 조선을 세계에 선전하기 위한 목적뿐만 아니라 일본 내에 있는 일본인들에게 역시 조선의 식민지화에 대한 자긍심을 고취시키기 위한 목적 때문이었다. 이에 대한 논의는 국성하(2007)을 참고할 만하다.

명하게 되도록 구성되었다.[47] 9월 11일에서 18일까지 8일간 열린 이 공진회에는 총 153,972명이 관람했다. 특히 전국의 각급 학교 185개 교에서 507명의 인솔 교사와 7,782명의 학생들이 관람하였다.[48] 조선의 학생들은 공진회에서 기획한 식민 통치의 '신구 시정의 비교 대조' 프로그램에 참여하여 '식민지 조선'을 '관람'해야 했다.

조선에서 개최된 박람회와 공진회는 화려한 축제의 성격으로 기획되었다. 예컨대 「권3 - 18 - 朝鮮副業品共進會의 槪況을 報하는 書」에서 보여주는 '조선부업품공진회' 역시 "南大門의 裝飾을 爲始하야, 各 町 ・洞 ・里의 祝旗 ・祝燈 ・祝塔이 燦爛한 美景을 出現하야" "沈滯하얏든 市內人氣"를 "恢復한 듯한 感"이 있을 만큼 공진회 기간 동안 경성 전체는 화려하게 연출되었다. 화려한 볼거리, 풍성한 먹을거리를 통해 공진회라는 조선의 대축제가 열리는 동안에 적어도 식민지라는 현실은 잠시 잊혀질 수 있었다.

현실에 대한 망각은 공진회장의 관람 동선에서도 극명하게 실행되었다. 공진회장의 관람 동선은 광화문 정문을 통과하면서 조선총독부 신

---

47) 1915년 '시정 5년 공진회'의 전시 구성은 다음과 같다. 제1호관 : 제1부에서 6부 출품을 진열했다. 곧 농업, 식산, 임업, 광업, 수산, 공업 각 부분에 속한 조선 내 출품을 부류별로 진열했다. 제2호관 : 제7부에서 제12부 출품을 진열했다. 곧 임시 은사금 사업, 교육, 토목과 교통, 경제, 위생과 자혜 구제, 경무와 사옥(司獄) 각 부분에 속한 조선 내 출품을 부류별로 전시했다. 심세관 : 각도의 과거 5년간의 도세 추이, 곧 각종 시설과 성적을 보이고, 출품을 도별로 진열했다. 농업분관과 수산관 : 근정전 翼廊을 이용해 농업과 수산에 관련된 것들 중, 농구, 과실, 蔬茱, 화훼, 분재, 揷花, 어구류를 진열했다. 박애관; 사정전 건물을 이용해 적십자사의 출품을 진열했다. 미술관 : 회화, 조형, 자수, 칠기 같은 현대 미술품과 고고 자료를 전시했다. 기계관 : 조선 내외에 관계 있는 모든 기계를 전시하고, 개장 중에 운전해서 관람하게 했다(朝鮮總督府, 「共進會」, 『朝鮮彙報』, 1915년 9월).

48) 1915년 현재 고등보통학교와 여자고등보통학교에 재학 중인 학생 수는 각각 1,100명, 289명으로 총 1,389명이었던 것으로 전해진다. 이를 볼 때 대다수의 고보생이나 여보생들이 박람회를 관람했을 것으로 추정된다. (朝鮮總督府, 『統計年報』, 1932 참조.)

청사→제 2참고관(각 도의 직물 제직 관람)→본관(12,000여 점의 부업품을 총망라 전시)→제 1참고관(조선과 일본의 부업품을 구분하여 전시)→총독부 박물관(조선 문화의 유적)의 순으로 배치되었다. 신청사에서부터 '신정(新政)' 실시 이후 의 조선의 발전상을 차례차례 구경한 후 마지막으로 조선총독부 박물 관에 전시되어 있는 '조선의 과거'를 들여다봄으로써 조선을 지나간 나 라로 인식하게 하는 다큐적 기획으로 마무리되었다. 공진회장의 정치적 관람 동선은 조선총독부 박물관 관람 다음에 이어지는 코스에서 보다 분명하게 드러난다.

> 此로부터 總督府博物館에 入하면, 館內에 陳列된 古朝鮮文化의 遺蹟은, 觀賞 者로 하야금 警醒하는 精神을 喚起케 하며, 附近에 設備된 休憩所에 入하야 暫 時間 疲勞를 慰하고, <중략－인용자> 此로부터 餘興街의 南, 賣店街의 北에 在 한 飮食店街로 步를 運하면, 約 五十個所의 各種 飮食店이 左右에 櫛比하며, 慶 會樓로 向하에 樓畔에 散在한 '펜지'에 거러안저, 嘲哼한 洋樂의 演奏를 聽하면 서, 蓮池로부터 取來하는 秋風을 쏘이며 地上에 浮去?來하는 遊客 等의 短艇을 求景함도 쏘한 奇觀입니다. 慶會樓畔을 出하야, 右便으로 小行右折하면, 各種 興 行物의 輯載한 餘興街며, 此街를 出하야 飮食店街를 通過 南行하면, 約 四十餘 個所의 賣店이 街路 兩側에 櫛比하야 觀客의 購買慾을 批發합니다.
>
> 「권3 - 18 - 朝鮮副業品共進會를 報하는 書, 86~87쪽」

조선의 공진회는 식민 통치의 혜택을 목도하고 조선을 '과거'로 규정 하게 하는 동선의 배치를 통해 식민지 현실을 긍정하게 하는 체험 학습 으로 기획되었다. 이 학습을 끝내고 조선총독부 박물관을 나오면 눈 앞 에는 '새로운' 풍경이 펼쳐진다. 한때 조선 권력의 상징이었던 경복궁 안에는 서양 음악이 울려 퍼지고 조선의 젊은 학생들은 '펜지'라는 이 국적 의자에 앉아 휴식을 취하고 있다. 한편에서는 각종 경기대회가 펼 쳐지고 또다른 한편에서는 풍성한 먹거리상(商)과 매점들이 이리저리 쓸려 다니는 관람객들을 유혹한다. 현대의 박람회장과 다를 바 없는 풍경이다. 화려하고 낭만적인 풍경에 취한 조선인들은 노래를 흥얼거리기도 하면서 가을날의 정취를 마음껏 만끽한다. 식민지 조선은 잊혀진다.

특별한 정치적 저항 없이 순조롭게 안착한 박물관·박람회는 기실, 오리엔탈리즘적인 시선으로 타자를 발견하고 소외시키기 위한 정치적 기획으로 창안된 제도이다. 두 장치는 "박람회는 한시적인 기획박물관으로서, 박물관은 항구적인 상설 박람회"라는, 동일한 기원에서 배태된 쌍생아적 정치 프로그램이다. 조선의 역사상 경험해 보지 못한 낯선 제도였음에도 불구하고 조선 땅에 순조롭게 뿌리를 내린 박물관·박람회 제도는 파시즘적 제국주의의 침략을 환상적인 비쥬얼로 포장하여 내놓은 정치적 전시 기획물이었다. 화려한 전시 세트 안에서 조선이라는 나라는 그 기원 혹은 본래 존재하던 환경과 정치, 역사, 사회, 문화적인 컨텍스트에서 분리되어 투명한 진공 유리 상자 안에 화석이 되어 갇히고 조선인 관람객들은 입장료를 지불하고 자신의 기원인 조선을 구경한다. 어두컴컴한 진열관에 '전시된 조선'을 관람한 후 박물관 문을 나서면, 견고한 위용을 과시하는 조선총독부 신청사가 눈앞에 펼쳐진다. 이제 조선 땅 어디에도 '조선은 없다.'

고등보통학교와 여자고등보통학교의 조선어과 교과서에 배치한 '박물관', '박람회' 관련 단원은 조선의 청년과 여학생들에게 식민지 조선에 대한 확고한 인식과 규정을 요구하는 성격으로 편성된 단원이다. 총독부 교과서 집필자들은 조선어과 교과서를 통해 조선을 '과거'로 진열하고, 식민지 조선을 '현재'로 관람하게 함으로써 과거와 현재, 구와 신의 극명한 대조를 '보여' 주는 프로그램을 가동한다. 이를 통해 조선과 조선의 역사, 조선의 문화를 지워낸다. 그리고 새로운 조선, 조선의 새로운 역사, 새로운 문화를 창조한다. 조선어과 교과서의 제2단계 프로그램이 실행될 차례이다.

(2) '조선'의 재구성, '조선 문화'의 창안

조선어과 교과서의 제2단계 프로그램은 박물관 제도의 정치적 기획의 연장선상에서 실행된다. 앞 절에서 확인한 바 있듯이, 역사적 과거로부터 조심스럽게 꺼내 켜켜이 쌓인 먼지를 털어낸 후 투명한 유리 부스 안에 진열해 놓은 박물관의 진열품은 실은 지배 권력의 이데올로기적인 선택과 배제의 문법에 의해 의미를 부여받은 목록에 불과하다. 박물관은 철저하게 국가적인 시선으로 포획한 사물들에 예술적 가치를 부여하고, 예술적 가치가 애초부터 그 사물에 내장되어 있었던 것처럼 믿도록 하는 제도이다. 일본 제국주의가 지배를 상상하는 방식의 하나로 식민지 조선에 설립한 박물관이라는 제도 역시 실상 소장품의 종류와 내용에서 그 본질이 규명된다. 무엇을 선택하고 무엇을 배제했으며 거기에 개입된 논리는 무엇이었을까? 이 질문은 식민 권력에 의해 주조된, 조선의 예술 문화에 대한 부정과 창안의 문법과 관계가 깊다. 흥미롭게도 이들은 조선어과 교과서를 통해 조선의 회화와 음악, 나아가 한자 문화에 이르기까지 조선의 예술 문화를 제국의 시선으로 재규정하는 작업을 실행한다.

먼저 조선의 회화에 관한 얘기부터 시작하기로 하자. 고보 4학년 조선어과 교과서는 '조선의 회화'라는 내용을 두 단원에 걸쳐 싣고 있다. 조선의 회화를 통시적으로 검토하는 이들 단원은 각각의 서두를 다음과 같이 시작한다.

> "三國時代로부터 新羅末까지 約 九百年이나 되는 其間에 當時 畵工의 製作品이라고 確證할 만한 것과 口傳하야 오는 것은, 아즉 目睹치 못하얏스며, 又

當代畵工으로 文獻上 其名이 記存된 者가 甚히 稀少하도다"

　"高麗의 太祖 王建이 卽位 以後로 그 滅亡까지 四百七十餘年間에 畵工의 製作品으로 그 傳來가 確實한 것은 甚히 寂寞하도다"

　이 기술에 따르면, 조선에는 회화다운 회화, 즉 예술적인 가치를 지니는 회화는 존재하지 않는다. '目睹치 못하얏스며', '甚히 稀少'하고 '甚히 寂寞'하다는 식의 단정적 서술은 조선의 회화를 부정하는 전략적 어법이다. 본문에 따르면 그 이유는 다음과 같다. 조선의 회화는 기본적으로 중국의 영향을 받았다. 그럼에도 불구하고 예술적인 감각과 안목이 부족하여 자국의 회화를 발전시키지 못했다. 이를 뒷받침하는 사례로 들 수 있는 것이 조선에서 인정받지 못했던 화공들이 일본에서는 뛰어난 화공으로 성공했다는 점이다. 천부적인 자질도 독창적인 재능도 결여된 조선으로서는 자국의 회화계를 정립시킬 수 없었다. 더구나 전문적인 화가를 양성하는 제도적인 시스템의 중요성이나 필요성도 인식하지 못할 정도였다. 사정이 이러하다보니 조선에는 화공이나 화법, 작품에 이르기까지 주목할 만한 것이 '甚히 稀少'하다는 논리이다. 그나마 조선 땅에 회화가 존재하고 그 명맥이 이어지는 것은 순전히 중국과 일본의 물질적·제도적·정신적인 지원 덕택이며, 이렇게 도와주고 있는 데도 체계적이고 전문적인 지원 및 관리 시스템을 독자적으로 구축하지 못해 정체되고 쇠퇴하는 지경에 이르고 있다는 것이다.

　조선의 회화에 대한 이러한 시각은 '국가의 쇠퇴와 함께 모든 문예미술공예품이 쇠퇴해간다'는 고미야의 '조선예술 쇠망론'을 근거로 한다. 이 주장에 의하면 예술에 대한 감각도 부재할 뿐만 아니라 국운도 쇠멸

해가는 시점에서 그나마 존속하고 있는 조선의 예술을 보존하기 위해서는 일본이 나설 수밖에 없다. 일본이 조선을 대신해서 조선 미술의 보호자가 될 수밖에 없다. 이러한 논리는 개성 중심으로 전국에서 무차별적으로 진행된 일본인의 도굴 행위를 문화재의 관리 및 보존이라는 미명으로 정당화하기에 이른다. 고려 도자기를 비롯하여 도굴된 각종 유물을 유적 보호라는 명분으로 조선총독부가 다시 사들여 막대한 이익을 취했는가 하면 도굴품의 보관과 전시를 위해 박물관을 설립하는 역사적인 해프닝이 벌어지기도 했다. 특히 도굴품 중 가장 인기가 있었던 품목이 고려 도자기였다는 점과 박물관 수집품 중 가장 비중이 컸던 항목 역시 고려 도자기였다는 점은 일본인의 도굴행위와 박물관 제도가 동일한 맥락에서 실행되었다는 사실을 암시한다. 도굴품이 소장품으로 전시되면서 일본인의 도굴행위는 문화재 관리 사업으로 미화되었다. 조선어과 교과서 안에 '고려 도자기' 관련 단원이 당당하게 등장한 것도 고려 도자기를 미술품으로 '발견'해 낸 일본인의 안목을 과시하는 맥락과 무관하지 않다.

이와 관련하여 최근 한 소장 연구자는 「'고려자기'는 어떻게 '미술'이 되었나」에서 고려자기가 적어도 어느 시점 이전까지는 전통이 아니었다고 주장한다(박소현, 2006). 하나의 사물에 불과하던 '고려자기'가 국보급 미술품, 즉 민족 국가의 문화적인 '전통'으로 그 지위가 바뀐 과정에는 박물관이라는 제도적 장치가 중요한 역할을 했다는 것이다. 단적으로 말해 고려자기를 '전통'으로 '변신'시킨 장본인은 '이왕가 박물관'이라는 것이다. 흥미로운 것은 조선어과 교과서의 '고려 도자기' 단원 역시 이왕가 박물관의 공식적인 간행물인 『이왕가 박물관사진첩』(1912)를 출전으로 한다는 점이다. 교과서는 고려 도자기의 개념, 출토지, 자기 제작 방식과 그에 따른 자기의 종류 등에 대한 정보를 비교적 객관적인 어조로 서술한 후 고려 도자기가 박물관의 중요한 소장품이라는 점을 힘을 주어 강조하고 있다. 개성 중심으로 분포해 있던 고려시대의 고분들을 무차별적으로 파헤친 반도덕적인 도굴행위가 "열성적인 고미술의 조사 개발과 미술 장려의 노력"[49]으로 미화되는 부분이다.

반인륜적인 도굴 행위가 박물관이라는 제도로 순조롭게 안착되는 과정에는 타국의 고분 도굴이라는 역사적, 문화적 성역의 파괴라는 사건이 은폐된 것이다. 대신 조선인의 미감과 안목의 부재로 인해 수백 년간 컴컴한 지하에 방치되어 있던 고려 도자기를 박물관의 훌륭한 소장품으로 발굴해 냈다는 제국주의적 자평(自評)이 부각되었으며 이는 식민지 조선의 예술 문화의 합법적인 주인으로 일본 자신의 권한을 확보하는 근거로 내세워졌다. 이 기획은 성공적이었다. 예컨대 박물관에 전시된 조선의 유물들을 보게 된 관람자 중 한 사람인 최남선은 조선인 생명의 흔적을 일본인이 선명하게 드러낸 점은 민족적 수치이지만, 일본인의 조선 고적조사사업은 세계 인류가 영원히 감사해야 할 일라며 "미운 일본인은 동시에 고마운 일본인이기도 하다"고까지 평하기도 했으니 말이다(崔南善, 「朝鮮歷史通俗講話解題」, 『週刊東明』 1–3, 2–11, 1922·1923). 고려 도자기의 박물관행은 일본이 조선의 문화를 제도적으로 관리하고 통제하는 법적 지위를 가진, '전통 문화의 보호자'로 자임하게 된 사건이었다. 조선의 미술은 '대일본제국의 일부로 편입'[50]되어 '제국의 문화'로 재규정되었다.

1900년대 초부터 다양한 논자들이 주장해왔던 '조선예술 쇠망론'은 조선의 회화 뿐만 아니라 음악에 대해서도 유사한 논리를 개진한다. "朝鮮에는 녯적에 音樂이 發達되엿섯든지, 엇더한지 不明"(권3–12–朝鮮의

---

49) 高木紀重, 1944 : 294~299, 박소현(2006 : 22) 재인용.
50) 李成市, 「朝鮮王朝の象徵空間と博物館」, 『近代日本の文化史2』, 岩波書店, 2001, 8쪽.

音樂-52쪽)하다고 전제한 후 조선의 음악이 발달하지 못한 원인을 일차적으로 악기의 연원에서 찾는다. 조선의 악기는 중국인 기자가 조선에 왔을 때 가져온 악기를 '模造한 것'에서 발달한 것이기 때문에 독자적이지 못하다. 음악 역시 귀신을 숭상하는 조선의 풍습이 의례화한 귀신에 대한 제의에 기원을 두기 때문에 속성상 비합리적인 주술성을 띠며 예술적인 가치를 발견하기는 힘들다. 그나마 조선의 역사 중에서 음악이 발달했다고 평가되는 '고려시대' 역시 중국이 보낸 아악과 악기 덕에 융성할 수 있었던 것이며 '조선시대'도 명나라 태종이 보낸 아악용 악기를 조선 태종이 문묘제례에 사용하면서 음악의 명맥을 유지했다. 조선 세조 이래로 음악을 주체적으로 정비하고자 하는 노력이 있긴 했지만 "內容이 不備하야 심히 不振함은 可惜한 事"(권3-12-朝鮮의 音樂-57쪽)이라고 함으로써 조선은 자국의 음악을 자생적으로 계발시킬 만한 예술적 감각이나 역량이 부족한 민족으로 결론을 내린다.

악기 뿐만 아니라 성악에서도 사정은 비슷한데 가령 조선의 성악이 "印度風의 色彩를 帶한 支那樂"과 유사한 듯하지만 실은 "賤陋이 多하야 體貌있는 席上에서는 諷誦하기가 難"(권3-12-朝鮮의 音樂-57쪽)하다고 폄하함으로써 중국의 음악과는 비견될 만한 여지조차 없다. 결국 중국의 영향을 받았음에도 불구하고 독자적으로 계발하거나 발달시키지 못하고 악기든, 성악이든 조선의 음악을 "尙히 改良의 餘地가 有"(「권3-12-朝鮮의 音樂-58쪽」)한 영역으로 결론을 내린다. 음악에 대한 폄하 역시 '조선예술 쇠망론'과 '조선 쇠망론'의 논리적 전략이다.

회화와 음악의 타율성 규정은 조선의 한자 문화에 대해서도 마찬가지로 적용된다. 주지하듯이 국어교육사에서 분과적 형태로 존재하던 <독서>, <작문>, <습자> 교과가 <국어>라는 교과로 통합된 것은 1906년의 일이었으며 이 때의 교과명은 <국어한문(國語漢文)>이었다. 제1

차 조선교육령(1911년 8월 23일)이 공포된 후 국어과는 <조선어급한문(朝鮮語及漢文)>이라는 다소 미묘한 명칭으로 변경이 된다. 이전까지만 해도 '국어'와 '한문'이 대등하게 교수되었다면 이 시기에 와서는 '한문을 중심으로 하는 조선어'의 교수가 강조되었다. 이 시기 조선어과 교과서『고등조선어급한문독본』의 전 단원이 한문으로 기술된 사실만 보더라도 교과목명으로 제시되어 있는 '조선어'는 단지 명분에 불과한 것이었다. 그러나 3·1 운동 이후 조선어과 교육에 대한 조선인들의 열망과 문화통치로의 식민 정책의 정치적인 변화에 따라 제2차 교육령이 공포되고 이에 따라 새 조선어과 교과서인『신편고등조선어급한문독본』이 편찬되었다. 이 교과서는 각 권을 두 영역으로 나누어 제1부는 '조선어지부(朝鮮語之部)', 제2부는 '한문지부(漢文之部)'로 구분함으로써 이전 1차 교육령기의 조선어과 교과서에 비해 '조선어'의 중요성을 인정하는 태도를 취했다. 그러나 교과서를 열어보면 '조선어지부'의 분량이 '한문지부'에 비해 절대적으로 적은 분량으로 할당되어 있으며[표27] 참조) '조선어지부'에 '한자' 혹은 '한문' 관련 단원을 다시 편성해서 실질적으로는 한문 중심의 조선어과라는 운영의 기조는 그대로 유지했다는 점을 확인할 수 있다.

그런데 조선어과 교과서 내에서 한자 관련 단원의 비중을 높인 것은 조선어과 교육을 폄하하려는 의도 외에 또 다른 의미가 함의되어 있다. 예컨대 1학년 교과서에서「권1－4－漢字의 自習法」,「권1－15－漢字」등의 단원을 마련하여 앞에서는 한자를 자습할 때 자전의 중요성과 자전 찾는 방법에 대해, 뒤에서는 한자의 네 가지 종류를 비롯한 한자 관련 기초 이론에 대해 설명한다. 그런데 2학년으로 올라가면 서술의 변화가 일어난다. 가령「권2－4－朝鮮의 漢字」는 조선 문화와 지나 문화의 관계에 대한 언급으로 시작한다. "大抵 朝鮮은 自古로 지나와 가장 密接한

關係가 有하야, 지나 文化의 影響은 直接으로 朝鮮에 波及"되었다고 전제하며 기본적으로 조선 문화의 기원은 중국 문화에 있다는 것을 거듭 강조한다. 회화와 음악 외에 조선의 언어 문화를 창출한 근원인 한자 문화 역시 실은 중국의 것을 어떤 창의적인 변용도 없이 그대로 수용하여 사용해 온 것으로 설명한다.[51]

결국 조선어과 교육을 통해 가장 먼저 실행한 작업이 투명한 유리 전시 부스 안에 조선을 전시하여 '오늘의 조선'을 선언하는 것이었다면 다음으로 착수한 작업은 조선 문화의 합법적 주인을 새롭게 규정하는 것이었다. 조선의 회화와 음악, 한자 문화에 이르는 조선 문화의 기원과 흐름을 추적한 후 조선은 "국가가 미의 보호자임을 중단했을 뿐만 아니라 미의 파괴자"로 정리된다. 이 논리에 따르면 조선은 문화예술을 보

---

51) 일본 제국주의가 식민지 조선에서 한자 문화를 강조한 것은 일본 자국 내에서 한자 문화를 강조한 것과는 맥락을 달리한다. 일본은 '메이지 일본'에서 '제국 일본'으로 전환하면서 언어 의식, 언어 제도의 면에서도 '국어'라는 제도가 근대 국민국가를 지탱하는 필수항목이라는 인식이 형성되었다. 이러한 언어관은 '국어' 이외의 언어나 문자에 대해서는 배제의 논리로 강화되었다. 예컨대 미카미 산지와 다카쓰 구와사부로가 편찬한 최초의 『일본문학사』는 그 서문에서 '한문은 모두 채용하지 않는다'는 표기 원칙을 명시하는 등 1890년대에 쓰여진 대부분의 일본문학사에서는 '국어'사상에 입각하여 한자나 한문학에 대해 부정적인 입장을 취했다. 그러나 한문학에 대한 배격은 1900년대 초에 오면 수용의 입장으로 선회하게 된다. 가령 문부성이 제정한 『중학교 교수요목』(1902)의 '국문학사' 관련 '교수요목'에서 "국문학사를 가르칠 때는 한학도 도외시해서는 안된다"고 기술하고 있으며, 오바야시 고이치로가 쓴 『중등국문학사』에서는 "한문학의 국문학에 대한 관계는 결코 도외시될 수 없다"고 강조하고 있다. 한학에 대해 배격에서 수용으로 전환하게 된 이유는 무엇일까? 청일 전쟁 후 제국의 기획에 대해 자신감을 얻은 일본은 이전까지 추종해야 할 문명의 규범으로 설정했던 서양을 경계의 대상으로 바꾸면서 새로운 타자로 인식하게 된다. 타자로서 서양 제국주의의 위협에 맞서기 위해서 아시아 제국이 일심단결해서 하나의 '협동체'를 형성해야 하며, 그 체제의 중심에 자신이 위치해야 한다는 인식은 자신의 정통성을 확보하는 논리의 필요성으로 발전되었다. 동양이라는 협동체의 중심, 동양적인 규범의 모범으로서 자신의 상(像)을 정초하기 시작했으며, 이 때 동양적인 규범의 정수로 인식된 것이 한자와 한문학이었다. 이에 관한 자세한 논의는 정병호(2007) 참조.

호하고 보존할 수 있는 능력을 상실했다. 애초부터 회화든, 음악이든, 한자든 조선의 문화예술은 조선의 것이 아니었다. 문화예술에 대한 관심이나 미의 역사에 대한 자각의 유전자가 천부적으로 결여되어 있는 조선에 전수했던 문화예술 일체를 주인이 다시 인수해야 한다는 것이다.

조선어과 교과서는 다양한 예시와 비교, 대조를 통해 조선 문화의 정체성을 재규정하는 작업을 실행한다. 이러한 담론의 이면에는 조선의 역사와 문화의 정체성을 제국 일본으로 설정하고 조선은 제국의 보호를 받는 주변에 위치 지움으로써 조선 문화의 지방성(locality)을 강조하는 논리가 가로지른다. 조선의 주변화 작업은 조선 문화에 대한 일본의 보호와 관리를 정당화하여 식민 통치의 합법적 승인을 확보하는 작업과 긴밀하게 맞물려 진행된다. 조선의 문화를 끊임없이 주변으로 밀어내는 행위는 '중심'과의 차이와 계서를 확고하게 구축하는 데 효과적일 뿐만 아니라 조선 문화의 후진성과 열등성을 강조하는 데도 더할 나위 없이 효율적이기 때문이다.

2) 식민지 조선인과 제국의 '국민'

(1) '신체'와 '품성'의 훈육, 시간의 내면화

조선이라는 '신영토'의 보호자를 자임한 일본 제국주의는 '이 대지의 관리자'로서 조선인을 충량한 제국 신민이라는 새로운 주체로 재구성하기 위한 일련의 기획을 단행한다. 기본적으로 '새로운' 주체를 구성하기 위해서는 기존의 정체성을 말살과 배제의 대상으로 만드는 강력한 분리 역학이 필요하다. 조선어과 교과서를 통해 총독부가 실행한 작업이 조선인을 비주체적이고 의존적인 정체성으로 규정하는 것이었다면 향후 임무는 긍정적 동일화의 대상으로 특정한 정체성을 구성하는 일이었다.

조선의 중등학교 학생들 즉 식민지 조선인들을 제국의 신민으로 재구성하기 위해 가장 중시한 것은 시간 관념의 내면화이다.[52] '신영토 조선'의 절대적인 빈곤과 궁핍을 극복하기 위한 조처로 고안된 조선총독부의 '시(時)' 프로젝트는 경성 내의 일본인 시계 사업가들의 적극적인 후원으로 추진되었다.

> 나의 居處하는 방, 冊床우에는, 조고마한 鐵甲坐鐘 한 개가 노여잇소. 그 모양은 비록 적으나, 나에게 對하야는 實로 無雙한 重寶가 되는 것이오. 朝夕으로 相對하는 親近한 벗이라고도 할 수 잇으며, 每日 나의 起居動作을 規律잇게 指導하야 주는 어진 스승이라고도 할 수 잇소.
>
> 「권1-8-時計, 42쪽」

한 고보생의 일과를 수필 형식으로 기술한 이 단원은 식민지 조선 학생의 일상에 깊숙이 침투한 시계의 존재를 잘 보여준다. 인용문에 의하면 시계는 학생의 '起居動作을 規律잇게 지도'하는 '實로 無雙한 重寶'이자 '어진 스승'으로 의미화된다. 근대 이전만 하더라도 인간이 시간이라는 자연적 관념을 통제했다면 이제 인간의 기거동작은 오히려 시계라는 근대적인 기기가 규율하고 통제한다. "그의 刻針이 열時를 가르치게 되면" "坐鐘은 나를 바라보고 '流水갓치 빨'은 歲月은 쉬지 안코 지나가오. 여보 벗님이여, 쉬지말고 일하시오"라고 "警醒"시킨다는 것은 개인

52) 사실 시간 관념의 중요성을 강조하는 담론들은 계몽기 이래 조선의 지식인들을 중심으로 지속적으로 제기되어 왔다. 1907년 『大韓留學生會學報』는 '時間經濟'라는 용어를 사용한 바 있으며 1910년 『西北學會』는 '時間과 金錢과의 節用'을 주장하는 글을 싣고 있으며, 『開闢』은 「靑年諸君에게 時間의 貴함을 告함」이라는 글에서 적은 시간을 잘 이용할 것, 게으름을 버릴 것, 약정한 시간을 엄수할 것 등을 주문하였다. 시간에 대한 관심은 1920년대 후반부에 들어 신문, 잡지 등이 조선이 근대 문명국으로 발전하기 위해서는 시간의 중요성을 인식해야 한다는 사실을 주장하며 명사들의 생활 시간표나 시간 조직 방법을 소개하기도 했다.

의 일상적 습속까지 관리하는 시계의 존재를 보여준다. 뿐만 아니라 아침에 늦게 일어나는 날은 "'오날은 느졋다'고 責하는 것갓하야, 붓그러운 생각에 종일토록 마음이 불안"해진다는 자책은 시계가 개인의 '부끄러움'과 '불안'까지 유발시키고 있는 것을 보여준다. 이제, 시간은 개인의 신체를 '규율'하는 것은 물론 욕망이나 정서까지도 조절하고 훈육하는 근대적인 원리가 된 것이다.

'시(時)'를 통한 품성의 개량을 주장하는 담론은 주로 조선인이 시간 관념이 부족하다는 비판으로 제기한다. 인용 단원 다음에 이어지는 「권1-9-時間에누리」는 약속 시간에서 한 시간이나 지났는데도 나타나지 않는 사람에 관한 일화를 근거로 제시하여 조선인의 시간 관념의 부재는 "文明 社會에는 듯도 보도 못한" "弊風"이므로 "迅速히 改良"해야만 한다는 주장을 강력하게 제기하는 설득적 텍스트이다. 당시 조선인의 폐풍을 지적하는 이러한 논조는 교과서 외의 지면을 통해서도 빈번하게 제출되었다. 총독부 기관지인 『매일신보』만 들더라도 "우리 朝鮮은 時間을 重視하는 者 稀少하여 議事, 宴會, 契會 등 제반 사항을 약속한 당시에는 보통 某日이라 정하고 모일 모시에 정확한 약속도 없어서 만약 모일에 되면 아침부터 오는 사람들도 잇고 저녁에 오는 사람도 잇"(「社說」, 『每日申報』, 1911년 5월 11일)다는 식의 품성 개량을 주장하는 목소리를 심심치 않게 들려주기 때문이다.

「권1-8-시계」와 「권1-9-時間에누리」 등의 단원 설정을 통해 강조하는 시간 담론은 1920년대 초반 조선총독부가 주도한 바 있는 시간 캠페인과 관계가 깊다. 이 운동은 조선총독부가 매년 6월 10일을 '時의 記念日'로 제정하여 전국적으로 시행한 국민 계몽 프로젝트의 일환으로 추진된 사업이다(이창익, 2002). 「時間觀念의 宣傳」이라는 제목으로 발표된 다음 기사는 '시의 기념일'이라는 국가적 캠페인의 실행 과정을 잘 보여준다.

경기도에서는 경성을 비롯하여 오는 10일 정오에 '때의 기념'이라는 새로
운 사업을 실행할 예정인데, (···중략···) 이번에 경성에서도 이 방법을 모방하
여 오는 10일에 때의 기념을 하고자 하는 것은 원래 무슨 사회에서든지 무슨
일이든지 모두 시간과 큰 관계가 있을 뿐만 아니라, 제일 요사이 같은 분망한
시대에는 시간의 관념이 있어야 할 것이므로 때의 기념이라는 것은 곧 때의
관념을 일으키게 하자는 것이 큰 목적이라 하며, 경성에는 날마다 오정이 되
면 오포를 놓아서 시간의 통일을 도모하는 터이나 그 때를 놓치면 시계를 교
정하기 곤란한 폐단이 적지 아니하므로 경성부에서는 전기회사에 부탁하여
날마다 전등을 켜는 시간과 끄는 시간을 일정하게 하여 전등불을 보고 시간
을 짐작하는 데 편리하도록 교섭할 터이라더라.

『동아일보』, 1921년 6월 9일

'때의 기념'이라는 새로운 사업은 실은, 일본 동경의 '생활개선동맹
회'와 조선총독부가 연합하여 실시한 '시간 관념 선전 운동'의 일환으로
시작한 것이다. 각 계급 대표와 보통학교 학생들이 동원되어 시가를 행
진하며 '시의 기념일' 운동에 관한 전단지를 배부했으며 깃발을 들고
노래도 하면서 시간 운동을 홍보했다. 1921년 6월 10일에 처음 시작된
'시의 기념일' 행사는 다음 해인 1922년에도 계속 개최되었다. 특히 이
운동이 일상의 생활 습속들을 시간에 맞추어 구분하고 배분하기 시작
했다는 점은 주목을 요한다. 가령 ① 자고 일어나는 시간, 운동 시간, 식
사 시간을 정할 것[寢食의 時間] ② 출·퇴근시간을 지킬 것, 근무와 휴식
의 시간을 구별할 것, 약속시간을 엄수할 것[執務의 時間] ③ 집회시에는
다수의 시간 형편을 참고할 것, 개회 시간을 엄정히 할 것, 집회 시간에
늦지 말 것[集會의 時間] ④ 상대방 유고시에는 방문을 삼갈 것, 방문은 미
리 약정할 것, 간단한 용무는 현관에서 처리할 것, 손님을 기다리게 하
지 말 것[訪問의 時間] 등으로, 시간을 기준으로 일상의 규범과 태도를 규

정했다. 아울러 이를 위해 시계를 사용하고 시계의 시간을 정확히 맞출 것을 권고하는 내용도 강조하고 있다(『동아일보』, 1922년 5월 26일).

일상을 시간으로 구분하는 행위는 인간의 일상 규범과 사회적 실천을 근대적 시간 관념으로 조직하는 것에 해당한다. 근대적인 의미의 시간은 개인의 수면 시간, 취침 시간, 식사 시간 등 일상 생활의 미시적인 측면에까지 파고들면서 인간의 신체에 각인된다. 경성 제2고보 교사였던 후지키(藤木圭一)는 조선의 학생들이 시간 캠페인을 통해 "시간의 근본 지식을 배양하고, 시간의 제도를 가르치며, 시간에 대한 의무와 태도를 깨닫고, 시간과 인생, 시간과 우주와의 관계를 구하며, 때때로 시간을 음미함으로써, 시간의 권위와 가치를 바르게 인식하지 않으면 안 된다"고 주장하기도 했다. 그의 주장을 좀더 들어보면, 일본이 시간 관념을 중시하게 된 것은 제1차 대전 이후 전례 없던 불경기가 일본을 휩쓸었을 때 이를 극복하기 위한 방안이 일본 전역에서 제기되었다. 이 때 생산수단의 개혁 같은 적극적인 생산성 제고 관련 정책보다는 소비절약 같은 소극적인 수단이 옹호되었으며 이런 차원에서 요구된 국가적 과제가 '생활 개선' 프로그램이었다는 것이다. 허례 허식의 폐지와 근검 절약 등이 이 운동의 구체적인 생활 강령으로 제시되었다. 그러나 생활 개선 캠페인을 추동하는 기본적인 전제는 시간의 절약이었다.[53] 조선어과 교과서의 「권2-13-怠치 말고 時를 惜하라」나 「권1-13-勤儉은 齊家의 基礎라」, 「권3-1-習慣」, 「권3-11-廢物 利用」 등은 시간 절약을 계도하는 내용을 기술한 단원들이다. 수업을 통해 이러한 시간 관련 내용을 인지한 후에는 시간에 관한 글짓기나 표어를 작성하는 활동 시간이 이어지기도 했다. 이러한 학습 과정은 조선의 학생들에게 시간의 중요성을 각인시켜 근면한 조선인으로 훈육하기 위해 기획된 것이다.

---

53) 藤木圭一, 「六月十日 時の記念日」, 『文教の朝鮮』 130호, 1936, 164~167쪽.

방 안에서 '대각대각' 울리는 시계 소리는 조선 학생들이 불규칙적이고 안이하게 시간을 사용하는 습성에 제동을 걸기에 충분했다. 집 안의 좌종이나 학교 건물 혹은 기차역의 시계탑에 걸려 있는 시계는 식민지 조선 학생들의 등·하교 시간에서부터 학교 시간표, 방과 후 생활에 이르기까지 일상 전체를 조직하고 분류했다. 시계 하나 없이 생활하는 학생은 나태한 사람으로 인식되었을 뿐만 아니라 근대적인 문명의 상징인 시계의 원리가 체화되지 않은 전근대적인 인간으로 분류되었다. 조선총독부는 조선인의 시간관과 시간의 사용방식을 식민지적 통치에 부합하도록 개편하기 위해 노력했으며[54], 신문이나 잡지 등의 미디어를 통해 사적인 약속은 물론 기차 시간이나 회합 등 공적인 생활에서도 정시 엄수, 지각 방지 등을 지속적으로 강조하여 시간의 중요성과 시계 소지의 필요성을 역설했다.[55]

　　시간에 대한 일제의 강조는 기본적으로 근로의 권면(勸勉)과 밀착되어 실행되었다. "如何한 職務에 臨하든지, 다만 寸陰을 是競하야, 專心으로 忠實勤勉"하지 않으면, "終乃에는 그 職業을 일어버리고 道路의 彷徨을 未免"(「권2-13-怠치 말고 時를 惜하라」)할 것이라 역설하면서 시간을 아껴 근로에 충실할 것을 계도한다. 특히 근로의 성공은 "金錢의 經濟", "努力

---

54) 가령 1922년 6월 10일자 『每日申報』는 「'時의 記念' 宣傳」이라는 기사를 싣고 있는데 구체적인 내용은 다음과 같다. "寢起, 食事이 時間을 正하게 합시다/勤務時間을 勵行합시다/集會의 時間을 嚴守합시다/訪問의 時間을 主意합시다/正確한 時計를 所持합시다" 이러한 기사는 총독부가 노동 생산성 제고 등 사회의 전 영역에서 시간의 엄수를 강조하고 있으며 이를 위해 시계의 소지를 권고하고 있다는 점도 확인할 수 있다. 총독부의 시간 캠페인은 언제나 시계를 소지할 것을 촉구하는 내용으로 귀결되는데, 이는 당시 시계 상인들 대부분이 일본인이었다는 점과 관계가 있다. 즉 식민지 권력의 시계 소지 운동과 조선 내 일본인 시계 상인들과의 유착 관계도 흥미로운 부분이다.

55) 시계는 근대인의 필수품이 되었으며 의례의 중요한 예물이 되기도 했다. 전남 고흥에서는 군과 면직원들이 시계를 공동으로 구입하여 모든 군과 면직원들이 시계를 보유하기도 했다(정근식, 2005 : 158).

의 經濟", "時間의 經濟"에 달려 있는데, 이 중 금전과 노력은 언제든지 회복할 수 있는 것이지만 "時間의 經濟는 한 番 잃어버리면, 到底히 回復할 수 업는 것"으로서 "이 世上에 時間보다 더 貴重한 것은 更無"하다고 거듭 강조한다. 이제, 시간은 측정 불가능한 전근대성을 벗어나 화폐로 환원되는 경제적 가치로 그 의미가 전이된다. '시간은 금', '시간은 돈'이라는 슬로건 속에서 강조되는 '시간'은 단순히 시간 관념의 부재를 경계하기 위한 수사적 의미가 아니라 화폐 가치로 환산되는 경제적 관념으로 전이된 시간을 의미한다. 이는 일본이 '근로주의'라는 식민주의적 이데올로기를 표방하면서 식민지 조선을 값싼 노동력의 항상적인 수탈지로 활용하고자 했던 기획과 무관하지 않다. 원활한 식민 통치를 위해 근면하고도 성실한 근로자를 창출하는 것이야말로 가장 긴절하고도 유용한 식민지 작업이었기 때문이다. 결국 시간 관념의 내면화라는 제국 일본의 국가적 공식 프로그램은 식민지 조선에서는 노동 생산성 제고를 독려하기 위한 정치적 기획으로 실행된 것이었으며 이를 위해 식민지 조선의 학생들은 시간 절약을 제일 원리로 하는 생활 개선 교수 학습의 대상이 되었다.

(2) 식민지 조선인의 직분, '선량한 조선인'

 일반적으로 자명한 것처럼 인식되는 것들 중에는 실상 그 기원을 따져보면 극히 최근의 것일 따름이거나 혹은 발명된(invented) 것에 불과한 경우가 종종 있다(에릭 홉스봄, 박지향·장문석 역, 2004 : 19). 선량 혹은 선량함을 개인의 품성이나 혹은 국민적 자질과 결부시키는, 현재로서는 지극히 자연스러운 일상의 문법 역시 실은 정치적인 의미화 과정에서 발명된 산물에 해당한다. 보다 구체적으로 말하면 '선량한 개인'이나 '선량한 조선인'이라는 슬로건은 일제 강점기 지배 권력 집단인 일본이 형성하고자 한 식민지 조선인상(像)으로 제시하면서 공적인 의미를 획득하게 된 교화적 지표이다. '선량'이라는 인간의 품성은 규칙적인 생활의 강조나 근로정신의 강화 등과 같은 요소와 함께 "사람은 幼時로부터 善良한 習慣을 養成하야, 잠시라도 此에 不違하도록 努力"(「권3 - 1 - 습관, 1~2쪽」)해야 하는 항목으로 배치되어 중등학교 조선어과 교육이 훈육하고자 하는 조선인상으로 제시된다. 그렇다면 조선인이 갖추어야 할 품성으로 선량함이 강조되기 시작한 것은 언제부터일까?

선량함이 전통 유교적인 수양 원리로서가 아니라 '국민' 전체가 공유해야 할 공적 지향으로 제시된 것은 1905년 시데하라가 작성한 「한국개량안」이라는 보고서에서이다. 대한제국의 요청 형식에 의해 '학정참여관'이라는 신분으로 '고빙'되었지만 일본 정부가 시데하라에게 부여한 임무는 한국의 식민화 기획 프로그램을 입안하는 것이었다. 「한국교육개량안」은 시데하라의 첫 보고서이자 한국의 실상을 파악한 일본 관료가 일본 정부에 공식적으로 제시한 첫번째 교육 식민화 프로그램이라 할 수 있다.

이 보고서는 모두(冒頭)에서 한국을 '제국의 보호국'이라고 규정한 후 한국의 교육을 일본 체제 안으로 어떻게 포섭할 것인가, 그리고 제국의 국가 시스템 안에 한국의 교육을 어떻게 부식시킬 것인가에 대한 구체적인 방침을 제시하고 있다(幣原坦, 『朝鮮敎育論』, 六盟館, 1919 : 22). 한국의 식민화 기획에서 제국 일본이 소홀히 여기면 안되는 것으로 한국인이 조폭험악의 폐에 빠지지 않도록 항상 경계해야 한다는 점을 언급하고 나아가 한국인을 '善良하고 平和로운 美性'을 갖춘 '국민'으로 훈육해야 한다고 강조하였다. '선량한 한국인 형성'은 제국의 한국 통치에서 가장 중요한 일로서 제안되었다. 시데하라가 공적인 한국인 상(像)으로 제시한 '선량'이라는 정치적 품성은 강제 병합 이후 조선총독부의 초대총독으로 부임한 데라우치에 의해 '덕성'이라는 수사로 표현되면서 식민지 교육의 궁극적인 지향으로 선포되었다. '선량한 국민'은 식민 지배 권력이 가동했던 제국 기획에서 식민지 조선인이 지향해야 하는 '帝國臣民다운 資質과 品性'[56]으로 제시된 것이다. 그렇다면 '선량한 조선인'은 어떻게 제국 신민 즉 '국민'으로 탄생되고 있을까?

『신편고등조선어독본』은 '조선'을 고향 혹은 어머니로 비유하는 수사를 적지 않게 배치하고 있다. 1학년 교과서를 펼쳐 보면,

> 都會를 相距하기 西南으로 數十里, 바다로부터 멀니 떨어져서 한 平野가 잇고, 그 東北便으로 幅 一里 長三里쯤 되는 地域이 天然으로 開拓되엿는대, 그곳에는 수삼촌락이 잇서서, 한마을을 닐우엇소. (중략 - 인용자) 그런대 이 村은 나의 사랑하는 故鄕, 나의 닛지 못할 鄕里, 花朝月夕에 뭇득뭇득 生覺나는 우리집잇는 곳이오.
>
> 『권1 - 21 - 우리 故鄕, 96~97쪽』

'나의 사랑하는 故鄕, 나의 닛지 못할 鄕里'로 제시되는 곳은 물론 조선인으로서 '내'가 태어나서 자란 '우리집으로서의 고향'이다. 고향에 대한 한없는 그리움과 사랑을 담은 내용으로 기술되고 있는 이 내용의 전후 어디에도 일본의 식민지로 전락한 조선 땅에 대한 비애나 한탄은 없다. 오히려 조선인인 '내'가 회상하는 고향은 "봄이 되면, 杏花・桃花・櫻花・躑躅들은 山野에 遍滿하야, 錦繡江山을 닐우나니, 이것은 都市人士의 보기어려운 天然的美觀"이 뛰어난 자연으로 재현된다. '우리

---

56) 조선교육령을 선포한 데라우치 총독은 <유고>를 통해 다음과 같이 조선 교육의 목표를 강조한 바 있다. "생각건대 조선은 아직도 내지(內地)와 그 사정이 같지 않은 바 있다. 따라서 그 교육은 특히 역점을 덕성의 함양과 國語의 보급에 둠으로써 帝國臣民다운 자질과 품성을 갖추게 해야 한다." 寺內正毅,「諭告」, 大野謙一,『朝鮮教育問題管見』, 朝鮮教育會, 1936, 52쪽.

故鄕'은 '都市人士'로서는 경험하기 어려운, 훼손되지 않은 '天然的' 공간, 즉 한없이 아름다운 자연의 이미지로 제시된다.

그리운 고향의 이미지로 재현되는 조선의 국토는 자연을 예찬하고 자연 속에서 살아가는 강호가도의 즐거움을 표현한 문학작품들을 통해 보다 풍성하게 등장한다. 예컨대 『신편고등조선어급한문독본』의 전 학년 교과서에 수록된 17개의 문학 작품[57] 중 자연 예찬을 주제로 하는 작품이 13개 작품에 이른다. 자연을 동경하고 자연 속에서 안빈낙도하는 삶을 추구하는 것을 주제로 하는 작품들을 집중적으로 제시한 까닭은 무엇일까? 이러한 편성은 식민지 학생들의 내면에 '조선'을 '자연'과 '고향'의 이미지로 환기시킴으로써 식민지로 변모한 자국의 현실에 정치적으로 접근하는 것을 차단하기 위한 교육적 장치이다. 즉 조선의 '자연적' 기술은 조선 땅에 드리워져 있는 '식민지'라는 정치적 현실을 뒤로 밀어내고 대신 자애로운 어머니와 같은 자연의 이미지를 끌어와 문면에 내세움으로써 조선의 정치적 현실을 은폐하는 효력을 발한다.[58] 다음 인용문은 조선의 자연화 담론을 조선의 탈정치화 기획에 얼마나 효과적으로 활용하고 있는가를 잘 보여준다.

---

57) 문학작품으로 실린 작품은 모두 갈래상 운문에 속하는 작품들이며, 수록권호 및 단원명은 다음과 같다. 「권2-8-시조삼수」, 「권3-13-고가오절」, 「권3-15-고담구곡」, 「권4-17-관동별곡」, 「권5-7-시조사수」, 「권5-16-고시의역」 등 작품수로만 볼 때 총 17개이다. 『신편고등조선어급한문독본』의 전체 단원명은 [표33] 참조.

58) 조선의 자연화 담론은 1930년대 후반 이후 제국 일본에 의한 '향토'에 대한 관심과 탐구가 동일화/차별화의 전략으로 유포되었던 식민 지배 담론과 무관하지 않다. 일제의 향토 담론은 제국의 지배 권력에 포섭되는 일개의 지방으로 식민지 조선의 위치를 제한하면서 조선 그 자체를 향토로 바라본 것이다. 제국 일본의 향토 담론과 1930년대 후반 식민지 조선의 지식인들이 향토성을 부각하면서 '조선적인 것'을 창출하려 했던 식민지 문학의 향토성 창출 담론과의 관계는 '식민지 조선 땅'에 얽혀 있는 복잡한 인식을 보여준다. 이에 대해 오태영(2006)의 논의를 참고할 만하다.

慈母의 품속에서 길닌 子女는, 平生에 그 恩愛를 닛지 못하는 것이다. 朝鮮
의 風土는, 同胞의 大字母이다. 先朝代代로 此에 生活하다가, 此에 死藏하얏스
며, 우리도 旣히 此에 生長하야, 장차 길이 此에 棲息헐터이다. 세상에는 故鄕
처럼 좋은 곳은 없는 故로, 嚴寒極熱의 地에 居住하든 사람이 溫和華麗한 溫帶
에 來하여서도, 尙且 故鄕을 思慕하거든, 天然의 公園인 半島 江山의 恩愛를 바
든 우리야, 깃분 째 슯흔 째 언제든지, 이 風土를 愛慕치 아니할 수 잇스랴.
「권-5-1-自然美의 愛好, 1쪽」

고등보통학교 최고 학년인 5학년 교과서 제1과에 배치되어 있는 위
단원의 내용을 간단하게 요약하면 '반도 자연 예찬론'이라 할 수 있을
만큼 전체 내용이 조선의 자연과 국토의 아름다움에 대한 찬사로 일관
하고 있다. 이전 학년 수업 시간에 설득적인 텍스트나 문학적 텍스트들
을 통해 지속적으로 학습시킨 '반도 땅'에 대한 지순한 사랑을 최종 학
년에 이르러서는 거역할 수 없는 운명적 사랑으로 승화시키고 있는 것
이다. '조선의 풍토'와 '동포'의 관계를 '대자모(大慈母)'와 '자녀(子女)'의
관계로 비유함으로써 자연에 대한 사랑을 부모에 대한 자식의 효라는
운명적 핏줄의식으로 엮어내고 있다. 조선인은 부모에게 효를 다하듯
'대자모(大慈母)인 조선'을 '애호(愛護)'해야 한다. 비록 부모를 구성하는
형식과 내용이 다소 달라진다 해도 한번 부모는 영원한 부모라는 거역
할 수 없는 문법으로서 '반도 강산(半島 江山)'에 자애로운 어머니라는 기
의를 주사(注射)함으로써 '애모(愛慕)치 아니할 수' 없는 대상으로 '조선'
을 변주해 낸다. 부모에 대한 효가 그러하듯, 조선에 대한 사랑은 '당행
(當行)의 무(務)'로 강조된다. '생장(生長)과 서식(棲息)'의 터전인 조선의 풍
토에 대한 사랑은 '의무'로 강화된다.

저학년 조선어과 교과서에서 그리운 고향의 이미지로 '반도 강산'을
환기시키고 있다면 고학년에 이르러서는 효를 다해야 하는 어머니의
존재로 승화시키고 있는 것이다. 그런데 부모를 섬기듯 애모해야 하는

대상은 누구인가. 그것은 제국의 변방으로서의 '반도', 제국의 식민지로서의 '조선'이다. '반도 강산'은 '어머니'라는 본향의 이미지로 제국을 상상하게 하는 제유적 공간일 뿐이다. 제국의 '신영토'로 편입된 '조선'에 대한 사랑은 곧 '제국'에 대한 사랑이다. 이 제국에 대한 사랑이야말로 식민 통치 내내 지배 권력이 일관적으로 강조해 온 '충량한 국민'의 내면이며 '제국 신민'을 구성하는 본질인 셈이다. 이로써 '선량한 조선인'은 '반도 강산'을 관통하면서 충량한 제국의 '신민'으로 환생된다.

요약해 보자면 『신편고등조선어급한문독본』의 편찬 기획은 두 가지 관점에서 진행된 것으로 보인다. 하나는 조선과 조선 문화의 역사성을 삭제하는 작업이다. 이 작업은 식민지기에 제도화된 박물관 박람회를 통해 순조롭게 진행되었는데, 박제화된 조선을 관람 대상으로 변이시켜 조선을 '과거'로 규정하는 전시 프로그램을 학습 내용으로 선정함으로서 망각의 정치학을 실현한 것이다. 역사와 전통의 삭제 작업은 조선의 예술 문화의 합법적 주인을 일본으로 재규정하는 문맥을 주조한다. 미술, 역사, 한자 문화에 이르는 조선 문화의 정통성의 기원을 일본과 중국에 설정하여 조선 문화의 타율성을 규정하는 논리를 확보한 후 예술에 대한 미적 감각이 부족한 조선으로부터 조선 문화에 대한 권리를 이양받아 문화의 보호자로 자임하는 논리를 다양한 예시와 비교, 대조를 통해 강화하고 있다. 다른 하나는 식민지 조선인을 제국의 '국민'으로 새롭게 규정하는 작업이다. '국민'이라는 새로운 주체를 구성하기 위해 식민 권력은 타율성, 의존성, 나태함 등을 조선인의 전통적인 습성으로 결부시켜 파기해야 할 대상으로 분리하는 작업을 수행한다. 그리고 인류 보편의 원리인 '효'를 '충'의 원리로 응용하여 제국 신민의 규범으로 제시한다.

『신편고등조선어급한문독본』은 조선인의 기원을 삭제하고 제국의 원활한 식민 통치에 기여하는 충량한 국민으로 조선인을 재구성하기 위한 의도로 편찬된 교과서이다. 교과서의 내용은 식민 지배 이데올로기를 관철시키기 위해 기술적으로 구안한 텍스트의 유형과 긴밀한 관계를 맺으면서 국민 형성이라는 지배 권력의 내면화라는 조선어과 교과서의 전략적 활용에 효율적으로 기여한다. 이런 점에서 남성용 중등 조선어과 교과서인『신편고등조선어급한문독본』역시 어문교과교육 텍스트로서 개발 편찬된 것이라기보다는 '제국 신민'으로 호명되는 식민지 조선인을 구성하기 위한 정치적 텍스트로 고안되었다고 할 수 있다.

05 국어과 교육과 '국민' 형성 기획

국어과 교육의 기원과 그 형성 공간에 대한 본 연구의 탐색은 국어과 교육의 학문적 정체성을 확립하기 위해서 반드시 선결되어야 하는 작업이다. 이러한 작업의 의의는 국어교육에 관한 통사적 검토를 시도함으로써 국어교육사 연구를 진일보시킨 선행 연구들에 의해 이미 그 중요성이 부각되어 왔다. 그러나 관련 연구들도 지적하듯 국어과 교육의 형성 과정에 해당하는 시기, 즉 근대 계몽기의 국어과 교육과 일제 강점기의 조선어과 교육에 대한 연구 성과는 아직 만족할 만한 수준에 이르지 못하고 있는 실정이다. 가장 큰 원인은 실증적인 자료의 수집과 해석의 어려움에 있다. 다른 근대적 개념들과 마찬가지로 근대적 제도로서 국어과 교육이 어떠한 담론을 통해서 교과 형식으로 자리잡아 갔는지, 어떠한 체재(體裁)와 구성으로서 교과 체제(體制)를 구축해 갔는지 그리고 실제 국어과 수업은 어떻게 진행되었는지(가령 교수·학습 지도안이나 평가 방식, 평가 문항, 수업 실제를 보여주는 시청각 자료들 등), 그리고 교과로서의 '국어'를 어떻게 인식했는지에 대한 당대의 체감 지수를 보여주는 자료들을 확보하는 일이 쉽지 않기 때문이다. 뿐만 아니라 근대 계몽기의 경우 '국어' 개념이 막 형성되던 시기에 산출되었던 '국어'에 대한 담론과 '국어교육'에 관한 담론이 분리가 불가능할 정도로 맞물려 전개되었으며 일제 강점기는 '조선어' 대신에 '일본어'가 국어의 지위를 대체하고 있었던 시기였다는 시대적인 특수성이 이 시기에 대한 국어교육사적인 접근을 수월하지 않게 하는 질곡으로 작용한다.[1)

그러나 국어교육의 기원적 공간에 대한 검토는 "한국어가 민족 제일의 문화유산으로 한민족에게 전승되어 오는 과정에서, 한국어를 개인, 가정, 학교 등의 公私間에 교수 학습하여 온 변천사로 일체의 국어교육 과정, 국어교재, 국어 교수－학습법, 국어 평가법 등을 망라한 변천의 역사"(민현식, 2007 : 66)라는 국어교육사의 관점에서 온전한 국어교육학의 학문적 정체성을 확립하기 위해서도 절실하게 요구된다. 이러한 의의를 구체화하기 위해 본 연구는 일제 강점기 중등학교 조선어과 교과서를 대상으로 하여 조선어과 교과서가 제국 일본의 식민주의적 이념을 전파하고 내면화시키기 위한 정치적인 텍스트로 기획된 소지를 밝혀내는 데 집중하였다.

그간 선행 연구들은 일제 강점기 조선어과 교과서를 주로 국어정책사나 국어제도사의 일부 요소로 이해하면서 시기별 교과서의 의의와 형식적 특징을 짚어보는 방향으로 다루어 왔다. 이러한 분석은 일제 강점기 조선어과 교과서의 존재를 인식시켰을 뿐만 아니라 조선어과 교과서가 국어교육사적 관점에서 학문적 고구의 대상이 될 수 있는 가능성을 환기했다는 점에서 심대한 의미를 지닌다. 그러나 이러한 접근 방

---

1) 윤여탁 외(2006 : 4)는 근대 계몽기를 '국어' 개념이 막 형성되던 시기였기에 '국어'에 대한 담론과 국어교육 연구의 분리가 불가능할 정도로 맞물려 있었으며, 일제 강점기는 '조선어' 대신에 '일어'가 국어의 지위를 대체하고 있었던 특수한 시기였기 때문에 문제적인 시기라고 정리하고 있다.

법만으로는 일제 강점기 조선어과 교과서, 나아가 조선어과 교육의 모습은 온전히 해명되지 않는다. 특히 제국 일본의 식민주의적 이데올로기의 전일적이고 직접적인 주입 장치로 활용되어 온 조선어 교과의 경우, 조선어과 교과서와 식민 통치 이념의 관계를 분석하기 위해서는 좀 더 치밀한 접근이 요구된다. 가령 국가는 교과서를 어떤 관점에서 바라보는가, 교과서의 제도화 과정과 정착에 영향을 미치는 정치적·사회적 함의는 무엇인가, 그리고 이데올로기적인 장치로서 교과서는 국가와 국민에 어떤 기능을 수행하는가 등에 대한 회의적 고민이 교과서의 체재와 내용에 대한 분석에 전제되어야만 한다.

이러한 질문들은 필연적으로 국어 교과서를 둘러싸고 있는 일부 통념들, 예컨대 국어 교과서는 '언어 교육'을 위한 가치 중립적인 텍스트라든가 국어 교과서는 정치적인 이념과는 무관한 지점에서 의사소통 능력을 향상시키기 위해 태어난 공식적 교재라든가 아니면 보다 위험하지만 국어 교과서를 국가 주도 하에 만들어진 단 하나의 유일한 교과서가 보증하는 '객관적 진리'의 담지체로 이해하는 일종의 경전적 인식에 대한 전복적인 사고를 요구한다. 유감스럽게도 국어 교과서는 국가 권력에 적합한 국민을 창출하기 위해 정치적으로 기획된 '이념적 텍스트'라는 유전 형질을 복제해 왔다.

지배 권력과 국어 교과서의 정치적 밀착이 제도화된 것은 1909년 통감부 체제가 공포한 '학교령'에서 교과서 내용에 관한 검정 기준을 제시하면서부터이다. 이 역사적 사실은 국어 교과서가 국민 형성이라는 국가 이념의 과제를 수행하는 정치적 텍스트로 구안되고 관리되기 시작한 것이 일본의 식민주의적 통치 프로그램의 하나로 진행되었다는 것을 시사한다. 식민 지배 권력은 교과서의 내용을 획일적으로 규제하고 식민주의적 이념과 가치를 주입하여 조선인 학습자들로 하여금 다양한 가치와 사고를 형성할 수 있는 통로를 차단하기 위해 '국정'이라는 제도를 효율적으로 전유한 것이다.

그런데 눈여겨 보아야 할 것은 국가 주도의 조선어과 교과서 편찬 체제는 일제 식민 통치가 종료된 후에도 강력하게 유지되었다는 점이다. 강진호는 식민 통치 이후 지배 권력의 이념에 적합한 '국민'을 형성하기 위한 국가주의 담론이 국어교육에 전면적으로 다시 등장하기 시작한 시기를 제2차 교육과정 시기라고 주장한다.2) 그에 따르면, 제2차 교육과정기의 국어 교과서는 "논설과 수필의 형태를 통해서 국가의 이념과 가치를 전파하면서 국가에 대한 절대적인 지지와 충성을 강요"했으며 또한 "희곡과 소설 등 문학작품을 통해 심정적(혹은 주정적) 애국심과 반공주의를 고취"(강진호, 2007 : 87)시키는 내용으로 '국민'을 주조하기 위한 텍스트로 기획되었다는 것이다. '국민'의 감정을 새롭게 창출하고자 한 지배 이념의 의도는 이후 제4차 교육과정기에서도 "건실한 국민"을 양성하는 데 목적을 둔 국어과 교육과정의 이념에 충실한 텍스트로 국어 교과서를 편성하는 것으로 구체화되었다. 국어 교과서는 분단이라는 현실 속에서 군사독재의 정치적 입지와 권력 획득을 정당화하기 위한 이데올로기적 장치로서 민족주의와 반공주의, 애국주의 등을 호명하여 이념에 적합한 '국민'이라는 집단적 파토스를 형성하는 기제로 활용되어 온 것이다.

흥미로운 것은 국어 교과서가 지배 이념의 문법과 정서에 적합한 국민을 창출하는 행위가 '2007 교육과정'에서 역시 그 수준과 양상에서는

---

2) 강진호에 따르면 1955년 신교육과정 즉 제1차 교육과정에서는 국가의 이념이나 정책을 소개하는 내용이나 반공 이념 교육 등의 내용들은 사회과로 이전되었다고 본다. 그러나 2차 교육과정은 지배 권력의 정치적 의도가 전면적으로 투사되기 시작했다고 분석한다. 강진호, 「'국민' 만들기와 국어 교과서」, 『국어 교과서와 국가 이데올로기』, 글누림, 2007, 84~85쪽.

미세한 차이가 있을지라도 국가가 열망하고 정당화하려는 이데올로기를 내면화하려는 의도로서 실행되고 있다는 점이다. '2007 교육과정'에서 규정되고 있는 국어과의 성격은 "한국인의 삶이 배어 있는 국어를 창조적으로 사용하는 능력과 태도를 길러 국어를 정확하고 효과적으로 사용하게 하고, 미래 지향의 민족 의식과 건전한 국민 정서를 함양하게 하며, 국어 발전과 국어 문화 창달에 이바지하려는 뜻을 세우게 하기 위한 교과"이다. 이 문맥의 행간을 짚어보면 '국어'와 '한국인'('국민'), '민족 의식' 등의 요소들이 의미심장하게 연결되고 있어 국어과의 정체성은 여전히 이데올로기적 교과로서 충실한 역할을 수행하는 장치적 교과로 규정되고 있다는 것이다. 결국 '국가'라는 상징 권력은 일본 통감부 통치 체제, 구체적으로는 제2차 학교령이 공포된 1909년부터 '2007 교육과정'에 이르기까지 국어 교과서를 규정하고 통어하는 이념적 기구로서 강력한 힘을 발휘하며 국가 이념에 적합한 '국민'을 양성하는 소임을 발휘해 온 것이다. 그리고 이 모든 상황들, 예컨대 국어 교과서를 관통하는 이념적 의도가 국어 교과서의 내용이나 텍스트 형식까지 결정하고 통어하는 원리로 군림해 왔던 저간의 상황을 배태시킨 자궁이 바로 일제 강점기 교육 공간이었다.

다소 뒤늦은 감이 있지만 그나마 다행스러운 것은 '2007 교육과정'이 '국어'와 '국가', '국민'의 내밀한 유착을 강조하고 있기는 하지만 교과서의 개발과 편찬 방식에 있어서는 국가 권력의 전일적 행사를 제한하고 대신 교육과정의 이념과 목표에 대한 자율적 해석과 교육 내용에 대한 생산적이고 창의적인 응용에 대한 권한을 수요자에게 일정 부분 넘겨주기로 했다는 점이다. 그런 의미에서 지난 백여 년 간 군림해 온 국어 교과서의 국정제가 함의해 온 정치적 의미를 되짚는 본 연구는 국어 교과서가 검인정제 체제로 전환된 현 시점에서 그 의의가 있다고 하겠다. 나아가 본 연구의 현재적 의의를 보다 심화시켜 보자면 국어 교과서를 통해 1945년 독립 이후 식민주의적 잔재를 극복하고 고유한 민족적 정체성을 형성하기 위한 국가적 노력이 전면적으로 실행되었다는 점을 떠올릴 필요가 있다. 이는 분명 현행 국어 교과서의 편찬과 발행, 집필진의 구성, 그리고 텍스트의 유형적 배치와 내용 등에 관한 국가적 기획 시스템의 기원이 식민주의적 체제에 있었다는 사실을 상기할 경우 특히 의미 있는 지점이다.

해방 이후 국어교육은 식민지 시대에 타자화되었던 고유한 전통성을 추적하여 민족적 정체성으로 회복하려는 움직임이나 내면화된 열등감의 극복을 위해 미래에 대한 낙관적 전망을 제안함으로써 자신의 우월성을 획득하려는 일련의 시도들을 행사해 왔다. 그런데 흥미로운 것은 국어교육의 정체성을 회복하기 위한 시도에서 강력한 국가 이데올로기를 바탕으로 새로운 '국민'을 창출하기 위한 일련의 포섭과 배제의 정치학이 재가동되었다는 점이다. 그러므로 해방 이후 현재까지 견지되고 있는 국어 교과서의 국가적 기획이라는 시스템은 '국어 문화'와 '국민'이라는 민족국가 형성의 가장 핵심적인 요소를 보유하지만 거기에는 항상 타자로 존재하는 식민지적 잔재 혹은 제국주의적 심리가 들러붙어 있는 것이다. 따라서 국정제를 폐기한다든가 검인정제를 실시한다든가 하는 제도적 실시의 유무 그 자체가 중요한 것이 아니라 국정제든 검인정제든 국어 교과서의 국가적 기획 안에 도사리고 있는 식민주의적 잔재에 대한 탈식민주의적 반성과 사유가 전제되어야 한다는 점이다. 국어 교과서를 통해 끊임없이 지향하고 강조하는 '국가'와 '국민'의 정체성은 슬라보예 지젝의 용어에 따르면 일종의 '결단'과 '의지'의 행위일 뿐이지 그것 자체로 '진리'일 수는 없는 것[3]임에도 불구하고 교과

---

3) 슬라보예 지젝에 따르면, 스스로를 합법화하기 위해서 참조하는 모든 제도적 규칙

서의 국가 기획 편찬이라는 제도에 의해 강력히 비호를 받아 온 것이다.

개인의 일상과 신체 속에 각인된 '국민'이라는 개인의 또 다른 이름을 추적하는 작업으로 진행했음에도 불구하고 본 연구는 국어 교과서와 국민 간의 관계를 부정하거나 그 관계 자체를 호도하는 데 목적이 있지 않다. 국어 교과서가 '국가'와 '국민' 형성 프로젝트에 가담하는 사실 자체를 부정적으로 볼 필요도 물론 없다. 그러나 국어 교과서가 지배 권력 이념에 적합한 국민을 창출하는 데 헌신적으로 복무하는 텍스트로 기능하는 것을 쉽게 용인할 수는 없는 일이다. 국어 교과서가 정치적 텍스트의 이름을 달고 국정의 대로를 질주하는 모습을 속수무책 구경만 할 수는 없는 것이다. 중요한 것은 국어 교과서를 추동하고 관통하는 정치적 이념과 그 이념의 기획 과정에서 정교하고도 치밀하게 가동되는 국민 생산 메커니즘, 그리고 그 메커니즘에 결부되어 있는 식민주의적 논리에 대한 의심과 추적이다. 이러한 관점은 기본적으로 국어 교과서, 나아가 국어교육의 학문적 정체성에 대한 질문과 관계가 깊다. 국어교육은 교실 내에서 홀로 가동되는 자족적 실체가 아니다. 국어교육은 다양한 학적 체계를 가로지르며 실행되는 실천적 학문이다. 따라서 국어교육이 실행되는 사회·역사적 조건과 그 실행 양상에 대한 관심은 국어교육의 학문적 결정력을 강화하는 측면에서도 조명되어야 한다.

물론 본 연구가 미처 섭렵하지 못한 부분도 있다. 국어교육적 관점에

과 법령, 논리들은 바로 그 행위 자체에 의해 자기-지칭적으로 정립된다. 국어 교과서에서 주장하는 일체의 국민적 정체성의 확립은 그 정체성을 위협하고 정체성에 혼란을 야기하는 '식민지적 잔재' 혹은 '제국주의적 요소'들과 필연적으로 관계 맺으며 이런 요소들을 통해서 고유한 '민족적 정체성'을 자기 지칭적으로 확립할 수 있을 뿐이다. '민족'과 '국가'의 정체성 확립은 하나의 진리로서 결단 혹은 의지에 의해 확립되는 것이지, 그것 자체로는 그 어떤 '진리'도 될 수 없다. 슬라보예 지젝, 이성민 역, 『까다로운 주체』, 2005, 192쪽.

서 일제 강점기 중등학교 조선어과 교육의 온전한 모습을 재구하기 위해서는 조선어과 교육의 제도적인 측면에 대한 분석만이 아니라 조선어과 교육이 실행되었던 과정, 다시 말해 조선어과 교과서를 통한 실제 교수·학습 장면에 대한 분석이 필요하다. 지배 이념에 적합하게 구안된 교육과정과 교과서의 내용이 조선어과 수업이라는 교수·학습 상황에 적용될 때의 구체적인 계획이나 방법, 평가 등 뿐만 아니라 조선어과 수업을 받은 학생들의 반응은 어떠했는가에 관한 학습자의 실제 체감 지수를 보여주는 생생한 자료들(구술적 자료 포함)의 분석이 함께 병행되어야만 온전한 조선어과 교육의 정체성이 회복될 것이다. 일제 강점기 조선어과 교육의 정책 입안자들이 의도한 교육과정 외에 실제로 실현된 교육과정은 어떠했는지, 그리고 당시 조선어과를 담당한 교사들은 어떠한 교과적 철학과 가치관을 지니고 있었는지에 대한 연구도 일제 강점기 조선어과 교육 연구에서 반드시 선결되어야 하는 작업임에도 불구하고 본 연구에서는 자료 확보의 어려움 등으로 인해 미처 다루지 못했다. 이 부분에 대한 실증적 자료의 보강은 일제 강점기 조선어과 교육에 대한 온전한 복원과 해명의 장을 열어줄 것이라고 기대한다. 뿐만 아니라 미래의 국어과 교육이 민족어문교과교육으로서의 주체적인 학문적 정체성을 확보하기 위해 현재적 시점에서 지양하고 극복해야 할 요소가 무엇인지에 대한 학제적 고찰도 아울러 소망하는 바이다.

▌참고문헌

1. 자료

朝鮮總督府,『女子高等朝鮮語讀本』권1, 권2, 권3, 권4

朝鮮總督府,『新編高等朝鮮語及漢文讀本』, 권1, 권2, 권3, 권4, 권5

學部,『國民小學讀本』, 1895

學部,『普通教育學』, 1910.

朝鮮總督府學務局,『教育學教科書』, 1912, 1920.

군정청 학무국,『중등국어교본』, 1946.

문교부,『중등국어 ①~⑥』, 조선교학도서주식회사, 1950.

문교부,『고등국어 Ⅰ~Ⅲ』, 대한교과서주식회사, 1956.

문교부,『국어』(1)~(3), 1975.

『植民地朝鮮教育政策史料集成』, 國際아카데미, 1권~69권.

『韓國教育史料集成』 1권・2권・10권・11권・12권, 한국정신문화연구원, 1994.

朝鮮總督府,『朝鮮總督府學事統計』, 1910, 1911.

朝鮮總督府,『朝鮮總督府統計年報』 1910~1919, 1921, 1923~1924, 1926~1927, 1932~1933

朝鮮總督府,『施政二十五年史』, 1936.

朝鮮總督府,『調査月報』. 1932, 1934

朝鮮總督府,『朝鮮總督府職員綠』, 1911.

朝鮮總督府學務局,『朝鮮諸學校一覽』, 1920.

朝鮮總督府學務局,『朝鮮教育要覽』, 1926.

京城電氣株式會社,『今昔三十年座談會速記錄』, 1938.

統監府,『韓國施政年報』 1906, 1907.

學部,『學部職員綠』, 1908, 1909, 1910.

學部,『韓國教育』, 1909.

學部,『韓國教育ノ既往及現在』, 1909.

學部,『韓國教育ノ現狀』, 1910.

日本 文武省 教育史編纂會 編修, 『明治以降 教育制度發達史』, 제10권, 龍吟社, 1939.

日本外務省記錄, 『韓國ニ於テ學部顧問雇聘並ニ學政改革一件』, 1905. 1～12.

日本外務省 編纂, 『日本外來文書』, 日本國際連合會

大野謙一, 『朝鮮教育問題菅見』, 朝鮮教育會, 1936.

小田省吾, 『朝鮮教育制度史』, 朝鮮史學會, 1923.

隈本繁吉, 『韓國學政ニかンスル意見』, 1910.

隈本繁吉, 「教化意見書」, 1910.

幣原坦, 『朝鮮教育論』, 六盟館, 1919.

幣原坦, 「國民の發展」, 『朝鮮教育會雜誌』, 25호.

高橋濱吉 『朝鮮教育史考』, 帝國地方行政學會朝鮮本部, 1927.

文部省教育史編纂會, 『明治以後教育制度發達史』制五卷, 東京：龍吟, 1939.

弓削幸太郎 『朝鮮の教育』, 自由討究社, 1923.

『高宗實錄』, 『純宗實錄』

『舊韓國官報』, 『朝鮮總督府官報』

『大韓每日申報』, 『皇城新聞』, 『每日新報』, 『데국신문』, 『畿湖興學會月報』, 『東亞日報』, 『朝鮮日報』, 『開闢』, 『別乾坤』, 『新女性』. 『女性』, 『新家庭』『배화』 등.

2. 논저

●단행본

강윤호, 『개화기의 교과용 도서』, 교육출판사, 1973.

강윤호, 『한국의 교과서 변천사』, 한국교육개발원, 1982.

강진호 외, 『국어 교과서와 국가 이데올로기』, 글누림, 2007.

국립중앙도서관, 『한국 교과서 목록』, 1979 · 1980 · 1982.

고영근, 『텍스트이론』, 아르케, 1999.

교육부, 『좋은 교과서란 어떤 교과서인가』, 대한교과서, 1987.

교육부, 『편수자료』, 대한교과서주식회사, 1990.

국성하, 『우리 박물관의 역사와 교육』, 혜안, 2007.

김대행, 『국어교과학의 지평』, 서울대학교출판부, 1995.

김상욱,『문학교육의 길찾기』, 나라말, 2003.

김상욱,『국어교육의 재개념화와 문학교육』, 역락, 2006.

김윤식,『염상섭연구』, 서울대출판부, 1987.

김진균·정근식·강이수,『근대주체와 식민지 규율권력』, 문화과학사, 1997.

김진송,『현대성의 형성, 서울에 딴스홀을 許하라』, 현실문화연구, 1999.

김혜경,『일제하 '어린이기'와 '근대가족'의 형성』, 한국사회학회, 1998.

김혜숙,『현대 국어의 사회적 모습과 쓰임』, 월인, 2000.

민현식 외,『미래를 여는 국어교육사 Ⅰ·Ⅱ』, 서울대학교출판부, 2007.

박붕배,『한국국어교육전사』(상)(하), 대한교과서주식회사, 1987.

박은경,『일제시대 조선인 관료연구』, 학민사, 1999.

박찬승,『한국근대정지사상사연구 : 민족주의 우파의 실력 양성운동론』, 역사비
        평사, 1992.

서울대학교 국어교육연구소,『국어교육학사전』, 대교출판, 1999.

손인수,『한국교육사상사 Ⅴ』, 문음사, 1989.

연구공간 수유+너머 근대매체팀,『신여성』, 한겨레신문사, 2005.

오성철,『식민지초등교육의 형성』, 교육과학사, 2000.

우한용,『문학교육과 문화론』, 서울대학교출판부, 1997.

윤건차,『한국근대교육의 사상과 운동』, 청사, 1987.

윤여탁 외,『국어교육 100년사 Ⅰ·Ⅱ』, 서울대학교출판부, 2006.

이만규,『조선교육사(하)』, 을유문화사, 1947.

이종국,『한국의 교과서-근대 교과용 도서의 성립과 발전』, 대한교과서주식회
        사, 1991.

이진경,『근대적 시·공간의 탄생』, 푸른숲, 2002.

정재찬,『문학교육의 사회학을 위하여』, 역락, 2003.

정재찬,『문학교육의 현상과 인식』, 역락, 2004.

정재철,『일제의 대한식민 교육정책사』, 일지사, 1985.

최현섭 외,『국어교육학의 이론화 탐색』, 일지사, 1995.

최현섭 외,『국어교육학개론』, 삼지원, 2005.

한국교과서연구재단,『한국 교과용 도서 목록』, 2001.

한국교과서연구재단,『한국 편수사 연구』1·2, 2000·2001.

한국교과서연구재단,『한말 및 일제 강점기의 교과서 목록 수집 조사』, 2001.

한국교과서연구재단,『연구 보고 '04 - 01 교과용 도서 내적 체제 개선에 관한 연구』, 2004.

한국교과서연구재단,『연구 보고 '06 - 1 교육과정 · 교과서 정책의 효율적인 운영 방안에 관한 연구』, 2006.

한국교육과정평가원,『연구 보고 CRC 2004 - 4 - 3 국어과 교육과정 실태 분석 및 개선 방향 연구』, 2004.

한국교육과정평가원,『연구 보고 RRC 2004 - 1 - 2 국어과 교육내용 적정성 분석 및 평가』, 2004.

한국교육과정평가원,『국정교과서 검인정화 방안에 대한 공청회』, 2005. 6. 16.

한국교육과정평가원,『연구 자료 ORM 2005 - 56 국어과 교육과정 개정 시안 공청회』, 2005.

한국교육과정평가원,『연구 보고 RRC - 2005 - 3 국어과 교육과정 개선 방안 연구』, 2005.

한국텍스트언어학회,『텍스트언어학의 이해』, 박이정, 2004.

허재영,『우리말 연구와 문법교육의 역사』, 보고사, 2008.

허재영,『일제 강점기 교과서 정책과 조선어과 보고서』, 경진, 2009.

허재영,『근대 계몽기 어문정책과 국어교육』, 보고사, 2010.

홍기삼,『문학사와 문학비평』, 해냄, 1996.

●논문

古川宣子,「일제시대 보통학교 체제의 형성」, 서울대학교 박사학위논문, 1996.

고영근,「텍스트이론과 문학작품의 분석 - 통합적 언어문학론의 전개」,『텍스트언어학』제4집, 1997.

고영근,「텍스트의 개념정립과 텍스트처리에 관한 문제」,『텍스트언어학』제19집, 2005.

곽병선 외,「현행 교과서 제도 개선 방안」, 한국교육개발원 연구보고, 1994.

권명아,「총후부인, 신여성, 그리고 스파이 - 전시 동원 체제하의 총후부인 담론 연구」,『상허학보』제12집, 2004

권명아,「식민지 경험과 여성의 정체성」,『한국근대문학연구』6권 1호, 2005.

권영민,「일제 강점 1년 후 '조선어정책' 결정한 총독부의 원문사료 발견」,『문학사상』제33권 제12호, 2004.

권혁래, 「조선총독부 편『조선동화집』(1924)의 성격과 의의」, 『동화와 번역』제5
    집, 2003.

구희진, 「한국 근대 개혁기의 교육론과 교육 개편」, 서울대 박사학위논문, 2004.

김경일, 「식민지 여성교육과 지식의 식민지성」, 『사회와 역사』제59집, 2001.

김광민, 「교과서 제도와 교육과정의 이상」, 『초등교육연구』제14권 3호, 2001.

김국태, 「읽기 교육과정 내용의 구체화」, 『독서연구』제10호, 2003.

김규창, 「교육칙령·교육칙어 그리고 조선교육령의 교육 목적」, 『국어교육』제44
    집, 1983.

김규창, 「조선어과 시말과 일어교육의 역사적 배경(Ⅸ)」, 『논문집』제11집, 1977.

김동택, 「근대 국민과 국가 개념의 수용에 관한 연구」, 『대동문화연구』제41집,
    2002.

김만곤, 「교과서 제도의 현황과 발전 방향」, 『교과서연구』제41호, 2003.

김봉순, 「국어교육을 위한 텍스트언어학」, 『국어교육학연구』제12집, 2001.

김수진, 「신여성담론 생산의 식민지적 구조와『신여성』」, 『경제와 사회』제69호,
    2006.

김재춘·김재현, 「교과서 자유발행제의 의미 탐색」, 『한국교육』제31권 2호,
    2004.

김정자, 「텍스트언어학과 작문교육」, 『텍스트언어학』제17집, 2004.

김기석·류방란, 「한국근대교육의 기원, 1880-1895」, 『교육이론』제7·8권 제1호,
    1994.

김대행, 「내용론을 위하여」, 『국어교육연구』제10집, 2002.

김대행, 「수행적 이론의 연구를 위하여」, 『국어교육학연구』22집, 2005.

김대행, 「국어생활·국어문화·국어교육」, 『국어교육』제119집, 2006.

김대행, 「매체 환경의 변화와 국어교육의 방향」, 『국어교육학연구』제28집, 2007.

김만곤, 「『국민소학독본』考-그 출현의 배경에 대하여」, 『국어국문학』제20집,
    1979.

김범묵, 「교과서가 만든 '한국인'」, 『당대비평』16호, 2001.

김봉순, 「국어교육을 위한 텍스트언어학」, 『국어교육학연구』제12집, 2001.

김영기, 「교과목 편제를 통한 일제식민지교육 연구」, 한국교원대 석사학위논문,
    1994.

김영미, 「초등학교 문학 단원의 삽화 교재 양상 연구」, 경인교대 석사학위논문,

2005.

김원모 역, 「견미사절 홍영식 복명문답기」, 『사학지』 제15권 1집, 1981.

김진수, 「텍스트언어학의 연구 방법론」, 『어문연구』 제30집, 1998.

김태숙, 「중학교 국어 교과서의 외형적 체재에 관한 연구」, 연세대 석사학위논문, 1999.

김혜련, 「식민지 근대 고등교육정책과 불교계 근대 고등교육기관의 위상」, 『불교학보』 제45집, 2006.

김혜련, 「『신편고등조선어급한문독본』과 식민지 조선인 재구성 기획」, 『한국언어문화학』 제5권 1호, 2008.

김혜련, 「식민지기 문학교육과 정전 논의 - 제2차 조선교육령기(1922~1938) 국어교과서를 중심으로」, 『문학교육학』 28, 한국문학교육학회, 2009

김혜숙, 「사회언어학(Sociolinguistics)이란 무엇인가? - 사회언어학의 특성과 연구 동향」, 『동국어문학』 제15집, 2003.

김혜숙, 「사회언어학의 이론과 전개」, 『사회언어학』 제12권 제1호, 2004.

김혜숙, 「사회언어학 연구와 국어교육의 연계성 : 국어교육에 미치는 사회언어학적 영향을 중심으로」, 『국어국문학』 141호, 2005.

김혜정, 「개화기부터 미군정기까지의 국어과 교육과정에 대한 개괄적 고찰」, 『국어교육연구』 10집, 2002.

김혜정, 「근대 계몽기 국어 교과서 내적 구성원리 탐색」, 『국어교육연구』 제11집, 2003.

김혜정, 「일제 강점기 '조선어교육'의 의도와 성격」, 『어문논집』 제31권, 2003.

김혜정, 「근대적 텍스트의 구조적 특성과 함의 - 『국민소학독본』을 중심으로」, 『국어교육』 제113집, 2004.

김혜정, 「국어 교재의 문종 및 지은이 변천에 대한 통사적 검토」, 『국어교육』 제116집, 2005.

김혜정, 「국어교육용 텍스트 자료 유형에 대한 연구 - 역대 교육과정 국어 고재를 중심으로」, 『국어교육학연구』 36, 2009

노지승, 「한국근대소설의 여성 표상에 관한 연구」, 서울대 박사학위논문, 2005.

류방란, 「한국교육의 등장과 발달」, 서울대 박사학위논문, 1995.

민병곤, 「텍스트 중심 말하기 교육 내용 구성의 전제와 함축」, 『어문학교육』 33집, 2006.

박소현, 「'고려자기'는 어떻게 '미술'이 되었나」, 『사회연구』, 2006년 1호.

박소현, 「제국의 취미」, 『미술사논단』 제18집, 2004.

박은경, 「일제시대의 음악 교과서 연구-1910년~1930년을 중심으로」, 『한국음악 사학보』 제22집, 1999.

박인기, 「국어과 교재론 기술의 이론화 방향」, 『봉죽헌박붕배교수 정년기념논문 집』, 교학사, 1992.

박인기, 「문학 독서 방법의 상위적 이해」, 『국어교육연구』 제1집, 1994.

박인기, 「국어과 교육에서 정의교육의 향방과 재개념화」, 『국어교육학연구』 제11 집, 2000.

박인기, 「문화적 문식성의 국어교육적 재개념화」, 『국어교육학연구』 제15집, 2002.

박인기, 「국어교육학 연구의 방향 : 재개념화 그리고 가로지르기」, 『국어교육학연 구』 제22집, 2005.

박인기, 「국어교육과 타 교과교육의 상호성」, 『국어교육』 제120집, 2006.

박인기, 「국어교육학과 인문학적 상상력」, 『국어국문학』 제147집, 2007.

박진용, 「국어과 교육의 텍스트 유형 분류」, 『청람어문학』 제20권 1호, 1998.

박철희, 「식민지기 한국 중등교육 연구」, 서울대 박사학위논문, 2002.

백광렬, 「일제의 대한(對韓) 식민지 교육 체계의 구상과 실행」, 서울대 석사학위 논문, 2005.

서혁, 「담화의 기능 및 유형」, 『국어교육학연구』 제5집, 1995.

서혁 , 「국어교육적 관점에서의 텍스트 분석」, 『텍스트언어학』 제5집, 1998.

신명선, 「텍스트유형 교육에 관한 비판적 고찰」, 『국어교육학연구』 제24집, 2005.

山田寬人, 「교육기관에 있어서의 조선어과의 설치와 폐지에 관한 일고찰; 한·일 합방 전후를 중심으로」, 『일본문화학보』 제9호, 2000.

오지선, 「조선총독부의 음악교육정책에 관한 연구」, 서울대 석사학위논문, 2002.

오태영, 「'향토'의 창안과 조선 문학의 탈지방성」, 『한국근대문학연구』 제14호, 2006.

우한용, 「국어과교육의 회고와 전망」, 『교과교육학연구』 제3권 제2호, 1999.

우한용, 「국어교육학 정립의 도전과 전망」, 『선청어문』 제34집, 2006.

우한용, 「문학교육과 문학에 대한 관점의 전환」, 『국어교육연구』 제40집, 2007.

유연석, 「일제시대 조선어과 교육과정의 변천고」, 『논문집』 제4집, 1985.

윤금선, 「근대 계몽기 신문에 나타난 어문교육의 양」, 『국어교육연구』 제11집, 2003.

이도영, 「언어 사용 영역의 내용 체계에 대한 연구」, 서울대 박사학위논문, 1995.

이도영, 「국어과 교육과정에 나타난 텍스트 유형에 대한 비판적 검토」, 『텍스트언어학』 제22집, 2007.

이명화, 「일제총독부 간행 역사교과서와 식민사관」, 『역사비평』 통권17호, 1991 겨울호.

이명화, 「조선총독부 학무국의 기구변천과 기능」, 『한국독립운동사연구』 제6권, 1992.

이명화, 「조선총독부 학무국 운영과 식민지 교육의 성격」, 『향토서울』 제69호. 2007.

이병담·김혜경, 「조선총독부 초등학교 음악교육의 일탈과 실상」, 『일어일문학』 제34집, 2007.

이성열, 「대한제국 말기 일본인 학무관료의 교육간섭과 한국인의 교육구국운동에 관한 연구」, 성균관대 박사학위논문, 2001.

이성열, 「을미늑약 전후 일본인 학정참여관 幣原坦의 교육간섭」, 『교육행정학연구』 제20집, 2002.

이성영, 「국어과 교재의 특성」, 『국어교육학연구』 제2집, 1992.

이성영, 「작문 교육을 위한 텍스트 분석 방법」, 『텍스트언어학』 제11집, 2001.

이성은 외, 「소학교령기(1895~1905) 관·공립소학교 교육의 성격에 대한 고찰」, 『초등교육연구』 제17집 제1호, 2004.

이창익, 「근대적 시간과 일상의 표준화」, 『역사비평』, 2002 여름호.

장 신, 「조선총독부 학무국 편집과와 교과서 편찬」, 『역사문제연구』 제16호, 2006.

전용호, 「근대 지식 개념의 형성과 『국민소학』」, 『우리어문연구』 제25집, 2005.

정근식, 「시간체제와 식민지적 근대성」, 『문화과학』 제41호, 2005.

정동현, 「텍스트언어학의 현장 교육 과제」, 『중등교육연구』 제53권 1호, 2005.

정병호, 「근대 초기 <일본(인)론>의 전개와 <일본문학사>의 위치」, 『일본어문학』 제33집, 2007.

정혜승, 「국어 교과서 연구의 현황과 반성」, 『국어교육학연구』 제22집, 2003.

조지원, 「1920년대 중등학교 조선어독본 연구」, 고려대 석사학위논문, 2007.

조희정, 「사회적 문해력으로서의 글쓰기 교육 연구」, 서울대 박사학위논문, 2002.

조희정, 「근대 계몽기 어문 교과의 형성에 관한 연구」, 『국어교육학연구』 제16집, 2003.

조희정, 「근대 계몽기 어문교육 연구의 특성」, 『국어교육연구』 제11집, 2003.

차혜영, 「한국 현대소설의 정전화 과정 연구」, 『돈암어문학』 18집, 2005.

최숙경 외, 「한국여성사 정립을 위한 인물 유형 연구」, 『여성학논집』 10집, 이화여대 여성연구원, 1993.

최혜주, 「시데하라(幣原坦)의 고문활동과 한국사 연구」, 『국사관논총』 제79집, 1998.

최혜주, 「시데하라 식민지조선 경영론에 관한 연구」, 『역사학보』 제160집, 1998.

한수영, 「교과서 문학 정전화의 이데올로기와 탈정전화」, 『문학동네』 2006 봄호.

한용환, 「텍스트 유형론의 실용성과 활용성」, 『동악어문논집』 제37집, 2001.

한우희, 「보통학교에 대한 저항과 교육열」, 『교육이론』 제6권 1호, 1991.

한우희, 「일본인 학정참여관의 활동과 식민 교육제도의 형성」, 『기초주의』 제1집, 1991.

허 형, 「한국 개화기의 교과서 『국민소학독본』에 나타난 주제 분석(1)」, 『교육과정연구』 제12호, 1993.

허재영, 「근대 계몽기 이후의 국어 연구가 한글맞춤법에 미친 영향」, 『겨레어문학』 제31집, 2003.

허재영, 「근대 계몽기의 어문 문제와 어문 운동의 흐름」 『국어교육연구』 제11집, 2003.

허재영, 「과도기(1945~1955)의 국어과 교과서」, 『교육한글』 제16·17집, 2004.

허재영, 「국어과 교육과정과 독서교육론의 전개」, 『한말연구』 제16호, 2005.

허재영, 「근대 계몽기 국어 교과의 성립 과정 연구」, 『중등교육연구』 53집(1), 2005.

허재영, 「교육과정기 이전의 작문 교재 변천사」, 『한국어학』 제32집, 2006.

허재영, 「독서 교육 연구사 : 학교 독서 교육을 중심으로」, 『독서연구』 제15호, 2006.

허재영, 「일제 강점기 조선어 장려 정책과 한국어교육」, 『한말연구』 제20호, 2007.

현경미, 「식민지 여성교육 사례연구 : 경성여자고등보통학교를 중심으로」, 서울대 석사학위논문, 1998.

保坂祐二 「일본제국주의의 민족동화정책 분석」, 고려대 박사학위논문, 1999.

홍기삼, 「민족어와 민족문학」, 『현대 한국문학 100년』, 민음사, 1999.

홍일표, 「주체 형성의 장의 변화 : 가족에서 학교로」, 김진균·정근식, 『근대 주체 와 식민지 규율 권력』, 문화과학사, 1997.

홍재휴, 「일제기의 '조선어과' 교과서 - 초등 교재를 중심으로」, 『논문집』 5집, 대 구교대, 1969.

홍종인, 『大同江』 창간호, 1980.

●번역서

가라타니 고진, 박유하 역, 『일본 정신의 기원』, 민음사, 1997.

강상중, 이경덕·임성모 공역, 『오리엔탈리즘을 넘어서 - 근대문화비판』, 이산, 1997.

강상중, 임성모 역, 『내셔널리즘』, 이산, 2004.

걸버트 라일, 이한우 역, 『마음의 개념』, 문예출판사, 1994.

고모리 요이치, 송태욱 역, 『포스트콜로니얼』, 삼인, 2002.

고모리 요이치, 정선태 역, 『일본어의 근대』, 소명출판, 2003.

괴란 테르본, 최종렬 역, 『권력의 이데올로기와 이데올로기의 권력』, 백의, 1994

나카무라 미쓰오, 고재석·김환기 역, 『일본 메이지 문학사』, 동국대출판부, 2001.

니시카와 나가오, 윤대석 역, 『국민이라는 괴물』, 소명출판, 2002.

니시카와 나가오, 한경구·이목 역, 『국경을 넘는 방법』, 일조각, 2006.

다이안 맥도넬, 임상훈 역, 『담론이란 무엇인가』, 한울, 1992.

더글러스 로빈슨, 정혜욱 역, 『번역과 제국』, 동문선, 2002.

데이비드 데이, 이경식 역, 『정복의 법칙』, Human & Books, 2006.

레스터 서로우, 한기찬 역, 『지식의 지배』, 생각의 나무, 1999.

레오 마이스게르버, 허 발 역, 『모국어와 정신 형성』, 문예출판사, 2004.

레이 초우, 장수현·김우영 역, 『디아스포라의 지식인』, 이산, 2005.

레이몬드 윌리엄즈, 나영균 역, 『문화와 사회 1780 - 1950』, 이대출판부, 1988.

렉스 깁슨, 이지헌 외 역, 『비판이론과 교육』, 성원사, 1989.

로만 야콥슨, 신문수 편역, 『문학 속의 언어학』, 문학과지성사, 1989.

로버트 J.C. 영, 김택현 역, 『포스트식민주의 또는 트리컨티넨탈리즘』, 박종철출

　　　판사, 2005.

리타 펠스키, 김영찬·심진경 역,『근대성과 페미니즘』, 거름, 1998.

루이 알튀세르, 김동수 역,『아미엥에서의 주장』, 솔, 1991.

르네 지라르, 김진식 역,『문화의 기원』, 에크리, 2006.

마루야마 마사오·가토 슈우이치, 임성모 역,『번역과 일본의 근대』, 이산, 2000.

마이클 W. 애플, 박부권 외 역,『교육과 이데올로기』, 한길사, 1985.

마이클 W. 애플, 박부권 외 역,『학교지식의 정치학』, 우리교육, 2000.

마이클 W. 애플 외, 김미숙 외 역,『문화정치학과 교육』, 우리교육, 2004.

마틴 카노이, 김쾌상 역,『교육과 문화적 식민주의』, 한길사, 1980.

미셸 푸코, 이정우 역,『지식의 고고학』, 민음사, 1992.

미셸 푸코, 오생근 역,『감시와 처벌』, 나남출판, 2003.

미우라 노무타가·가스야 게이스케, 이연숙 외 역,『언어제국주의란 무엇인가』,
　　　돌베개, 2006.

베네딕트 앤더슨, 윤형숙 역,『상상의 공동체』, 나남, 2002.

보그란데 R.A.·드레슬러 W.U., 김태옥·이현호 역,『담화 텍스트 언어학 입문』
　　　양영각, 1991.

볼프강 하이네만·디터 피이베거, 백설자 역,『텍스트언어학 입문』, 역락, 2001.

사카이 나오키, 이득재 역,『사산되는 일본어·일본인』, 문화과학사, 2003.

샤오메이 천, 정진배·김정아 역,『옥시덴탈리즘』, 강, 2001.

스티븐 J. 볼 외, 이우진 역,『푸코와 교육』, 청계, 2007.

슬라보예 지젝, 이수련 역,『이데올로기라는 숭고한 대상』, 인간사랑, 2002.

슬라보예 지젝, 이성민 역,『까다로운 주체』, 도서출판 b, 2005.

안쏘니 기든스, 진덕규 역,『민족국가와 폭력』, 삼지원, 1991.

안토니오 네그리·마이클 하트, 윤수종 역,『제국』, 이학사, 2001.

에릭 홉스봄, 박지향·장문석 역,『만들어진 전통』, 휴머니스트, 2004.

위르겐 오스터함멜, 박은영·이유재 역『식민주의』, , 역사비평사, 2006.

에드워드 W. 사이드,『오리엔탈리즘』, 박홍규 역, 교보문고, 2003.

에드워드 W. 사이드, 박홍규 역,『문화와 제국주의』, 문예출판사, 2005.

요시미 순야, 이태문 역,『박람회-근대의 시선』, 논형, 2004,

윤건차, 하종문·이애숙 역,『일본, 그 국가·민족·국민』, 일월서각, 1997.

이반 일리치, 최효선·이승환 역,『젠더』, 뜨님, 1996

이연숙, 고영진 · 임경화 역,『국어라는 사상』, 소명출판, 2006.

제이 그리피스, 박은주 역,『시계 밖의 시간』, 당대, 2002.

오스틴, J. L., 김영진 역,『말과 행위』, 서광사, 1992.

조셉 칠더즈 · 게리 헨치, 황종연 역,『현대 문학 · 문화 비평 용어사전』, 문학동
　　　네, 1998.

클라우스 브링커, 이성만 역,『수정 제5판 텍스트언어학의 이해』, 역락, 2004.

천 꽝싱, 백지운 외,『제국의 눈』, 창비, 2003.

폴 윌리스, 김찬호 외 역,『학교와 계급재생산』, 이매진, 2004.

프레드릭 뉴마이어, 한동완 역,『언어학과 정치』, 역락, 2006.

피에르 부르디외, 이상호 역,『재생산』, 동문선, 2000.

피에르 부르디외, 신미경 역,『사회학의 제문제들』, 동문선, 2004.

피에르 부르디외, 최종철 역,『구별짓기』, 새물결, 2005.

하인츠 파터, 이성만 역,『텍스트언어학 입문』, 한국문화사, 1995.

호르크하이머 · 아도르노, 김유동 외 역,『계몽의 변증법』, 문예출판사, 1995.

호미 바바, 나병철 역,『문화의 위치』, 소명출판, 2002.

天野郁夫, 석태종·차갑부 역,『교육과 선발』, 양서원, 1992.

●원서

國立敎育硏究所,『日本近代敎育百年史』제4권, 1974

駒込武,『植民地帝國日本文化の統治』, 岩波書店, 1996.

佐藤由美,『植民地敎育政策の硏究[朝鮮 1905－1911]』, 龍溪書舍, 2000.

土屋忠雄 外,『日本近代敎育史』, 講談社, 1962.

中村紀久二,『敎科書の 社會史』, 岩波新書, 1992.

奈吳眞理,「植民地時代の日本語敎育」,『日本文化硏究』제10집, 2004.

文部省,『學制百二十年史』, 1992.

安田敏明,『言語の構築：小倉進平と植民地朝鮮』, 三元社, 1999.

米田俊彦『近代日本中學校制度の確立』, 東京：東京大學出版會, 1992.

Apple, M. W. & Christian－Smith L.K. eds., *The politics of textbook*, Routldege, 1991.

Durkheim, E., *The Evolution of Educational Thought : Lectures on the Formation and Development of Secondary Education in France*(1938), P. Collins tr, London : RKP.

1977.

Green, A., *Education and State Formation : The Rise of Educational Systems in England, France and the USA*, London : Macmillan, 1990.

Hirst, P. H., *Knowledge and the Curriculum*, Boston : Routledge & Kegan Paul Ltd., 1974.

Lehrer, K., *Theory of Knowledge*, Westview Press, 1990.

Loomba, A., *Colonialism/Postcolonialism*, Routledge, 1998.

Michael F.D. Young, ed., *Knowledge and Control*, London : Collier Macmillan, 1971.

Müller, D., Ringer, F. & B. Simon, *The Rise of Modern Education System : Contructural Changes and Social Reproduction 1870 – 1920*, Cambridge : Cambridge University Press. Norton & Co., Inc., 1987.

Fairclough Norman, *Language and Power*, Longman, 1989.

Williams Raymond, "Base and Superstructure in Marxist Cultural Theory", Roger Dale et all, *Schooling and Capitalism : A Sociological Reader*, London : Routledge & Kegan Paul, 1976.

Roach, J., *Secondary Education in England 1870 – 1902 : Public Activity and Private Enterprise*, London : Routlege, 1991.

- 제1차 조선교육령기 고등보통학교 학과 과정과 매주 교수 시수
- 제2차 조선교육령기 고등보통학교 학과 과정과 매주 교수 시수
- 제3차 조선교육령기 중학교 학과 과정 및 매주 교수 시수

제1차 조선교육령기 고등보통학교 학과 과정과 매주 교수 시수

	수신	국어	조선어급한문	역사	지리	수학	이과	실업급법제경제	습자	도화	수공	창가	체조	계
제1학년	1	8	4		2	4	4	2	1	3	1		2	32
제2학년	1	8	4	2		4	3	3	1	3	1		2	32
제3학년	1	7	3		2	4	4	4	1	3	1		2	32
제4학년	1	7	3		2	4	3	5	1	3	1		2	32
계	4	30	14	8		16	14	14	4	12	4		8	128
백분율	3.13	23.4	10.9	6.25		12.5	10.9	10.9	3.13	9.38	3.13		6.25	100

*자료 :「高等普通學校規則」第29條, 1911.10.20,『朝鮮現行法覽全』 第8編, 修文書館, 1911, 19~20쪽.

제2차 조선교육령기 고등보통학교 학과 과정과 매주 교수 시수

	수신	국어	조선어급한문	외국어	역사	지리	수학	박물	물리급화학	실업급법제경제	실업	도화	창가	체조	계
제1학년	1	7	2	6	3		4	2			2	1	1	3	322
제2학년	1	7	2	6	3		4	2			2	1	1	3	32
제3학년	1	6	2	6	3		4	2	2		2	1		3	32
제4학년	1	5	3	5	3		4	1	3		3	1		3	32
제5학년	1	5	3	5	3		4		3	1	3	1		3	
계	5	30	12	28	15		20	7	8	1	12	5	2	15	128
백분율	3.13	18.7	7.5	17.5	9.38		12.5	4.38	5.0	0.63	7.5	3.13	1.25	9.38	100

*자료 :「高等普通學校 規程」第23條, 朝鮮總督府令 第16號, 1922年 2月 20日,『官報』第 2854號, 276~277쪽.

제3차 조선교육령기 중학교 학과 과정 및 매주 교수 시수

	수신	공민	국어한문	조선어	역사	지리	외국어	수학	이과	실업	도화	음악	체조	계
제1학년	2		7	2	3		5	3	3	2	1	1	5	34
제2학년	2		7	2	3		5	3	3	2	1	1	5	34
제3학년	2		6	1	3		6	5	3	2	1	1	5	35
제4학년	1	2	5	1	3		5	5	4	2	1	1	5	35
제5학년	1	2	5	1	3		5	4	4	3	1	1	5	35
계	8	4	30	7	15		26	20	17	11	5	5	25	173
백분율	4.6	2.3	17.3	4.1	9.4		15.0	11.6	9.8	6.4	2.9	2.9	14.5	100

*자료 :「中學校規程」第25條, 昭和 13年(1938年) 3月 15日,『官報』號外, 1938年 3月 15日字.

보통학교의 여자 학생수와 취학률

연도	전체 학생 수	취학률(%)	남학생 수	취학률(%)	여학생 수	취학률(%)
1912	44,638		48,636	3.7	3,998	0.4
1914	59,397	2.6	53,814	4.6	5,583	0.5
1916	73,575	3.1	65,914	5.5	7,661	0.7
1919	89,288	3.7	77,239	6.2	12,049	1.0
1920	107,201	4.4	93,285	7.4	13,916	1.2
1922	236,031	9.5	203,956	16.0	32,075	2.7
1924	374,122	14.7	319,083	24.5	55,039	4.5
1926	438,990	16.4	370,595	27.1	68,395	5.2
1928	462,538	17.2	386,541	28.2	75,997	5.8
1930	489,889	17.3	404,000	28.0	85,889	6.2
1932	513,786	17.8	416,837	28.4	96,949	6.8
1934	636,334	21.5	510,570	34.0	125,764	8.6
1936	798,224	25.9	624,854	40.0	173,370	11.4
1938	1,049,625	33.2	797,332	49.8	252,293	16.2

*자료; 朝鮮總督府, 『統計年報』, 昭和 8년, 644－664쪽, 『統計年報』, 昭和14년, 221~233쪽 참조.

여자고등보통학교의 설립 현황

연도	여자고등보통학교 (공립)		여자고등보통학교 (사립)		고등보통학교 (공립)		고등보통학교 (사립)	
	학교수	학교명	학교수	학교명	학교수	학교명	학교수	학교명
1911	1	경성	1	숙명	2	경성,평양		
1912			2	진명				
1913							1	양정
1914								
1915								
1916					3	대구	3	배재, 동래
1917							5	보성, 송도
1918			4	이화, 호수돈	4	함흥	7	휘문, 광성
1919					5	전주		

연도	여자고등보통학교 (공립)		여자고등보통학교 (사립)		고등보통학교 (공립)		고등보통학교 (사립)	
	학교수	학교명	학교수	학교명	학교수	학교명	학교수	학교명
1920							9	고창, 광주
1921			5	정의	7	경성제이, 신의주	10	중앙
1922					12	공주, 광주 동래, 해주 鏡城(함북)	8	광주, 동래 공립화됨
1923								
1924					14	청주,춘천		
1925			8	배화,일신, 루씨	15	진주		
1926	4	공주, 대구	9	동덕			9	오산
1927	6	광주, 부산						
1928								
1929			10	영생				
1930								
1931							11	김천, 영생
1932	7	해주						
1933								
1934								
1935	9	함흥,나남						
1936	10	신의주			16	안주(평남)		
1937	11	대전						

*자료 : 朝鮮總督府 學務局, 『朝鮮諸學校一覽』, 1938.

식민지기 공립 및 사립 고등보통학교 설립 현황

	공립 고보		사립고보	
	학교수	학교명	학교수	학교명
1911	2	경성, 평양		
1912				
1913			1	양정
1924				

	공립 고보		사립고보	
	학교수	학교명	학교수	학교명
1915				
1916	3	대구	3	배재, 동래
1917			5	보성, 송도
1918	4	함흥	7	휘문, 광성
1919	5	전주		
1920			9	고창, 광주
1921	7	경성제2, 신의주	10	중앙
1922	12	공주, 광주, 동래, 해주,경성(함북)	8	광주, 동래 공립으로 전환
1923				
1924	14	청주, 춘천		
1925	15	진주		
1926			9	오산
1927				
1928				
1929				
1930				
1931			11	김천, 영생
1932				
1933				
1934				
1935				
1936	16	안주(평남)		
1937				

*자료 : 朝鮮總督府 學務局,『朝鮮諸學校一覽』, 1938.
숫자는 누적 합계를 나타냄.

▌부록 4, 5는 영인본입니다. 뒤에서부터 열람하세요.

①

朝鮮總督府編纂

教育學教科書

例 言

一、本書ハ現行朝鮮教育令・普通學校規則ニ準據シ、主トシテ普通學校ニ於ケル教授・訓練・管理ノ方法ヲ說キ、務メテ實際教育ニ適切ナル事項ヲ記述ス。

一、本書ノ內容ハ高等普通學校又ハ之ト同程度ノ諸學校ニ於ケル教育科ノ教科書タルニ適セシム。

一、本書ノ附錄トシテ現行朝鮮教育令・同令施行ニ關スル諭告及訓令・普通學校規則ヲ揭載ス。

大正元年十月

朝 鮮 總 督 府

教育學教科書目次

318　일제 강점기 조선어과 교과서와 조선인

314　일제 강점기 조선어과 교과서와 조선인

-10-

-11-

附　錄

教育學教科書目次　終

第四章　朝鮮語及漢文敎授法

-15-

第一節 敎授의 要旨

朝鮮語及漢文은 普通의 言語,文章을 理會ᄒ야 日常의 應對에 供ᄒ며 行務를 辨ᄒᄂ 能을

得ᄒ고 兼ᄒ야 德性의 涵養에 資ᄒ을 要ᄒ믈 要旨로ᄒ음 (普通學校·規則 第十條 第一項)

朝鮮語ᄂ 現時 朝鮮人間 一般에 使用ᄒ케ᄒᄂ 思想交換의 方便인즉 普通의 言語文章에 熟達

케ᄒ야 日常의 應用에 供ᄒ며 能히 行務를 辨케ᄒ을 要ᄒ음.

朝鮮語ᄂ 地方에 依ᄒ야 訛音이 多ᄒ야 地方이 異ᄒ者間에ᄂ 時或 不通ᄒᄂ 言語가 不無ᄒ

니,故로 普通學校에 在ᄒ야ᄂ 아모쪼록 標準이 될 言語를 敎授ᄒ을 要ᄒ음.漢文은 古來 朝鮮에

流行ᄒ야 此를 離ᄒ면 別로 히 朝鮮語가 存在ᄒ을 不見ᄒ 만치,朝鮮語中에 織入ᄒ 要素됨에 不外

通學校에서 敎授ᄒᄂ바 漢文은,決코 一漢文學이아니라,찰알히 朝鮮語의 一要素인즉 普

ᄒ니,因ᄒ야 此를 兩者를 合ᄒ야 一敎科目으로 編製ᄒ야,相竢並行ᄒ야 此를 敎授ᄒ이라.

朝鮮語漢文은 言語文章이 皆日常의 必要ᄒ 知識을 敎授ᄒ고,特히 德性을 涵養케ᄒ에 資ᄒ 材

料에 所重을 置ᄒ을 要ᄒ.

第二節 敎授의 材料

朝鮮語及漢文은 諺文부러 始ᄒ야 漢字交ᄒ文 及 平易ᄒ漢文을 敎授ᄒ지니 其材料ᄂ 國

語에 準ᄒ야 選擇ᄒ,特히 漢文은 德性의 涵養에 資ᄒ者를 選擇ᄒ이 可ᄒ음 (普通學校規則 第十條 第二項)

六三

以前에는諺文으로記述홈은學者의所恥ㅎ는바이고,稗史·小說,僧侶의說敎書外에는諺文으로記述한高尙한文學이無ㅎ니,是는街學ㅎ는弊로부러來한結果이으諺文의罪가아니나라,諺文은文字가簡單ㅎ야習學과使用이皆容易ㅎ고,又漢字를交加ㅎ야,事를辨홈과頗히便利한지라.故로普通學校生徒로ㅎ야금日用의必要한事項을記述홈을能히得케홈과共히修身·理科·地理·實業等에關한事項에셔有益한資料를取ㅎ야此를敎授홀지니.其選擇ㅎ는標準은國語에在홈과無異ㅎ니라.

從來의漢文에는神仙을說ㅎ고逸遊를勸홈라如한不健全한것이不少한지라.普通學校의漢文敎材는此等을避ㅎ고,爲主ㅎ야聖賢의遺訓格言及良風美俗의記載等을選取ㅎ야,生徒의德性을涵養홈을要홈.

第三節 敎授의方法

初에는實物繪畫等에依ㅎ야諺文을敎授ㅎ고,漸次漢字交文에及ㅎ며,又漢文을敎授홈이可홈.

一 讀本敎授

第一段 豫備

-17-

一、目的指示.

二、既敎한文字•語句及事項을問答하야當日授業에關係가有한舊觀念을整理홈.

三、前日敎授에繼續이되는時는前回分을復習케홈.

第二段　敎授

一、實物•繪畫等을用하야難字難句의意義를知케하고其文字를示하야讀法을敎授홀지니라.

二、敎師는範讀을하거나或은優等生徒로하야금一回讀케하고後에他生徒를指名하야數回讀케홀지니라.

三、敎授한難字難句를摘出하야其意義를言케하고後에全文의意義를言케홈.

四、類似한文字語句를對較하야其差異에注意케홀지니라.

五、模範이될만한箇所를暗誦케홀지니라.

第三段　應用

一、敎授한字句를應用하야短句•短文을作케홀지니라.

二、敎授한것과同一한字句를多含하고且同一程度의文을讀來하야•舊取케하며或은聽取케한後로하야금其意를復演케홀지니라.

三、敎授한文의全部或은一部를各種의條件으로改作케홀지니라.

四、便宜로國語로써其意義를言케ᄒ며、或은記述케ᄒ야、互相聯絡補益케홈（普通學校規則）

（第十條第四項參照）

二　作文敎授

初에ᄂᆫ諺文을用ᄒ야生徒의日常經驗ᄒ고觀察ᄒ事項又ᄂᆫ他敎科에셔敎授ᄒ事項을記述케홈이可홈.稍進後라도.以前文人墨客의所爲와如ᄒ風月의吟詠이아니면.空疎迂遠ᄒ時事의論評을作ᄒ야.得意홈은普通敎育上에其弊가不少ᄒ지라.故로.學校에셔ᄂᆫ生徒로ᄒ야금諺文或은漢字交文으로平易明瞭히自己의經驗ᄒ範圍內의事를記述케ᄒ고.自己의事爲를迅速히辨홈을得케ᄒ도록敎授홈이可ᄒ니.其敎授方法及敎授上注意의事項은大槪國語科作文과大同홈.

漢文을作케홈은普通學校에셔其必要가無ᄒ고.다만理解를確實히ᄒ기爲ᄒ야短文을作케홈은반다시不可홈은無ᄒ니라.

-19-

부록　303

부록5

조선총독부 편찬, 『교육학교과서(조선역문)』(1912)

- 목차
- 「조선어급한문교수법」 전문

學部編纂

普通 教育學

韓國政府印刷局印刷

例　言

一、本書ᄂ 爲主ᄒ야 普通學校의 敎育에 關ᄒ야 敍述ᄒ者이나 其以外

一、一般學校의 敎育애도 適用ᄒ을 得ᄒ

一、本書ᄂ 現行普通學校令與同施行規則에 準據ᄒ야 敎授,訓練,管理의 方法을 說ᄒ者이니 高尙ᄒ理論을 避ᄒ고 卑近適切ᄒ 事項을 記述ᄒ야 實際敎育에 應用케ᄒ

一、本書의 附錄으로 現行普通學校令與同施行規則을 揭載ᄒ앗스며

本書記事中에도 該法與規則에 關係가 有ᄒ處ᄂ 其條項을 註記ᄒ야써 參考에 便케ᄒ

隆熙四年四月

學　部

-2-

普通 教育學目次

目次

一

—3—

二

－4－

360　일제 강점기 조선어과 교과서와 조선인

目 次

-6-

五

−7−

-8-

-10-

普通敎育學目次　終

第二　國語及漢文科敎授法

一、敎授의要旨

國語及漢文은日常須知의言語文章을知케ᄒ야正確히思想을表出

-12-

ᄒᆞᄂᆞᆫ能力을養ᄒᆞ고兼ᄒᆞ야智德을啓發홈으로써要旨로ᄒᆞᄂᆞ니라 普通

學校令施行規則第八條第二號第一項參照

是以로此科에ᄂᆞᆫ爲先(一)普通으로行ᄒᆞᄂᆞ我國의文字文章을敎ᄒᆞ고

此로書著ᄒᆞᆫ바事項을正確히讀ᄒᆞ야此를解得케ᄒᆞᆯ事(二)正確히談

話ᄒᆞᄂᆞᆫ事와正確히記ᄒᆞᄂᆞᆫ事를敎ᄒᆞ야自己의思想을他人에게傳達

ᄒᆞᄂᆞᆫ事에熟鍊케ᄒᆞ고尙且(三)實際生活에必須ᄒᆞᆫ知識을敎與ᄒᆞ야

常識과德性을涵養ᄒᆞᄂᆞᆫ事等의三要點을務盡ᄒᆞ여야ᄒᆞᆯ지니라

第一과第二의要點을盡ᄒᆞ기爲ᄒᆞ야讀法、綴法、書法을課ᄒᆞᄂᆞᆫ者이라

讀法은文字文章을讀ᄒᆞᄂᆞᆫ能力과言語로自己思想을言表ᄒᆞᄂᆞᆫ能力

을養ᄒᆞ고綴法은文字文章을用ᄒᆞ야自己의思想을書著ᄒᆞᄂᆞᆫ能力을

養ᄒᆞ고書法은文字를正確明瞭迅速히書ᄒᆞᄂᆞᆫ能力을養ᄒᆞᄂᆞᆫ者이라

然而第三의要點에至ᄒᆞ야ᄂᆞᆫ國語漢文科의材料로修身、地理、歷史、理

科其他日常의生活에必須ᄒᆞᆫ知識을敎授ᄒᆞᄂᆞᆫ者이니此로其目的을

達ᄒᆞ나니라 普通學校令施行規則第八條第二號第二項參照

國語及漢文의 敎材와 敎授法은 各其 特質에 從ᄒᆞ야 各別히 論ᄒᆞᆷ이 便ᄒᆞᆫ故로 下에 項을 分ᄒᆞ야 說明ᄒᆞ노라

二、國語敎授의 材料

國語의 材料로ᄂᆞᆫ 文字及文章과 其文章의 內容되ᄂᆞᆫ 事項의 二가 有ᄒᆞ니라

文字에 諺文及漢字의 二가 有ᄒᆞ니 諺文은 其構成이 簡單明瞭ᄒᆞ야 實際上에 極히 便利ᄒᆞᆫ者인則 漢字ᄅᆞᆯ 學ᄒᆞ기 前에 此ᄅᆞᆯ 敎ᄒᆞ여야 ᄒᆞᆯ지니 彼千字文童蒙先習과 如히 學ᄒᆞ기 難ᄒᆞ고 直接으로 必要가 無ᄒᆞᆫ 漢文을 先習ᄒᆞ고 簡易ᄒᆞ고도 必須ᄒᆞᆫ 諺文의 敎授ᄅᆞᆯ 怠慢히ᄒᆞᄂᆞᆫ 風이 有ᄒᆞᆷ은 全然히 漢學崇拜의 餘獘라ᄒᆞᆯ지로다 又 漢字도 務圖ᄒᆞ야 簡易ᄒᆞ고 應用이 廣ᄒᆞᆫ 者ᄅᆞᆯ 選ᄒᆞ며 學ᄒᆞ기 難ᄒᆞ고 日常 使用이 稀少ᄒᆞᆫ 者ᄂᆞᆫ 避ᄒᆞᆷ이 可ᄒᆞ니라

又國語는地方을因ᄒ야訛音方言의混入을免치못ᄒ나니恒常注意

ᄒ야正호發音으로雅純호言語를敎授ᄒ이可ᄒ니라

　　　　　　普通學校令施行
　　　　　　規則第八條第二

號第二
項參照

文章은行文의平易明瞭ᄒ고趣味가有호者를選ᄒ이可ᄒ니漸次로

其長ᄒ이에及ᄒ야ᄂᆞᆫ社會에行ᄒᄂᆞᆫ各種文體를讀ᄒ야此를解得ᄒᆯ能

力을養ᄒ이必要ᄒ나學徒의書著ᄒᄂᆞᆫ文章은平易ᄒ고達意됨을限

度로ᄒᆯ지니라

三、國語敎授의方法

讀法、綴法、書法은舉皆國語의一分科로敎授ᄒᄂᆞᆫ者ㅣ라故로各其爲

主ᄒᄂᆞᆫ바에從ᄒ야敎授時間을區別ᄒ이決코不可ᄒᆯ것은無ᄒ나特

히注意ᄒ야互相聯絡케ᄒ고相依相助ᄒ야國語敎授의要旨를完全

히達ᄒ도록務ᄒ지라以下各項에對ᄒ야其敎授의方法을述ᄒ노라

普通學校令施行規則第
八條第二號第四項參照

玆에 所謂讀法敎授는 國語讀本을 依ᄒ야 日常必須의 文字文章을 知
케ᄒ고 又其文章의 記ᄒ 事項을 理解케ᄒ야 智德을 啓發기爲ᄒ이라
漢文讀本을 敎授ᄒ는 方法에 至ᄒ야는 後에 說明ᄒ노라
讀本은 徒히 文字文章을 誦讀케ᄒᄲᆞᆫ아니라 其內容의 意義도 十分理
解케ᄒ지며 其意義가 分明치못ᄒ면文字文章도 ᄯᅩᄒ決코理解치못
ᄒ者이라 我國의 學徒는 讀本을 誦讀ᄒ에 文字의 形像과 其發音에만
注意ᄒ고 頭를 搖ᄒ면셔 一種의 調節을 附ᄒ야 高聲으로 朗讀ᄒ고 其
意義의 如何에는 注意치아니ᄒ는 弊風이 有ᄒ니 此는 從來의 敎授法
이 適當치못ᄒ 結果라 特히 諸學校에 盛行ᄒ는 齊讀은 其弊風을 馴致
ᄒᄲᆞᆫ만아니라 他學級의 敎授를 妨害ᄒ는 事이甚ᄒ니 一日이라도 早
速히 矯正ᄒ야 學徒로ᄒ야금正當ᄒ 讀書法과 理解를 得케ᄒ지라但
齊讀은 一語句의 發音을 短時間에 全學級의 學徒에게 練習케ᄒ時나

第二編　敎育의方法　第二章　敎授

四九

-16-

又는 學徒가 倦怠ᄒ야 注意가 散亂ᄒ 時에 用ᄒ야 効力이 有ᄒ者이니

如此ᄒ 境遇에는 可成的 一學級의 學徒를 二三部에 分ᄒ야 順次로 齊

讀케ᄒ지니라 如此히ᄒ 時는 他學級의 授業을 妨害ᄒ는 事는 少ᄒ고

其效를 可得ᄒ지니라

讀本은 又此를 理解ᄒ며 誦讀케ᄒᄲᆞᆫ 아니라 其理解ᄒ 事項을 口語로

明瞭히 說話케ᄒ지라 其法은 所敎ᄒ 事項을 遺漏가 無히 詳細談話케

ᄒ는 事도 有ᄒ고 或은 其大要를 一括ᄒ야 簡單히 談話케ᄒ는 事도 有

ᄒ고 又는 間或 讀本을 見ᄒ면서ᄃᆞᆫ지 又는 讀本을 閉ᄒ고ᄃᆞᆫ지 其便宜

를 從ᄒ야 談話케ᄒ며 又 問答體로 記述ᄒ 敎材와 如ᄒ 것은 學徒를 其

主客으로 假定ᄒ야 互相 問答케ᄒ는 等은 興味가 多ᄒ고 有効ᄒ 一方

法이니라

讀法敎授에는 書取를 廢치못ᄒ지니 書取는 文字와 語句의 記憶을 明

確히ᄒ고 又 此를 任意로 應用ᄒ는 能力을 養ᄒ는 者이라 然則 敎科書

中에 在한 文字語句를 書取케도 하려니와 此等의 文字語句를 應用하

야 各種語句를 作케 하며 或은 漢字로 書한 者를 諺文으로 書하며 諺文

으로 書한 者를 漢字로 書케 하며 或은 漆板上에 缺字가 有한 文章을 示

하고 學徒로 하야금 此를 補塡케 하는 等의 各種 方法에 依하야 可成的

多히 하며 可成的 屢次로 書取케 흠이 可하니라

讀法 敎授의 敎順은 如左하니라

(一) 豫備

1, 目的을 指示한 後에 新敎材를 理解함에 必要한 旣得의 文字語

句及事項을 問答하야 此를 練習흠

2, 萬若 敎材가 前者의 繼續한 者이거든 前에 敎授한 바를 復習하

야 豫備로 흠

(二) 敎示

1, 敎授할 事項이 學徒가 旣知하는 者이거든 直時 讀法을 行할지

며 不然ᄒ거든 實物繪畵等을 用ᄒ야 難字難句를 漆板上에 摘書ᄒ면서 其事項의 大要를 豫說ᄒ고 然後에 文章의 讀法을 敎授ᄒ지니라

2, 初步의 學徒에게ᄂ 敎師가 몬져 範讀을 敎授ᄒ고 後에 學徒로ᄒ야곰 讀케ᄒ지나 漸次로 進ᄒ야ᄂ 學徒로ᄒ야곰 默讀豫習케ᄒ고 其後에 二三學徒를 指名ᄒ야 讀케ᄒᆷ이 可ᄒ니라 此境遇에ᄂ 敎師의 範讀은 過半의 學徒가 大略讀ᄒᆷ을 得ᄒ時에 行ᄒᆷ을 適當타ᄒ나니라

3, 二三學徒에게 讀케ᄒ 後에 書中의 難語難句를 指摘ᄒ야 其意義를 敎ᄒ고 更히 一二次를 讀케ᄒ 後에 全文의 意義를 詳細히 說話케ᄒ고 更히 此를 再讀케ᄒᄂ 等과 如히 讀法과 意義의 說話를 互相交錯ᄒ야 行케ᄒ지니라

4, 此時에 旣知ᄒ 事項及字句文則과 新히 敎ᄒ者로 比較케ᄒᆷ이

五二

可ᄒ니라

5、讀本을 不見ᄒ고 今에 學ᄒᄂ바 大意를 約說케 ᄒ지니라

6、重要ᄒ 文字語句의 書取를 行케 ᄒ지니라

(三) 應用

1、新히 教授ᄒ 字句를 應用ᄒ야 短句短文을 作케 ᄒ며 又ᄂ 教師가 作ᄒ야 此를 讀케 ᄒ거나 或은 書取케 ᄒ지니라

2、文章의 文脉을 明白히 ᄒ고 其中의 語句를 變換ᄒ며 又ᄂ 轉置ᄒ야 各種의 章句로 作換케 ᄒᄂ 事이 有ᄒ지니라

3、內容의 事項에 關ᄒ 應用은 修身地理歷史理科等의 教授에 依準ᄒ지니라

其他讀法教授上에 注意ᄒ 事ᄂ 如左ᄒ니라

1、教師의 範讀과 談話ᄂ 不必多言이고 學徒가 誦讀과 說話ᄒ 時에ᄂ 他教科를 教授ᄒ 境遇에라도 其 發音語調를 正確明瞭케

ᄒ도록 留意ᄒ며 或은 同一發音을 反覆練習케ᄒᆷ이 可ᄒ니라

2, 讀本中에 地理歷史에 關ᄒ 材料가 有ᄒ니 其內容의 事項에 就

ᄒ야ᄂ 地理歷史敎授의 方法에 依ᄒ고 其文章에 就ᄒ야ᄂ 讀

書敎授의 方法에 從ᄒᆯ지니라

3, 讀本의 揷繪ᄅᆯ 利用ᄒᄂ 事와 漆板畫其他의 繪畫ᄅᆯ 利用ᄒ야

敎授ᄅᆯ 助ᄒᆷ을 忽忽히ᄒᆷ이 不可ᄒ니라

4, 誦讀法에 三段이 有ᄒ니 (一)은 其意義가 何인지 知치못ᄒ고 單

히 蛙鳴蟬噪와 如히 其發音에 從ᄒ야 誦讀ᄒᄂ 事 (二)ᄂ 其意

義ᄅᆯ 知ᄒ면서도 點點滴滴히 章句만 尋ᄒ야 誦讀ᄒᄂ 事 (三)

은 其意義ᄅᆯ 知ᄒ고 語句의 離續段落을 正히ᄒ고 抑揚頓挫ᄒ

야 巧히 其事項을 讀ᄒᆷ이是라 讀書敎授ᄂ 第二로 入ᄒ야 第三

에 進ᄒᆷ이 可ᄒ고 第一과 如ᄒ 者ᄂ 如何ᄒ 境遇에든저 不可ᄒ

니라

5、文章을讀ᄒᆞ면서其意義를了解케ᄒᆞᆷ은讀法教授의本義인즉讀ᄒᆞᄂᆞᆫ事와解ᄒᆞᄂᆞᆫ事를交互히課ᄒᆞ야써讀法에習熟ᄒᆞᆯ時에ᄂᆞᆫ其意義ᄭᅥ지도全然了解ᄒᆞ도록ᄒᆞᆯ지니라

乙。綴法教授。

綴法은國語科中思想發表의方法을教ᄒᆞᄂᆞᆫ一分科이니讀法書法及其他의教科目과恒常密接ᄒᆞᆫ關係가有ᄒᆞᆫ者이라綴케ᄒᆞᆯ文字ᄂᆞᆫ可成的讀法其他에셔學得ᄒᆞᆫ者로應用케ᄒᆞᆷ이可ᄒᆞ고綴케ᄒᆞᆯ事項(作文의題目)은(一)國語漢文又ᄂᆞᆫ他教科目에셔教授ᄒᆞᆫ事項(二)兒童의日常見聞ᄒᆞᆫ事項(三)處世上必要ᄒᆞ고도學徒가興味를感ᄒᆞᆯ事項等에對ᄒᆞ야選擇ᄒᆞᆯ지며從來의作文教授를見ᄒᆞᆫ즉學徒의旣知事項與否를不察ᄒᆞ며又學徒의學力程度에適合與否도不省ᄒᆞ야教師가任意로文題를選擇ᄒᆞ야漫然히揭出ᄒᆞ고學徒의自働에委棄ᄒᆞ야不顧ᄒᆞ

五五

-22-

며 甚혼者는 長成혼者도 困難혼 高尙혼 論說을 幼少혼 學徒에게 試홈

은 古來로 漢學者間에 行호든 弊風이오 綴法敎授의 目的을 誤혼者이

라 普通學校에 行홀 綴法은 他敎科目의 應用이니 他敎科目으로 學호

야 旣爲學徒의 知識으로 된 事項을 字句의 形으로 表出호는 方法을 敎

호는者이라 決코 未知호는 事項을 千思萬考호야 構成혼者이아니니

敎育者는 深히 注意홀지니라
普通學校令施行規則第八條第二號第六項參照

文體에는 漢文國文(國漢文)의 二種이 有호나 普通學校에셔는 漢文을

作케홀 必要가 無호고 又 國文을 課홈에 도 決코 世上 文人墨客의 輩

을 模倣호야 優美莊重威嚴 又는 冒頭抑揚頓挫와 如히 文章의 結構와

修辭의 巧拙 等은 關重히 홀바이아니오 其要는 達意에 全在홀뿐이라

然則 俗語를 混入호야 書호야도 可호고 又는 諺文만으로 綴호야도 可

호니 其要는 行文으로 平易히 其旨趣를 何人이든지 明瞭히 了解호도

록 自己가 言코자호는바를 遺憾업시 言호면 足홀지라 此以上은 普通

學校의豫期ᄒᆞ바이아니니古人의名文을模範ᄒᆞ거나或은各種의型

式으로文字文章의知識이尙乏ᄒᆞ學徒로ᄒᆞ야곰直時此를模倣케ᄒᆞ

고자ᄒᆞ야筆端窘束ᄒᆞ야맛참니其意를達기不能ᄒᆞ은從來作文敎授

의通弊니라

綴法敎授의方法이甚多ᄒᆞ나此를大別ᄒᆞ야甲)共作法(乙)助作法(丙)自

作法의三으로ᄒᆞ나니라

(甲) 共作法。 敎師學徒가互相協力ᄒᆞ야共히文을作成ᄒᆞ는法이니

其順序方法이如左ᄒᆞ니라

(一) 豫備

文題를揭示ᄒᆞ後에記述ᄒᆞ라ᄒᆞ는大體에對ᄒᆞ야適宜히問答ᄒᆞ

야其思想을整理ᄒᆞ고記述의順序를定ᄒᆞ지니라

(二) 記述

右의順序에從ᄒᆞ야問答ᄒᆞ면서學徒로ᄒᆞ야곰記述코자ᄒᆞ는바

-24-

를言케ᄒ고 敎師가此를取捨評定ᄒ면셔一事項式漆板上에綴ᄒ지니라

(三) 成績의 處理

1, 以上과如히ᄒ야一文이完成ᄒᆞᆯ時ᄂᆞᆫ學徒로ᄒ야곰二三次讀케ᄒ고 其全文을通覽ᄒ야事項의正否와章句의接續에對ᄒ야批評케ᄒ며次에此를各自의空冊에記入케ᄒᆞᆯ지니라

2, 記入ᄒᆞᆫ空冊은敎師가時間外에檢閱ᄒ야返附홈이可ᄒ니라

(乙)

•助作法• 幼少ᄒᆫ學徒ᄂᆞᆫ記述事項을整理ᄒ며其順序結構를組成ᄒ기不能ᄒ지라故로敎師가此를扶助ᄒ야豫先히考案을定ᄒ게ᄒ고然後에筆을執케ᄒᄂᆞᆫ法이니普通學校에셔ᄂᆞᆫ應用의範圍가最廣ᄒ니라

(一) 豫備

1, 爲先文題를提出ᄒ고問答을依ᄒ야學徒를誘導ᄒ야記述ᄒ

-25-

라ᄒᆞᄂᆞᆫ事項及順序를定ᄒᆞ고後에學徒로復演케ᄒᆞᆯ지니라

2、此復演은反覆ᄒᆞᆯ사록明瞭히ᄂᆞᆫ되나學徒의思想을束縛ᄒᆞ야

一律로ᄒᆞᄂᆞᆫ弊端이有ᄒᆞ니適宜斟酌ᄒᆞᆷ이可ᄒᆞ고稍히長成ᄒᆞᆫ

學徒에게ᄂᆞᆫ此復演을省略ᄒᆞ야記述順序를定ᄒᆞᆫ後에直時學

徒로ᄒᆞ야곰任意로其考案을定케ᄒᆞᆯ지니라

(二) 記述

1、各自로考案을定ᄒᆞ거든直時筆을執ᄒᆞ야一氣呵成으로記述케ᄒᆞᆷ

2、記述ᄒᆞᆯ時ᄂᆞᆫ教師가几案間을巡視ᄒᆞ며其誤를正ᄒᆞ고各種의注意를與ᄒᆞᆷ이可ᄒᆞᆷ

3、記述이終ᄒᆞ거든學徒로ᄒᆞ야곰全文을再三默讀케ᄒᆞ며誤字落書를補正ᄒᆞ며且此를推敲케ᄒᆞᆯ지니라

(三) 成績의處理　左의二法이有ᄒᆞ니

五九

-26-

1. 可成的 多數學徒로 ᄒᆞ야 금 其文을 交互期讀케 ᄒᆞ고 其中에 一二의 適當ᄒᆞ 文을 取ᄒᆞ야 漆板上에 書ᄒᆞ야 全級學徒와 共히 此를 逐次 訂正ᄒᆞᆯ 事

2. 漆板上 訂正ᄒᆞᆷ에 時間의 餘裕가 無ᄒᆞ거든 記述을 終ᄒᆞᆫ 後에 直時 其空册을 收ᄒᆞ야 敎師ᄂᆞᆫ 時間外에 訂正ᄒᆞ야 還附ᄒᆞᆯ 事

漆板上 訂正

1. 全文을 數段에 分ᄒᆞ야 一段式 問答으로 字句의 修正과 事項의 加除를 行ᄒᆞᆯ지며

2. 訂正ᄒᆞᆯ時ᄂᆞᆫ 原文은 存置ᄒᆞ고 其側에 書ᄒᆞᆯ지니 此時ᄂᆞᆫ 色粉筆을 用ᄒᆞ면 最可ᄒᆞ며

3. 每一段에 訂正이 終ᄒᆞ거든 全文을 通覽케 ᄒᆞ야 此를 批評케 ᄒᆞ고 最後에 數次 朗讀케 ᄒᆞ며

4. 如此히 ᄒᆞ야 完成ᄒᆞ 文은 各自空册에 記入케 ᄒᆞ고 又 各自所作의

-27-

文은 家에 歸ᄒ야 訂正과 對照ᄒ야 訂正ᄒ 後에 更히 持來케 ᄒ며 敎師ᄂ 檢閱ᄒ고 符標와 評語를 附ᄒ야 還與ᄒ지니라

●空册訂正 及 其後의 處理에 對ᄒ야 注意ᄒ 要點은 如左ᄒ니

1. 恒常幼稚ᄒ 文으로ᄒ음을 勿忘ᄒ야 可成的 原文을 依存ᄒ도록 訂正ᄒ지며

2. 學徒가 可히 發見ᄒ만ᄒ 誤謬ᄂ 符標를 附置ᄒ야 學徒로ᄒ야금 스스로 反省 訂正케ᄒ지며

3. 諸學徒가 共히 誤記ᄒ者ᄂ 敎師의 手帖에 記置ᄒ얏다가 其次의 敎授時間에 摘示ᄒ야 將來의 注意를 喚起ᄒ지며

4. 空册을 還與ᄒ時ᄂ 學徒로ᄒ야금 再三熟讀케ᄒ고 訂正ᄒ理由를 覺悟케ᄒ며 或은 優良ᄒ 二三의 文을 朗讀케ᄒ고 他學徒로ᄒ야금 此를 默聽케ᄒ야도 可ᄒ니라

5. 訂正된 文은 此를 他册에 正書ᄒ야 永久히 保存케ᄒ음이 可ᄒ니라

文케ᄒᆞᄂᆞᆫ法이라

(丙) 自作法●　學徒로ᄒᆞ야곰他人의扶助를不借ᄒᆞ고各自任意로作

(一) 豫備

文題를提出ᄒᆞ거나又ᄂᆞᆫ學徒로ᄒᆞ야곰此를定케ᄒᆞ고其次에記

述事項을整理케ᄒᆞ야其順序結構等을考案케ᄒᆞ지니라

(二) 記述

各其作案을從ᄒᆞ야空冊에記述케ᄒᆞ고再三推敲ᄒᆞᆫ後에敎師에

게呈케ᄒᆞᆷ이可ᄒᆞ니라

(三) 成績의處理

敎師가時間外에訂正還附ᄒᆞ지니其法이前述의例와同ᄒᆞ니라

丙　書法敎授●

書케ᄒᆞᆯ敎材ᄂᆞᆫ旣往에讀本又ᄂᆞᆫ其他에셔學ᄒᆞᆫ中으로選擇ᄒᆞ지며讀

法과意義를知치못ᄒᆞᄂᆞᆫ新字를書케ᄒᆞᆷ은其本旨가아니라然而其書

體는 楷書行書一種又는二種으로ᄒ야 楷書는 行書에 入ᄒ는 階梯이

니 第一二學年에는 楷書를 敎ᄒ고 第三四學年에는 行書를 多敎ᄒ며

又時時로 楷書를 練習케홈이可ᄒ니라 普通學校令施行規則第八條第二號第五項參照

文字의 結構運筆의 方法을 分明히ᄒ고 手腕을 練習홈에는 大字보다 始

홈이 最便宜ᄒ나 實際生活上에는 大字보다 細字가 緊ᄒ지라 故로 普

通學校에서 大字를 習홈은 細字에 達ᄒ는 階梯에 不過ᄒ니 敎師는 習

字帖에 細字의 注意홀ᄯᅮᆫ아니라 習字帖以外에도 時宜를 因ᄒ야 細字

練習을 多ᄒ게홀지니라

書法에 三要點이 有ᄒ니 正確、明瞭、迅速이 是라 字畵을 正確히홈이可

홈은 書法의 第一要領이니 此는 多言홀必要가 無ᄒ고 正確히 書ᄒ드

리도 迅速치 못ᄒ면 迂遠ᄒ야 實用에 不適ᄒ고 迅速ᄒ드리도 運筆이

明瞭치 못ᄒ면 見ᄒ는 者이 不便ᄒ야 不快를 感ᄒ나니 三者가 其一을

廢치 못홀지니라 從來의 書法敎授에 迅速을 注意치아니홈은 一缺點

六三

이라云홀지로다

書法은技能에屬호敎科目인故로練習홀사록進步上達홀지니時間
디로幾次이든지反覆練習홈이可호니라自來의敎授法을見호건디
該時間에學徒의書호는바이僅히一張에不過호고他는惡戱로時間
울消費호니如此호弊風은速히矯正홀지니라

書法敎授의敎順은如左호니라

（一）豫備

　1,習字에必要호硯墨을出케호며水를配給호야墨을磨케호然
　後에筆과習字帖과練習帖等의諸具를出호야各其一定호位
　置에排列케홈

　2,書호랴는文字의讀法意義를敎호고又는復習케홀지니라

（二）敎示

　1,敎師가一字式白紙又는漆板上에書호야示호면셔文字의結

構와運筆의順序와點畫의配置等을說明홈

2, 右와如히호야全體의文字를二三部에分호야一部의說明을
終호後엔學徒로호야금各自의白紙에書케호고其次에他部
에移호야前과如히說明호야此를書케홀지니라

(三) 練習

1, 敎師의說明혼바에從호야其全體를各自의練習帖에數次反
覆練習케홈

2, 練習호는間에敎師는各几案間을巡視호야各樣의注意를與
호며又는親히學徒의手를執호고指導홈이可홈

3, 多數學徒의共通호는缺點은全體의練習을中止케호고漆板
上에注意를與호며或은時時로學徒의書혼文字를揭호야一
同의學徒와共히批評호고更히數次練習케홈이可호니라

上에述혼바는新敎材에對호야習케홀時의方法이라前日에習혼바

-32-

룰 更히 練習케 홀時는 豫備練習의 二段뿐으로 足호나라 如斯히호야

一週間은 同一材料룰 練習케호야 最後에 精書케호고 其次의 敎材에

移喜이 可호니라

其他書法敎授上에 注意홀 要件은 如左호니라

1, 書法敎授는 敎師의 勞룰 休息호는 時間으로 思호고 拱手無爲호

거나 甚히 면作文의 添削等을 行호고 在호者이 有호나 此는 大謬

見이니라

2, 練習中은 特히 姿勢와 執筆호는 法에 注意호야 良習慣을 養成홀

지니라

3, 墨汁處理에 注意케호야 衣服手指及顔面器具等을 汚치아니케

홀지며 初步의 學徒에게는 墨을 磨호는 法과 墨汁을 筆에 濡호는

法에 對호야 懇篤히 敎호야 置홀지니라

4, 硯墨習字帖等의 諸具는 반다시 各人이 一個式 用호게홀지니 數

人이共同ᄒ야一個의硯을使用ᄒ과如ᄒ은管理上弊害가不少
ᄒ니라

5、練習이終ᄒ거든殘餘의墨汁을一定ᄒ器中에棄케ᄒ고再次使
用치못ᄒ비ᄒ지니라

6、書法을練習ᄒ境遇뜬아니라統히學徒에게文字를書케ᄒ時에
ᄂ其字形과字行을正히ᄒ이可ᄒ니라
普通學校令施行規則第八條第二號第七項參照

四、
漢文敎授의材料

元來漢文은如何ᄒ材料를取ᄒ든지學徒의學力에比較ᄒ야ᄂ難ᄒ
者이라故로其敎材도初에ᄂ特히簡易ᄒ者를選擇ᄒ야漸次로普通
의漢文에進ᄒ이可ᄒ지라我國從來初步의敎科書로千字文童蒙先
習을用ᄒ얏스나千字文은宇宙의萬象을四語의韻文으로敍列ᄒ者
이오童蒙先習은一般道德의綱領과朝鮮支那의歷史槪要를極히簡
潔히記述ᄒ者이니共히其意義가深遠ᄒ야到底히幼少ᄒ學徒의理

六七

-34-

解호야 得홀바이아니라 是는 大槪世人이 恒多히 幼少로붓터 反覆唱

讀을 重疊호야 諳誦케홈과 數百年來의 因襲으로 讀書호는者는 必先

히 此二書룰 初步의 入門으로홈에 依호야 他諸書에 比호야 最

簡易호者로 誤思홈에 因호者이니 到底히 漢文科教授의 目的을 達호

기不能호니라

然則 普通學校에셔는 賢哲의 嘉言善行을 記述호者와 人口에 膾炙된

名文中으로 學徒가 理解기易호며 極히 平易호 材料룰 集호야 教授홈

이可호니 今次 學部에셔 編纂호 漢文讀本은 大槪此目的에 適合호者

이니라 普通學校令施行規則第
八條第二號第三項參照

普通學校에셔는 普通의 漢文을 讀홀만호 能力을 養호며 此로 因호야

德性涵養을 得호면 足호고 決코多大호 勞力과 時間을 費호야 學徒로

호야금 强制로 漢文을 作케홀 必要가 無호도다

大抵 普通一般의 人民은 日常의 漢文을 見홈이 多호나 此룰 作치아니

면不可홀境遇가甚稀홀뿐아니라讀흠과作흠이其難易가實로霄壤

의差가有호니讀호기에도困難호幼弱호學徒에게는作케호는事는

到底히不可能의事이니라

五、漢文敎授의方法

漢文敎授는大體룰國語敎授의例에準호야行호며더욱文字와章句

의意義룰明晰케흠에力을用홀지니라從來와如히唱讀諳誦으로써

漢文敎授의能事가終호얏다호며盡호야學徒가其意義가何

인지不知호고單히敎師의口音을模倣호야咿唔誦讀홈은徒히蛙鳴

蟬噪와等同홀뿐아니라敎育上에何効가有호리오漢文도또호讀호

면서其意義룰了解호게敎授홀지니讀書百遍에意義自通이라는古

言은他事가無호고讀書三昧에만閉日月을虛送호든時代의事이라

開明에進코즈호는今時代에는可成的勞力과時間을少히호고知識

을多得케흠을務호여야홀지니敎授法硏究의必要도또호此에在호

니라

漢文敎授의敎順은如左ᄒ니라

(一) 豫備

其日에敎授ᄒ랴는敎材의目的을指示ᄒ고難字難句를漆板에
摘書ᄒ면셔今에敎授ᄒ랴ᄒ는事項의槪要를說話혼後에讀本
을出케ᄒᆯ지니라

(二) 敎示

1、初步의學徒에在ᄒ야는敎師가範讀을先示ᄒ고然後에學徒
에게讀케ᄒᄂᆫ事이有ᄒ나漸次로進ᄒ야ᄂᆫ最初에學徒로ᄒ
야곰默讀케혼後에三四人을指名ᄒ야讀케홈

2、三四次를讀케혼後에其中難語難句를指摘ᄒ야其意義를問
答ᄒ고其後에更히二三學徒로讀케ᄒ고其次에全文의意義
를詳細히談話케ᄒ고更히讀케ᄒ야讀法과意義의說話를交

互히 行케호고 最後에 讀本을 不見호고 全文의 大意를 略述케
흠

3、此時에 旣敎호 文字句法 等과 比較케호야 新舊知識의 辨異統
同을 圖謀케흠

4、新히 敎授호 漢字 及 重要호 文句를 書取케흠

(三) 應用

1、新히 敎授호 字句를 應用호야 短句短文을 綴호고 此를 讀解케흠

2、或은 今에 學호바 漢文을 國文으로 換書케흠

其他 漢文敎授上에 注意홀 要件은 如左호니라

1、漢文을 讀호야 其意義가 何인지를 知케흠은 漢文敎授의 本旨인
즉 上級의 學徒에게는 豫備의 說話는 大體의 要點에 止호고 詳細
호 事項은 讀호 後에 了解호도록 注意흠이 可흠

2、誦讀과 解義는 交互히 行케호야 學徒로호야 금 讀法이 熟習호는

七一

同時에其意義도十分了解홈에至케ᄒ야學徒가文章을讀ᄒ면
서其意義를了解케ᄒᄂᆫ習慣을養成홈이可홈

3, 務圖ᄒ야一人式讀홈을多케ᄒ고齊讀을少케ᄒ야他學徒ᄂᆫ此
를默聽ᄒ면서學習ᄒᄂᆫ習慣을養홈이可홈(齊讀은讀法敎授의
條下에詳言ᄒ얏노라)

4, 漢文과國語ᄂᆫ其關係가密接ᄒ야分離치못홀者이有ᄒ니故로
恒常國語와聯絡케ᄒ야敎홀바漢文은반다시此를適切히普通
의談話로譯ᄒ야說話케ᄒ며又ᄂᆫ時時國文으로繙譯케홈이可
홈

5, 漢文을作케홀必要ᄂᆫ無ᄒ나此를書取케홈은屢次로홀지니라
書取ᄂᆫ文字及語句의記憶을確實히ᄒ며且此를廣히應用ᄒᄂᆫ
能力을養ᄒᄂᆫ者이니可多可屢히홀지니라

6, 漢字의字畫을誤홈은類似ᄒ者를混同홈으로生홈이多ᄒ故로

相似難別의 文字를 遭遇홀 時마다 學徒가 旣往에 學習혼 文字로 此와 相似혼 것을 比較케ᄒᆞ야 兩者의 區別을 明瞭히ᄒᆞ야 記憶을 確實케 홀지니라

-40-

부록4

학부편찬국, 『보통교육학』(1910)

- 목차
- 「국어급한문과교수법」 전문

저자 김혜련

동국대학교 사범대학 국어교육과와 같은 학교 대학원에서 석·박사과정을 마쳤다. 「90년
대 소설의 정체성과 포즈」로 2001년 경향신문 신춘문예 문학평론에 당선되었으며 2008년
에 『식민지기 중등학교 국어과 교육 연구-제2차 조선교육령기(1922~1938) 국어 교과서
를 중심으로』로 박사학위를 취득했다. 현재 성신여자대학교 교육대학원 국어교육전공 전
임강사로 재직 중이다.

논문 및 저서

「식민지기 문학교육과 정전 논의」
「제1차 조선교육령기 『보통학교조선어급한문』 수록 제재 연구」
「'격물치지론'의 문학교육적 함의」
『남북한 현대문학사』(공저)
『매체언어교육의 이론과 실제』(공저) 등

일제 강점기 조선어과 교과서와 조선인

인 쇄 2011년 2월 14일
발 행 2011년 2월 28일
지은이 김혜련
펴낸이 이대현
편 집 박선주
디자인 이홍주
펴낸곳 도서출판 역락
         서울 서초구 반포4동 577-25 문창빌딩 2층
         전화 02-3409-2058(영업부), 2060(편집부) l FAX 3409-2059
         이메일 youkrack@hanmail.net
         등록 1999년 4월 19일 제303-2002-000014호
ISBN 978-89-5556-891-2 93370

정 가 25,000원

*잘못된 책은 교환해 드립니다.